11年

꽃다발과 화살

11年

꽃다발과 화살

'위안부'의 본질을 보기 위해서는 ○○○ ○○○○ ○○○ ○○○ ○을 먼저 알 필요가 있다. 그 안에서 차별이 존재했던 것은 사실이지만, 위안부의 불행을 만든 것은 민족 요인보다도 먼저, 가난과 남성우월주의적 가부장제와 국가주의였다.

○○○○○○○ ○○○ ○○○○ ○○○,○ ○○○○○ ○○○ ○○○

박유하 지음

뿌리와 이파리

일러두기

1. 2014년 6월 16일에 나눔의집에 거주하는 위안부 할머니 아홉 분의 이름으로 『제국의 위안부—식민지지배와 기억의 투쟁』의 저자 박유하 교수와 출판사 대표를 상대로 한 '출판금지… 등 가처분신청'과 민형사 고소가 이루어진 이후 약 11년 1개월 동안 벌어진 수많은 일들과 자료들을 정리하는 이 책의 성격상, 본문의 편제를 억지로 통일하기보다는 독자들이 읽기 편하도록 편집하는 것을 중시했다.
2. 그 고민의 하나로, 저자의 본문 글과 구분하기 쉽게, 재판과 기자회견, SNS 글 등의 자료는 되도록 페이지를 바꾸어 배치하고, 그 자료들의 제목과 중간제목 등은 이 책의 구성 및 본문과 혼동하지 않도록 먹의 농도를 낮추었다.
3. 일본어의 번역은, 따로 밝히거나 한국어판 번역서가 아닌 한 대체로 저자의 번역이다.
4. 본문과 여러 문서/자료 인용문 등에 붙은 주석들은 따로 구분하지 않고 해당 페이지의 각주 '*, **, ***'로 표시했다.

서문

부드러운 파시즘의 시대에

2014년 6월 16일, 한 권의 책에 세 개의 소송이 제기됐다. 그 모든 재판에서 해방된 건 2025년 7월 15일이었다. 10년 5개월 동안, 『제국의 위안부』는 시중에서 아예 팔리지 못하거나 일부 삭제된 채로 존재했다. 그 기간 동안 일본어판과 중국어판과 영어판이 차례로 나와 한국 아닌 다른 지역에서는 원본을 읽을 수 있게 되었다. 하지만 한국 정황은 바뀌지 않았다.

대신 한국 사회에서는 대통령이 된 전 성남시장의 "이 여자... 아직도 교수직 유지하고 있는가요? 어쩌다 이런 사람과 하나의 하늘 아래서 숨쉬게 되었을까..ㅠㅠ 청산해야 할 친일의 잔재들.."(2015)이라거나 현 국회의장의 "대표적인 친일파 교수" "토착왜구"(2021) 등, 정치가부터 학자까지, 언론부터 일반 시민까지, 이 책과 저자인 나를 향한 비난과 공격이 끝도 없이 이어졌다.

이 책은 그 시간을 한 권의 책이 어떻게 버텨왔는지, 그리고 어떻게 제 모습을 되찾게 되었는지에 대한 기록이다.

사실 형사 2심에서의 패소 후 그때까지의 과정을 기록한 책을 7년 전인 2018년에 냈었다(『〈제국의 위안부〉, 법정에서 1460일』, 뿌리와이파리). 그리고 이번에 형사소송과 민사소송, 그리고 '판매 등 금지 가처분신청' 심리, 세 재판이 모두 마무리되면서 개정판을 다시 내게 되었다. 처음에는 2018년 이후에 일어난 일을 추가하는 정도로 만들 생각이었다. 하지만 작업을 진행하면서 생각이 바뀌었다. 그래서 이 책은 결국, 일부는 7년 전 책과 중복되지만 많이 다른 책이 되었다.

『제국의 위안부』는 한국뿐 아니라 일본을 향해서도 말을 건 책이었다. 양국 정부, 지원단체, 국민들 모두에게 말을 걸었다. 우리 사회를 향해서는 '위안부'로 호명되는 분들의 불행에 과거의 우리에게 책임은 없었는지 돌아보자고 나는 제안했다. 문제의 구조를 정확히 이해하는 것만이 반복을 막을 수 있다고 생각했기 때문이다. 또 1990년대 이후 20여 년에 걸친 지원단체의 위안부 이해와 운동방식에도 문제는 없었는지 함께 다시 생각해보자고 했다. 현재의 이해와 대응방법이 옳아야 미래의 해결도 가능하리라고 생각했기 때문이다.

말하자면 나는 과거와 현재에 걸친 '우리'의 책임에 대해 자문했다. 물론 그 자문의 출발점에는 위안부로 가지 않아도 되었던 계층의 후예로서의 나 자신에 대한 자문이 있었다. 과거의 일본이 한 일에 후예들에게 책임이 지워진다면, 그 자문은 나로서는 당연한 것이었다.

물론 일본을 향해서도, 책 부제로 '식민지지배'라는 말을 달았던 것처럼 "제국의 책임"을 생각해야 하고 사죄와 보상이 다시 필요하다고 했다. "전쟁책임"으로만 물어왔던 그간의 운동과는 다른 방식을 시도한 것이었다. 특히 일본어판에는 '위안부'는 물론 간토関東 대지진 피해자를 비롯한, 식민지지배가 야기한 조선인의 피해에 대해 사죄를 표명하는 "국회결의"가 필요하다고 썼다.

그런 나의 제안을, 일본은 놀랍도록 빨리, 그러나 반만을 받아들였다.

2015년 말의 '한일 합의'에『제국의 위안부』가 정치권에도 영향을 미쳤는지 나는 알 수 없는 일이었지만, 최소한 나를 공격하던 사람들은 그렇게 받아들였다.

내가 당시 지향했던 것이 1990년대에 시도되었던 일본의 사죄와 보상 이후 일본은 물론 한국조차 관심이 적어졌던 위안부 문제에 대한 관심 환기에 있었다는 것만은 분명했다. 그러므로 한 걸음 앞으로 나아갔다는 생각은 했다. 하지만 먼저 언론을 통해 양 국민들의 인식을 바꿔야 한다고 생각했기에 나로서도 약간은 당혹스러운 사태였다.

그런 나의 취지가 제대로 받아들여진 결과였을 텐데,『제국의 위안부』는 발간 직후에는 진보 매체도 호의적으로 받아들였다. 하지만 10개월 후, 국가를 동원한 지원단체의 폭력적인 공격—고발로 인해 이후 반복될 수난을 처음 경험하게 되었다(당사자가 나서면 '고소'지만, 여러 정황을 봤을 때 위안부 할머니들이 진정한 고소자일 수 없다는 의미에서 나는 이 11년 동안 줄곧 '고발'이라고 말해왔다. 이 책에서도 그렇게 쓸 것이다). 그러니까 나의 질문 혹은 말걸기는 당초 (관계자가 아닌 이들에게는) 조심스러우면서도 긍정적으로 받아들여졌지만 핵심 관계자들의 고발과 엉뚱한 프레임으로 왜곡되고 말았다. 그리고 이후 11년 동안 각종 '언어 처벌'과 실형 예고와 함께 내팽 겨쳐져 있었다.

그 한편으로 처음에 진보 매체가 그랬듯 나의 제안을 정확하게 이해하고 지지해주는 이들 역시 적지는 않았다. 물론 숫자로는 비할 수 없었지만, 적기 때문에 더욱 소중했던 이들이 한국 안팎에서 다가와주었다. 형사재판 1심에서의 무죄 판결, 그리고 몇 년 후에 찾아온 대법원의 '무죄 취지 파기 환송' 판결과 고등법원의 민사재판 승소 판결, 가처분 이의신청 심리의 '가처분 취소' 결정은 모두 그들과 함께 만든 것이기도 했다.

이 책은, 그런 시간을 지나온 『제국의 위안부』 국가검열 사태를 나 자신이 이해해온 과정의 기록이기도 하다. 도저히 다 담을 수 없었던 많은 양의 재판 제출자료들과 내가 쓴 글 중 일부나마 이 책에 가급적 많이 담아두려 했던 건 이제 더 많은 이들이 각기의 생각 자료로 이용해주기를 바라서였다. 그럴 수 있도록, 나는 7년 전 출간 당시 넣었던 글을 많이 들어내고, 재판 당시 썼던 글을 새롭게 추가했다. 개인의 기록이기는 하지만, 냉전 종식 후 '민주화'된 한국 사회가 어떻게 다시 경직되어가는지, 그리고 정의 구현으로 간주된 폭력이 어떻게 사회 속에 침투되고 정당화되어갔는지를 보여주는 책이 될 수 있기를 우선 바라고 있다. 그 배경에는 식민지 트라우마와 냉전 트라우마가 있었다.

동시에, 『제국의 위안부』를 향한 학자들의 비난이 법정에서 검사와 변호사들을 통해 주장되고 반박된 기록인 만큼, 거칠게나마 '위안부 문제의 오늘'을 가늠할 수도 있을 것이라 생각한다. 우파 쪽 연구동향을 넣지 않은 것은 나를 공격한 주체가 대부분 이른바 진보진영 사람들이었기 때문이다. 실제로 『제국의 위안부』를 둘러싼 싸움이란, 고발자들이 프레임을 만들고 세간에서 이해한 것처럼 진보/좌파에 대한 이른바 '뉴라이트'의 싸움이 아니었다. 『제국의 위안부』 검열 사태란 2000년대 초에 일본에서 시작된 진보 지식인 간의 젠더와 민족주의에 대한 생각 차이가 한국으로 확장된 사태였다.

그 때문에 '위안부' 할머니들과 '국민'을 앞세운 폭력 대신 대화가 시도되었다면 많은 이들이 듣는 학술장에서 이루어졌을 반박을, 나는 법정에서, 학자 아닌 판사와 검사를 상대로 홀로 해야 했다. 동시에 세간에서 날아오는 비난에 대해서도 대답해야 했다.

하지만 그 결과로 이 책에는 나 자신은 물론 학자와 지원단체들, 그리고 그 이외 사람들의, 위안부 문제를 둘러싼 이 11년간의 인식이 거칠게나마 담기게 되었다. 당시 쓴 원고나 법원에 제출한 문서를 이 책에 담으면서 자구 표현을 다소 수정한 부분도 없지 않지만 기본적으로는 원문 그대로 남겨둔 이유는 그런 시대적 자료가 될 수 있으리라 생각했기 때문이다. 학자를 포함한 '지식인'들에 대한 반론을 더 확인하고 싶은 분들께는 2018년에 낸 『〈제국의 위안부〉, 지식인을 말한다』와 2022년에 낸 『역사와 마주하기』를 권하고 싶다.

11년의 세월은 너무나 길었지만, 길었던 만큼 긍정적인 변화도 없지 않았다. 내 이야기를 '허위'라고 주장했던 이들은 조금씩 비난 요지를 바꿔갔다. 그에 근거해 소송 취지조차 바꿨다. 골대가 자꾸 바뀌는 사태는 할 말을 잃게 만들었지만 변화 자체야 나쁜 일은 아니었다.

학계에서도 이 11년 사이 조선인 위안부에 관한 인식 변화가 보였고, 일본인 위안부나 업자 등에 관한 연구서까지 나오게 되었다. 나를 공격한 이들이 내가 한 이야기를 이름을 밝히고 인용하거나 나를 불러 대화하는 일은 끝내 없었지만, 그럼에도 그 변화는 뚜렷했다. 특히 2022년 이후에 많은 부분에서 인식을 공유할 수 있었던 논문들이 나왔을 때는 만시지탄의 한편 감회가 깊었다.

마지막으로, 이 책은 『제국의 위안부』라는 한 권의 책이 험난했던 시간을 버텨온 기록이기도 하기에, 절망에 빠져 발을 앞으로 내딛기가 힘든 이들에게 한줌의 용기를 줄 수 있는 책이 될 수 있다면 그것만으로도 보람이 있을 것 같다. 7년 전에 이 책의 원본을 썼을 때 나는 나 자신을 위해 그 책을 썼다. 하지만 이번에는 그런 이들을 생각하며 썼다. 개정판을 내면서 나 자신의 경험과 생각에 중심을 둔 이유이기도 하다.

그런데 이 책 원고를 마지막으로 수정 중이었던 2025년 가을, 추석 연휴를 앞두고 예기치 않았던 소식이 들려왔다. 대한출판문화협회(출협)로부터 『제국의 위안부』를 출판한 출판사 대표와 나에게 제55회 '한국출판문화공로상 특별공로상'을 수여한다는 연락이었다.

이 사실이 알려지자 『한겨레』 등이 곧바로 "일제가 벌인 조직적 전시성 폭력 문제의 심각성을 왜곡했다는 비판도 여전히 거세", "보수세력의 전폭적 지지를 받"았다며 15년 넘게 이어진 왜곡에 또 다시 나섰다. 진보당 의원도 기자회견을 열어 결정을 "취소"하라며 비난했다. 거의 동시에 『제국의 위안부』가 문제를 지적했던 '정의기억연대'가 "강제연행은 없었다는 등의 허위사실을 내세"운 책이라면서 수상 결정을 취소하라고 목소리를 높였다.

나는 출협을 난처하게 하고 싶지 않아 곧바로 출판사 대표를 통해 사양하겠다고 말했다. 그리고 그 신청은 받아들여졌다.

그런데 그 취소는 나의 기대와는 달리 출판사 대표까지 포함한 것이었다(대표도 함께 사양 의사를 전하긴 했다). 심지어 '국민' 앞에 사죄한다는 보도자료를 동반한, 너무나도 신속한 취소였다(긴 추석 연휴를 앞두고 있었다). 그리고 우리의 뜻과 달리 "취소"는 그저 "시민의 힘"의 결과로 받아들여졌다.

출판사 대표에게 '출판의 자유'를, 나에게 '학문의 자유'를 지켜낸 공로에 대한 상이라고 했던 출협의 취소에 따라, 언론은 물론 학자들까지 거짓말과 억측을 동원한 비난에 앞다투어 나섰다. 11년 전의 고발 당시와 달라진 게 없었다.

　학계조차 무관심했던 '학문의 자유'를 지켰다는 출협의 평가에 잠시 기뻤지만, 그 출협조차 사법부가 인정한 '무죄'가 어디에서 기인한 것인지는 살펴보지 않은 듯했다. 삭제판마저도 형태를 바꾸라는 압박 등 여러 곤경을 겪으면서도 끝까지 저항해 지켜낸 한 출판인의 '출판의 자유'를 되새기는 뜻깊은 시간이 되리라 기대했던 만큼 크게 실망하지 않을 수 없었다. 그렇게 수상 취소 소동은 한 칼럼니스트의 논평처럼 "'올바른 역사'를 지키기 위해 모든 이견을 적으로 규정하고 말살하려 한" "십자군의 논리가 어떻게 우리 사회의 문화적 심장부까지 좀먹었는지를 보여주는 상징적 사건"(박주현)이 되고 말았다.

　그러나 어처구니없는 사태에도 불구하고, 아니 바로 그 때문에 원래의 평가는 한국출판의 역사 어딘가에 흔적이나마 남기지 않을까 싶다. 그런 의미에서는 출협과 심사위원들께 이 자리를 빌려 고마움을 전하고 싶다.

재판 종료로 싸움이 끝난 줄 알았던 건 나의 착각이었다. 11년 걸린 사법부의 판결조차 그들에겐 그저 분노와 불신의 대상이었다. 그리고 11년 전의 어느 날 갑자기 나의 일상을 무너뜨린 재난이 파시즘적 사상통제의 첫걸음에 불과했음을 그들은 선명하게 보여주었다.

　이 책은 그런 심리와 행동의 배경을 기록하고 1차분석한 책이기도 하다. 재판 종료에 따른 두 달여 간의 안도와 기쁨의 시간은 너무 짧았지만, 어차피 다시 시작된 '국민참여재판'이라면 2016년 형사 1심에서 신청하려다가 한 권의 책으로 인해 여론이 나빠져 취소했던 진짜 '국민참여재판'의 자료로, 『제국의 위안부』와 함께 이 책이 사용되기를 바라고 있다. 그리고

11년의 세월만큼은 진전된 논의를 볼 수 있기를.

돌이켜 생각해보면, 모든 것은 '당사자의 대변성'의 문제이기도 했다. 내가 2014년에 들었던 배춘희 할머니의 목소리를 어쩔 수 없이 재판에 일부 사용하면서도 공개적으로는 2020년에야 내보냈던 건 '대변자'로서의 역할이 얼마나 어려운지를 나름 이해하고 있었기 때문이었다. 그때 낸 책『일본군 위안부, 또 하나의 목소리』후기에 "서발턴은 말할 수 있는가"라고 했던 스피박의 말을 빌려온 이유이기도 했다.

2005년『화해를 위해서—교과서·위안부·야스쿠니·독도』에서 처음으로 지원단체를 비판하면서 "정의의 폭력"이라는 단어를 사용한 것도, '폭력'의 저변에 '정의' 의식이 있다는 것을 너무 잘 알고 있었기 때문이었다. 그런 만큼 나는 그 책을 내면서 비판 대상과의 대화의 계기가 되기를 바랐다.

'『제국의 위안부』국가검열 사태'(나는 이 사태를 향후 이렇게 부르기로 한다)는 식민지 트라우마에 냉전 트라우마를 아직 치유하지 못하고 있는 역사적/시대적 공간이었기에 일어난 일이었고,『화해를 위해서』에서 지적했던 대변자 여성들의 엘리트 의식에 한일협정과는 다른 형태로 북한이 일본으로부터 배상을 받도록 하고 싶은 (남성 혹은 명예남성들의) 역사 관장 욕망이 더해져 일어난 일이었다. 나는 재판이 종료되면 열기로 했던 심포지엄에 대해 의논하는 과정에서 가까이에 있던 학자에게 등단을 요청했다가 "시기상조"라는 말을 듣고 그 사실을 다시한번 깨달았다. 그런 저변의 흐름에 사적 이익 추구나 담론 지배 욕망이 더해졌고 통제되지 않는 여성에 대한 남성들의 분노와, 그런 분노를 허용하거나 가담한 '오빠가 허락한 페미니즘'이 나에 대한 고발을 가능하게 하고 재판을 지연시켰다. 그런 의미에서는 수상 취소 소동을 예견하지 못했던 것은 나의 불찰이었다.

분노하는 모두가 '위안부 할머니'를 앞세웠고 나에게 공감능력이 없다며 지탄했지만, 실은 자신들의 해결 방식—최소한 중심에 있었던 이들의 경우—'법적 해결'을 끝까지 이어가기 위한 사태였음을 직시한다면 결국 '위안부 문제의 해결 지연' 역시 당사자의 '결정할 권리'에 대한 대변자의 개입과 무관하지 않다는 것도 분명하다. 말하자면 그들은 대변자로만 남아 있지 않고 각각의 욕망을 얹어 '위안부 문제'에 관여해왔다. 대변자로서의 '조정' 역할이 자칫 망각되기 쉬웠던 이유이기도 하다. 사태가 길어지다 보니 결과적으로 (연구든 운동이든) 인생을 건 사람들이 생겨나고 그러다 보니 애초의 주장이 관성이 된 측면도 있었을 것이다.

문제는 실은 그것이 최상의 해결 방식인지 여부 이전에, 그 문제가 아무리 대변자가 깊이 공감한다 해도 자신의 일은 아니었다는 점이다. 그럼에도 모두가 '역사'를 등에 지고(혹은 연구나 운동의 30년 짧은 역사를 등에 지고) 자신의 일인 것처럼 나섰던 것이 이 30여 년의 세월이었다. 그러나 문제는, 다시 말하지만 개인의 욕망은 물론 '역사적' 욕망조차 때로 길을 잃는 법이라는 점이다. 그리고 한국 사회의 격동의 시대를 공유하지 못했던 탓에 다소 바깥에서 바라보는 입장을 취했던 내 이야기에 분노하게 된 것이라는 것이 '『제국의 위안부』 국가검열 사태'에 대한 현재까지의 나의 이해다. 민주화투쟁 시대를 공유하지 못한 건 나의 고의가 아니었음에도.

더 중요한 건 그저 외부자라는(외부자로 보였다는) 이유로 생각이 다른 상대를 너무나 함부로 다루었다는 점에서 그들 자신이 주장해온 인권이나 '타자'가 거기엔 더이상 존재할 여지가 없었다는 점이다. 그리고 그러한 그 치닫음이, '똑같이 생각하라'는 파시즘으로 이어지는 것임을 그들 중 누구도 깨닫지 못했거나 외면했다는 점이다.

나 자신은 그럭저럭 재판에서 해방되었지만, 결국 자신의 생각만을 '정의'로 간주했을 때 발현되는 '정의의 폭력'을 지적했던 20년 전보다 세상은 훨씬 나빠졌다. 그런 의미에서도 이 책이 앞으로의 한국 사회의 향방을 생각하는 데에 조금이라도 도움이 될 수 있기를 빌어본다.

인생 후반부에 맞닥뜨린 그 엄혹했던, 그리고 여전히 엄혹한 시간들을 한 권에 담는 것은 쉽지 않았다. 남겨야 할 이야기는 가급적 넣고 쓰려고 노력했지만, 그럼에도 빠진 이야기, 빠진 글, 언급이 빠진 분들이 있을 수 있다. 혹 그렇다 해도 그건 시간과 역량의 문제일 뿐 의도적인 것은 아님을 덧붙여두고 싶다.

반대로, 자료 등 내용에 중복도 있다. 형사재판 세 번에 민사재판 두 번, 그리고 가처분 심리 두 번까지 세 개의 다른 재판부를 거치다 보니 어쩔 수 없는 일이기는 했다. 그만큼 같은 추궁에 반복해서 답해야 했던 지리한 시간의 기록으로 읽어주시면 감사하겠다.

소송 11년이 지나고 세상으로 나와 다시 고난을 겪게 된 『제국의 위안부』의 진정한 해방에 이 책이 도움이 되기를, 그리고 각각의 맥락에서 이 책을 펼쳐보게 된 모든 이들에게도 어떤 식으로든 도움이 되기를 바라면서 이 책을 독자들께 보낸다. 그렇게 나의 지난 11년이 하다못해 작은 빛이라도 되어 누군가의 안에서 깜빡일 수 있기를.

2025년 10월, 달밝은 밤에
미국 동부 작은 시골마을에서
박유하

『〈제국의 위안부〉, 법정에서 1460일』 서문*

들어가면서

나의 책 『제국의 위안부 ― 식민지지배와 기억의 투쟁』이 위안부 할머니들의 명예를 훼손했다는 명목으로 고발당한 지 벌써 3년 반 이상 지났다.

끔찍하게 힘든 시간들이었고, 얼마 전에 형사 2심에서 패소한 탓에 그런 시간은 여전히 이어지고 있지만, 이 시점에서 그간의 경과를 정리해보기로 했다.

처음으로 위안부 문제를 일부 다루었던 『화해를 위해서 ― 교과서·위안부·야스쿠니·독도』를 낼 때, 나는 내가 위안부 문제만으로 한 권의 책을 내게 되리라고는 생각지 않았다. 하지만 그로부터 8년 후에 『제국의 위안부』를 내게 되었고(경위는 '서문' 참조), 발간 10개월 후에 고발을 당하게 되었으니, 그 시점이 어쩌면 또 한 권의 책을 내도록 내게 운명지워진 시점일지도 모르겠다. 이 책은 재판 전후의 경과와 내용을 우선 간략하게 볼 수 있도록 한 책이지만, 앞으로 나는 이 문제와 내게 제기된 소송에 관해 몇 권의 책을 더 내게 될 것 같다.

이 기간 동안, 그래도 수확이라 할 수 있는 일도 없지는 않았다. 하나는 그

---

* [편집자 주] 이 책은 2018년에 출간한 『〈제국의 위안부〉, 법정에서 1460일』의 전면 개정증보판이라 할 수 있으므로 그 책의 서문도 함께 싣는다.

냥 일본근대문학/사상 연구자로서는 아마도 만나기 어려웠을 이들, 직감적으로 사태의 문제적인 부분들을 날카롭게 파악하고 자신의 생각에 대해 발언한 이들—빛나는 정신의 소유자들을 만날 수 있었다는 점이다.

또 하나는, (나 역시 그 한 귀퉁이쯤에 서 있는 것으로 생각해왔던) 이른바 '진보' 집단 일부의 여러 문제들에 대해 이전보다 훨씬 잘 알 수 있게 된 점이다. 『제국의 위안부』에서도 나는 위안부 문제를 해결하려는 '운동'의 문제점을 민족주의의 문제라기보다는 진보좌파 일부의 문제로 지적했는데, 나의 책이나 발언에 쏟아진 비난/비판을 통해 이 책을 둘러싼 사태가 나만의 특수한 문제가 아니라는 사실도 다시 깨닫게 되었다. 하지만 그런 이야기는 또 다른 책을 필요로 하는 것이기도 해서 이 책에서는 최소한도로만 언급했다.

고발장에서도 명백히 드러난 일이지만, 나를 고소·고발한 주체는 결코 '위안부' 할머니들이 아니다. 첫 고발장에는 나의 예전 책과 고발 직전 활동까지 언급되어 있었고, 나의 활동과 집필이 위안부 문제 해결을 방해할 것이라는 내용이 명확히 적혀 있었다.

이 말은 할머니들에게는 주체성이 없다는 이야기가 아니다. 고발 이후 적극적으로 지원단체인 나눔의집과 함께했던 분들도 분명 몇 분 계셨지만, 고발에 나서도록 만든 건 지원단체가 책을 왜곡해 읽어준(본문 참조) 이후였다는 이야기이다.

실제로 재판은 이 소송이 위안부 할머니의 '명예훼손' 여부보다, 지원단체와 일부 연구자들과의 싸움이자 대립이기도 하다는 사실을 여실히 드러냈다. 그들은 내가 '위안부'를 "매춘부"라고 비난한 것처럼 왜곡하고, 양념처럼 "동지적 관계"라는 말도 끼워넣어 추궁했지만, 그들이 정작 하고 싶은 주장은 4반세기 동안 주장해왔고 지금도 주장 중인 '법적 책임'이라는 것을 감추지 않았다. 그 주장은 법정에서까지 원고 측 변호인이나 검사가 대리해서 반복했고, 종국에는 판사에게 "일본의 책임 문제는 본 소송과 상관없는 일"이라며 제지당하곤 했다. 그러면서도 그들은 외부적으로는 내가 "일본의 책임" 자체를 부정한 것처럼 왜곡해서 언론과 여론의 나에 대한 마녀사냥을 부추겼다.

결국, 이 기간 동안 내가 해야 했던 일은 오로지 재판부와 언론을 향해 내 책의 원취지를 이해시키는 일이었다. 지원단체는 이 소송이 '위안부' 할머니와 나의 싸움으로 보이도록 만드는 데에 성공했지만, 이 재판은 결코 나와 할머니의 싸움이 아니다. 그런데도 3년 반 동안 거친 네 개의 재판부(가처분소송, 민사 1심, 형사 1심, 형사 2심) 중 단 한 곳을 제외하고는 전부, 자신의 생각을 할머니들의 생각처럼 말해온 지원단체와 기존 주류 학자들의 왜곡된 주장을 받아들였다.

그래서 나는 이 책을 읽는 분들께 먼저 말하고 싶다.

이 싸움은 나와 '위안부' 할머니들의 싸움이 아니라는 것. 그리고 '위안부' 할머니들조차 생각은 하나가 아니라는 것. 생각해보면 너무나 당연한 이야기인데도, 우리는 그동안 '위안부'의 목소리를 오로지 하나로만 인식해오지 않았을까. 최근에 〈아이 캔 스피크〉라는 영화가 나오면서 보통 생활인으로서의 '위안부' 할머니의 모습이 전달되기도 했지만, 모든 노인을 '노인'이라는 하나의 캐릭터로만 묶을 수는 없는 것처럼 '위안부 할머니' 역시 한 분 한 분 개성이 있고 생각이 다르다. 당연히, 그 옛날의 '위안부'

체험 역시 모두 같은 건 아니다.

사실 1990년대만 해도 그런 차이가 언론에도 그대로 등장했고, 결과적으로 다양한 위안부 이야기가 존재할 수 있었다. 그런데 2000년대 들어 그런 차이는 가려지기 시작했고, 결국 중심화된 발화/(정형적 피해자)스토리와 같지만은 않은 할머니들의 목소리는 묻혀버리고 말았다. 2005년에 내가 한일 갈등을 테마로 한 『화해를 위해서』에서 위안부 문제를 다루게 된 건 그 사실을 깨닫게 되었기 때문이었다.

우리 앞에 놓인 건 극도로 정형화된 '위안부' 이야기이고, 거기서 벗어나는 이야기들은 거의 관심을 받지 못한다. 전체주의 사회의 영웅담처럼. 말하자면 그녀들의 이야기는 과거의 그들 자신을 위해서라기보다 오늘을 사는 우리 자신을 위해 존재한다. 2018년 봄 현재, 6년 반 전에 처음 만들어진 소녀상을 만드는 운동은 여전히 전국 방방곡곡에서 이어지고 있지만, 정작 '현실의' 할머니들을 찾는 이들은 결코 많지 않다는 것이 그것을 증명한다. 동상 앞에 서는 사람이 많아질수록 위안부 한 사람 한 사람의 이야기는 망각되는 아이러니. 2010년대 후반의 한국 사회는 그런 아이러니 속에 있다.

이 책은 2014년 6월 중순부터 시작해 2017년 1월에 형사 1심에서 무죄를 받았지만 같은해 10월에 2심에서 유죄라는 판결을 받게 되기까지의 네 개의 재판에서의 공방, 그리고 고발 직전과 이후의 상황을 정리해본 책이다.*

---

* [편집자 주: 이하는 2018년에 출간한 『〈제국의 위안부〉, 법정에서 1460일』에 서문의 각주이다.] 제2장은 2016년 8월, 형사 본안소송에 들어가면서 홈페이지에 연재한 글들이다. 책에 수록하면서 표현 등을 다소 수정했다. 제3장은 마지막 글을 제외하면 전부 법원에 제출한 문서, 혹은 변호사의 답변을 위한 나의 글들이다. 공판은 여섯 번 있었는데, 피고(인) 심문 기록은 검사의 허락이 필요했기에 넣지 않았다. 하지만 내용은 공판기와 대동소이하다.

이 3년 반 동안, 나는 법정은 물론 법정 바깥을 향해서도 끊임없이 쓰고 항의하고 정정을 요청해야 했다. 국가와 국민, 때로 해외로부터의 집단공격에 맞서는 일이기도 했던 그 작업은 내게는 두더지 때리기 게임과도 같았고, 그래서 나는 자주 도로감에 시달렸다. 비판자들은 한결같이, 내가 하지 않은 말을 내가 한 것으로 간주하는 식의 왜곡에서 출발하거나, 보이지 않는 '의도' 추정에까지 힘을 기울이고 있었기에, 나는 자주 기억에 없는 사상검증을 스스로 해야 했다.

언론 기사뿐 아니라 학술지에 실린 글도 마찬가지였는데, 그런 글들이 양쪽 다 자주 '범죄 증거자료'로 법정에 제출되었기 때문에, 나는 반론의 의미가 없는 글에조차 반론을 해야 했다. 하지만, 이 책의 내용이 주로 법정용이면서도 외부 비판자들에 대한 답변이 될 수도 있었던 건 사실 그 덕분이기도 하다.

형사공판은 거의 매번 하루종일 진행되었으므로 실제로 오간 공방은 방대한 양이었다. 하지만 공판기에 그 모든 것을 담을 수는 없었기 때문에 형사공판기는 최대한 간략하게 썼다. 가처분신청이나 민사소송에 제출한 글들도 다 넣을 수는 없었으므로 어떤 논의가 오갔는지를 파악하기 쉬운 글을 골랐다. 민사재판의 경우 원고 측이 제출한 문서를 내가 먼저 분석/답변한 문서를 변호사에게 보내면 변호사가 그 글을 법률서면으로 만들어 제출하는 경우가 대부분이었기 때문에, 그 과정에서 주어가 바뀐('나' 혹은 '저'로 쓴 표현이 변호인이 제출한 문서에서는 '피고인' 혹은 '채무자'로 바뀌었다) 것을 이 책에 넣으면서 다시 되돌린 글도 있다. 그리고 이 책에서는, 가처분신청에서는 '채권자', 민사소송에서는 '원고', 형사소송에서는 '고소인'으로 표현이 바뀌는 고소·고발의 주체(및 지원단체, 법률대리인 등)를 뭉뚱그려 대체로 '원고 측'으로 썼다는 사실도 미리 밝혀둔다.

학술세미나 수준의 이야기들이 오갔지만, 그렇다고 해서 세밀한 논의까지 할 수 있었던 아니다. 그래서 학자를 포함한 외부의견에 대한 답변은 이 책과 함께 내는 『〈제국의 위안부〉, 지식인을 말한다』에 넣었다.

고발 이후, 수많은 언론과 대중과 때로 정치가며 학자들의 비난과 손가락질을 받았지만, 그 중심에는 기존 위안부 문제 관련 운동가와 학자와 페미니스트들, 말하자면 위안부 문제에서의 주류 관계자들이 있었다. 국가에 의한 개인의 처벌에 그들은 직간접으로 가담했고, 나의 책이 이른바 위안부 문제를 부정하는 이들의 주장과 같지 않다는 것을 누구보다 잘 알 터이면서도 아무도 과도한 대중의 비난에 이의를 제기하지 않았다. 물론 소송 자체를 취하하라거나 나에 대한 공격을 멈추라고 말하는 이도 없었다. 그들은 때로, "법정에 가는 건 반대하지만, 책은 엉터리"라는 그럴듯한 표현으로 엉터리 학자 이미지를 유포시키거나, 한발 더 나아가 "일본 우익"이며 "나치"며 "아이히만"과 비슷한 인물로 취급하거나, 그런 말로 비난하는 이들을 방치하는 일로 가담했다.

이 3년 반은 그런 '학자'들에게 절망한 시간이기도 했다. 그들 대부분이 '여성 인권'이니 '소수자 인권'을 주장해온 이들이기 때문이기도 하다. 단적으로 말하자면, 2016년 12월 검찰로 하여금 3년 징역형을 구형하도록 만든 것은 다름 아닌 그런 이들이기도 했다.

3년 반여 동안, 가족과 제자와 친구와 오랜 세월 함께한 지인들, 그리고 페이스북 친구를 포함한 새 친구들이 내가 버틸 수 있도록 도와주었다. 모든 이에게 깊은 감사를 보낸다. 특히 2000년에 한일관계론 첫 번째 책을 낼 때 담당 편집자로 만났던 뿌리와이파리 출판사의 정종주 대표는 재판 과정 내내 든든한 동지로서 함께해주었다. 출판금지 가처분이라는 끔찍한 상황을 함께 맞닥뜨리게 된 이가 정 대표가 아니었다면 나는 훨씬 더 고독했을 것이다.

2018년 봄,
서울 남산 자락에서
박유하

차례

서문 부드러운 파시즘의 시대에 5
『〈제국의 위안부〉, 법정에서 1460일』 서문 들어가면서 15

제1장 『제국의 위안부』 출간, 심포지엄, 고소
(2013년 8월~2015년 1월)

1. 세상으로 나간 목소리, 한 위안부 할머니의 죽음 29
  〈위안부 문제, 다시 생각해야 하는 이유〉 31
2. 고발 주체는 누구였나―학자들의 비판 45
  〈'세계의 상식'에 던진 도전장… '다른' 해법도 있다〉 47
3. 생애 첫 법정 공방 52

제2장 삭제판 출간, 손해배상 재판, 형사조정 결렬, 기소
(2015년 2월~2015년 12월)

1. '해명'이라는 굴레 63
  〈기억의 정치학을 넘어서―『제국의 위안부』 피소 1년〉 64
2. 꽃다발과 처벌 86
  〈망명으로서의 수상―아시아·태평양상 특별상 수상 소감〉 97
3. 국가의 편향 개입 100
  〈기소 항의 기자회견문〉 102
4. '지식인'의 사상검증 109
  〈민사 1심 최후진술서〉 109
  〈민사 1심 추가답변서〉 116
5. 세계를 향해 제언하다 122
  〈위안부 문제, 인식의 접점을 찾아서〉 124

제3장 '징역 3년' 구형에 맞서
(2016년 1월~2017년 10월)

1. 국가의 얼굴을 한 '국민'들　133
   〈위안부 문제를 둘러싼 국민 간 합의를 향해〉　135

2. 국가의 처벌에 가담한 이들
   —재일교포 사회의 공격과 한국인 학자의 호응　142
   〈누구를 위한 불화인가—정영환 『누구를 위한 화해인가:
   '제국의 위안부'의 반역사성』에 답한다〉　146

3. 형사 1심 승소까지　159
   〈형사 1심 최후진술서〉　161

4. 형사 2심 패소　203
   〈형사 2심 판결문을 읽는다〉　208

제4장 대법원에서
(2017년 11월~2020년 4월)

1. 패소 항의 성명과 후원 시작　231
   〈피고인 의견서—검찰의 「상고이유서」에 대해〉　240

2. 빼앗긴 목소리　287
   〈김복동 할머니를 생각한다 1〉　288
   〈김복동 할머니를 생각한다 2〉　291

3. 바위와의 싸움, 기울어진 '주전장'　295

제5장 변화, 대법원 무죄 판결까지
(2020년 5월~2023년 11월)

1. 전환의 길목에서　301
   〈피고인 의견서〉　306
2. 변화의 시작과 '진보'의 저항　331
   〈『제국의 위안부』 소송과 한일관계에 관한 기자회견문〉　336
3. 8년 만의 무죄 판결　348
   〈대법원 판결에 부쳐〉　349
   〈군수품으로서의 동지—김윤덕 기자의 비판에 답한다〉　355

제6장 마지막 재판
(2023년 12월~2025년 7월)

1. 삭제 요구 53곳, 마지막 해명　363
   〈피고인 의견서〉　368
2. 유족들과의 재판　395
   〈피고인 의견서—학계의 변화〉　395

후기　406
부록 1　『제국의 위안부』 고소고발 사태 관련 일지　419
부록 2　민사소송 2심의 『제국의 위안부』 '허위사실 적시에 의한 명예훼손' 주장 및 '삭제' 가처분 내용 표　430

제1장

『제국의 위안부』 출간, 심포지엄, 고소

(2013년 8월~2015년 1월)

일요일 아침이었다. 지인이 전화했기에 받았더니, '나눔의집'이 나를 고소했다고 한다. 순간, 목구멍이 타들어가는 느낌을 받았다. 태어나서 처음 경험한 신체적 감각이었다. 곧이어 여기저기서 전화가 걸려오기 시작했다.

급한 대로 우선 페이스북에 『제국의 위안부』는 언론이 전하는 그런 책이 아니라고 썼다. 하지만 전혀 모르는 사람들부터 학자로 보이는 사람들까지 잇달아 찾아와 비난과 욕설을 퍼붓고 떠났다.

언론들이 인터뷰를 요청해왔고, 성심껏 답변했다. 그렇지만 기사나 방송으로 나온 언론 중 내가 말한 그대로 내보낸 곳은 거의 없었다. 기자들의 관심은 사태의 배후가 아니라 '감히 위안부 할머니를 비난한 여교수'의 목소리나 얼굴을 확인하는 데에 있어 보였다.

폭풍우가 휘몰아치는 듯했던 그 시간 동안, 나는 자주 〈마태 수난곡〉을 들었다. 벽에 걸린 그림 속 성녀의 얼굴도 자주 바라보았다. 잘 그린 그림이 아니었지만 울퉁불퉁한 유화의 질감이, 슬픔 때문에 곰보가 된 어느 소설 여주인공처럼 보여서, 바라보고 있노라면 조금 위로가 되었다. 2주일 후, 주변에 모여 있던 이들이 모두 떠나고 혼자가 되고 나서야 눈물이 흘렀다.

지인에게 '민주사회를 위한 변호사모임'(이하, 민변) 소속 변호사 소개를 부탁했다. 내가 당한 사태가 이른바 '진보'진영이 일으킨 싸움인 만큼 내부의 문제를 함께 볼 수 있기를 바랐다. 하지만 만나기로 했던 이들 중 한 사람은 약속 전날에 전화로 변호를 맡지 못하겠다고 했다. 또 다른 한 사람은 수임료로 3000만 원을 불렀다. 집에 돌아와 그 얘기를 페이스북에 썼더니, 변호를 무료로 맡아주겠다고 나서준 이가 있었다. 나는 그와 만나 변호를 부탁했다.

1. 세상으로 나간 목소리,
   한 위안부 할머니의 죽음

예기치 않았던 사태였지만, 돌이켜보면 전조가 없었던 건 아니었다. 고발 한 달 전, 교류하던 위안부 할머니를 뵈러 나눔의집에 찾아갔을 때 소장이 면회를 허락하지 않았다. 그때 그가 말했던 "법적 대응을 하겠다"는 말을, 나는 충분히 새겨듣지 않았었다. 나를 경계하는 기색은 진작부터 느끼고 있었지만 실제로 그런 조치에 나설 거라고는 생각하지 않았다. 책 이야기를 따로 한 것도 아니었기에, 내가 위안부 할머니를 만나는 걸 막기 위해 책을 앞세워 고발이라는 수단을 쓰리라고도 생각하지 않았다.

그보다 1년 전이었던 2013년 여름에 『제국의 위안부』를 내고 나서, 그해 가을부터 위안부 할머니들을 다시 만나기 시작했었다. 1990년대와 2000년대에 이어 다시 할머니들의 이야기를 듣고 싶었기 때문이었다. 그때 내가 듣고 싶었던 건 '일본의 사죄와 보상'에 대한 할머니들의 구체적인 생각이었다.

하지만 대표적 위안부 지원단체였던 정신대문제대책협의회(현 정의기억연대, 이하 정대협)를 통해 할머니들을 만나는 건 쉽지 않았다. 그래서 나는 『화해를 위해서』를 낸 이후 교류하게 된 일본 여성이 한국에 왔을 때 그녀에게 부탁해 할머니들을 같이 만났다. 일본이 90년대 후반에 위안부 문제에 대한 사죄와 보상을 하기 위해 만든 '아시아여성기금' 일을 하고 있던 여성이었다.

할머니들과 만난 곳은 할머니들의 자택이거나, 바깥이거나, 나눔의집이었다.

그런데 나눔의집에서 만난 어떤 할머니와 특별히 가까워졌다. 일본어를 잘하는 분이었는데, 가족은 없었다. 그 때문인지 첫만남 이후에 나에게 자주 전화를 걸어오셨다.

우리는 많은 대화를 나누었다. 처음 만났을 때부터 "일본을 용서하고 싶다"고 하셔서 놀랐지만, 이후에도 다른 분들에게는 들을 수 없었던 이야기를 많이 하셨다.˚

위안부 문제가 부각되면서 한일관계를 크게 뒤흔들던 시기였다. 『제국의 위안부』는 그런 상황을 심각하게 여겨, 원점으로 돌아가 문제 자체에 대해 다시 잘 생각해보자고 제안한 책이었다. 그래서 책을 낸 이후엔 공감해주는 일본학 전문가와 일본 특파원을 경험한 언론인 등과 대화하며 문제의식을 공유해나갔다. 그리고 그들과 함께 작은 모임을 만들어 다음해 4월, 위안부 문제에 대한 심포지엄을 개최했다.

심포지엄에는 오래전부터 부산에서 활동해오신 활동가분과 90년대부터 위안부 문제 해결을 위해 발로 뛰어온 일본 학자를 초청했다. 그리고 나도 내가 만났던 몇몇 할머니들의, 그동안 들리지 않았던 목소리를 세간에 내보냈다. 허락을 받았지만 할머니들에게 피해가 가지 않도록 목소리를 변조하고 모자이크를 넣어 얼굴을 가린 영상을 통해서였다.

---

* 자세한 내용은 『일본군 위안부, 또 하나의 목소리』(뿌리와이파리, 2020)에 썼다.

나날이 경색되어가던 한일관계를 걱정한 국내외 언론이 기대 밖으로 많이 모여주어 심포지엄은 성황리에 끝났다. 정대협 관계자도 참석했기에 나는 고마운 마음으로 대화가 가능해지기를 빌기도 했다.

그때 나는 이런 발제를 했다.

◇　◇　◇

위안부 문제, 다시 생각해야 하는 이유*

1. 들리지 않았던 목소리들

오늘 이 자리에 이렇게 모여주신 모든 분들께 진심으로 감사의 말씀을 드립니다. 2014년 4월 16일에 일어난 세월호의 비극에 희생된 여러분들에 대한 애도의 마음을 표하기 위해 많은 행사들이 취소되고 연기되는 가운데 오늘 이 행사를 예정대로 강행하는 이유는 오늘 다루는 문제가 실은 세월호의 비극과 무관하지 않기 때문이기도 합니다. 위안부 문제 발생 이후 20여 년이 지나도록 위안부 문제는 해결되지 않고 있습니다. 그리고 단언컨대 위안부 문제에 관한 이해와 해결을 위한 방식이 변하지 않는다면 위안부 문제는 영원히 해결되지 않을 것입니다. 그리고 한일관계는 지금 이상으로 치명타를 입게 될 것입니다.

이 모임은 그러한 인식을 공유하는 사람들이 위안부 문제에 관한 인식의 전

---

* 2014년 4월 29일 한국프레스센터에서 연 심포지엄 〈위안부 문제, 제3의 목소리〉의 발제문으로, 2014년 11월 말에 출간된 일본어판과 2015년 6월에 출간된 『제국의 위안부』 '제2판, 34곳 삭제판'에 수록했다.

환점을 마련하고자 준비한 모임입니다. 지금 한국의 지원단체와 정부는 이 문제에 관해 '법적 책임'을 인정하고 그에 따른 조치를 취하라고 일본에 요구하고 있습니다. 그런데 50여 분 계시다는 위안부 할머니들 중에는, 실은 그와는 다른 의견을 가진 분들이 계십니다. 그런데도 그분들의 목소리는 그동안 들려오지 않았습니다. 오늘 이 자리는 다른 누구보다도 먼저 그런 분들의 목소리를 들어보려 하는 자리이기도 합니다. 그런데, 다른 목소리가 있었다면, 그동안 우리는 왜 그런 목소리들을 듣지 못했을까요.

그동안 들려오지 않았던 목소리들을, '지금 이곳'의 또 다른 목소리들을 들어보려는 이 심포지엄을 준비하면서 그러한 물음은 사실 위안부 할머니뿐 아니라 지원단체, 심지어 학자에게도 해당되는 물음이라는 것을 알 수 있었습니다. 한국은 물론 일본의 지원단체나 학자 등 관계자들에게도, 위안부 문제에 관련해 주류가 되어 있는 이해나 상식과 다른 목소리를 내는 일은 생각보다 자유롭지 않았습니다. 그건 꼭 타의에 의한 것이라기보다는 오히려 자의에 의한 경우가 많았습니다. 그러나 그 '자의'란 실은 우리 모두가 암묵적으로 강요한 것이기도 했습니다. 그리고 위안부 문제가 풀리지 않고 있는 것은 그렇게 다양한 목소리들이 들려오지 않았거나 적절한 언로가 주어지지 않아 공유되지 않았다는 데에도 원인이 있다는 것을 확인할 수 있었습니다.

그래서 우리는, 위안부 문제를 풀기 위해서 무엇보다 먼저 필요한 것은 우선 그런 목소리들을 듣는 일이라고 생각했습니다. 또 우리 자신의 생각을 함께 말하는 일이라고 생각했습니다. 위안부 문제는 우리가 아는 이상으로 복잡한 문제이고, 더구나 문제 발생 이후 오랜 시간이 흐르면서 더더욱 복잡하게 꼬여버린 문제이기에, 그러한 복잡한 문제에 관한 인식과 의견이 단 하나밖에 없다는 것은 오히려 비정상적인 일이 아닐까요. 따라서 오늘의 이 자리는 너무나 늦은 감이 있지만 이제라도 다양한 목소리를 한자리에 모아, 이 어려운 문제를 풀어나가기 위한 방법 자체를 고민해보려는 자리이기도 합니다.

위안부 문제가 해결되어야 하는 이유로 당사자들이 연로하다는 사실을 모두가 말합니다. 하지만 실은 연로하신 분들은 위안부 당사자들만이 아닙니다. 오늘 이 자리에 모신 분들, 이 문제의 해결을 위해 오랫동안 노력해오신 지원자와 학자도 어느덧 노년에 이르신 분들입니다. 이분들은 위안부 문제가 발생한 이른 시기부터 목소리를 내고 이 문제를 해결하기 위해 연구와 행동을 통해 그 누구보다도 헌신적으로 노력해온 분들입니다. 그럼에도 목소리가 곡해되거나 망각되어 위안부 문제를 둘러싼 논의의 중심에서 배제되었던 분들이기도 합니다. 그러나 단언컨대 이분들이 위안부 문제의 논의와 운동의 중심에 계셨다면 위안부 문제를 둘러싼 양상은 지금과는 많이 달라져 있었을 것입니다. 그리고 어쩌면 진작에 해결되었을지도 모른다고 저는 생각합니다.

2012년 겨울, 이 문제 해결을 위해 오래 애써온 분들 가운데 한 분인 시미즈 스미코清水澄子 전 참의원이 작고했습니다. 저는 그해 7월에 일본에서 이 문제를 해결하기 위한 세미나를 도쿄 대학에서 주최한 적이 있는데, 이 때 시미즈 의원도 참석했습니다. 그동안 왜 일본에서 이 문제를 위한 '입법'이 되지 않았는지에 대해 설명하는 그분의 이야기를 통해 이 문제에 관한 그분의 진정성과 헌신적인 노력을 알 수 있었기 때문에 그분이 살아생전에 이 문제가 해결되지 않았다는 것을 가슴아프게 느끼지 않을 수 없었습니다.

그런 의미에서 위안부 문제는 사실 더이상 위안부 당사자만의 문제가 아닙니다. 20년이 넘는 세월을 거치면서 관여해온 모든 이들, 이 문제로 인한 의견 대립과 갈등으로 인해 상처받고 눈물 흘리고 억압받았던 다른 모든 이들의 문제이기도 합니다. 그런 의미에서도 오늘 이 자리에 이 두 분을 모신 의미는 작지 않다고 생각합니다. 이 문제의 해결은, 위안부 할머니뿐 아니라 이 문제에 오랫동안 관여해왔던 이들을 위해서도 필요합니다.

오늘 이 자리에는 위안부 할머니들의 목소리를 직접 듣는 시간을 가질 예정이었습니다. 그러나 나오기로 약속했던 분들도 결국 이 사회에 얼굴을 드러내는 일 자체, 혹은 자신의 '다른' 목소리를 공중 앞에서 내는 일에 대한 두려움에서 벗어나진 못하셨습니다. 그래서 결국 그분들을 굳이 모시지는 않기로 했습니다. 그런 의미에서 오늘 해야 할 일은 영상과 목소리로 준비된 그들의 '목소리'를 들으면서 그러한 '부재'의 의미를 생각하는 일이기도 할 것입니다.

2. 조선인 위안부와 '법'

오늘, 위안부를 둘러싼 논의를 대표하는 것은 '강제성' 여부입니다. 강제성을 주장하는 이들은 '법적 책임'을 주장하고, 강제성을 부정하는 이들은 오히려 과거보다 후퇴하여 고노 담화와 무라야마 담화조차 부정하고 있습니다. 그리고 그에 연계되는 형태로 한일 양국은 위안부에 관해 '매춘부'와 '소녀'의 이미지를 각각 공적 기억화하며(자세히는 졸저 『제국의 위안부—식민지지배와 기억의 투쟁』 참조) 대립하고 있습니다.

그런데 1965년에 만들어진 한 한국영화는 그러한 공적 기억이 어디까지나 1990년대의 시대와 사회가 필요로 했던 기억에 불과하다는 것을 명확히 보여줍니다(정창화 감독의 〈사르빈 강에 노을이 진다〉 참조). 태평양전쟁 시대의 버마 전선이 무대인 이 영화는 영화 속의 조선인 학도병들이 아직 40대였을 때 만들어져 공개되었습니다. 그런 만큼 어떤 의미로건 학도병들의 기억과 동떨어진 이미지를 만들어낼 수는 없었을 것입니다.

이 영화에는 위안부가 등장하는데, 조선인 장교는 그녀들이 자발적으로 온 것으로 생각합니다. 이는 인식의 진위 여부를 떠나 위안부를 둘러싼 1960년대 한국의 기억이 1990년대의 기억과는 달랐다는 것을 보여주는 장면입니다. 그런데 여기에서 위안부 여성은 "간호부가 되는 줄 알고 왔다"고 말합니다. 그렇게 속인 주체는 대체적으로는 일본군이기보다는 업자였겠지만, 여성은 그 부분을 구체적으로 말하지는 않고, 일본군이 강제할 리가 없다고 말하는 '친일파' 학도병 장교를 향해 말합니다. "일본제국주의에 속아본 일이 없으시군요?"

이 장면은 조선인 위안부 문제의 본질을 명확히 보여주고 있습니다. 즉 우선은 일본군이 직접 강제연행이나 인신매매를 지시하거나 한 것은 아니라는 사실, 그럼에도 그녀를 그곳에 데려온 주체는 다름 아닌 '일본제국주의'였다는 사실입니다. 이러한 인식은 꽤 정확한 인식이라고 말할 수 있습니다. 왜냐하면 식민지화된 땅의 젊은이들로 하여금 익숙한 고향을 떠나 멀리 버마까지 가서 생명을 위협받는 상황에 처하도록 한 것은 분명 '일본제국주의'였기 때문입니다. 이 여성은 장교에게 배속된 것을 다행스러워하지만 그건 '병사에게 갔으면 지옥'이었을 것이라는 말에서 드러나듯 이 문제에서의 본질이기도 합니다.

이 여성이 이후 어떻게 되었는지에 대해서는 이 영화는 관심을 보이지 않습니다. 전쟁터에서 죽었거나 보이지 않은 상처투성이가 되어 귀국했거나 남았겠지요. 말하자면 모두가 전쟁터에 배속된 것은 아니었지만 위안부들의 운명은 기본적으로는 전쟁 수행을 위해 목숨을 바쳐야 했던 '군인'과 다를 바 없었습니다. 혹 살아 돌아왔다 해도 그들은 신체의 일부를 훼손당한, 이를테면 상이군인적인 존재였습니다.

그런데 전쟁에 동원당한 군인들에 대한 보상에서 죽은자 중심이긴 했어도 남성들을 위해서는 그 보상의 틀―법이 존재했음에도, 위안부들에게는 그러한 법 자체가 존재하지 않았습니다. '대체일본인'이 되어 일본의 전쟁에 생명을 던졌던 조선인 병사들은 야스쿠니 신사에 모셔졌고, 약속되었던 보상은 훗날 한일기본조약 때 충분하지는 않아도 논의되었습니다. 그리고 완전하지는 않았어도 한국 정부를 통해 보상금이 전달되기도 했습니다.

똑같이 전쟁에 동원되었지만, 위안부 여성을 위한 법은 존재하지 않았습니다. (제국)국가는 남성들을 전쟁에 동원하면서 남성들을 위한 '법'은 준비했지만 여성들을 위한 법은 만들지 않았던 것입니다. 그런 의미에서는 위안부 문제에 관한 일본의 보상과 사죄는 필요하지만, 그를 묻기 위한 법 자체가 존재하지 않았다는 사실을 간과할 수는 없습니다. 물론 이는 근대 국가의 시스템 자체가 남성중심적이었기 때문입니다.

따라서 일본에 대해 '법적인 책임'을 묻고 싶어도 그 근거가 되는 '법' 자체가 존재하지 않았다는 것이 제 생각입니다. '법적 책임'을 묻기 위해서는 먼저 그곳으로 돌아가 논의해야 합니다. 그런 의미에서 이 문제는 한국이 요구할 문제라기보다는 오히려 일본이 주체적으로 생각해야 할 문제입니다.

동시에, '법'이라는 개념이 원래 국가 시스템을 떠받치는 것인 만큼, 그러한 국가를 대표하는 '법'에 얽매이는 발상이 과연 윤리적인 해결에 어느 정도 기여할 수 있는지도 논의되어야 할 것입니다. '법'은 때로 마음을 담기도 하지만, 이 문제를 둘러싼 '법논쟁'이 대체적으로 사죄의 마음을 갖고 있었던 90년대의 일본 국민들을 완전히 무시한 것이었다는 점도 염두에 두어야 할 것입니다. 국가와 국민과 사죄의 관계에 대해서도 물어야 합니다. 그건 1965년에 보상은 끝났다고 말하는 일본 정부나, 개인의 청구권이 남아 있다고 주장하는 한국 정부가 함께 되새겨야 하는 문제이기도 합니다.

한국이 주장해온 '법적 책임' 요구의 문제 중 하나는, 90년대 초에 위안부 문제의 본질을 '소녀의 강제연행'으로 생각했을 때 제기된 주장이라는 점입니다. 이후 20여 년 동안 위안부에 관해 새로운 지식이 많이 생겼음에도 처음의 요구가 전혀 변하지 않은 데에 대한 설명도 필요합니다.

새롭게 알려진 사실이란, 문제를 제기한 한국의 지원단체가 정신대와 위안부를 착각했다는 점, 업자가 군대와 위안부를 매개했다는 점, 무라야마 담화가 실은 자민당의 전후처리에 관한 사고와 이어져 있었다는 점(아사노 도요미), 한국에는 책임을 회피하려는 '꼼수'로만 이해되었던 '아시아 여성기금'이 실은 고노 담화와 무라야마 담화의 정신을 이어받은 것이었다는 점, 그 기금을 받은 할머니가 60명이나 된다는 점, 한일수교 때 일본이 개인배상을 남겨놓자고 했는데 한국 정부가 대표해 받아버린 점 등입니다. 물론 그 모든 것을 감안한다 해도 여성들에게 '지옥'을 경험하게 한 책임이 일본 제국에 있다는 것은 두말할 필요도 없습니다. 문제는 어떤 방식의 사죄와 보상이 이러한 모든 사항을 염두에 두면서 두 나라 국민들의 이해와 합의를 얻을 수 있는가 하는 부분입니다. 이제까지의 주장과 거부는 양쪽 다 이런부분에 주의를 깊이 기울이지 않았습니다.

더 중요한 것은 한국이 집착하는 '강제연행당한 소녀'의 인식은, '매춘'에 대한 차별의식을 만드는 것이어서 일본의 부정파들이 주장하는 '자발적 매춘부'관을 실은 지탱해주고 있다는 점입니다. 그리고 오늘 위안부 할머니들을 결국 이 자리에 나오지 못하도록 만든 것이 바로 그런 인식이기도 하다는 점입니다. 다시 말해, 위안부 문제를 논하는 데에 있어 물리적 강제연행인지 아닌지, 순진무구한 소녀인지 매춘부인지 하는 논의는 더이상 중요하지 않습니

다. 실제로 위안부 할머니들의 경험을 보면 그 경험의 참혹성은 그러한 '원점'
과는 아무런 상관이 없다는 것이 드러나고 있기 때문입니다. 앞의 영화에 나
오는 이른바 '매춘부'처럼 보이는 위안부에게도 '지옥'은 존재했다는 것도 그
것을 말해줍니다.

3. 일본의 '부정'의 문제

일본에서는 지금 고노 담화를 부정하는 움직임이 일어나고 있습니다. 그러나
당시의 일본군, 일본 남성들에게 식민지의 여성이 어떤 존재였는지는 다음과
같은 일본인의 글이 여실히 보여줍니다.

> 나는 지금 눈앞에 한 여자를 떠올린다. 그 여자를 성행위 대상이라고 상상한다.
> 그녀가 조선 여성이라면, 우리는 손쉽게 새디스트가 될 수 있다. 만약에 그녀가
> 미국이나 유럽 여성이라면 우리는 손쉽게 발기불능자로 변할 수 있다. 우리의
> 에로스는 이 양극 사이에서 흔들린다. 성행위에 의한 주체의 말살과 소거가 쾌
> 락의 극한인 것과 마찬가지로 우리의 로고스도 주체의 말살을 통해 손쉽게 파시
> 즘에 가까워질 수 있는 성질을 갖는다. 우리의 에로스도 로고스도 똑같이 자신
> 혹은 타자의 권력의 영토 안에서 발휘되고 있었다.(무라마쓰 다케시村松武司, 「성
> 과 전제」, 『머나먼 고향』, 고세이샤晧星社, 1976, 210쪽)

여기서의 관계가 '폭력' 이상의 아무것도 아니라는 것은 '주체의 말살'이라
는 상상을 가능케 한 정복욕—식민지화함으로써 가능했던—에서 드러납니다.
그리고 조선인 위안부란 그들이 언제고 그런 '정복자'의 기분을 맛볼 수 있는

대상이기도 했습니다. 위안부 문제가 '성폭력' 문제라면, 꼭 강제적이거나 물리적인 폭력이어서가 아닙니다. 바로 그러한 정신적인 폭력이 존재했기 때문입니다.

또한 이하의 글은 왜 조선인 위안부가 많았는지에 관한 배경의 일부를 보여줍니다.

> 쇼와 19년(1944)에 들어 쇼케이湘桂 작전에 따른 병력의 움직임은 급박해졌지만 위안소에는 겉으로는 평소와 다름 없이 사람이 많았다. 빚을 다 청산한 여자들은 항해가 위험했기 때문에 내지로의 이동이 어려워졌고 자비로 위안소에 남거나 민간 요정에서 일했다. (중략)
>
> 쇼케이 작전 전단계 작전에서 징한京漢 철로가 개통하자 조선인 위안부는 화북지방을 경유해서 육로로 보충되었는데 내지(일본 본토-박유하 주) 위안부 보충은 동지나해, 양쯔 강의 항행이 어려워짐에 따라 점점 적어지리라는 것은 불을 보듯 뻔했다.(나가사와 겐이치長澤健一,『한커우漢口 위안소』, 도쇼図書 출판사, 1983, 221쪽)

전쟁 말기에 조선인 위안부가 많이 동원되었던 것은 지리적인 배경이 있었기 때문으로 보입니다. 식민지적 가난과 함께 이러한 배경도 다수의 '조선인 위안부'를 만든 것이었습니다. 그리고 이 부분이야말로 일본이 조선을 '식민지화'했기에 가능한 일이었습니다.

그리고, 이하의 글은 앞에서 말한 것처럼, 위안부가 매춘부인지 무구한 소녀인지의 구별이 위안부의 체험의 참혹성을 생각하는 일에 더이상 의미가 없다는 것을 보여줍니다.

그 무렵(주: 민다나오 섬의 타바오에 있을 때)에는 젊은 현역 군인들뿐이었고, 하루에 7, 8명 정도였어요. 편하진 않아도 몸을 상할 정도는 아니었지요. 반년 정도 일하고 나서 작년 10월 말에 이 라바울로 왔어요. 여기서는 큰 부대(38사단, 나고야)의 전용소속이 되어 아주 바빴지요. 매일 아침부터 저녁까지, 열두세 사람을 상대하느라 돈은 벌었지만 힘들었어요. 그래서 힘들다고 하면 "최전방에 있는 여자들은 하루에 30명이나 상대를 하는데 너희들은 뭐냐"고 야단을 맞았지요. 하지만 30명이라니, 기껏해야 20명이 고작이죠. 일주일만 그렇게 받아도 몸이 엉망이 돼요. 그러다가 전속 부대가 과달카날로 이동한 후로는 거의 손님이 없었고, 그래서 그런 위안부들만 모아서 통과부대 전용으로 일하게 되었지요.(다니카와 미쓰에谷川美津枝,『청년장교와 위안부』, 미야마쇼보みやま書房, 1986, 66쪽)

이 글은 일본인 위안부의 글입니다. 그녀들 역시 하루에 다수의 병사들을 상대해야 했지만, 한국에는 일본인 위안부의 존재 자체가 의식되고 있지 않습니다. 위안부 문제는 실은 일본 국가가 자국의 여성들에게도 강제한 문제이기도 합니다. 고노 담화를 수정하려는 부정자들이 '강제성' 혹은 '매춘' 논의를 하기 위해서는 이러한 고통을 당한 자국 여성들을 먼저 떠올려야 할 것입니다. 식민지 여성들은 그녀들을 '대체'하기 위해 투입된 존재에 지나지 않았습니다.

4. 한국의 운동방식과 결과

한국에 순진무구한 소녀상을 정착시킨 것은 한국의 위안부운동을 이끌어온 지원단체입니다. 중요한 것은 20년 이상 지나면서 새로 알려진 사실들이 조금씩 운동과 전시에 반영되면서도 그러한 인식의 변화가 언론에 공식적으로 알려진 적은 없었다는 점입니다. 그 결과로, 변함없는 운동의 주장이 20년 이상 한국 사회에 정착되면서, 90년대에는 분명 존재했던 일본 국민 전체의 '사죄하는 마음'이 20년 후의 오늘, 오히려 현저히 줄어들었다는 점입니다. 안타까운 것은 한국이 비판하는 아베 정권의 탄생에 그러한 한국의 운동과 정부 대처가 영향을 끼친 부분이 없다고 말할 수 없다는 점입니다. 다시 말해 일본의 우경화는 자연발생적인 것이 아니라 한국의 대일 자세가 그렇게 만든 측면이 있습니다. 최근 눈에 띄게 늘어난 혐한 현상 역시 마찬가지입니다. 개인관계뿐 아니라 국가관계도 상대적인 것이기 때문입니다. 그들 중에는 심각한 차별주의자들이 존재하지만, 운동이 꼭 정확하지만은 않은 정보를 유포하는 한 그들에 대한 비판의 효력은 약화될 수밖에 없습니다.

그럼에도 그러한 정황은 제대로 인식되지 않았고, 한국의 해결 운동은 세계로 영역을 넓혀 1억 명 서명운동, 기림비 세우기, 장관과 대통령의 세계를 향한 일본 비판으로 확산되고 있습니다. 문제는 한국 홍보 전문가, 반크라는 이름의 사이버 외교사절단, 가수, 여성부 홈피까지 함께 하는 그런 활동이 꼭 정확한 정보에만 근거하고 있지만은 않다는 사실입니다.

예를 들면 2014년 3월 한 지원단체(정대협)가 주최한 대학생이벤트는 20만 명의 조선인 소녀가 끌려갔다는 내용의 포스터를 사용하고 있었습니다. 심지어 그 행사는 서울시가 지원하는 행사였습니다. 문제는 이러한 상황들이 일본의 부정파들의 편향된 정보와 인식을 반성시키거나 약화시키는 것이 아니라 오히려 강화시키고 혐한 인식을 확산시킨다는 점입니다. 오늘의 양국 대립의 배경에는 실은 이러한 상황이 있습니다. 이제 문제 자체는 잘 모르던 양국 국민들까지 부정확한 정보와 부정적인 감정만을 공유하면서 이제 위안부 문제가 해결된다 해도 양 국민들의 감정 치유는 쉽지만은 않아 보입니다.

2014년 1월에 프랑스에서 열려 한일 간에 갈등을 빚었던 앙굴렘 만화 전시는 그런 현재의 모습을 단적으로 보여준 사태였습니다.* 한국은 일본의 반발을 그저 사죄의식이 없어서라고만 생각했고 실제로 그런 이들은 없지 않지만, 그러나 반발의 근본은 위안부에 관한 표현에 사실과는 동떨어진 것들도 있었기 때문입니다. 그럼에도 앙굴렘 전시물은 부천을 거쳐 서울 한복판에서 전시되고 수많은 학생들에게 관람되면서 일본에 대한 적개심을 키워나가는 중입니다.

여성부는 올해(2014년)는 위안부에 관한 시나리오를 모집한다고 하는데, 현재와 같은 방식이 위안부 문제 해결에 도움이 되지 않는다는 것은 이 20여 년의 세월이 증명하고 있기도 합니다.

5. '말할 수 없는 구조'를 넘어

한국 사회의 '말할 수 없는 구조'는 한 가지 의견과 인식만이 받아들여지는 극단적으로 경직된 사회구조가 만든 것입니다. 중요한 건 그 구조 속에 위안부 할머니들까지도 갇혀 있다는 점입니다. '다른' 생각을 하면서도 말하지 않거나 말하지 못하는 구조는 오늘까지 그렇게 우리 사회 전체에 강력하게 살아있습니다. 2011년 여름의 헌법재판소 판결에 대해 비판적인 법학자조차도 비판을 공개적으로 하지는 않습니다.

그 이유는 물론 두려움이지만, 그건 그들의 잘못이라기보다는 오히려 하나

---

* 일본군에게 손을 잡아끌려 강제연행되는 위안부의 모습과 사죄하지 않는 일본이라는 인식을 담은 이현세 등의 만화가 전시되었다.

의 목소리 외에는 용인하지 않는 우리 자신이 만든 일입니다.

2014년 4월, 세월호의 비극을 통해 우리는 지금 한국 사회의 가치관이 하나로 집약되었던 결과로 빚어진, 너무나도 취약한 사회구조를 보았습니다. 그리고 이 문제를 두고도 한국 사회는 분열과 혼돈의 양상을 보이고 있습니다. 위안부 문제를 둘러싼 상황이 세월호의 비극을 둘러싼 상황과 무관하지 않다고 생각하는 것은 그 때문이기도 합니다.

하나의 생각만이 존중되는 사회, 국가에 그 목소리를 대표시키는 사회는 '다른' 목소리를 가차없이 억압하고 배제하며 스스로를 국가화합니다. 그러나 다양한 삶의 모습이 인정되는 사회가 건강한 사회이듯 한국 사회가 더욱 건강하고 지혜로워지기 위해서는 다양한 목소리가 시급히 필요합니다. 그러나 말하지 않는 한 현재의 인식과 구조는 유지될 것입니다. 그리고 위안부 문제도 해결되지 않을 것입니다.

오늘 여기 모인 분들, 그리고 이 모임에서의 이야기를 듣고 보게 될 모든 분들이 오늘의 이야기를 어떻게 받아들일 것인지에 따라 위안부 문제를 둘러싼 상황은 바뀔 수도 있고 바뀌지 않을 수도 있습니다. 말하자면 위안부 문제의 전환점을 만드는 것은 사실은 이 모임을 준비한 저희들이 아니라 여기 와주신 여러분들입니다.

때마침 한일 간의 정부 부처 국장급 협의가 시작되었습니다. 우리는 과거에 위안부 문제를 해결할 기회를 두 번 놓쳤습니다. 1990년대와 2012년 봄입니다.* 이번이 세번째 기회이자 마지막 기회입니다. 더이상 위안부 할머니들을 국가나 단체의 자존심을 위한 인질로 삼지 않아야 합니다. 과거에 전쟁 수

---

* '1990년대'란 아시아여성기금이 시도한 보상, '2012년'이란 일본 정부가 보상에 나서려 했던 사실을 가리킨다.

행을 위해 국가에 동원되었던 분들을 또 다시 국가의, 혹은 남성들의 '체면'이 이용하는 일도 없어야 합니다.

세월호 사건에서 한국의 대통령은 일본의 구조 지원 제안을 거부했습니다. 그렇게 만든 것은 취임 이후 줄곧 일본과의 대화를 거부해왔던 대통령의 체면 때문일 수도 있습니다. 하지만 실은 대통령을 그렇게 만든 것은 일본 관련 학자, 지원단체, 언론, 그리고 그들의 불신을 공유한 우리 자신이기도 합니다. 그런 의미에서는 어린 학생들을 죽게 만든 구조에서 우리는 아무도 자유롭지 않습니다. 그렇기 때문에도 우리는 뒤늦게나마 말해야 하고 들어야 합니다. 우선은 각 세력에 의해 오랫동안 인질이 되었던 위안부 할머니들을 위해서. 연로하신 할머니들이 이제는 반목과 불화가 아니라 용서와 화해의 주체로 거듭날 수 있도록 돕기 위해서.

오늘의 모임을 만든 것은 그런 바람이라는 것을, 이미 하늘나라로 떠난 위안부 할머니들과 너무나 어렸던 꽃 같은 생명들에게, 들려주고 보여줄 수 있기를 진심으로 바랍니다.

2. 고발 주체는 누구였나
　　―학자들의 비판

　한국과 일본뿐 아니라 유럽까지 포함한 언론들이 심포지엄에 대해 보도해주었다. 한국의 경우 보수 언론이 중심이었지만, 당시만 해도 위안부 문제를 둘러싸고 보수와 진보의 시각에 차이가 나지 않았기 때문에 다행스럽게 생각했다. 그해 1월부터 페이스북을 적극 사용하며 한국 사회와의 직접 대화를 시작했던 터라 기대 이상의 결과였다. 러시아 출신으로 귀화한 한국 사학자 박노자 교수가 그런 나를 상대로 페이스북에서 『제국의 위안부』에 대한 비판을 시작했고 그에 동조한 이들이 함께 비판을 해왔던 무렵이라 더욱 그랬다. 이제는 내 진의를 이해해주리라 기대했다.

　심포지엄에서 들어보자고 제안한 '다른 목소리'에는, 세간에 들려왔던 위안부 할머니들의 목소리뿐 아니라 오랫동안 위안부 할머니들을 위해 '위안부 문제'를 해결하기 위해 진력해왔음에도 한국 사회가 제대로 들으려 하지 않았던 지원자들의 목소리도 포함되어 있었다. 한국 사회가 민주화 투쟁 시대부터 연대해왔던 와다 하루키和田春樹 교수와, 정대협이 만들어지던 초기부터, 그러나 서울 아닌 부산에서 위안부 할머니들을 위해 자비를 들여 활동해왔던 고령의 활동가, 그분들을 초청해 함께 등단해서 할머니들의 목소리의 일부를 전달했던 건 그분들의 노고에 답하고 싶었기 때문이기도 했다.

하지만 언론의 반응과 달리, 아니 언론의 반응이 뜨거웠기 때문이기도 할 터인데, 2월경부터 시작된 박 교수를 비롯한 학자들과의 페이스북 논쟁은 고발 직전까지 이어졌다.*

물론 같은 시기, 배춘희 할머니와의 만남과 대화도 이어지고 있었다.** 그런데 여러 심상치 않은 사건을 겪은 끝에 6월 9일, 배춘희 할머니의 부고가 날아들었다. 점차 쇠약해지고 있기는 했지만, 불과 반년 전만 해도 90이 넘은 연세에도 놀라우리만큼 건강했던 분이었다.***

그로부터 일주일 후, 나는 고발당했다. 받아든 고발장에는 뜻밖에도 책뿐 아니라 내가 개최한 심포지엄까지 언급되어 있었다. 나의 활동이 위안부 문제 해결에 방해가 되니 막아야 한다는 내용이었다. 가처분신청서는 출판 금지뿐 아니라 위안부 할머니들에 대한 접근 금지까지 요구하고 있었다.

『제국의 위안부』 고발의 직접 원인이, 오랫동안 세상에 나오지 못했던 할머니들의 목소리를, 내가 지원단체 등 주변인들의 검열을 거치지 않고 내보낸 사실에 있다는 것이 이해된 순간이었다. 그에 더해, "일본을 용서하고 싶다"고 했던 할머니의 죽음이, 나를 향해 겨눠지던 방아쇠 위에서의 망설임을 거두었으리라는 것도.

언론 기사들은 대부분 "위안부를 매춘부라고 주장한 박유하"라는 지원단체의 주장만을 다시 옮기고 있었다. 그 무렵 나에게 전화를 걸어왔던 위안부 할머니는 "나눔의집 소장이 책을 읽어줬다"면서도 의구심을 표했고,

---

* 자세한 내용은 〈제국의 위안부〉, 지식인을 말한다』(뿌리와이파리, 2018)에 썼다.
** 자세한 내용은 『일본군 위안부, 또 하나의 목소리』(뿌리와이파리, 2020)에 썼다.
*** 자세한 내용은 『일본군 위안부, 또 하나의 목소리』(뿌리와이파리, 2020)에 썼다.

자택에서 만난 한 할머니는 "서울대 교수 5명이 당신 책 나쁘다 하더라"고 소리치면서 더이상 내 이야기를 들으려 하지 않았다.

보수부터 진보까지, 정치가부터 시민들까지 모두가 분노를 터뜨리던 그 시기에, 『교수신문』이 원고를 의뢰했다. 오래전부터 칼럼을 쓰기도 했고 이미 그보다 몇 년 전에 나를 비판한 재일교포 서경식 교수의 책에 대한 반론을 쓴 인연이 만든 의뢰였을 터였다.

그 어떤 언론도 내 해명을 있는 그대로 들으려 하지 않았고, 내 해명을 담은 호의(?)적인 기사들은 이런저런 내부 '사정' 탓에 아예 나오지 않곤 했다. 나는 곧바로 짧은 글을 썼다. 『교수신문』은 글 앞에, 글을 싣는 취지와 자신들이 붙인 제목에 대한 '편집자 주'를 달았다(2014년 6월 30일자).

'세계의 상식'에 던진 도전장… '다른' 해법도 있다

『제국의 위안부』가 출판된 것은 작년 여름, 8월이었다. 사실 이 책이 출판된 이후 인터넷서점 등에서 책을 구입한 독자들은 비판적인 목소리를 쏟아냈다. 물론, 저자의 주장에 호의적이고 동의하는 목소리도 있었다. 이런 가운데 박노자 오슬로대 교수(한국학)가 『레디앙』(2014년 6월 11일)에 "박유하 교수가 말하는 '용서와 화해'의 이면에 얼마나 끔찍한 국가주의적, 폭력적 사고가 도사리고 있는지"를 따지며 저자의 주장에 동의할 수 없다고 비판하고 나섰다. 이에 대한 저자의 반론과 박노자 교수의 재반박이 이어지고 있는 가운데, '나눔의집' 측이 이 책에 대한 '판매금지'를 사법부에 요청하는 사태가 발생했다. 학자의 학문행위와 학문적 자유에 대해 깊이 고민해온 『교수신문』은 저자의 책 『제국의 위안부』에 대한 관련 분야 연구자들의 깊이 있는 서평과 함께, 과연 한 사람의 학문적 주장을 문제 삼아 이를 사법적 판단으로 몰아갈 수 있는지, 이것이 학문의 자유에 대한 침해가 되지는 않는지 등의 문제를 다양한 관점에서 검토하고자 한다. 아울러 저자의 민족주의 인식, 동아시아 화해의 방법 등에 대해서도 진정성 있는 학문적 논쟁이 이어지길 기대하면서, 『제국의 위안부』 지면논쟁 첫 회로 저자 박유하 교수의 글을 싣는다.

1. '세계'의 인식과의 싸움─『제국의 위안부』를 말한다

2014년 6월 16일, 세월호 참사에서 꼭 두 달 후였던 이날은 개인적으로는 세월호만큼의 충격과 크기로 기억될 것 같다. 나의 책 『제국의 위안부─식민지 지배와 기억의 투쟁』이 나눔의집에 계신 위안부 할머니들의 명예를 훼손했다면서 판매 금지를 요구하는 고소고발을 당했기 때문이다. 뿐만 아니라, 법률적 재판에 들어가기도 전에 고소고발의 주체(위안부 할머니들이 원고로 돼 있지만, 실은 나눔의집 소장과 그에게 의뢰받은 젊은 변호사가 소송의 실질적 주체이다)가 책 내용을 왜곡해 언론에 전달한 탓에 여론재판이라는 곤욕까지도 치러야 했다.

　작년 여름에 낸 책을 둘러싸고 이제 와서 이런 일이 벌어진 배경에는, 내가 책을 낸 이후 나눔의집 위안부 할머니들 중 일부 분들과 꽤 깊은 교류를 갖게 된 일이 있다. 나눔의집 소장은 나와 할머니의 교류를 경계하면서 방해조차 했는데(그 과정에서 나는 나눔의집의 문제를 많이 알게 됐다), 그에 더해, 최근에 나와 비슷한 문제의식을 갖는 학자/언론인/지원단체대표와 함께 열었던 심포지엄(동아시아의 미래를 생각하는 사람들 주최, 〈위안부 문제, 제3의 목소리〉, 2014년 4월 29일)이 언론에 긍정적으로 받아들여진 것이 이번 고소고발 사태의 직접적인 원인으로 작용했다. 이는 추측이 아니라, 법원에 제출된 고소장에 실제로 심포지엄에 대한 언급과 경계의식이 적혀 있었기에 하는 이야기다.

그동안 한국의 지원단체는 일본 정부가 아무것도 하지 않은 것처럼 말하면서 위안부 문제의 해결 방식으로 '법적 해결'을 주장해왔다. 하지만, 그들의 주장은 정확하지 않을 뿐 아니라 '법적 해결'이라는 해결 방식의 근거로 삼는 논리들에도 몇 가지 문제가 있었다.

그런데도 그들의 인식과 운동방식이 아무런 검증 없이 그대로 '한국의 생각'이 돼버린 상황에 나는 문제를 느꼈었다. 말하자면 20년 이상 문제가 해결되지 않는 이유는 일본 탓만이 아니라 정확하지 않은 비판과 잘못된 운동방식에도 있다고 생각했다. 그래서 이 20여 년 동안 위안부 문제를 둘러싸고 어떤 일이 있었는지를 검토하고, 조선인 위안부라는 존재가 도대체 어떤 존재였는지를 근본적으로 다시 생각해보려 했던 것이다.

그런데 나와 마찬가지로 지원단체에 비판적인 생각을 갖게 된 이들이 함께 심포지엄을 열고 우리가 내보낸 메시지에 한일 양국 언론이 주목하는 상황에 대해 그들은 위기위식을 느꼈던 것 같다. 심지어 고소장은, '해방 후 한국'에 대해 언급하면서 "70세가 다 되어가도록 그 이전의 자신의 모습을 직시할 수 없다면… 용기가 부족해서라고할 수밖에 없다"(134쪽)라고 썼던 부분을 위안부 할머니에 대해 한 말로 오해하고 있었다. "일본군 위안부의 명예를 악의적으로 훼손"했다는 비난은 그런 어이없는 오독이 만든 주장이었다. 그 외에도 내가 사용한 단어나 인식들을 무조건 '허위'라고 주장하는, 오히려 위안부 문제에 관한 고발자들의 무지'를 드러내는 주장들이 나열돼 있었다.

---

* 이때만 해도 나는 고발자들이 사실을 잘 모르고 있던 탓에 내 말을 허위로 '오해'한 것으로 생각했다. 하지만 시간이 지나면서 그건 오히려 나의 오해였다는 사실을 알게 되었다. 그들은 위안부

나는 이 책에서 두 가지를 시도했다. 하나는 단순히 학문적 논의에 그치지 않고 국가간 '해결'이라는 것이 요구되는 문제에 필수적일 가능한 한 많은 정보와 그에 기반한 새로운 인식 제공. 또 하나는 위안부 문제를 기존 연구들은 '전쟁'이 야기한 문제로 풀려 했지만 조금 더 범위를 넓혀 '제국'(확장된 국가세력)의 문제로 푸는 작업. 근대 초기에 이루어진 사람들의 '이동'과 연계해서 현대의 기지 문제까지 다루게 된 건 두 번째 시도의 결과였다. 그 과정에서 의도한 것이 과거의 제국인 일본에 대한 비판이라는 것은 두말할 필요도 없지만, 현재의 동아시아 갈등의 배경에 미국이라는 존재가 있다는 사실도 환기시키고 싶었다. 다시 말해 위안부는 국가세력을 확장하려 한 '제국주의'가 만든 존재지만, 이후의 냉전에 의해 위안부 문제는 현재까지 이어지고 있고, 과거만의 일이 아니라 또 다른 현대의 문제이기도 하다는 것이 이 책에서 시도한 나의 문제의식이었다.

오랜 시간에 걸쳐 만들어진 '세계의 상식'에 도전장을 던진 셈인 이 책이 어떻게 받아들여질 것인지 우려했지만, 출간 직후의 언론 반응은 예상 밖으로 호의적이었다. 하지만 책에서 제기한 인식은 더이상 확산되지 않았고, 한일 관계는 더한층 악화돼가기만 했다. 심포지엄을 열었던 건 그 때문이었다. 무엇보다 지원단체와는 '다른' 해결법을 원하는 할머니들의 목소리를 전하고 싶었다.

그렇게, 세상에는 거의 들리지 않았던 목소리와 함께 기존의 큰 흐름 속에서 이 역시 묵살되고 들려오지 않았던 목소리들—예를 들면 일본이 1990년대에 행한 사죄와 보상은 민간기금의 형태를 띠었지만 실질적으로는 정부가

관련 상황을 일찍부터 잘 알고 있었다. 그러나 소수의 관계자들끼리만 공유했을 뿐 외부에는 숨겨온 것이었다.

중심이 된 사죄/보상이었다는 사실, 수도권을 중심으로 하는 지원단체들의 운동방식(소녀상을 세우거나 일본이 아닌 세계에 호소하는 방식)에 대한 지방 지원단체의 비판, 그리고 위안부 문제를 해결하기 위해서는 이제까지의 운동방식과 국민상식이 된 정보와 인식을 재검토하고 이 문제를 원점으로 돌아가 다시 생각해야 한다는 의견 등을 내보냈다. 그에 기반해, 기존 지원단체의 의견에만 의존할 것이 아니라 위안부 당사자를 포함한 다양한 목소리를 들을 수 있는 협의체 구축, 두 나라에 부족했던 정보를 전달하고 서로에 대한 이해를 심화시키는 작업, 바깥에서 다른 나라(미국과 유럽)를 향해 서로를 비난하는 것이 아니라 서로를 마주보고 행하는 문제해결이 필요하다는 제안을, 한·일 양국의 정부와 언론과 지원단체를 향해 제기했다. 말하자면 이번 고소고발 사태는 그간의 지원단체와 소수의 연구자들의 주장이 위협받는 사태를 맞아 행해진 '원천봉쇄 시도'라고 나는 이해한다. 그리고 아이러니하게도 그런 시도와 왜곡된 보도자료가 야기한 마녀사냥은, 역사문제를 둘러싼 일부 진보진영의 인식과 담론에 대한 나의 문제의식이 옳았음을 다시 한번 확인하는 계기가 됐다. 따라서 나는 이번 사태가 나의 책에 대한 관심이나 비판을 넘어 진보 담론의 어떤 현장에 관해 논하는 공론의 장으로 이어지기를 바라고 있다. 그렇게 해서 이번 일이 한국 사회의 문제에 대해 근본적으로 성찰할 수 있는 또 하나의 계기가 될 수 있다면, 내게 갑작스럽게 닥친 폭력적인 사태에도 그나마 의미 부여가 가능할 것이기 때문이다.

3. 생애 첫 법정 공방

그러나 나의 해명에 귀를 기울이는 이들은 없었다. 7월 초에는 나눔의집 관계자들이 할머니들 몇 분을 앞세워 내가 근무하는 대학 정문 앞으로 와서 시위를 했다. 그리고 "역사를 왜곡하고 피해자의 명예를 짓밟은" "일본 극우세력의 논지를 펴는" "박유하를 파면하라!"고 외쳤다.

변호인을 선임하기는 했지만 이후 법원에 제출하게 되는 수많은 문서들은 대부분 내가 먼저 써야 했다. 원고 측의 어이없는 주장에 가장 잘 대답할 수 있는 사람은 학술적으로도 사건 주변의 현장에 관해서도 나일 수밖에 없었다. 그렇게 쓴 문서를 그대로 '피고인 의견서' 혹은 '탄원서'라는 이름으로 제출하기도 했다.

원고 측은 소장에서 『제국의 위안부』가 위안부 할머니들을 "매춘으로 매도"했고, "일본군의 협력자로 매도"했으며 "성적 착취와 학대를 당한 피해자임을 부정했다"고 주장하고 있었다. 나의 책은 "허위"이고 내가 위안부 할머니들에게 "한일 간의 화해를 위해서 자신들의 행위가 매춘이며 일본군의 동지였던 자신들의 모습을 인정함으로써 대중들에게 피해자의 이미지만 전달하는 것을 중단해야 한다고 주장"했다고 했다. 따라서 『제국의 위안부』는 "피해자들의 명예 훼손"을 하고 있으며 "손해배상 책임"이 있다면서 "사회적 해악"일 뿐 "공공의 이익"을 위한 책이 아니라는 주장도 덧붙이고 있었다. (나중에야 알게 된 사실이지만 원고 측 주장이 설사 사실이라 해도 '공익 목적'의 책이면 명예훼손은 법적으로 성립하지 않았다.)

어쩔 수 없이, 서면 전체를 가득 덮은 악의에 그만 질식할 것 같았던 고소장과 마주하며 나는 생애 최초로 법원에 제출하는 글을 썼다. 이 책을 쓴 이유는 "20년 이상 해결되지 않고 있는 위안부 문제 해결에 도움이 되고 싶었기 때문"이고, "해결되지 않고 있는 데에는 일본뿐 아니라 기존 연구나 운동방식에도 원인이 있"다고 생각했기 때문이며, 발간 당시에는 "대부분의 언론이 호의적"이었고 "출간 후 10개월이나 지난 시점에서 고소 사태가 일어난 것은, 책 자체의 문제라기보다는 이 책의 내용을 곡해하여 위안부 할머니들께 왜곡전달한 주변인들의 독해력 혹은 그 밖의 요인 탓으로 생각"한다고 썼다.

덧붙여서 심포지엄 취지와 내용을 설명하고, 원고 측 주장이 왜 사실이 아닐 뿐 아니라 초보적인 실수 혹은 악의에서 비롯된 독해인지도 설명했다. 위안부 할머니들을 "비하"하거나 위안부 문제를 "부정"하기는커녕 오히려 그 반대로 문제를 오랜 시간 지켜보고 내 나름으로 풀어보고자 고심한 끝에 내놓은 책이라고 설명했다. 문제시된 "동지적 관계"란 식민지였던 조선의 현황을 들여다보기 위한 하나의 개념일 뿐이고, "그런 위치를 정확히 봄으로써 '일본군 조선인'에게는 보장되었던 보상제도가 위안부에게는 '법적으로' 존재하지 않았던 구조를 지적하여, 일본으로 하여금 책임을 회피하지 않도록 만드는 것이 저의 의도"였다고 썼다.

"성적 착취와 학대를 당한 피해자임을 부정"하기는커녕 오히려 그 반대의 위치에 서서 쓴 책이며 "업자"의 존재를 부각시킨 것은 업자가 바로 그

"성적 착취와 학대"의 또 하나의 가해 주체였다는 사실이 그간의 연구에서 간과되었기 때문이라는 설명도 썼다.

내가 한 말로 오해된 단어들은 '일본을 향한 비판'의 문맥에서 사용했을 뿐이고, 2013년 초, 일본의 혐한 경향이 강해지던 무렵에도 트위터를 통해 그런 이들을 직접 비판했다고 썼다. 나의 시도는 "지원단체가 부정파들에 대한 무조건적인 비난에 치중"하는 동안 "부정파들조차 설득하기 위한 논리" 만들기의 일환이었다는 설명도 했다. 따라서 일본어판이 나오면 "이제까지 지원단체와 대립만 하던 부정파들을 설득하고 전혀 움직이지 않았던 일본 정부도 움직일 수 있을 것으로 기대하고 있"다는 희망도 덧붙였다.

"무엇보다, 저의 분석이 나눔의집의 할머니를 특정해서 말한 것이 아닌 이상 '사회로부터 받는 객관적인 평가를 침해하는 명예훼손'이 될 수는 없"으며, 일본을 최대 "전쟁범죄국"으로만 간주해온 그간의 위안부 문제 관계자들과 달리 "저의 문제의식은 식민지로 만든 나라의 국민을 '제국 확장'에 가담시킨 행위 자체를 비판하는 '제국 일본' 비판에 있"었고, "책 제목은 바로 그런 의식을 담은 것"이라고도 설명했다. 나의 시도는 오로지 "'조선인 위안부'라는 존재가 왜 생겼는지를 말해줄 '식민지배' 문제가 위안부 문제 운동에서 사라진 데에 따른 문제제기"였고 그런 한 결코 "일본의 입장만 반영"한 책일 수 없다고 썼다.

"민족주의적 사고를 비판"한 책이라는 주장에 대해서는 "제국 비판의 시각에서 쓴, 오히려 민족주의적인 책"이며 "(저의) 다른 논문 작업은 '근현대 일본'에 대한 치열한 비판"이라는 사실, 그럼에도 "저의 작업을 그저 일본 편을 드는 '잠재된 위험성'을 가진 활동으로 간주하고 고발을 통해 저의 향후 활동을 막으려는 시도야말로 야만적이고 폭력적인, '현대 한국 사회의 위험성'을 드러"내는 것이라고 썼다.

"접근금지 요구" 부분에서는, 할머니들이 나에게 한 이야기는 "고령의 착오"가 만든 것이라면서 내가 "의도된 질문"을 한 것이며 (접근금지)신청인들에게 "불리한 증거"가 될 수 있다고 한 원고의 주장에 대해 나는 그저 대변인이 아니라 할머니들의 목소리를 직접 들어보고 싶었고 "지원단체의 주장 관철에는 불리할 수 있어도, 해결을 원하는 할머니들에게는 불리하기는커녕 오히려 도움이 될 수 있다고 생각"한다고 썼다. 실제로 "나눔의집 할머니 중 일부는 지원단체의 주장과는 다른 해결 방식을 원하고 있"고, 따라서 "할머니들을 통제하여 '피해자의 인격권'을 침해한 것은 오히려 나눔의집 등 할머니의 주변인들"이라고 마무리했다.* 7월 7일이었다.

곧이어 학문적으로 가까웠던 지인 학자들이 나를 위해 '가처분에 항의하는 시민성명'을 만들어주었다. 그리고 제자들과 페이스북 친구들이 나서서 220여 명의 서명을 받아주었다. 그리고 그 성명과 참가자 명단을 법원에 제출했다.

그 와중에도 쉴 새 없이 페이스북 공간에서 쏟아지던 수많은 비난을 보다 못한 한 미국 거주 여교수가 대응책을 논하는 모임을 만들면 좋겠다고 조언해주었다. 이후, 친일파 소리를 듣는 나를 위해 용감하게도 옹호에 나서주었던 몇몇 사람들과 따로 대화방을 만들었다. 그리고 매일 나를 향한 비난의 내용에 대해 정보를 공유하고 대응책을 논의했다.

정대협이 20여 년 우리 사회에 정착시켜둔 '국민 상식'은 수많은 이들을 나에 대한 공격에 나서게 했지만, 당시에도 편견과 곡해 없이 눈앞에 놓인

---

* 가처분소송 법원에 제출한 「출판금지 가처분신청서에 대해서」에서 인용.

목소리와 진지하게 마주하려는 이들은 없지 않았다. 하지만 숫자에서 너무나 차이가 났다.

따라서, 간단한 반박문을 법원에 제출하기는 했지만 그것만으로 충분할 거라고는 생각하지 않았다. 나는 그 여름에 예정했던 모든 일을 접고 집안에 틀어박혔다. 그리고 더 구체적인 반박문 작성에 집중했다. 외출할 기력도 시간도 그해 여름엔 없었다.

어쩌다 일이 있을 때면 모자를 깊이 눌러쓰고 선글라스를 착용했다. 7월 초에 내가 근무하던 대학 앞에서 벌어진 시위를 겪은 이후로는 그들이 언제 집으로 찾아올지 몰라 초인종 소리가 두려웠던 여름이었다.

해명을 위해 정리해야 할 자료는 너무 많았다. 시간도 충분하지 않았기에 아르바이트까지 고용했다. 극심한 고통 속에서는 음악도 풍경도 위로가 되지 않았다. 절망과 스트레스를 이겨내는 가장 좋은 방법은 눈앞에 있는 '일'거리에 몰두하는 것뿐이었다.

그렇게 겨우 만들어낸 A4 150매 분량의 반박문을, 8월 말에 법원에 제출했다. 그제서야 대책논의팀과도 오프라인 모임을 가질 수 있었다.

책에 대한 고발 소식이 전해지자, 모든 작업을 마치고 여름에 나올 예정이었던 일본어판 출간도 연기됐다. 그러나 책을 편집한 여성 편집자는 "위안부 할머니들께 이 책을 읽어드리고 싶다"고 말해주어 눈물이 다시 났다.

10월로 들어서자 원고 측은 예정되어 있던 기일을 미루면서『제국의 위안부』'전면 출판/판매금지' 요구에서 그것을 '주위적 신청취지'로, 일부 표현(53곳)을 '삭제하지 아니하고는 출판, 발행, 인쇄, 복제, 판매, 배포, 광고를 하여서는 아니된다'를 '예비적 신청취지'로 변경했다. 제출된 나의 반박문에 대응해 전략을 수정한 것일 터였다.

새로 제출된 변경서에는 정대협에 대해 비판한 부분들이 대부분 삭제되어 있었다. '허위'라던 주장을 약화시키는 대신 나의 "역사인식"이 "공공선에 반"하는 것이고 "전쟁범죄를 찬양"했다고 강조하고 있었다.

법원에서 기자회견까지 열어 그렇게 외친 건 학생들에게 『제국의 위안부』를 분석시켜 보고서를 만든 젊은 여성 변호사였다. 함께 고발된 출판사 대표와 변호인의 권유로 가처분신청 재판에는 참석하지 않았던 탓에 나는 그 사실을 뒤늦게 알았는데, 불과 5분 정도의 영상 전부를 볼 수 있었던 건 훨씬 더 나중 일이었다. 내용도 어이없었지만, 증오와 적개심으로 가득한 외침에 맞설 용기가 그때는 아직 없었다. 변호사 앞에는 위안부 할머니들이 고개를 숙인 채 휠체어에 앉아 있었다. 당사자와 대변자의 뒤바뀐 모습을 상징하고 있었다. 하지만 언론은 아무도 그렇게 생각하지 않았고 그녀가 말하는 대로 "위안부는 매춘, 박유하"라는 기사를 앞다투어 내보냈다.

어쩔 수 없이, 유달리 원고 측의 왜곡된 주장을 열심히 전하던 『조선일보』와 『한겨레』, 그리고 『연합뉴스』와 『한국일보』를 상대로, 언론중재위원회에 중재를 요청했다.

10월 말에 언론중재위원회가 열렸지만, 다른 곳과 달리 나눔의집 담당 기자였던 『연합뉴스』 기자는 끝까지 저항했다. 중재위는 내 손을 들어줬고, 언론사들은 나의 반론 혹은 기사수정 요청에 응했다.

11월에는 『화해를 위해서』의 심사위원으로 처음 만났던 『아사히 신문』 주필이 노력해준 결과로 고발 탓에 출간이 연기되었던 『제국의 위안부』 일본어판이 나왔다. 이어서 기대 이상의 리뷰들이 여기저기 나왔다. 연말에는 『아사히 신문』 이상으로 진보적으로 평가받는 『도쿄 신문』이 '올해의 책'으로 선정해주었다. 기쁘기도 했지만, 고작 동해 바다를 사이에 두었을 뿐인 두 사회의 너무나 다른 반응은 착잡했다.

  12월이 되자 검찰이 호출했다. 서울동부지검에 가서 조사를 받았고 지적당한 53곳에 대한 답변을 담은 서류를 제출했다. 생전 처음으로 '피의자 신문조서'를 작성했다. 7월부터 진행되고 있었던 가처분소송에서는 내가 '채무자'였고, 다음해 5월부터 시작되는 민사 손해배상소송에서는 '피고'였다는 사실을 정확히 파악한 건 한참 시간이 지난 뒤였다. 고발 후 반년이 지나도록, 어쩌면 당연하게도, 나는 형사재판의 '피고인'과 민사소송의 '피고', 가처분신청의 '채무자'의 차이를 모르고 있었다. 나와는 상관없었던 세계의 단어들이, 한꺼번에 이해하기에는 너무 갑자기, 너무 낯설게 내 삶의 한가운데로 들어와 앉아 있었다.

  원고 측이 109곳을 고소취지 변경과 함께 줄인 53곳에 대해서도 구체적인 반박문을 다시 작성해 제출했다.

  나 자신을 구하기 위해 그저 눈앞에 놓인 작업에 매진해야 했던, 생애 최초의 재판이 나 없이 진행되었던 8개월 동안, 나는 이후에도 10년 동안 법원과 사회를 향해 외치게 될 이야기를 반복해서 쓰고 또 썼다. 11년이라는 시간이 고통스러웠던 건, 세간의 비난뿐만 아니라 한 번 했던 얘기를 무한 반복해야 했기 때문이기도 했다. 지루함과 소모를 견디는 일은 비난 이상으로 고통스러웠다.

  이른바 '지식인'들의 공격도 변함없이 이어졌다. 12월에는 원고들의 고발장에 담긴 생각을 만든 것으로 보였던 서경식 교수가 다시 『한겨레』를 통해 나를 비난했다. 매일매일이, 국내외 언론, 혹은 페이스북에서 누군가의 비난과 마주해야 하는 나날이었다. 법원 말고도 그 모든 비난과 의구심에 매일 답해야 했다.*

형사고소와 관련해 나를 두 번 조사했던 서울동부지검의 수사관은 친절했고, 예의를 다해 나를 대했다. 그리고 연말에 무혐의로 판정, 보고했다고 했다.

그런데 다음해가 되자 검찰에서 다시 출두연락이 왔다. 이번에는 젊은 검사의 '수사'를 받게 되었다.

다시 한번 '조서' 작성을 위한 질문에 답해야 했다. 검사는 안쪽 컴퓨터 앞에서 자기 일을 하다가 입구 쪽 수사관 앞에 앉아 있는 나에게 때로 다가와 인터넷에서 뽑은 자료들을 내던지듯 들이밀었다. "이래도 (위안부가) 피해자가 아니라는 겁니까!"라는 호통도 빼놓지 않았다.

2월 중순, 가처분신청 판결 기일을 코앞에 두고 있던 설 연휴 기간 어느 날, 당시 성남시장이 페이스북에 나에 대한 기사를 공유했다. '친일파 여자와 같은 하늘에 살아야 하는' 운명을 통탄한 글과 함께였다. 순식간에 수천 명이 모여들어 그 글에 공감을 표했다. 댓글에는 "자위대에 위안부로 던져줘라!"라는 조롱과 함께 총과 칼이 겨눠지기도 했다.

현실정치에는 대통령선거 말고는 관심이 없었던 내가 정치가의 이름에도 관심을 갖게 된 건 이때부터였다.

설 연휴가 끝난 직후, 가처분신청 결정이 나왔다. 패소. 원고 측이 요구한 53곳 중 34곳을 삭제하라는 '일부 인용' 결정이었다.

그 직후, 일찍이 『화해를 위해서』로 내가 "일본 우익의 상찬을 받는다"는

---

* 『〈제국의 위안부〉, 지식인을 말한다』에 그중 일부 반론들을 실었다.

거짓말을 신문에 썼던 『한겨레』 기자의 후임으로 일본특파원으로 가 있던 젊은 기자가 페이스북 메시지를 통해 연락을 해왔다. "몇 가지가 너무 궁금"하다면서 질문을 하기에 성심껏 긴 답변을 썼다.

하지만 정작 나온 건 일방적인 비난 기사였다. 하지만 더이상 언론에 반론할 시간은 나에게 남아 있지 않았다.

제2장

삭제판 출간,
손해배상 재판,
형사조정 결렬,
기소

(2015년 2월~2015년 12월)

1. '해명'이라는 굴레

가처분소송에서 원고가 지적한 53곳 중 34곳을 "삭제하지 아니하고는 출판…해서는 아니된다"는 판결이 난 후, 출판사와 나는 삭제 명령 부분을 ○○○○○으로 표시해서 책을 다시 내기로 했다. 그건 일제가 조선에 대해 행했던 사상검열을 '민주화'된 대한민국 정부가 광복 후 70년이나 지난 시기에 반복하고 있다는, 우리 나름의 비판을 담은 시도였다. 그리고 곳곳이 글자 대신 동그라미 표시가 된 책을 내게 된 "참담한 심경"을 서문에 담아, 고발일에서 1년이 지난 6월 16일에 맞춰 삭제판을 냈다.

같은 날, 고발 이후 함께 대응을 모색해온 학자/시민들과 함께 만든 모임 '동아시아 화해와 평화의 목소리' 주최로 심포지엄을 열었다. 심포지엄에는 '역사와 마주하는 방식'이라는 제목을 붙였다.

고발 직전에 심포지엄을 함께 열었던 이들과 만들었던 '동아시아 미래를 생각하는 사람들'은 고발 이후 나에 관한 인식에서 균열이 생긴 상태였다.『제국의 위안부』에 공감을 표했던 이들도 '고발'이라는 사태를 맞닥뜨리자 자신의 독해를 의심하는 듯했다. 결국 2014년 4월의 딱 한 번의 심포지엄만으로 그 모임은 세상에서 자취를 감췄다. 그 심포지엄은 내가 사비를 털어 개최한 행사였는데, 바로 그 심포지엄이 결국 나 자신에 대한 공격을 자초한 셈이었다.

고발 이후 첫 공개적 모임이 된 그 심포지엄에서 나는 「기억의 정치학을 넘어서」라는 제목으로 발제를 했다.*

◇　◇　◇

기억의 정치학을 넘어서
―『제국의 위안부』 피소 1년

1. 위안부 문제를 둘러싼 인식의 변화

위안부 문제에 관한 인식을 둘러싸고 이 1년 동안 현저한 변화가 있었습니다.

작년 8월에 『아사히 신문』이, 그리고 11월에 『홋카이도 신문』이 '강제연행'에 관한 과거의 기사를 취소한 사태는 그 변화를 보여주는 대표적인 사건이었습니다.** 그리고 지난 5월에는 미국을 비롯한 세계의 저명한 역사학자들이 이 문제에 관한 의견과 제언을 발표했습니다.***

특히 주목해야 할 것은 한일 지원단체들이 기존 입장을 바꾼 사태입니다.

충분히 알려지지 않았지만, 위안부 문제를 둘러싼 공방은 '법적 책임', '국가배상'이라는 두 단어에 집중되어 있습니다. 즉 지원단체는 일본이 책임을 지려 하지 않는다, 사죄도 보상도 하지 않는다는 식으로 이 20여 년 동안 말해

---

* '동아시아화해와평화의목소리' 창립 기념 심포지엄 〈역사를 마주하는 방식〉 발제문(2015년 6월 20일)으로, 『〈제국의 위안부〉, 지식인을 말한다』(2018)에 수록했다.
** 『아사히 신문』 2014년 8월 5일자, 8월 6일자 기사, 『홋카이도 신문』 2014년 11월 17일자 기사.
*** 『제국의 위안부』 '제2판 34곳 삭제판'(2015)에 부록으로 실었다.

왔는데, 그 말의 의미는 '법적' 책임을 지지 않았다는 것입니다. 일본은 보상을 했지만 이른바 '도의적 보상'이었고, 그런 것이 아닌 '법적' 보상을 하라는 것이 그간의 주장이었습니다(『제국의 위안부』 참조). 그러나 국회에서 '입법'을 해야 한다고 주장해온 지원단체가 그런 주장에서 한걸음 물러나 꼭 그런 입법을 하지 않는 방식이라도 좋다고 입장을 바꾼 것입니다.˚ 이 모두가 이 20여 년의 동향, 그리고 2007년에 미국 하원이 국회 결의를 통해 일본에 사죄를 요구한 이후 세계가 그에 동조했던 이 8년간의 동향에 비추어 괄목할 만한 변화입니다.

그동안 지원단체와 관련 연구자들이 '법적 책임'을 주장해온 근거는 위안부 문제 발생 초기에 여러 가지 이유로 '군인이 강제로 끌어간 것'으로 이해되면서, 범법에 근거한 '국가배상'을 해야 한다고 생각했던 사고에 있습니다. 그러나 이후 조금씩 초기 이해와는 다른 연구도 나오기 시작했습니다.

하지만 이런 인식의 변화가 '공적으로' 공개된 적은 없습니다. 또한 일본인 위안부의 존재, 업자의 존재, 인신매매 등이 공식적으로 공표되고 논의된 적도 없었습니다.

그리고 위안부 동원 방식이 이른바 '강제연행'과는 조금 다른 상황이었다는 사실이 세간에 조금씩 알려지자, 별다른 설명 없이 이번에는 일본군이 인신매매의 주체였다는 뜻으로 '강제연행'이라는 단어가 사용되게 됩니다.˚˚ 그

---

* 『홋카이도 신문』 2015년 4월 25일자 조간은 「위안부 문제 '법적 책임' 추구하지 않기로, 한국 정대협 이전 방침을 전환」이라는 기사를 실었다. 그런데 일주일 후인 5월 1일자 조간에는 「위안부 문제 '법적 책임' 내용을 설명, 한국 정대협 해결 방향성을 제시」라는 제목으로 정정기사가 실리게 된다. 정대협의 항의를 받은 결과로 이후 지원단체는 다시 입장을 바꾸었다.
** 요시미 요시아키吉見義明, 「일본군 '위안부' 문제에 대하여—『워싱턴포스트』의 '사실' 광고를 비평한다日本軍「慰安婦」問題について—「ワシントンポスト」の「事實」廣告を批評する」, 『계간 季刊 전쟁책임연구戰爭責任研究』 제64호(2009년 봄호). 요시미는 여기서 일본의 패전 이전

리고 그에 관한 일본의 '법적 사죄', '국가배상'을 묻고 있는 것이 위안부 문제를 둘러싼 현재의 상황입니다.

사실 위안부 관련 지원단체조차 윤명숙의 견해를 인용하면서 더이상 한반도에서의 강제연행을 강조하지 않습니다. '식민지 통치'하이기 때문에 오히려 그런 식의 강제가 이루어질 수 없었다고 말한 바 있습니다.'

형법 33장 제226조가 위안부 문제를 생각하는 데에 중요한 법이고, 실제로 처벌된 적도 있다는 사실을 언급하고 있다. 그런데 처벌된 것은 일본 국가가 아니라 업자였다.
요시미는, 이 법에서 국외이송목적약취죄, 국외이송목적유괴죄, (국외이송목적-원문의 괄호) 인신매매죄, 국외이송목적죄의 4개 사항이 '범죄'로 인정되었다고 설명하고 있다. 국외이송목적약취죄는 (피해자의 저항을 억압하는 강도의) "폭행 혹은 협박을 수단"으로 한 행위, 국외이송목적유괴죄는 "기망 혹은 유혹을 수단"으로 한 행위(동시에 "'기망'이란, '허위사실을 말해 상대를 착각하게 만드는 것'", "'유혹'이란 '감언으로 상대를 행동하게 만들어 판단의 적부를 잘못 판단하도록 만드는 일'"이라는 설명도 덧붙여두고 있다)라는 설명과 함께, 인신매매죄는 "전전戰前 형법에서는 국외이송 케이스에만 해당"되었고, "국내 인신매매가 처벌된 것은 2005년"이어서 "그때까지는 국외이송목적을 제외하고는 인신매매를 범죄로 간주하지 않았다", "국외이송목적죄"는 "약취 혹은 유괴 혹은 매매된 자를 해외로 이동시키는 일"이었다고 설명하고 있다.
그리고 "협의의 강제"만을 "강제연행"으로 간주해온 의견에 대해 "실제로는 협의/광의의 차이는 없습니다. 죄의 무게는 같습니다. 이 네 가지에 형법 차이는 없는 게 됩니다"(3~4쪽)라고 주장한다. 이른바 '광의의 강제성'까지도 '협의의 강제성'과 동일시하는 것이다.
하지만 이런 식의 애매한 규정 자체도 문제려니와, 강제성의 직접적인 주체를 일본 국가로 규정하면서도 국가가 형벌의 대상이 될 수 있는지 여부에 관한 논의가 없다는 점과, 국가와 그 안에서 움직인 주체의 관계성에 관한 논의가 없다는 점, 그리고 업자의 주체성이 무화되고 있는 점 등에서 요시미의 논의는 대단히 거칠고 비약적인 논의가 아닐 수 없다. 각각의 행위가 법으로 처벌될 경우 차이가 있는 만큼, "죄의 무게는 같"지 않다. 그럼에도 요시미는 기존 상식이었던 '군인에 의한 물리적 연행'과 '업자가 속임수 등을 써서 데려간 행위'를 구별하지 않고 모두 같은 것으로 취급한다. 주체의 차이, 행위의 차이를 소거시키고 있는 것이다. 도쓰카 에쓰로戶塚悅郎를 원용해 1932년에 "나가사키에서 (업자가) 여성들을 속여 데려간 케이스는 처벌받았"다면서 "경영자나 주선인"들이 사용한 "기망"이나 "감언"이 "유죄"가 된 경우에서 "국외이송유괴죄/국외이송죄가 적용되어 주선인과 위안소 경영자가 유죄가 되었다"고 분명히 피처벌 주체를 명기해두면서도(4쪽), 이때 업자가 처벌받은 것은 업자가 자발적으로 행동했기 때문이고 이후에는 군의 결정에 의한 것이었기 때문에 "묵인"되었을 거라는 것이다. 나 역시 "묵인"을 지적했지만, 요시미가 설명한 형법 226조에 의하더라도 군의 주체성은 더 세밀한 논의가 필요한 부분이다. 그럼에도 요시미의 이해가 일본 학계에서는 대세가 되었다.

* "더욱이, 일제하 조선에서의 징집 형태는 식민지지배와 불가분 관계를 갖고 있는데, 필리핀이나 중국 등 점령지에서는 군인이 전면에 나섰지만, 식민지에서는 군인이 대대적으로 총검을 앞

그런데 실은 이 점이 바로 제가 『제국의 위안부』에서 말한 내용입니다. 아무리 식민지라도 '법'에 위반되는 일을 마음대로 할 수는 없습니다. 일본은 조선인들을 차별했지만, 법적으로 허용된 사상범 단속 등 외에는 식민지이기에 오히려 조심스럽게 통치하기도 했습니다. 통치에는 협조자들이 필요하니 당연한 일이기도 합니다. 문제는 이러한 강제연행을 둘러싼 그런 인식 변화가 '공적으로' 공표되지는 않았다는 점입니다.

그런 이들 중 일부는 『한커우漢口 위안소慰安所』의 속아서 온 여성들이 있었다는 사실을 언급하면서 "유괴와 인신매매에 의한 국외이송죄(형법 226조)에 해당"하니 "업자에게 법령 위반의 책임을 물어 (여성을) 되돌려보내야 했다"고 주장합니다.* 하지만 『한커우 위안소』를 다시 읽어보면 그런 인식은 꼭 옳다고만은 할 수 없습니다.

9월 들어, 업자들이 위안부의 숫자 감소를 이유로 충원을 신청했기 때문에, 지부는 허가했다. 10월, 징한선(京漢線: 베이징北京과 우한武漢의 한커우漢口를 잇는 철도노선 - 인용자)을 경유해 두 조선인의 인솔하에 30여 명의 여자들이 조선에서 도착했다. 어떤 사람이 어떤 수단으로 모집했는지 지부가 알 수는 없었으나, 그중 한 여자가 육군 장교들 집회소인 가이코샤偕行社에 취직한다는 약속을 하고 왔는데 위안부일 줄은 몰랐다고 울면서 취업을 거부했다. 지부장은 업자가 그

세우고 나물캐는 조선 처녀를 트럭에 강제로 실어서 끌고 가는 것과 같은 행태의 징집보다는, 취업사기나 인신매매와 같은 이미 조선에 이식되어 있던 공창제도의 메커니즘이 이용되었습니다." (『제국의 위안부』 민사소송 담당 재판부에 제출된 원고 측 변호인의 준비서면 12쪽, 2014년 10월 20일)

* 나가이 가즈永井和, 「'위안부' 문제에서 군이나 국가의 '강제'를 어떻게 생각할 것인가「慰安婦」問題における軍や國の「强制」をどのように考えるか」(나가이 블로그 https://ianhu.g.hatena.ne.jp/nagaikazu/)

여자한테 일을 시키지 못하도록 하고, 적절한 다른 곳에 취직시키라고 명령했다. 아마도 소개업자 같은 사람들이 속임수를 써서 모집한 것일 터였다.(나가사와 겐이치長澤健一,『한커우 위안소』,図書出版社, 1983, 221쪽)

나가이의 말대로, 업자를 처벌한 흔적은 보이지 않습니다. 하지만, 이 경우는 속임수를 사용한 주체가 꼭 업자라고 단정할 수는 없습니다. 직업소개소 혹은 개인적인 소개인이 중간에 더 있는 경우가 많았고, 실제로 이 책을 쓴 군의관도 그렇게 인식하고 있습니다. 말하자면 "유괴"의 주체를 위안소 경영자(업자)라고 하기 어렵고, 이른바 "인신매매"를 통해서 왔는지도 불분명합니다. '길거리 유괴'의 경우는 한반도에서도 처벌했고, 이 경우는 "취직한다는 약속"을 하고 왔으니 그런 길거리 유괴와는 다르다고 해야 합니다. 그럼에도 불구하고 이 경우를 "유괴와 인신매매"로 단정하고 '업자를 처벌하지 않았으니 국가(군)의 묵인이 있었다, 따라서 국가범죄다'라는 나가이의 논지는 비약일 수밖에 없습니다.

위안부 중에는 일본인도 있었으니, 군인들이 폭력적일 수는 있어도 유괴 등의 물리적인 불법적 행위까지 마음대로 할 수는 없다는 것은 엄격한 규범이 강요된 군대 내부의 일인 만큼 당연한 일입니다. 물론 예외는 있었을 수 있지만, 중요한 건 이른바 '강제연행'이 '국가 공식 방침'이었는지 여부이고, 그것이 곧 '불법' 여부를 판단하는 중요한 요소이며, "법적 책임"을 물으려면 그러한 전제가 필요합니다.

위안부 문제를 둘러싼 수많은 오해는 '일본군과 조선 등 타국 여성'의 관계 구도로 이해된 데서 비롯되었습니다. 물론 지원자들은 일본인 위안부의 존재에 대해서도 알고 있었지만, 오랫동안 일본인 위안부를 조선인 여성과는 다른 존재로 취급해왔습니다. 그렇게 된 이유는 여러 가지가 있지만, 특히 '일본인은 매춘부, 조선인은 순진무구한 소녀(처녀)'라는 이해가 그런 정황을 만들어왔습니다.

최근에야 일본에서 일본인 위안부에 관한 본격적인 연구서가 나왔는데, 일본의 지원단체 대표였던 어떤 이는 이제 위안부 문제에 대해 "공창업자뿐 아니라 민간인도 다수 여성의 매매와 사기적 알선에 관계했다는 걸 알았다", "전쟁이 나기 이전부터 여성을 인신매매나 사기로 매춘으로 몰아넣는 업자가 실로 많이 존재했"다고 말합니다.*

말하자면, 위안부 조달의 기본 구조가 '강제연행'이 아니라 '인신매매'를 통한 것이었고 일본인은 물론 이른바 '매춘부' 역시 위안부 시스템 속에 있었다는 사실을 이제 지원단체도 공식적으로 인정하게 된 것입니다.

실은 일제 강점기의 한반도에는 일본인이 수십만 명 살고 있었습니다. 당연히 그들 중에 위안부로 나간 이도 적지 않았던 것으로 보입니다. 가와다 후미코川田文子가 쓴『빨간 기와집―일본군 위안부가 된 한국 여성 이야기』(오근영 옮김, 꿈교출판사, 2014)에는 부산으로 모집된 여성들 중에 "일본 여자도 두 명 섞여 있었다"(58쪽)는 기술이 보입니다. 또, 조선의 서울이나 원산 지역의 위안소 앞에 군인들이 늘어서 있는 풍경을 묘사한 글도 남아 있습니다.**

---

* 니시노 루미코西野瑠美子 외,『일본인 위안부―애국심과 인신매매日本人慰安婦-愛國心と人身賣買と』(現代書房, 2015).
** 서울(경성)에서 태어난 작가 가지야마 도시유키梶山季乙(1930~1975)는 그의 단편에서, 자신보다 어린 소년병사가 위안소 행렬에 줄서 있던 것을 본 장면에 대해 "극락언덕에는 언제나처럼, 군인들이 늘어서 있었다. 곧잘 볼 수 있는 일이었고, 익숙한 정경이었기 때문에 나는 신경쓰지 않고 언덕을 내려가려 했다"(「성욕이 있는 8월性欲のある8月」,『성욕이 있는 풍경性欲のある風景』, 河出文庫, 1985, 33~34쪽)라고 썼다. 한편 비슷한 시기에 함경남도 영흥에서 태어난 고토 메이세이後藤明生(1932~1999)는 훗날 숙부와 식민지에서 있었던 일에 대한 대화를 나누면서, 원산에서 본 풍경을 아래와 같이 기술했다. "미도리마치 앞을 곧잘 지나다녔다. 미도

위안부 제도를 지탱하는 시스템이 '인신매매'였다는 사실은, 우리의 기존 인식—'강제로 끌려간 어린 소녀'라는 인식에 담긴 연행 주체와 정황에 대한 이해의 재검토를 요구합니다.

그러나 한국에서는 아직 1990년대 초기에 정착된 '강제로 끌려간 위안부' 이미지가 지배적입니다. 그리고 주한 일본대사관 앞 소녀상은 '강제연행' 인식이 아직 (공적으로는) 지배적이던 시기에 만들어진 상입니다. 2011년 겨울에 처음으로 소녀상이 세워진 이후 서울 이외에도 여러 곳, 그리고 미국에까지 세워지게 되었고, 해방 70년을 맞아 금년에는 전국적인 추세로 소녀상 건립이 추진되고 있는 중입니다. 하지만 그런 의미에서는 소녀상의 의미는 재고되어야 할 것입니다. 소녀상이 기존 '강제연행' 인식을 상징하는 것으로 기능하고 있기 때문입니다. 서울시마저 광화문이나 시청앞 광장에 소녀상을 세우겠다고 발표한 바 있는데, 정말 세운다면 위안부의 좀 더 근원적인 본질—가부장제하에서 국가의 세력 확장에 개인의 성을 동원당한 여성들이라는 보편적 의미를 담아야 할 것입니다.

2. '세계의 생각'의 편향된 이해

그런데 지난 5월 초에 미국의 역사학자들이 일본 정부에 보낸 공개서한은 이들의 인식이 한국이나 지원단체의 표면화된 인식과는 같지 않다는 것을 보여주었습니다.

리마치는 원산 변두리 언덕 위에 있었다. 원산중학 기숙사에서 원산 시내를 지날 때는 그 언덕 앞 평원도로를 지나지 않으면 안 된다. (…) '그 언덕을 올라가는 해군들을 곧잘 봤습니다.' '나는 아직 그럴 나이는 아니었지.'"(「다카사키행高崎行」, 『꿈 이야기夢かたり』, 中央文庫, 1976, 154~155쪽)

자세한 내용은 오늘 자료집에 수록된 내용을 참조해주시기 바랍니다만, 이들의 서한은 일본 정부와 국민도 대체적으로 납득할 것으로 보이는 내용입니다. 또한 비판/비난이 아니라 설득/권고 논조입니다. 충분히 논의되고 고심한 흔적이 뚜렷한, 결과적으로 섬세하고 합리적인 내용이라 하겠습니다.

주목해야 할 것은 이 성명에서 '인신매매', '매춘'이라는 단어가 사용되었다는 사실입니다. 즉 미국의 역사학자들도 더이상 한국이나 지원단체가 주장하는 '강제연행'을 말하지 않습니다. 아베 수상이 인신매매라는 단어를 사용했다면서 한국은 비난했지만, 그 인식은 이미 아베 수상만의 것이 아닙니다. 그리고 중요한 것은 이 역사학자들의 성명이나 일본 지원단체의 책이 그렇듯, 이들의 '인신매매'라는 이해는 위안부 문제를 부정하기 위해 쓰인 것이 아니라는 점입니다.

그러나 한국의 언론들은 이 성명이 한국/중국을 비판했다는 사실은 전달하지 않았고, 마치 그간의 한국의 주장을 지지한 서한인 것처럼 보도했습니다. 이는 오랫동안 이어져온 한국 언론의 편견과 태만에―직접 취재하지 않거나 번역하지 않는―기인한 일이라 하겠습니다. 그런 식의 편향적 태도는 위안부 문제가 오래 이어지면서 지원단체를 중심으로 한 인식만이 깊고 넓게 확산되고 정착된 결과입니다.

반대로, 일본 언론에는 보도된 '베트남 한국군 위안소' 기사*는 한국에는 거의 보도되지 않거나 뒤늦게야 알려지는 현상이 일어납니다. 정도의 차이는 있지만, 그런 식의 위안부 문제를 둘러싼 정보의 차단과 왜곡이 한국에서는 이 20년 동안 이어져왔습니다.

---

* 「한국군이 위안소 설치―베트남 전쟁 시 미 공문서에 기술韓國軍が慰安所經營―ベトナム戰爭時 米軍公文書に記述」, 『산케이신문』 2015년 3월 30일자.

미국 학자들에 이어 5월 말에는 일본 역사학자들의 성명도 발표되었습니다.* 하지만 여기엔 미국 학자들의 성의를 다한 성명에 대한 언급은 전혀 없었습니다. 그리고 결론부터 말한다면, 이들의 성명 내용은 일본 정부와 이 문제에 회의적인 일본 국민들을 설득하기에는 역부족인 내용이었습니다. 내용이 틀려서라기보다는 해야 할 이야기의 반밖에 없는 성명이었기 때문입니다. 실제로 일본 신문 중에 이 성명을 보도한 곳이 가장 진보적인 신문인『아사히 신문』과『도쿄 신문』뿐이라는 사실도 그런 정황을 설명해줍니다.

이 성명에 대해 침묵한 일본 언론들 중에는 위안부 문제 자체를 부정하고 싶어하는 언론도 없지 않지만, 모두가 그런 것은 아닙니다. 그런데, 이 성명이 발표되자마자 일본 인터넷에서는 이 성명에 대한 비판과 야유가 들끓었습니다. 일반적인 일본인들이 갖게 된 인식을 이 성명은 담고 있지 않았기 때문입니다. 옳고 그르고를 떠나, 그런 언론과 국민들에 대한 이해와 설득이 없는 한 위안부 문제의 해결은 어렵습니다.

그런데도 한국 언론은 이 성명이 일본을 대표하는 것처럼 대서특필했고 참여인원이 많다는 것만을 강조하려 했습니다. 하지만 자신도 회원인데 학회가 자신에게는 의견을 묻지 않았고 앞으로도 참여할 생각이 없다고 페이스북에 쓴 일본인 학자도 있었습니다. 이 사실은 그러한 접근의 문제점을 보여줍니다.

일본인 학자들의 성명은 "본인의 의사에 반한" "연행"도 "강제"라고 말합니다. 그러나 이전에 "군인에 의한 직접 연행"을 "강제연행"이라고 말해왔던 기존 인식과의 차이에 대한 공식적인 설명은 지금까지도 없습니다. 공식적인 설

---

* 일본역사학협회를 비롯한 일본의 역사학 관련 16개 단체의 「'위안부' 문제에 대한 일본의 역사학회·역사교육자단체의 성명「慰安婦」問題に關する日本の歷史學會·歷史敎育者団体の聲明」, 2015년 5월 25일 (http://www.torekiken.org/trk/blog/oshirase/20150525.html).

명을 하지 않기 때문에, 주요 논점의 내용을 설명 없이 바꾼다는 비판을 사기도 했습니다.

더 중요한 문제는 "본인의 의사에 반한 연행"의 주체를 명시하지 않았다는 사실입니다. 설사 군인이었다 해도 그런 케이스가 오히려 소수이고 그렇게 간 경우도 군이 돌려보내거나 다른 곳에 취직시킨 경우도 있다는 사실, 즉 '본인의 의사에 반해' 가게 된 것까지 국가나 군의 공식 정책이나 방침으로 말하기는 어렵다고는 말하지 않았던 것입니다. 그러나 어느 쪽이 예외적인 일이었는지를 분명히 말해야만 공정할 것입니다. 또 업자가 인신매매했을 경우 군이 어디까지 관여할 수 있었는지도, 비판이든 옹호든 명확하게 그 구조를 언급해야 오해를 피할 수 있었을 것입니다. 그렇게 하지 않았기 때문에 인신매매의 주체가 일본군이라는 오해와, 그에 대한 비판과, 그런 비판을 받아들이지 않는 일본 정부/국민들과의 갈등 상태가 이어지고 있는 것입니다.

성명은 위안부를 "성노예"라고 규정했습니다. 물론 위안부는 구조적으로 "성노예"입니다. 성매매적인 측면에도 불공정한 차별구조가 존재하는 것도 사실입니다.

하지만 '성노예적'인 구조를 지적하는 일과 '강제연행되어 무보수로 착취, 강간당한 성노예'의 이미지로 위안부 이해를 고정시키는 일은 같지 않습니다. 듣는 이들이 떠올리는 내용이 달라지기 때문에, 결국 일반인들의 이해는 여전히 좁혀지지 않게 됩니다. '성노예'였다고 말하려면 그들의 직접 '주인'은 어디까지나 업자였고 강제노동을 시킨 것도 이윤을 얻은 것도 기본적으로는 업자였다는 사실도 말했어야 듣는 이들이 위안부 문제의 총체적인 모습을 이해할 수 있을 것입니다.

물론, 하청업자보다 일감을 준 이를 비판해야 한다는 주장은 그 자체로는 문제가 없습니다. 그러나 '일본'이라는 이름을 주체로 해서 비판할 경우에는 뒤에서 언급하는 여러 가지 모순이 생깁니다. 그런 모순을 무시한 것이 그간의 지원단체 혹은 지원자들이 반발을 산 이유이자 문제 해결을 어렵게 만든 이유이기도 합니다.

성명은 위안부 문제가 "당시의 국내법 및 국제법에 반하는 중대한 인권침해였다"고 설명했지만, 이는 글자 그대로의 '강제연행'에 관한 것이 아닙니다. 그저 인신매매와 이송에 관한 이야기일 뿐입니다. 그러나 그 부분을 명확하게 드러내지 않았습니다.

'인신매매'임을 공적으로 말하는 경우, 지원단체와 연구자들이 그간 주장해 온 내용은 이하와 같이 정리할 수 있습니다.

a. 인신매매임을 알고도 업자를 처벌하지 않고 놔두었으니 불법*
b. 일본에서는 매춘업에 종사하는 여성이라도 21세 이하는 도항하지 못하도록 했는데, 조선에서는 21세 이하도 가능하도록 해서 어린 소녀들을 위안부로 동원 가능하도록 했다**
c. 일본에는 취업사기나 인신매매가 일어나지 못하도록 하는 법적 규제가 존재했는데, 식민지에서는 그렇지 않아 사기나 인신매매가 쉽게 이루어지도록 했다***

---

* 앞의 나가이 가즈永井和 논문, 「'위안부' 문제에서 군이나 국가의 '강제'를 어떻게 생각할 것인가「慰安婦」問題における軍や國の「强制」をどのように考えるか」.
** 앞의 요시미 요시아키吉見義明 논문, 「일본군 '위안부' 문제에 대하여─『워싱턴포스트』의 '사실' 광고를 비평한다日本軍「慰安婦」問題について─「ワシントンポスト」の「事實」廣告を批評する」, 『계간季刊 전쟁책임연구戰爭責任硏究』 제64호(2009년 봄호), 11쪽.
*** 한혜인, 「총동원체제하 직업소개령과 일본군 위안부 동원: 제국 일본과 식민지 조선의 차별적 제도운영을 중심으로」, 『사림史林』 46호, 수선사학회, 2013.

하지만, 이 주장들엔 문제가 있습니다. 우선 이 주장들에는 '조선반도 거주 일본인 여성'에 대한 인식이 결여되어 있습니다. 기존 연구자들로 하여금 오랜 세월에 걸쳐 일본-내지와 조선에서의 모집 방법에 차이가 있었다고 주장하도록 만들었던 근원에 있는 것이기도 합니다.

하지만, 일본이건 한국이건, 지원단체나 역사학자들은 조선인 위안부에 관해서는 더이상 "강제연행"이 아니라 "인신매매"를 바탕으로 이런저런 주장을 펼치고 있습니다. 그러면서도 "자신의 의지에 반해" 갔다고 말한 '고노 담화'를 "강제연행"을 인정한 것이라고 주장하고, 실제 주장 내용이 과거와는 다르다는 사실을 공식적으로는 말하지 않았던 것입니다. 그리고 결국, 한국 국민의 다수가 여전히 소녀들을 군인이 직접 강제연행한 것으로 생각하거나 속임수나 인신매매였다 하더라도 그 수단 자체를 총독부가 지시한 것으로 생각하는 이중이해와 그에 따른 혼란을 낳고 말았습니다.

더구나 외국에서는 기존의 '강제연행'설과 다르지 않은 주장을 펼쳐왔기 때문에, 그에 따라 한일 국민 간의 갈등은 커졌습니다. 결국, 설사 위안부 문제가 해결된다 해도 한일 간 앙금이 쉽게 풀어지기는 어려울 상황까지 오고 만 것입니다.

따라서, 더 늦기 전에 그렇게 되고 만 원인을 한일이 함께 생각해야 하고 그런 상황을 전제로 해서 문제를 풀어야 합니다. 일본 지원단체의 용어 사용 변화에도 주목해야 하고, 왜 일본에서 호응을 얻지 못했는지에 대해서도 종합적으로 생각해야 합니다. 지금까지와는 다른 틀로 접근하지 않으면 위안부 문제의 해결은 요원합니다.

3. 역사와 마주하는 방식

1) 지적 태만

그러나 그런 문제의식을 제기한 저의 책 『제국의 위안부』는 고발당했고, 결국 일부를 삭제하지 않고는 출판할 수 없는 사태를 맞게 되었습니다. 그리고 이제 『제국의 위안부』는 물론 저의 다른 책들까지 '친일'이라는 비난을 받고 있는 정황입니다.

그러나 근거 없는 '친일' 딱지는, 익숙하지 않은 생각에 대해서는 더이상 생각하지 않으려는 지적 태만을 드러낼 뿐입니다. 복잡하고 섬세한 문제들을 단순하고 거칠게 뭉뚱그려 결과적으로 폭력을 만드는 사고일 뿐입니다. 무엇보다 그런 사고는, 그런 딱지를 두려워해 침묵하거나 반대로 딱지를 붙이는 쪽에 서게 되는 전체주의적 공간을 만듭니다. 그런 정황에 저항하지 않으면, 모두가 대세와 다른 말을 하지 못하는 공간이 확장되고, 사고가 자유로워야 할 젊은 학생들조차 자기검열에 급급하는 모습을 보이게 됩니다.

그런 지적 태만은, 지원단체 등이 중심 주체가 된 일본에 대한 근거 없는 비난을 허용했고, 결과적으로 과도하게 부정적인 일본 인식을 강화시켰습니다. 예를 들면 정대협을 비롯한 피해자 관련 혹은 영토 문제 관련 단체들은 위안부 문제에 관해 언급할 때마다 일본을 군국주의 국가라고 비난해왔고 그 결과, 2015년 현재, 한국인의 57퍼센트가 일본을 군국주의 국가로 여깁니다.*
전쟁이 끝난 지 70년이 지나도록 사죄와 반성도 하지 않을 뿐 아니라 여전히 타국의 영토를 호시탐탐 노리는 국가라는 이미지가 정착되게 된 것입니다.

---

* 「한국인 57% "일본은 군국주의", 일본인 56% "한국은 민족주의"」, 『연합뉴스』 2015년 5월 29일.

이런 인식이 불식되지 않는 한 한일 간의 화해는 어려울 것입니다.

더 심각한 문제는, 이러한 과정의 결과로, 2015년 현재의 언론과 외교와 지원운동이 지극히 자폐적인 상황에 빠져버리고 말았다는 점입니다. 일본에서는 위안부를 위한 '아시아여성기금' 모금에 참여하는 이들의 존재를 더이상 상상하기 힘들 정도로 국민감정이 악화되고 말았습니다.

그럼에도 우리의 언론과 외교와 운동은 그런 현황을 직시하기보다 지한파조차 혐한파로 만드는 사고와 주장만을 반복하고 있습니다. 위안부 문제를 생각하는 일은, 늦었지만 이러한 현 상황을 파악하고 일본을 총체적으로 아는 일에서부터 다시 출발해야 합니다.

2) 폭력의 사고

지금 필요한 것은 그런 지적 태만이 어디에서 비롯되었는지를 보는 일입니다. 사실, 현재의 한국의 일본관은 순수한 일본관이라기보다 위안부 문제가 그런 것처럼 일본의 진보/이른바 '양심적 시민/지식인/운동가들의 전후/현대 일본관'이라 할 수 있습니다. 특히 전후 일본의 반성과 협력을 전혀 인정하지 않으려 했던 불신의 태도가 이들의 자국에 대한 반성의 태도에서 비롯된 것이라는 것에 유념할 필요가 있습니다. 이들의 자국 비판은 정권 획득, 즉 정치와 이어져 있고, 옳고 그르고를 떠나 일본을 대표하는 것으로 보기는 어렵습니다. 그럼에도 '국가'를 상대해야 하는 한일 간 문제에서, 90년대 이후, 진보나 보수의 반쪽 자국관에 근거해 일본을 이해해왔다는 것은 그 인식의 옳고 그르고를 떠나 한국의 대일 인식이 절름발이가 될 수밖에 없었던 요인이기도 합니다.

80년대 후반까지 한국은 반공국가였고 그 기간 동안 철저하게 탄압받아온 진보좌파가 이후 한일 시민교류의 주역이 되었다는 것이 이러한 대일인식의 배경에 있습니다. 그들 중에서도 특히 현대 일본의 정치에 비판적이었던 이들이 여야 합작의 사죄-보상 방식이었던 '아시아여성기금'을 불신하고 배척했고, 한국 지원단체가 이에 동조함에 따라 결국 90년대의 일본의 사죄와 보상은 완수되지 못했던 것입니다. 그리고 15년 후, 우리는 지금 일본 언론이 위안부 문제에 대해 보도조차 하지 않는 국면을 맞고 있습니다.

따라서 이제 철저한 '정의'를 외치면서 일본을 규탄하는 대열의 선두에 섰던, 재일교포를 포함한 일부 지원자 혹은 그 주변인들의 사고와 행동에 어떤 문제가 있었는지를 한 번쯤은 볼 필요가 있습니다.

재일교포 일부와 일부 진보세력의 일본에 대한 시선은 대단히 부정적입니다. 그들은 전후 일본이 실은 식민지주의를 이어받은 공간이었다고 말합니다.[*] 그렇게 말하는 근거는 천황제 유지, 재일교포 차별, 일본인을 납치한 북한 때리기 등입니다. 분명, 그들이 말하는 대로 전후 일본은 전쟁을 일으키고 식민지를 만든 천황제를 폐지하지 않았습니다.^{**} 그리고 재일교포에 대한 차별이 청산되기는커녕 오히려 혐한 스피치가 눈에 띄게 강화된 국면에 와 있습니다. 이러한 표면적 사실에만 주목한다면 이들의 전후관이 옳다고 해야 합니다.

하지만, 이 논리라면, 천황제가 폐지되지 않는 한 한일 간의 화해는 불가능하다는 결론이 나옵니다. 국민 간의 화해, 그러니까 감정적인 신뢰 회복 문제를 천황이라는 시스템 문제로 환치하고 있기 때문입니다.

---

* 이와사키 미노루岩崎稔 외, 『사라지지 않은 식민지주의継續する植民地主義』(青弓社, 2005).

** 윤건차尹健次, 『사상체험의 교착—일본·한국·자이니치 1945년 이후思想体験の交錯—日本·韓國·在日1945年以後』(岩波書店, 2008), 서경식徐京植, 『식민지주의의 폭력—'언어의 감옥'으로부터植民地主義の暴力—「言葉の檻」から』(高文研, 2010, 한국어번역본은 『언어의 감옥에서—어느 재일지식인의 초상』, 돌베개, 2011) 등이 그 일단을 보여준다.

하지만, 국민 간의 화해를 천황제 문제로 풀려는 사고방식은 실은 지극히 가부장적인 사고입니다. 과거의 천황이 전쟁을 일으켰고 식민지배의 주범이긴 하지만, 그 사실 자체가 불신의 이유가 된다면, 그런 생각 자체도 한번쯤은 논의의 대상이 되어야 합니다. 지원단체 등이 주장해온 '법적 책임' 이외에는 반성으로 간주하지 않겠다는 생각 역시 그러합니다. 옳고 그르고를 떠나, 더 이상 한일 화해 문제를 소수의 운동가와 연구자들에게만 맡겨둘 수는 없습니다.

전후 일본의 천황제 유지는 실은 전쟁을 하지 않기로 한 헌법 9조와 맞바꾸어진 것이었습니다. 따라서 천황제 폐기를 일본의 반성과 동일시하는 사고는 그 자체로 성립되지 못합니다. 그럼에도 자신들의 전후 일본관만이 옳다고 생각하는 일부 재일지식인들은 일본 사회에 가장 비판적인 일본 진보 지식인들마저 비판하면서 일본을 전부정합니다. 일부 재일교포의 인식이 『한겨레』 독자들에게 공유되고 전파되면서 일본에 대한 불신을 심었고, 그런 식의 일본 불신을 이제 더 많은 이들이 공유하고 있습니다. 그런 의미에서는 이 몇 년 사이의 한국의 일본관은 재일교포들과 지원단체가 만든 것이기도 합니다.

① 지배

자세한 내용은 생략하겠지만, 『화해를 위해서』가 비판받게 된 것은 제가 재일교포사회의 가부장제를 비판했던 시기 이후의 일입니다.* 그리고 이후 한국에서도 『제국의 위안부』 비판에 본격적으로 나선 것은 위안부 문제 연구자를 제외하면 대부분이 남성 학자였습니다. 성별의 문제를 떠나, 비판자들이

---

* 「폭력으로서의 내셔널 아이덴티티―'자이니치' 조선인 작가 김학영의 침묵에 대해暴力としてのナショナルアイデンティティー―「在日」朝鮮人作家金鶴泳の沈黙をめぐって」, 초출은 『문학의 그늘·근대의 '침묵'(문학 연보 1)文學の闇·近代の「沈默」(文學年報 1)』(世織書房, 2003), 『ナショナル·アイデンティティとジェンダー―漱石·文學·近代』(クレイン, 2007)에 재수록.

의식했건 아니건, 그들의 사고가 가부장적 사고임은 여러 면에서 드러납니다. 그런 비판자들에게 『제국의 위안부』나 『화해를 위해서』는, 아버지와 오빠의 허락을 얻지 않고 일본과 연애를 시작한 누이이자 딸 같은 존재였을지도 모르겠습니다. 그들의 분노는 자신들의 지휘권을 벗어난 여성에 대한 분노이기도 합니다.

이들이 위안부의 연애에 대해 불편한 심기를 드러내는 것도 물론 그런 구조 속에서의 일입니다. 『화해를 위해서』에서 제가 기본적인 정보나마 공유하고자 했던 시도를 '화해라는 이름의 폭력' 혹은 '타협'으로 간주하고 국가야합주의이거나 스파이의 위험한 시도로 생각하도록 만드는 시선에서는 노골적인 가부장적 시선이 드러납니다. 그 책들이 그들에게 불온한 것으로 받아들여진 이유는 순수한 소녀나 정숙한 어머니─'민족'의 것으로서 지켜져야 할 이미지를 깨뜨렸기 때문입니다. '고발에는 반대한다'면서도 침묵으로 고발에 동조한 수많은 학자들 역시 비슷한 지점에 있습니다. '매춘', '동지'라는 단어들을 문맥을 무시하고 그저 불편해했던 이유도 거기에 있습니다. 반체제를 표방하는 진보세력이 '국가의 힘'을 빌려 저를 처벌하려드는 모순을 감행하면서도 스스로를 의심하지 않았던 이유도 그런 심리기제에 있습니다. 한 지자체 시장이 수천 명의 군중에게 저를 '친일파'라는 딱지를 붙여 먹잇감으로 던져주고 난도질하는 사태가 발생한 것도 같은 구도 속의 일입니다.

소녀에 대한 집착은 가부장제적 한국 사회의 순결성에 대한 욕망을 말해줍니다. 또한 매춘에 대한 차별의식을 보여줍니다.

중요한 것은, 소녀상을 통해 지켜지는 것은 위안부가 아니라 '한국인'의 순결성이라는 점입니다. 다시 말하자면, 현대의 소녀상은 위안부를 위한 것이기보다는 '한국인'의 긍지를 위한 것입니다. 지배당했던 자신─유린되었던 자신을 소거하고 싶은 욕망의 발로이기도 합니다. 한 번도 강간당하지 않은 자신에 대한 상상이 소녀상을 욕망하도록 만드는 것입니다.

가부장제적 의식은 자신의 순결성과 순혈성을 상정하고 '한국'이라는 고유명을 고정된 아이덴티티로 호명합니다. 그건 '일본'에 대적할 아이덴티티가 필요하기 때문입니다. 그러나 그런 식의 사고가 주도적인 상황에서는 국제결혼한 이들은 목소리를 낼 수가 없습니다. 혼혈인들은 목소리를 낼 수가 없습니다. 그리고 근대국가는 그런 순혈주의적 구도에 기대어 가부장제를 지탱하고 소수자를 소외시켜왔습니다. '일본인', '한국인'의 순수성을 벗어나는 아이덴티티를 '잡종'으로 취급하고 변방으로 내몰았습니다. 그렇게 해서 중앙중심주의를 지탱하고 '순수한' 것으로 보이는 내셔널 아이덴티티를 재생산해왔던 것입니다.

문제는, 그런 의식은 천황제를 신봉하는 일본 우파의 의식과 다르지 않다는 점입니다. 비판자들이 곧잘 '한국을 나쁘게 말하려면 한국을 떠나라!'고 말하는 데서 확인됩니다. 그들에겐 공동체는 오직 균질한 공동체여야 합니다. 그러나 그러한 생각은 일본에서 재일교포를 소외시키는 사고와 다르지 않습니다. 그런 발언들은 그저 '혐한 스피치'를 발화시키는 폭력적 사고와 다를 게 없습니다. 그리고 그 모든 사고를 만드는 것은 가부장제적 지배의식입니다.

② 배제

다른 모습들을 보려 하는 시도가 그저 일본의 책임을 희석시키는 '물타기 행위"로 규탄당하는 이유도 거기에 있습니다. 하지만 위안부 문제가 '성'의 문

---

* 가장 먼저 비판에 나섰던 윤해동, 이재승을 필두로 대부분의 비판자들은 그렇게 규정했다.

제인 한, 책임의 첫 번째 주체는 당연히 '남성'입니다. '일본'이라는 고유명에만 책임을 집중시키는 방식은 계급과 젠더의 책임을 보지 못하게 합니다. 가부장제적 사고를 가진 이들이 민중과 국가의 힘을 빌려 저에 대한 탄압에 나섰다는 사실이 그런 구조를 명료하게 보여줍니다. 그리고 그런 행위는, 민간인과 국가에 의해 자신의 삶을 빼앗기고 그저 일본인/남성의 비호에 기대어 죽지 않고 삶을 이어가기도 했던 '위안부'들에 대한 남성/민족의 거부감과 궤를 같이합니다.

업자나 남성의 책임을 부정하면서 "구조적인 악과 같은 차원에서 비교할 수 있는 것이 아니"라고 간주하는 발언은 일본-거대악, 조선-소악으로 간주하는 일로 '소악'을 면죄합니다. 다른 책임을 보는 일은 '일본을 면죄'하는 것이라는 생각은, 그렇게 다른 책임—소악의 책임을 은폐합니다. 그렇게 책임 주체를 고정시켜 '피해자'라는 이름의 '무책임 체계'를 만드는 것입니다.

『제국의 위안부』를 비판한 학자들이 한결같이 "위험"하다는 표현을 썼던 것은 그런 의식의 발로입니다. 그 책이 순수한 것이 아니라 어떤 의도가 있고 그것을 위한 치밀한 전략에 의거해 쓰인 것이라는 식의 주장이 많은 이유도 거기에 있습니다. 『제국의 위안부』의 기술은 "레토릭" "전략"이 담긴 표현이라고 반복적으로 강조하는 것은, 저자에 대한 의구심을 촉발시켜 공동체의 바깥에 있는 자로 보이도록 만들려는 배제전략입니다.

③ 폭력

문제는 이러한 사고가 폭력을 지탱하는 구조로 이어진다는 점입니다. 한 재일

---

* 앞에서 언급한 서경식의 책 『植民地主義の暴力―「ことばの檻」から』(高文研, 2010), 104쪽.

교포는 일본의 "반성"을 촉구하는 나머지, 9·11 테러를 긍정적으로 보는 듯한 태도까지 취합니다.* 말하자면, 그 자신이 용인하지 못하는 대상에 대해서는 저항이라는 명목으로 폭력을 용인하는 것입니다.

그러나, 저항이라는 이름으로 폭력이 용인되는 한 이 세계에서 폭력은 사라지지 않습니다. 일본 전후에 대한, "이어지는 식민지주의"라는 이름의 불신은 때로 '저항'이라는 이름의 '이어지는 폭력주의'를 재생산합니다. 다시 말해, 정의의 이름으로 행사되는 폭력은 실은 억압자를 모방한 것일 뿐입니다.『제국의 위안부』를 '강자'로 표상한 것도, '약한' 위안부 할머니를 공격하는 '강자' 이미지라면 국가를 동원한 억압조차 그저 저항으로 보여 정당성이 확보되기 때문입니다.『제국의 위안부』에 대한 비판과 고발이 국가를 동원한 폭력행사일 뿐 아니라, 군중들의 적개심이라는 폭력까지 불러냈던 이유이기도 합니다. 어떤 폭력도, '약자'를 위한 것이라는 정당성이 답보되는 한 의심의 대상이 되지 않기 때문입니다.

그런 의미에서는, '저항'이라는 기제를 무조건적으로 허용했던 '서발턴sub-altern'의 의미도 재고되어야 합니다. 피해자의식은, 상대에 따라 그 성격이 달라질 수밖에 없는 피해자성을 고정된 것으로 인식하도록 만들고, 그 결과로 '저항'이라는 이름의 폭력을 허용합니다. 일본에 대한 무차별적/폭력적인 발언이 허용되는 것도 그런 구조 속의 일입니다. 하지만 피해자의 아이덴티티가 하나가 아닌 이상, 서발턴의 위치성은 맥락에 따라 얼마든지 변할 수 있

---

* 서경식은 앞의 책에서 이렇게 쓰고 있다. "2001년도 더반회의는 나치즘에 의한 제노사이드를 경험하고 '인도에 대한 죄'라는 개념을 낳은 서구 제국이, 똑같은 기준을 스스로가 행한 노예무역, 노예제, 식민지지배에 대입시키는 가능성을 처음으로 공적으로 논한 장소였다. (…) 이 회의가 폐회되고 3일 후, 이른바 '9·11' 테러가 일어났다. 그건 마치, 더반회의를 보고, 식민지배 책임과 보상 문제를 평화적인 대화를 통해 해결해나갈 가능성에 절망한 이들에 의한, 구미 제국에 대한 응답처럼 보이는 사건이었다."(74쪽)

습니다.

하나의 고유명에 의거해 민족/국가 대립을 강조하는 일로 여성들에 대한 착취를 덮고 '민족'의 딸이 되기를 요구하는 가부장적 담론—지배와 저항과 공포의 담론은 폭력을 막지 못합니다. 혼혈과 변방의 사고, 그 위치성을 억압하고 모두가 균질한 '일본인', 혹은 '한국인'이 되어 대립할 것을 요구하기 때문입니다. 그런 틀에서 벗어난 존재와 시도에 대해서 배척을 종용하기 때문입니다.

하지만 역사를 제대로 마주하기 위해서는 과거를 총체적으로 기억해야 합니다. '예외', '단편', '파편' 등의 단어로 실제로 존재했던 기억을 소수화하고 억압하지 않아야 합니다. 차별과 억압이 중심인 공간에서의 '다른' 기억은 대세에 저항했다는 의미에서 오히려 기억해야 하고 이어받아야 할 하나의 '정신'입니다.

동시에, 중심적인 다수의 체험도 기억되어야 합니다. '아시아여성기금'의 망각은 기억의 소거입니다. 한국인에게 사죄했던 일본인들을, 그들이 그저 '국가'를 대변하지 않았다는 이유만으로 그들의 마음을 역사에서 배제시키고만 폭력입니다. 그 결과로 일본인들 다수의 사죄하는 마음은 한국인의 기억에서 무시되었고, 지워졌습니다. 더구나 그들이 품었던 기억은 아직 전쟁을 기억하던 이들이 많았던 90년대 일본의 중심 기억이기도 했습니다. 그들은 식민지배와 전쟁을 경험한 '전후 일본'을 대표하는 이들이었고, 바로 그것이 90년대 일본의 시도가 기억되어야 할 이유였습니다. 최근 10여 년의 혐한은 그들보다 젊은 층이 중심입니다. 전쟁을 기억하지 못하는 이들의 기억도 소중하지만, 전쟁과 지배를 실제로 기억하는 이들의 기억이 더 무겁고 소중합니다.

선택적인 기억을 강요하거나 은폐하는 '기억의 정치학'을 넘어서, 있는 그대로의 과거와 마주해야 합니다. 가해든 협력이든, 봉인된 기억을 직시하는 일을 두려워할 필요가 없습니다. 왜냐하면, 그런 시도야말로 오히려 과거에 대한 책임이 누구에게 있는지를 더욱 명확하게 보여줄 것이기 때문입니다. 우리의 아이덴티티는 하나가 아니며, 용서와 비판의 대상을 동시적으로 좀 더 구체화할 수 있을 것이기 때문입니다. 두려움과 거부는 우리를 언제까지고 트라우마 속에 묶어 가두고, 결과적으로 허약한 자아로 머물도록 만듭니다.

금년은 한일협정 50년, 해방 70년을 맞는 해(2015)입니다. 더 늦기 전에, 한일/좌우가 함께 과거를 생각하는 새로운 시작이 필요합니다.

2. 꽃다발과 처벌

가처분소송에서 패소하자마자 손해배상재판이 시작되었다. 4월부터는 새로 바뀐 검사에 의해 형사조정이 시도되었다. 나 역시 검찰의 조정 시도에 기꺼이 응했다. 일본을 향해 사죄를 촉구하는 서문을 쓴 『제국의 위안부』 일본어판을 담당 검사에게 선물하기도 했다.

손해배상재판은 2015년 봄부터 가을까지 5회에 걸쳐서 이루어졌다. 매번 제출되는 원고 측 주장에 나도 매번 반론을 썼다.

이 무렵부터 역사학계의 본격적인 공격이 시작됐다. 아직 박사과정 재학 중인 젊은 연구자들이 나를 비난하고 조롱하는 '좌담회'가 유수 역사잡지에 실렸다. 그들 중에는 "해방 70년"이라는 언급을 위안부 할머니에 대한 비난으로 착각한 첫 원고 측 보고서와 똑같은 말을 하는 이조차 있었다.

한 권의 책에 대한 비난에 앞장선 것은 언론이나 언론에 영향받은 대중만이 아니었다. 지원단체가 20년 유포해온 국민 상식에 세뇌된 '학자'라는 이름의 국민들이 앞장서서 손가락질하고 있었다.*

기초적 독해력조차 의심스러워지는 비난이었지만, 그들의 글마저 법원

---

* 이른바 '지식인'들의 비난에 대한 반론은 대부분 『〈제국의 위안부〉, 지식인을 말한다』에 수록했다.

에 나의 "범죄" 증거자료로 제출된 이상 웃고 넘길 수는 없었다. 나는 그들에 대한 반론을 써서 같은 잡지에 기고했다. 나의 싸움은 법정이라는 공간을 빌렸을 뿐 학계와의 싸움이기도 했다. 그리고 전투장은 법정과 학계만이 아니었다.

원고 측은 여전히, 『제국의 위안부』가 "일본의 책임을 부정"하고 있고 "일본의 사죄와 배상"을 방해하고 있으며 "할머니들의 입장을 대변하지 않"은 채 "위안부는 자발적 매춘을 했고 일본의 승리를 위해 애국한 존재이고 법적 책임은 일본이나 일본군에 있는 게 아니라 포주와 업자에게 있다"고 말한 책이라는 주장을 이어갔다.*

오해 없도록 쓰려고 노력한 한 권의 책을 거친 요약으로 곡해하면서도, 간간이 학자의 주장을 섞어(예를 들면, "예외의 일반화" 등은 이재승, 김창록 교수 등 법학자의 비난 요지였다) 치밀한 지적인 것처럼 보이도록 만들었다. 하지만 책의 나머지 반—위안부의 고통에 대해 쓴 부분이나 일본 비판 부분에 대해서는 전혀 언급하지 않았다. 언제까지고, "'법적' 책임을 지우는 것이 어렵다"고 한 부분을 "일본에는 책임이 없다"고 썼다는 식의 왜곡을 이어갔다.

원고 측은 2015년 4월부터 시작된 형사조정 과정 막바지 무렵에, 가처분 '일부 인용' 결정에 따라 삭제 요구 부분을 OOOO으로 복자처리해 냈던 삭제판을 다른 형태로 낼 것(OOOO 표시가 삭제된 부분을 간접적으로 표시하고 있으므로, 아예 삭제 부분을 없앤 다른 판본으로 내라는 주장이었다)과 제3국에서 내는 책에도 한국어판에서 삭제한 부분을 삭제할 것을 요구해왔

---

* 이하, 이 소절에서 따옴표를 붙여 인용한 단어나 구절은 원고 측 서면, 혹은 반대로 내가 2015년 8월 10일에 제출한 「원고 주장에 대한 피고 답변서」에서 인용한 것이다.

다. 2014년 11월에 출간된 일본어판마저 삭제하라는 의미였다. 사방으로부터의 공격이 버거워 조정 과정에 기쁘게 참여했지만, 한국어판 삭제판조차 다시 쓰고 일본어판까지 삭제하라는 요구에는 응할 수 없었다. 삭제판을 놔둔다는 것은 대한민국의 수치라고 생각했다. 조정은 결렬('불성립')됐다. 그런 만큼 일본어판도 검토했을 터인데도, 위안부 문제란 근대국가 시스템의 여성/매춘차별의 결과이니 사죄의 마음을 "국회결의"라는 방식으로 표하기를 바란다고 쓴 사실에는 침묵했다. 한국이나 미국의 문제를 지적한 것은 그들에겐 그저 일본의 책임을 희석하기 위한 "물타기" 시도였다.

그러면서도 공격 논지는 조금씩 변하고 있었다. 고발 당시 '매춘'이라는 단어에 중점을 두면서 내가 "허위사실을 말했다"면서 전 국민의 분노를 사게 한 것과 달리, 시간이 지나면서 그런 이야기는 줄었다. 대신, 내가 "노골적인 집필 의도를 숨기기 위해" 일부러 "상호모순적인 의견을 배치"하는 방식으로 "안전장치"를 사용했다고 주장했다(이 단어 역시 신속하게 번역되어 인터넷에 유포된 재일교포 학자의 것이었다).

『제국의 위안부』 일본어판이 일본에서도 긍정적으로 받아들여진 사실을 두고 내가 "문화권력을 획득했다"고 한 원고 측 주장은 나에 대한 고발과 이후 과정에 일부 재일교포들이 깊숙이 관여했거나 지탱했음을 명료하게 보여주고 있었다. 그들은 정대협의 주장의 문제를 지적한 나의 책이 읽히게 되어 자신들이 펼쳐온 운동이 방해받는 것을 두려워하는 듯했다.

원고 측은 "내면은 돼도 표현은 안 된다"고 주장했다. 생각은 하더라도 표현은 하지 말라는 얘기였다. "우리 국민만 모르고 일본이나 다른 국민들은 다 아는 사실에 대해 발언하면 안된다는 것은 국민을 우민으로 만들자는" 주장이었다. "여러 모순을 직시하기보다 그저 우리 주장을 관철시켜 해결하자는 것"이었지만, 내가 『제국의 위안부』를 쓴 것은 "바로 그러한 방식에 문제가 있다고 생각했기 때문"이었다.

원고 측은 가처분신청의 '일부 인용' 결정에 따라 다시 찍은 '34곳 삭제판'의 출간마저 문제삼았다. 하지만 처음에 전면 판매금지를 요구했다가 우리(피고 측, '채무자')가 방대한 자료로 반박하자 '일부 삭제 출간'으로 고발취지를 변경('예비적 신청취지')한 것은 원고 측이었다. "원고 측의 비난은 지원단체에 관한 비판적 기술 부분이 인용되지 않았기 때문인 것으로 판단"할 수밖에 없었다.

원고 측의 모든 주장의 이면에는 일본이 "사과/배상"을 하지 않았고 "책임"을 인정하지 않았다고 해온 기존 주장을 지키려는 강고한 태도가 존재했다. 하지만 "이러한 태도와 주장이 한국 사회에 만연해 갈등이 커져간 사실"이 바로 나로 하여금 『제국의 위안부』를 쓰게 만든 이유였다. "고노 담화도 (일본의) 책임을 인정한" 내용이었고 "무라야마 담화에 의거해 아시아여성기금이 만들어졌"으며 "일본 정부의 노력의 흔적은 아시아여성기금 홈페이지에 올라와 있는 5권의 자료집"에서도 볼 수 있었다.

"원고의 주장처럼" 내가 "일본의 '법적' 책임 부정에 힘을 쏟았다면 (일본의) 보수 언론이 주목했을 것"이지만 나에게 "더 많은 관심을 준 언론은 대부분 과거사에 대해 사죄의식이 강한 진보 언론", "위안부 문제와 제대로 마주해온 언론"이었다.

내가 일본의 책임을 부정한다고 원고 측은 비난했지만, "일본에서 위안부 문제에 대한 관심이 가장 희박했고 한국 정부조차 관심을 갖지 않았던 2010년에 위안부 문제 해결이 필요하다고 일본 매체에 쓴 것"은 나였다. 『제국의 위안부』는 "그 연장선상의 작업"이었다. 전공자도 아니면서 책을 썼다고 비난받았지만, 나는 "언론과 학술/대중강연 등을 통해 보다 많은 일본인을 향해 이 문제에 관한 일본의 책임에 대해 생각하라고 촉구"해왔고, "그렇게 말할 수 있는 기회를 만들어준 것"은 다름 아닌 『제국의 위안부』였다. 8월에 "일본의 보수 언론에도 출연"했던 이유는 "반한감정이 앞서 처음부터 이 문제를 외면하는 이들―젊은이와 보수층을 향해 이 문제를 생각해보도록 촉구하기 위한 시도"였다.

"일본이 '불법'임을 인정하면 배상이 가능하다"는 원고 측 주장은 "'강제연행'을 전제한 사고"이고, "중요한 건 일본이 '불법'을 했는지 여부나 그 사실을 인정하도록 만드는 것 이상으로 그들이 총체적으로 사죄의 마음을 갖는 것"이라고 나는 생각했다.

내가 틀렸다는 증거자료로 원고 측이 제출한 법학자 이재승 교수의 『제국의 위안부』 서평은 "위안부 문제 자체를 잘 모르기에 쓸 수 있었던 글"이었다. 하지만, 그 글에 무슨 문제가 있는지는 "추후에 반론을 통해 다시 말씀드리겠"다고 쓸 수밖에 없었다.*

이재승 교수의 글은 2013년에 책이 나온 직후에 인터넷에 올라온, 내가 알기로는 가장 빠른 비판이었다. 이후 곧바로 일본어로 번역되면서 나에 대한 한일 관계자들의 인식을 비판적으로 만드는 데에 기여한 글이었다. 그러나 여성을 감정동물로 인식하는 혐오 가득한 그런 글이 재판에 제출되리라고는 생각지도 못하고 있었다.

"책에 일본군의 강요와 착취에 대해서도 분명히 기술"했음에도 원고 측은 "그런 내용이 없는 파렴치한 책"이라고 주장했다. "새로운 시각의 연구

---

* 『〈제국의 위안부〉, 지식인을 말한다』에 반론을 실었다.

를 공유하고 함께 고민하는 유연성이 아니라 배타적으로 부정하고 한발 더 나아가 학문이 아닌 소설(후에 정의연 이사장이 되는 이나영 교수의 언급이었다)이라는 식의 폄훼를 통해 자신들의 기존 주장을 지키는 데에 급급했던 것"이 원고 측과 관계자들의 기본 태도였다.

"'역사학자'가 쓴 책이 아니라 문제가 많다"는 지적에 대해서는 『제국의 위안부』는 "혼자 시도한 학제적 연구의 산물"이며 "원고의 말대로 비전문가임을 돌아보지 않고 나서야 할 만큼 학문을 둘러싼 환경이 척박했"기 때문이었다고 답했다. 오히려 오랫동안 지원단체의 편이었던 세계의 인식이 조금씩 변화를 보여 "최근에 공개된 (미국)역사학자들의 인식은 저의 인식과 거의 비슷"하며, 그들이 "한국의 민족주의에 대한 비판과 함께, 개인의 학문의 자유를 훼손하지 말라고 요구"하면서 "이제까지의 운동방식이 당사자를 소외시킬 수 있다"고 한 사실도 지적했다. 지원단체의 생각에 문제가 있었다는 사실이 해외에는 조금씩 알려지기 시작하고 있었다. 하지만 한국 사회의 인식은 변하지 않고 있었다.

원고 측은 '박유하의 주장이 일부 할머니들의 케이스에서 맞다 해도 나눔의집 할머니는 그렇지 않다'는 말로 나의 주장이 그 자체로 "'허위'는 아니었음을 인정"하기도 했다. 『제국의 위안부』 소송은 "위안부를 포함한 식민지 시대에 대한 이해가 충분히 없는 상태에서, 보이지 않았던 위안부의 또 다른 측면에 대해 어떻게 받아들여야 할지에 대한 사회적 합의가 없었기 때문"에 생긴 사태였다.

내가 쓴 "위안부의 동원과 협력"은 그저 "가장 낮은 차원의 (의지에 반하는) 생존적 협력"이었을 뿐이고 "그들을 비난은커녕 오히려 그들의 고통과 슬픔을 일본에도 전달하기 위해 위안부의 다른 모습에 대해 썼던 것"이었다. 문제시된 "군인과의 '동지적 관계'란 가난한 소외계층, 고향에서 멀리 떠나 생명을 위협받는 존재로서의 동질감, 고향의 가족들을 향한 그리움, 국가에 의한 동원 등등의 의미를 담은 말"이었다. "그러한 교류조차 '절대로 있을 수 없다'는 부정"은 원고 측의 "가부장적 억압의 사고가 만든 생각"이 분명했다. 물론 나는 『제국의 위안부』에서 "그 안에서도 차별이 존재할 수 있고 억압도 있었다고 반복해 강조"했었다.

"물론 이 모든 것을 일본군에게 느끼지 않은 이들도 있을 수 있"지만, 그렇다고 해서 "어디까지나 구조에 대해 말한 책이 모두에게 해당하는 것이어야 할 이유는 없"었다. "위안소라는 공간은 본인의 의지와 상관없이 그러한 동질감을 요구하는 공간"이었으므로 "'정말은 달랐다'는 원고 측 주장은 구조적 담론 분석 차원에서는 의미를 갖지 못"했다. 내가 말한 "위안"이란 본인들의 적극적인 자의식 여부와 상관없이 시스템의 구조를 지적한 단어일 뿐이었다. "설사 본질이 아니라고 한들 그것만으로 삭제해야 할 이유가 되는 것은 아"니었다.

원고 측은 여전히 "일본 국가의 강제"를 주장하고 있었지만, 나는 "구조적 강제성을 부정하기는커녕 오히려 그 개념을 만들어 사용"했으며 그 이유는 "그저 '일본'이라는 이름만을 비난하는 것으로는 반복을 막을 수는 없"었기 때문이었다. 나의 지적은 "타자에 대한 정신적 정복, 그리고 실제적인 살육을 위해 '여성'이 사용된 의미를 공유"하기 위한 것이었고, 위안부 문제가 "'성'의 문제"임에도 "'남성' 일반의 책임이 전혀 의식되지 않고 있는 데 대한 문제의식"을 제기한 것이었다.

원고 측은 "위안부 할머니의 의사"는 "법적 배상"이라는 주장도 했다. 하지만 위안부 문제에 관한 논의는 주로 "학자와 법률가들이 맡아왔"었다.

"'어떤 배상'을 요구할지에 관한 논의를 해온 것은 당사자가 아니라 지원자 등 주변인들"이었고 "실제로 '당사자의 생각'을 무시한 것은 내가 아니라 '주변인들'"이었다. "바로 그렇기 때문에 그들의 목소리가 오랫동안 들리지 않았다는 점과 함께 '왜' 들려오지 않았는지에 대해 이제라도 생각해봐야" 한다는 것이 나의 생각이었다.

원고 측이 제출한 "'할머니의 증언'은 원고 측이 주장하듯 '군이 끌고 간 강제연행'이 아니었음을 오히려 선명하게 드러내고 있었다". "'관리 아바이'를 죽이자"는 말은 "구박/착취의 주체는 업자"임을 보여주고 있었고, 증언이 제출된 다섯 명 중 "군인이 데려갔다"고 쓰여 있는 건 한 사람뿐이었다. 그나마 형부의 권유 등 "여러 정황으로 보아 이는 군복을 입은 군속(업자)이었을 가능성"이 컸고, 일본군이 인공유산을 시켰다며 나를 비난했지만 위안부를 "유산시킨 인물은 '주인'이라 불리던 업자"였다. 그에 더해 "위안부로 가게 된 것도 아버지가 팔았기 때문"이었다. 그러나 "원고 측이 제출한 또 하나의 증언—간략버전에는 그런 내용이 생략되어 있"었다.

다른 한 분의 진술도 "부모와 '주인'에 대한 미움을 노골적으로 표현"하고 있었고, "군인을 받은 숫자에 따라 주인이 차별했다는 사실"도 드러나 있었다. 내게는 "업자가 위안부 간의 경쟁구도를 만들었고 그로 인한 착취를 강화했음을 보여"주는 증언이이었다. "횟수를 늘리는 것은 그만큼 '군인을 위안'한 의미로 해석되면서 결과적으로 '애국'에 기여하는 구조"였다는 책에서의 나의 기술이 틀리지 않았음을 다시 확인하게 해준 자료이기도 했다. 물론 "당사자들이 의식적으로 그런 역할을 했다는 것이 아니라 그러한 구조를 만든 것이 일본이자 일본의 군대사회이자 남성사회라는 것을 말"한 것이었다. '돈도 벌었다'는 이분의 증언은 오히려 "그동안 무상의

'성노예'로만 알고 있었던 한국 사회의 인식을 깨는 증언"이었다.

마지막 분의 진술은 "군인은 안때렸다/ 규율도 지켰다/ 헌병이 감시하므로 못 때린다"고 말하고 있었다. "이러한 사실들을 보는 이유는 일본을 면죄하기 위해서가 아니라 사태를 정확히 알기 위해서"였다. "하지 않은 일을 했다고 주장하고 책임을 묻는 방식으로는 해결에 이를 수 없"기 때문이었다. 내가 "일본이 책임을 인정했고 보상 시도도 했고 보상금을 이미 받은 이들도 적지 않다는 사실"을 부정해온 "지원자들을 비판"한 것은 대변자가 아니라 "'당사자' 편에 서"는 선택을 했기 때문이었다.

"원고 측이 제출한 자료집 『들리나요』도, 비참한 정황만 보려 하면 그 부분만 추출할 수 있고, 반대쪽 정황만 보려 하면 그렇게도 추출 가능"하지만 "목적과 결론이 먼저 존재할 경우 가능한 일이고 이제까지는 그런 상황"이었다. 나는 "그 어느 쪽도 외면하지 않"으려 했을 뿐이었다. 하지만 "지원단체는 기록으로는 남기면서도 다른 한쪽 측면을 무시하거나 경시하거나 그 의미를 이해하려 하지 않았"다. 그리고 "20여 년을 '강제로 끌려간' 위안부만 강조해왔"으며 "또 다른 측면도 함께 보고자 한" 나에 대한 억압에 나선 것이었다.

중요한 건 "일본의 전쟁에 동원되지 않아도 되었을 조선의 처녀들이 나라가 식민지가 된 결과로 국가에 동원되어, 싼 임금에 가혹한 착취/차별/폭력을 경험했으니 그에 대한 '보상'이 필요하다는 것"이 내 책의 주장이라는 점이었다.

그런데 원고 측은 오히려 나에게 "당사자에 대한 공감"이 없다며 비난했다. 나의 책이 허위라던 주장을 '올바른' 역사인식 부재로 바꾼 데에 이어 어느새 나를 정서에 문제가 있는 인물로 치부하고 있었다. 가처분재판에서는 원고 측 변호사가, 한 할머니가 내가 "일본 정부의 돈 20억을 받게 해주겠다"고 했다는 위증까지 인용하면서 내가 일본 정부와 협력해 움직이는 인물이라는 억측까지 자극하고 있었다.*

지원자들은 아직 '무라야마 담화'나 '고노 담화'의 의미를 인정하지 않고 있었다. 그 대신 "책임을 회피하는 우익들에게만 주목하면서 비난"하고 있었다. "위안부 문제는 지극히 복잡한 문제"임에도 "그 복잡성을 무시하고 일본만을 비난하는 방식"은 "해결도 불가능하게 만들고 사태의 반복도 막지 못"할 수 있었다. 무엇보다 "지원단체의 일본 규탄은 한국에 대한 증오심을 키우는 청소년들을 오늘도 길러내고 있"었다.

때마침, "목청 높여 일본만을 비난했던 한국이, 최근에는 베트남 문제를 지적당하고 60년대 이후 직접 위안소 관리에 관여했던 사실", 내가 2005년에 『화해를 위해서』에 쓴 사안이 지적되기 시작하고 있었다.

내가 『제국의 위안부』를 쓴 것은 "이러한 정황을 총체적으로 염두에 두고 생각하면서 위안부 문제과 마주해야" 한다고 생각했기 때문이었다. 나는 "막무가내적 규탄과 증오는 평화를 만들지 못합니다. 지난 20여 년이 그것을 증명했습니다. 그런 방식의 문제점을 지적했을 뿐인 저에 대한 공격을 사과와 함께 이제는 그만두도록, 오해가 만든 전 국민의 공격으로 고통받는 중인 제가 이제는 명예를 회복할 수 있도록, 원고 측의 청구를 기각해주시기를 부탁드립니다"라는 말로 2015년 8월의 답변서를 맺었다.

한국 사회는 엄혹했지만, 이해 가을에 일본어판이 상을 두 곳으로부터 받게 되었다. 갑작스러운 소송 제기에도 불구하고 일본어판을 출간해준 곳

---

* '20억'이라는 금액은 나눔의집이 미국에서 소송을 일으키면서 할머니들에게 제시한 금액이었다. 자세히는 『일본군 위안부, 또 하나의 목소리』에 썼다.

이『아사히 신문』의 아사히신문출판이었는데, 이번에는『마이니치 신문』에서 먼저 연락이 왔다. 마이니치신문사에서 주는 '아시아·태평양상 특별상' 수상자로 선정되었다는 연락이었다. 며칠 뒤, 와세다 대학에서 주는 '이시바시 단잔 기념 와세다 저널리즘 대상'(문화공헌부문)도 받게 되었다는 소식이 왔다. 이시바시 단잔石橋湛山은 식민지를 포기하자고 주장했던 언론인 출신 일본 수상이었다. 나에 대한 공격이 바다를 건너 연대한 진보진영의 공격이었던 만큼, 나의 책을 있는 그대로 이해해준 또 다른 진보진영의 응원은 너무나 소중했다. 지적 훈련 시기에 몸담았던 공간―대학원 시절을 보냈던 와세다 대학으로부터의 응원도 반가웠다.

사실『제국의 위안부』가 "일본 편을 든 책"이라는 오해와 비난조차 받았던 터라 수상은 그런 오해를 증폭시킬 우려가 없지 않았다. 하지만 고심 끝에 거부하지 않기로 했다. 한국어판이 삭제된 이상 일본어판은 온전한 상태로 읽을 수 있는 세상에서 유일한 판본이었다. 의도한 바 없었지만 결과적으로『제국의 위안부』는 현해탄 건너로 망명한 책이 되어 있었다. 홀로 살아남은 그 책이 향후에도 살아남을 수 있도록, 나는 일본의 언론과 대학이 나에게 건넨 꽃을 책에 달아주기로 했다.

『마이니치 신문』의 시상식 날은 민사재판 날이기도 했다. 나는 일본인 편집자에게 대독을 부탁하고 수상 소감을 써보냈다.

망명으로서의 수상
—아시아·태평양상 특별상 수상 소감

이번에 『제국의 위안부』에 아시아·태평양상 특별상을 수여해주신 데에 대해 감사드립니다. 이 글은 2015년 11월 11일 아침, 서울에서 쓰고 있습니다. 일본에 가서 직접 인사를 드려야 했음에도 발을 다친 탓에 참석하지 못하게 된 것을 먼저 사과드립니다.

수상 소식을 들었을 때, 기쁘면서도 착잡했습니다. 이미 일본에도 보도된 것처럼, 이 책은 한국의 위안부 지원단체에 의해 '위안부의 명예를 훼손했다'고 고발당한 상태입니다. 이런 상황에서 상을 받아도 되는지 고민했습니다. 제 뜻은 그렇지 않은데도 원고로 이름을 올린 위안부 분들을 무시한 처사로 여겨질 수 있다는 점, 또 하나는, 이 상이 '일본'의 상이라는 이유만으로 원고 측이나 그 주변인들이 주장하는 것처럼 저의 책이 "일본 편을 든 책이고 일본 정부를 대변하고 있다"는 말을 뒷받침하는 것으로 보일 수 있다는 점 때문이었습니다.

하지만 고민의 시간은 길지 않았습니다. 저는 어려운 선택을 앞두고 있을 때, 그 선택이 가져올 여러 결과가 우리가 지켜야 하고 생각해야 할 윤리와 본질적인 관련이 있는지 여부를 기준으로 결정해왔습니다. 그리고 이번 수상은 본질적으로는 누군가에게 상처를 주는 행위가 아니라고 생각했습니다. 또, 저에 대한 세간의 평가나 재판에서의 유불리 여부는 수상 자체가 결정하는 것이 아니라 수상을 바라보는 사람들의 양식이 결정하는 것이라고 생각하게 되었습니다. 그리고 그 결과는 제가 감당할 생각입니다. 무엇보다, 저를 향한 지금의 비판보다 저의 부족한 책을 높이 평가해주신 분들의 '마음'을 받아들이는 것이야말로, 닫혀 있는 이 시대를 열어젖히는 방향이라고 믿었기 때문입니다.

　이 일본어판은 제가 썼지만, 이제는 저만의 책이라고 생각하지 않습니다. 표지를 처음 봤을 때 매우 기뻤는데, 표지 디자인을 해주신 분이 제가 이 책에 담은 뜻을 명확하게 이해해주셨다고 느꼈기 때문입니다. 한국의 국화이기도 한 무궁화꽃, 애잔한 느낌의 한 송이가, 소녀든 성인이든, 불행한 시대에 태어나 견디고 참아 살아내신 위안부 분들, 포탄이 오가는 속에서 숨진 분들, 주어진 생명을 다 피우지 못하고 병으로 세상을 떠난 분들의 슬픔과 강인함을 온전히 보여주고 있었습니다.

　편집을 맡아주신 오카 에리岡恵里 씨는 처음 원고를 읽으며 눈물이 날 것 같았다고 말씀해주셨는데, 일본인 첫 독자이기도 했던 그 두 분이 그렇게 받아들여주신 것은 제게 큰 힘이 되었습니다. 그리고 그 두 분을 비롯해, 출판되기까지, 그리고 출판 이후에는 더 많은 분들이 이해와 마음을 함께 담아 보내주셨기에, 이 책은 더이상 저만의 책이 아닙니다. 서평이나 개인적인 감상을 통해 높이 평가해주신 일본 분들과의 '합작'이기도 합니다. 그러므로 이 상은 그런 분들과 '함께' 받는 것이라고 생각합니다.

　한일기본조약도 체결까지 14년이 걸렸는데, 위안부 문제는 발생 이후 이제 4반세기를 바라보고 있습니다. 지난 20여 년간 일어난 일들이 훗날 어떻게 해석될지 우리는 아직 모릅니다. 하지만 이 책을 평가해주신 분들의 마음들이 더 좋은 미래를 열 수 있을 것으로 저는 확신합니다. 저의 책이 훌륭해서 아니라, 위안부 문제에 보냈던 여러분의 마음을 제가 잘 알기 때문입니다. 온갖 비판에 시달리면서도 저의 생각을 써올 수 있었던 것은 전적으로, 제가 신뢰하는 분들이 저를 지지해주셨기 때문입니다.

돌이켜보면 수십 년 전 만났던 일본 분들이 그런 신뢰를 처음 심어주셨습니다. 수많은 사안과 사람들이 존재하지만, 신뢰해야 할 대상을 찾아내고 소중히 지켜나가는 것이야말로 세상을 평화로 이끄는 것이라 생각합니다. 과거에 대해 생각할 때도 그렇지만 현재를 생각할 때 역시 마찬가지일 것입니다.

　나쁜 기억이나 경험과 맞닥뜨리더라도 휘둘리지 않고, 암흑 속에서도 한 줄기 빛을 발견하는 자세를 지켜나가고 싶습니다. 그런 태도만이 지금 이 시대를 살아가는 우리가 다음세대를 위해 해야 할 가장 가치있는 일이라고 믿기 때문입니다. 앞으로도 그런 자세를 잃지 않을 생각입니다. 감사합니다.

2015년 11월 11일

민사재판 4회째 되는 날 아침, 서울에서

박유하

3. 국가의 편향 개입

수상 소감을 써보내고 민사 1심 4차기일에 참석한 지 불과 1주일 뒤, 검찰은 나를 기소했다. 11월 18일이었다.

조정이 결렬되었으니, 예상 못 한 바는 아니었다. 그럼에도 국가기관에 의한 기소란 민간인의 제소와는 의미가 달랐다. 한 구성원이 그저 생각이 다르다는 이유로 고발한 다른 구성원에 대한 국가의 기소, 그것은 모든 구성원을 아울러야 할 국가가 어느 한쪽에 서기로 했음을 의미했다. 국민들을 향해 나에게 '매국노' 딱지를 붙여도 좋다고 한 행위였다. 고소장에서, 그리고 검찰 조사 과정에서 '범죄일람표'를 접하고 답변하면서 익숙해지기도 한 터였지만, '범죄'란 공동체의 룰을 위반했다는 의미였다. 생각 차이를 둘러싼 국가의 기소는 공동체가 주도하는 처벌을 예고하는 것이었다. 공동체의 일원으로서 시도한 나의 작업이 바로 그 공동체에 의해 전수 부정당하는 순간이기도 했다. 실제로, 민간인의 생각 차이 싸움에 국가가 가담하면서 나에 대한 비난도 더욱 거세졌다.

기소 다음날 아침, 대일피해자보상 문제 분야에서 오래 일해온 최봉태 변호사가 전화를 걸어왔다. 그와는 어떤 모임에서 우연히 만나 차 한 잔 한 사이였다. 그는 내 책의 취지를 이해한다면서, '해결하고 화해하자는 것이니, 당신이 해야 할 역할이 있다'면서, '일본 외무성이 뭔가 자료를 감추고 있는데, 기자회견이나 글로 그걸 공개하라고 요구하라'고 했다. 그러나 하고 싶은 말은 내 의지로 상대를 향해 직접 말하는 것이 내 방식이었다. 그러므로 어려울 것 같다고 했더니, 그는 "그럼 재판 갈 수밖에 없다"고 말했다. 그는 나눔의집 소장과 가까운 사이라고 들은 터였다.

그들의 생각이 새삼 또렷하게 보이는 듯했다. '함께하지 않는 자'에 대한 처벌. 나에 대한 고발은 분명 그런 것이었다. 그리고 국가는 그런 요구를 받아들였다.

훗날 알게 되었는데, 민사소송에는 나눔의집 할머니들만 원고로 되어 있었지만, 형사 고소인으로는 나눔의집 바깥에 거주하는 두 분이 추가되어 있었고 그중 한 사람이 이용수 할머니였다. 최봉태 변호사가 이용수 할머니와 가까운 관계라는 것은 더 나중에 알게 되었다. 기소만으로도 충격을 받았는데, 기소 다음날 아침 전화로 자신의 생각대로 행동할 것을 종용한 이가 다름 아닌 '약자'를 대변하는 이였다는 사실이 더 큰 충격이었다.

일본 언론도 기소 소식을 크게 보도했다. 그러자 마이니치신문사의 아시아·태평양상 시상식에 내가 초대했던 지인들이 곧바로 항의성명 준비에 나서주었다. 앞장서준 이는 『아사히 신문』의 주필이었다. 고발 이후 이미 『동아일보』에 우려와 비판을 담은 칼럼을 쓰기도 했던 와카미야 요시부미若宮啓文 주필은, 성명에 참여할 사람들을 불과 1주일 만에 70명 가까이 모았다. 그리고 여성학자 우에노 지즈코上野千鶴子, 작가 나카자와 게이中沢けい, 일문학자 고모리 요이치小森陽一 교수 등과 함께 기자회견을 열어 성명 내용과 참여자 명단을 발표했다.

번역을 했던 인연으로 노벨상을 받기 전부터 교류해오던 작가 오에 겐자부로大江健三郎 선생은 내가 시상식에 초대한 분이었지만, 딱 한 번 만난 적이 있었던 무라야마 도미이치村山富市 전 수상과, 만난 적조차 없었던 '고노 담화'의 고노 요헤이河野洋平 전 관방장관까지 명단에 포함되어 있었다.

한국에서도 고소고발 직후 「『제국의 위안부』 가처분신청 기각을 요청하는 탄원 성명서」 작성에 나서주었던 국문학자 김철 교수가 『고래가 그랬어』 발행인 김규항 선생, 고발 이후 첫 번째 서평회에 나와준 이후 나를 위해 누구보다 많은 글을 써주었던 작가 장정일 선생과 함께 기소에 항의하는 학계/문화계 등 각 분야 지식인들을 모아 성명을 내주었다. 그리고 1주일 만에 학계와 출판/문화계를 중심으로 198명의 지식인들이 동참해주었다.

12월 2일, 우리는 한국프레스센터에서 함께 기자회견을 열었다. 나는 항의문을 읽었고, 성명을 주도한 이들은 동참자 명단 발표와 함께 기소에 대한 반대 의사를 표명했다.

◇ ◇ ◇

기소 항의 기자회견문

참담한 심경으로 이 기자회견에 임합니다.

집필 배경

저는 10년 전에 『화해를 위해서 — 교과서·위안부·야스쿠니·독도』라는 책을 쓴 적이 있습니다. 이후로도 위안부 문제의 해결에 줄곧 관심을 가져왔습니다.

2007년에 위안부 문제를 위해 조성되었던 일본의 아시아여성기금이 해산된 이후, 이 문제에 대한 일본의 관심은 급속도로 식어갔습니다. 2010년, 한일합방 100주년이 되어 '간 나오토菅直人 담화'가 발표되고 문화재 반환이 있었지만, 위안부 문제에 대한 언급은 없었습니다. 그런 상황이었기 때문에, 저는 일본 매체에 쓴 칼럼에서 이해에 꼭 해야 할 일은 위안부 문제 해결을 위한 논의라고 쓰기도 했습니다. 당시에는 한국 정부조차 이 문제에 큰 관심을 기울이지 않았습니다.

그러다가 2011년 여름, 2006년에 위안부 할머니들의 이름으로 헌법재판소에 제소당했던 외교부가 패소해, 이 문제의 해결을 위해 적극적으로 나서야 하는 정황이 되었습니다. 이어서 같은해 겨울, 수요시위라는 이름이 붙은 위안부 문제 해결을 위한 집회 1000회를 기념하는 소녀상이 주한 일본대사관 앞에 세워지면서 일본의 한국에 대한 감정이 급격히 악화되는 일이 생겼습니다. 저는 이때 다른 책을 집필 중이었는데, 그중에는 위안부 문제를 부정적으로 생각하는 일본인들을 비판하는 내용의 글도 들어 있었습니다. 그런데 마침 헌법재판소에서의 외교부 패소와 소녀상 문제로 위안부 문제에 대한 관심이 높아지자 『웹 론자』라고 하는 일본 인터넷잡지의 의뢰를 받고 연재를 하기도 했습니다. 한국에서 발간된 『제국의 위안부』는, 원래 일본을 향해 이 문제에 대한 관심을 촉구하고, 외면하거나 부정하는 사람들과 일본 정부와 지원자들의 방식과 사고에 어떤 문제가 있는지를 분석하기 위해 쓴 책입니다.

그런 제가 위안부 할머니들을 비판하거나 폄훼하는 책을 쓸 이유가 없습니다. 무엇보다 저는 젠더이론에 입각해 여성문제에 깊은 관심을 가져온 사람입니다(『내셔널 아이덴티티와 젠더―나쓰메 소세키로 읽는 근대』 등).

2012년 봄, 민주당이 집권하고 있었던 일본에서 사죄와 보상을 향한 움직임이 있었지만, 지원단체가 오랫동안 주장해왔던 '법적 책임'이라는 벽에 가로막혀 접점을 찾지 못하고 끝난 일이 있었습니다. 한국을 향해 다시 한번 위안부 문제에 관한 책을 써야겠다고 결심한 것은 이때입니다. 지원단체에게 패소해 한국 정부는 지원단체의 주장대로 움직이게 되었지만, 그 지원단체의 주장은 처음에 '군인이 강제로 11살짜리 소녀를 끌고 갔다'고 생각했던 때와 한 치도 달라져 있지 않았습니다. 저는 그러한 정황에 의문을 품고 지원단체의 주장에 문제가 없는지 검증해보고자 했던 것입니다.

그리고 2013년 8월, 저는 『제국의 위안부―식민지지배와 기억의 투쟁』을 출간했습니다. 제목에 있는 것처럼, 위안부 문제를 둘러싸고 일본의 부정론자들이 위안부를 '매춘부'라 하고 지원단체는 위안부 소녀상이 표상하는 '무구한 소녀'라는 이미지만을 유일한 것으로 주장하며 대립해온 20년 세월을 검증하고, 그 이전에 위안부란 어떤 존재인지를, 그중에서도 위안부 문제를 두고 일본과 가장 갈등이 심한 것이 한국이었던 만큼, '조선인 위안부'에 초점을 맞추어 고찰해보려 했던 것입니다. 그리고 고찰 결과, '위안부'란 '전쟁'이 만든 존재이기 이전에 국가의 세력을 확장하고자 하는 '제국주의'가 만든 존재이며, 그러한 국가의 욕망에 동원되는 개인의 희생의 문제라는 결론을 얻었습니다. 그리고 저는 그러한 인식을 바탕으로 아시아여성기금이라는 보상조치를 평가하면서도, '위안부 문제는 한일협정으로 끝났다'고 생각했던 일본을 향해서도 다시 생각해야 하는 부분이 있음을 강조했습니다.

다시 말하자면 저의 책은 그동안 위안부 문제에 관여해온 주체들을 모두 조금씩 비판하고 있습니다. 이는, 다들 열심히 노력했지만 결과적으로 해결되지 않은 세월이 20년이 넘은 이상, 각 관계자들이 그 원인을 자성적으로 직시하고 새로운 전환점을 찾는 데에 힌트가 되기를 바랐기 때문입니다. 그리고 『화해를 위해서』도 『제국의 위안부』도, 발간 직후에는 저의 책의 의미를 진지하게 받아들여준 리뷰와 인터뷰가 적지 않았습니다. 그러나 한편으로 그 과정에서 드러난 '소녀상'과는 다른 위안부상과, 한일관계에서 주요 발언단체가 되기까지 성장한 지원단체 비판을 불편해하는 분위기도 있었습니다.

저의 책이 고발당한 것은 책이 나온 지 무려 10개월 후입니다. 이 기간 동안 나눔의집에 계시던 한 할머니와 친해졌고, 그분과 많은 대화를 나누었고, 그러면서 나눔의집 소장에게 경계당하고 배척당하는 일이 벌어졌습니다. 자세한 것은 생략하겠지만, 그 할머니가 돌아가시고 나서 일주일 만에 저는 고발을 당했습니다. 제 앞에 던져진 것은 로스쿨 학생들의 조악한 독해로 가득한 고발장이었습니다. 이들의 해석은 오독과 곡해로 가득했지만, 이들이 읽은 대로 한국 사회에는 '박유하의 책은 허위', '위안부 할머니의 명예를 훼손'했다는 인식이 퍼지게 되었습니다.

문제된 부분에 대해

원고 측은 특히 '매춘'과 '동지적 관계'라는 단어를 문제삼았습니다.

그러나 이들의 생각은 매춘부라면 피해자가 아니라는 생각에 근거한 것입니다. 이러한 직종에 어린 소녀들이 동원되기 쉬운 것은 오늘날 역시 마찬가지지만, 나이나 매춘 여부와 상관없이 그 고통은 노예의 고통과 다를 바 없습니다. 다시 말해 위안부를 단순한 매춘부라면서 책임을 부정하는 이들이나 매춘부가 아니라면서 '소녀' 이미지에 집착하는 이들은 양쪽 다 매춘에 대한 격한 혐오와 차별 감정을 갖고 있는 것입니다. '허위'라고 부정하는 심리 역시 마찬가지라고 할 수 있습니다. 중요한 것은 여성들이 국가의 이익을 위해 고향에서 멀리 떨어진 장소로 이동당하고 고통 속에서 신체를 훼손당했다는 사실입니다.

또한 '동지적 관계'라는 말을 쓴 첫 번째 이유는 조선은 다른 나라와 달리 일본의 식민지배를 받고 '일본 제국'의 일원으로서 동원당했다는 의미입니다. 또한 그런 틀 안에서 있을 수 있었던 일본군과 조선인 여성의 또 다른 관계를 쓴 것은 우선은 총체적인 모습을 보기 위한 것이고, 동시에 그런 모습마저 보아야 표면적인 평화 안에 존재했던 차별의식, 제국의 지배자의 차별의식도 볼 수 있기 때문입니다.

두 번째 이유는, 조선인 위안부를 징병되었던 조선인들과 같은 틀로 간주하게 되면, 즉 '제국'에 성과 신체를 동원당한 개인으로 간주하게 되면, 일본에 대한 사죄와 보상 요구의 이유가 더 명확해지기 때문입니다. 앞서 말한 대로 그들에게조차 보장되었던 법의 보호가 없었다는 것을 일본을 향해 말하기 위해서였습니다. 즉 그들이 말하는 단순한 '매춘부'가 아니라는 것을 말하고자 했던 것입니다.

이 책에서 논란의 대상이 된 또 하나의 개념 '업자'의 문제를 말한 것은 우선은 국가의 정책을 빌미로 협력하며 이득을 취하는 경제 주체의 문제로 보고 싶었기 때문이지만, 사실은 그런 '협력과 저항'의 문제를 말하고 싶었기 때문이기도 합니다. (덧붙여 말하자면, 조선인 업자만 강조하지 않았고, 오히려 규모가 큰 업자는 일본인이 많았던 것으로 추정합니다.) 국가가 아무리 나쁜 정책을 써도, 국민들이 저항하는 한 사태가 최악으로 치닫는 것은 막을 수가 있습니다. 그러나 당시의 업자들은 그렇게 하지 않았습니다. 여성들을 구매하고 때로 강간한 것은 군인이지만, 착취하고 폭행하고 감시하고 때로 납치와 사기에 관여한 것은 업자였습니다. 그리고 빚을 지워 지배하며 실질적인 '노예' 상태로

둔 것도 업자들이었습니다. 그러나 이들의 죄와 책임은 아무도 묻지 않았습니다. 저는 오늘도 이어지고 있는 그러한 인간 착취의 문제와, 그런 업자를 이용하는 국가와 제국의 문제, 그리고 나쁜 '국가 정책에 대한 저항'의 의미를 환기시키고 싶어 업자 문제를 지적했던 것입니다. 과거의 협력자를 직시하지 않고 또 다른 추종과 협력을 막을 수는 없습니다.

그러나, 이 모든 지적은 연구자와 지원단체를 불편하게 만든 듯합니다. 이들은 다른 정황을 보는 일은 그저 '일본을 면죄'하는 일이라고 생각합니다. 그리고 '일본'이라는 정치공동체만을 죄와 책임의 대상으로 삼습니다. 저 역시 이 책에서 일본에 책임이 있음을 말했습니다. 똑같이 전쟁터에 동원하면서 조선인 일본군에게는 했던 보장―생명과 신체가 훼손되는 데에 대한 보장 제도를 일본인 여성을 포함한 가난한 여성들을 위해서는 만들지 않았던 것은 근대국가의 남성주의, 가부장적 사고, 매춘 차별에 의한 것이라고 말했습니다. 그것은 근대국가의 시스템의 문제이니 그런 인식에 입각해 사죄와 보상의 필요가 있다고도 말했습니다. 일본에서 과분한 평가를 받게 된 것을 저는 이러한 생각이 받아들여진 결과로 생각합니다.

그러한 제 책이 위안부 할머니를 비판하거나 폄훼할 이유가 없습니다. 검찰이 '명예훼손'이라고 지적한 부분은 대부분 '매춘부 취급'을 했다고 그들이 단정한 구절입니다. 그러나 '매춘'이라는 단어를 사용했다고 해서 그것이 곧 '매춘부 취급'이 되는 것은 아닙니다. 심지어 매춘부라 말하는 이들을 비판하기 위해 사용한 부분마저 원고와 가처분신청 재판부와 검찰은 확인하지 않고 그대로 제가 한 말로 치환했습니다. 언론도 대부분 그대로 보도했습니다. 그러나 역시 1차적 책임은 원고와 가처분신청 재판부와 검찰에 있다고 하지 않을 수 없습니다.

검찰이 명예훼손이라고 지적한 부분의 앞뒤 문맥을 알 수 있도록 책을 복사한 자료를 준비했으니 참고해주시기 바랍니다. 그리고 원고가 처음에 지적한 109곳에 대해한 반박문 150매의 반박문, 검찰 조사에 응해 작성한 53곳에 대한 간략한 반박문, 그 밖의 재판 관련 자료들을 조만간 홈페이지를 개설해 공개할 생각입니다.

원고 측은 처음에 "허위"라고 했던 주장을 바꾸어 "전쟁범죄를 찬양"하고 "공공선"에 반하는 책이라고 말하기 시작했습니다. 고발 당시의 주장 '위안부는 자발적인 매춘부'라고 말하는 "거짓말"을 쓴 책이라는 보도는 지금도 돌아다니면서 저를 공격하는 자료로 사용되곤 합니다. 특히 고발, 가처분 결정, 기소, 이 세 번의 사태 때마다, 저는 전 국민의 비난 대상이 되었습니다.

이러한 정황을 야기하고 방치하고 조장해온 원고 측 주변인들과, 저의 책을 삭제토록 조치한 가처분 결정 재판부와 그리고 검찰의 기소에 강력 항의합니다. 그리고 원고 측이 이제라도 자신들이 만든 위안부 할머니들의 오해를 푸는 역할에 앞장서서 고소고발을 철회하기를 강력하게 요구합니다.

2015년 12월 2일
박유하

4. '지식인'의 사상검증

기자회견 이후 얼마 지나지 않아 2015년 12월 16일, 민사 1심 마지막 재판이 열렸다. 나는 진술서를 다시 써서 참석했고, 판사들을 향해 읽었다.

◇ ◇ ◇

최후진술서

재판장님,

『제국의 위안부』 내용 중 34곳을 삭제하라는 가처분 판결이 끝나고 민사재판이 시작된 지 벌써 반년이 지났습니다. 그동안 저는 그러한 판결이 너무나도 부당한 것이었음을 답변서와 자료들을 통해 말씀드려왔습니다. 가처분 판결에 대해서도 이의신청을 해둔 상태입니다. 그런데 2015년 11월 18일에는 그동안 이 사건을 조사해온 검찰이 저를 기소하는 사태까지 일어났습니다. 그리고 1월에 첫 공판이 시작될 예정입니다. 따라서 이 민사재판의 판결이 얼마나 중요한지는 재판장님도 잘 아시리라고 생각합니다.

원고 측은, 2014년 6월에 저의 책 내용이 '허위'이자 위안부 할머니를 비난한 책이라면서 고발했습니다. 그리고 '매춘', '동지적 관계'라는 두 단어를 강조하며 제가 위안부 할머니에게 '피해자로서의 이미지를 전달하는 것을 중단하라'고 했다고 주장했습니다. 나눔의집 고문변호사는 저의 책이 그저 '한일 간 화해'를 위한 책이며, '일본 극우의 주장과 다르지 않'고 일본의 책임을 부정하는 책이라고 말했습니다.

이후 저는 전 국민의 비난 대상이 되었습니다. 그리고 1년 반이 지났습니다.

그러나 이 모든 주장은 오독이거나 곡해에 근거한 허위입니다. 그 사실을 저는 그동안 수많은 자료와 반론을 통해 항변해왔습니다.

1.
저의 책은 위안부 할머니의 명예를 훼손하는 책이긴커녕 한국과 일본의 식자들이 "오히려 할머니의 아픔을 더 잘 알 수 있었다"고 말해준 책입니다. 그리고 그것이 바로 제가 책을 낸 목적이었습니다. 다시 말해, 저는 이제까지 이 문제를 부정하거나 무관심했던 이들에게 이 문제에 대한 관심을 환기시키고 일본 정부 관계자들에게 해결을 위해 더욱 적극적으로 움직여줄 것을 기대하면서 이 책을 썼던 것입니다.

하나의 문제를 해결하려면 상대편의 주장도 잘 들어야 합니다. 그러나 이 20여 년 동안 지원단체는 이 문제에 부정적인 이들의 말은 전혀 들으려고 하지 않았습니다. 저의 책이 지원단체의 주장과 다른 점은 부정론자들의 말에 귀를 기울였다는 점, 그리고 그에 입각해 그들의 사고에 어떤 문제가 있는지를 비판하려 한 점입니다. 그러나 지원단체를 비롯, 저를 비판하는 이들은 그런 부분을 완전히 무시하고 오로지 조선인 위안부에 관한 서술과 운동 방식에 대한 비판만을 문제삼았습니다. 그리고 가처분신청 재판부와 검찰 역시 그러한 수용을 받아들였습니다.

그러나 저의 책이 정말로 그런 책이라면 한국에서 처음 발간했을 때부터 문제시되었을 것입니다. 그러나 책 발간 후 10개월 동안 그런 식의 비난은 없었습니다. 오히려 몇몇 언론은 호의적인 서평을 실어주었습니다.

그리고 이제, 사태의 심각성을 느낀 일본의 지식인들과 한국의 지식인들마저 목소리를 내기에 이르렀습니다. 일본 측 항의성명에 일본의 양심을 대표하는 고노 전 관방장관, 무라야먀 전 수상, 그리고 노벨상 수상작가 오에 겐자부로가 이 성명에 동참한 것은 저의 책이 원고 측이 말하는 그런 책이 아니라는 것을 말해주는 증거입니다. 성명에 참여한 이들 중 적지 않은 이들이 저의 실제 지인이기도 합니다. 저의 인식이 위안부 할머니들을 폄훼하는 것이었다면 이들과 지인이 될 수도 없었을 것이며 이들이 기소에 대해 항의성명을 내지도 않았을 것입니다.

2.

고발은, 아직 학생 신분인 젊은이들의 거칠고 조악한 독해에 따른 것이었습니다. 이들은 해방 후 70년의 문제를 말한 부분을 할머니를 비난한 것으로 읽고 제가 할머니를 비난했다고 주장했습니다. 그리고 이후 저는 '위안부 할머니의 아픔'을 모르는 사람으로 인식되었습니다. 그래서 저는 오로지 책을 올바르게 이해받는 일에 집중했습니다. 따라서 이른바 '표현의 자유'를 말한 적도 없습니다. 저는 1년 반 동안 법원과 여론을 향해 오로지 고발에 이르게 한 것은 "오독"이라고만 말해왔습니다. 그러나 원고 측은 처음에 "허위"에 중점을 두었던 고발 취지를 중간에 바꾸어, 제가 전쟁범죄를 찬양했다면서 저의 역사 인식에 문제가 있다고 말하기 시작했습니다.

재판장님,

오독이든 곡해이든, 거짓을 말한 것은 원고 측 대변인들입니다. 결과적으로 명예가 '실제로' 훼손된 것은 저입니다. 그럼에도 저는 그동안 고발의 배경에 무슨 일이 있었는지에 대해서는 말하지 않았습니다. 그 이유는 그것을 말하는 것이 결과적으로 한국의 수치가 되는 일이라고 생각했기 때문입니다.

3.
그러나 가처분 판결과 형사 기소는 그러한 방식이 전혀 효과가 없었다는 것을 보여주었습니다. 그래서 이제 그동안 하지 않았던 말을 일부나마 하려 합니다. 그리고 증빙자료도 제출하겠습니다.

우선은, 원고 측이 문제시했던 인식이, 실은 다른 위안부 할머니의 인식이기도 했고 위안부 문제 발생 직후의 한국 정부의 인식이기도 했다는 것을 말씀드리려 합니다. 그러나 그 말을 하는 이유는 제가 한 말이 거짓이 아니라고 주장하기 위해서가 아닙니다. 위안부 할머니 중에도 저와 같은 인식을 가진 분이 계셨다는 것, 그러나 한국 사회는 그러한 분들의 목소리는 들으려 하지 않았다는 사실을 환기시키고 싶어서입니다.

한 위안부 할머니는 저에게 "위안부는 군인을 돌보는 사람"이었고 "강제연행은 없었던 걸로 안다"고 말씀하셨습니다. 거듭 말씀드리지만, 이 말을 하는 이유는 그것이 진실이라고 말하기 위해서가 아닙니다. 그러한 생각을 말하지 못했던 할머니가 계시다는 점을 말하기 위해서입니다. 그리고 그렇게, "말하지 못하는" 구조가 우리 안에 자리잡은 지 20년 이상이 지났다는 사실을 말하기 위해서입니다. 위안부 문제가 발생하자 우리 사회는 위안부 할머니들을 50년 동안이나 침묵하게 만들었다며 반성했지만, 여전히 침묵을 강요하는 상태는 이어지고 있습니다.

4.

저는 위안부를 징병과 같은 틀에서 생각해야 위안부 문제가 해결된다고 생각했습니다. 위안부란 국가가 세력 확장을 위해 개인을 동원해 신체와 성을 훼손시킨 존재입니다. 그러나 조선인 군인과 달리 여성들에겐 그들을 보호하는 법이 없었습니다. 저의 책은 그 점을 근대국가 시스템의 문제로, 그리고 남성중심주의적 제국의 지배와 여성차별의 문제로서 일본에 대해 책임을 물은 책입니다.

저는 강제동원인지 아닌지, 소녀인지 아닌지 여부에 방점을 두지 않습니다. 그런데도 그 점에만 주목해 20년 이상 대립해왔고 이제 차세대에게까지 영향을 미치고 있는 위안부 문제 해결 운동의 방식에 의문을 제기했을 뿐입니다.

제가 만든 개념을 위안부 할머니들을 비난하는 개념으로 여기도록 만드는 것은, 그런 이들 안에 자리한 차별의식과 그 밖의 요소들입니다. 1992년에 한국 정부가 만든 자료조차, 위안부에 관한 인식은 저와 비슷합니다.

5.

재판장님,

그래서 이제 저는 죽은 자료들 대신, 그러나 이제는 돌아가신 할머니의 목소리를 제출합니다. 이 사회에서 들으려 하지 않았던 목소리를 제출합니다. 저는 죽은 목소리를 복원하고자 책을 썼습니다. 그런데 책을 쓰고 나서 살아 있는 목소리를 만났습니다. 그러나 그 목소리는 그 뒤로도 사회에 들리지 않았고 결국 아무도 들어주는 이 없이 세상에서 사라졌다는 점에서 죽은 목소리였습니다. 저는 저에게 잠시 들렸던 그 목소리를 세상이 들을 수 있도록 해야 할 의무가 있다고 생각했습니다. 그것이 역사와 마주하는 저의 방식이었기 때문입니다.

재판장님,
이 재판은 저와 위안부 할머니의 싸움이 아닙니다. 위안부 문제를 둘러싼, 운동가/학자와 저의 '생각의 싸움'입니다. 위안부 문제 해결을 위한 '다른 생각의 싸움'입니다.

이제 이 소송을 기각하여주시기 바랍니다. 그리하여, 정의의식으로 저를 비난한 사람들과, 위안부 할머니 아닌 무언가를 지키기 위해 저를 고발한 이들을 세상이 구별할 수 있도록 해주시기 바랍니다. 그 이후에 정의로운 이들과, 식민지시대와 냉전시대를 겪어온 우리의 불행에 대해 다시 머리를 맞대고 고민할 수 있도록 해주시기를 간곡히 부탁드립니다.

2015년 12월 16일
박유하

◇ ◇ ◇

비슷한 시기에 정현기 연세대 교수, 허성관 전 행자부장관 등이 원고 측 변호사와 함께 세미나를 열었다. 원고 측 변호사에 따르면, 조정 결렬('불성립')은 위안부 할머니와 상관없이 이루어진 것이었다. 나의 싸움이 위안부 할머니가 아니라 주변인과의 싸움이라는 것을 그는 다시 보여주었다. 발제/토론자들은 나를 비난하기 위해 당시 절판 중이던 15년 전 책까지 찾아와 규탄했다. 본격적인 '사상검증'의 시작이었다. 이들의 '사회참여'는, 『화해를 위해서』에서 썼던 '정의의 폭력'이 여전히 현재진행형임을 보여주었다. 원고측 변호사는 이날 발표된 글들을 법원에 제출했다.

나에 대한 동정론을 두고, 나를 비난해온 이들은 내가 "피해자 코스프레"를 하고 있을 뿐 진짜 박해를 받고 있는 것은 아니라고 주장했다. 내가 아직, 대학을 쫓겨나지도 테러를 당하지도 않았다는 것이 그 이유였다.

하지만 그렇게 말하는 이들은 설사 내가 그런 일을 당했다 해도 그럴 만해서 그렇게 된 거라고 생각할 터였다. 안타깝게도, 비난하던 이들은 비슷한 감성을 나눠갖고 있었다. 그들은 정의를 외치고 있었지만, 그곳에 존재한 건 누군가가 블로그에 쓴 것처럼 "배외집단"의 폭력이었다.* 나는 그들의 세미나 영상을 뒤늦게 보고 나서 감상을 페이스북에 이렇게 썼다. "미움이 가득한 곳에 정의는 꽃피지 않는다."

검사의 취조, 가처분신청 '일부 인용'(나에게는 '패소'), 민사재판, 학계의 공격, 기소까지, 태어나 처음 겪는 힘겨운 한 해가 끝나갈 무렵, 갑자기 '한일 합의'가 발표됐다. 나조차 예상하지 못했던 일이었다. 나쁜 일은 아니었지만, 정부 간의 '합의' 전에 해야 할 일을 빼놓고 있어서 착잡했다. 국민들 간의 인식에서 접점 만들기였다. 그런 의미에서는 협의회를 만들어 접점을 찾아보자고 했던 1년 반 전 나의 제안은 실패한 셈이었다.

하지만 원고의 한 사람으로 이름이 올라 있던 나눔의집 거주자 분 중 한 분이 합의를 긍정적으로 받아들이는 장면이 방송에 잡혀 있었다(다음날엔,

---

* 한승, 「배외집단의 박유하 토론회」(https://m.blog.naver.com/ngoking/220577181218)

그 말은 이미 번복되어 있었다).

정대협은 침묵을 지키다가 약간의 시간이 지난 후 '한일 합의'에 대한 반대운동을 시작했다.

나에게도 힘든 시간이 이어지리라고 예감했다.

지원단체가 선도한 '한일 합의' 반대운동은 온 국민의 지지를 얻었다. 격렬한 비판과 반대 시위가 일어났다. 선봉에 섰던 정대협에는 단숨에 10억 원이 넘는 기부금이 모였다. 나눔의집에도 이후 100억 원이 넘는 기부금이 모였다.

『제국의 위안부』를 내고 나서 1년 반이 지나 있었지만, 한국 사회에서는 아무런 효용도 없었다. 나는 법정에 갇혀 있었고, 위안부 문제의 중심에 있던 두 단체는 '한일 합의'를 계기로 영향력을 훨씬 더 강하게 키워나갔다.

해가 바뀌어 2016년 1월 4일, 민사 1심 판결을 앞두고 나는 또 하나의 글을 썼다. 내가 「최후진술서」를 제출한 이후에 원고 측이 전해 12월의 정현기 세미나 논평집과 함께 내 진술을 부정하는 문서를 제출했기 때문이었다.

◇ ◇ ◇

추가답변서

저는 저와 가까웠던 배춘희 할머니와 나눈 통화 기록과 할머니의 말씀을 기록한 영상 중 일부를 제출한 바 있습니다. 이에 대해 원고 측은 추가서면을 통해 배춘희 할머니가 고소인이 될 것이었다고 반박했습니다. 이에 저는 박유하와 배춘희 할머니와의 반년여에 걸친 통화 녹음과 녹취록 전체를 추가로 제출합니다.

　이 통화는 2013년 겨울부터 2014년 5월, 즉 2014년 6월 초의 배춘희 할머니의 사망 직전까지 이루어졌습니다.

　이 기록을 보시면, 피고가 배춘희 할머니와 깊은 신뢰관계를 형성하고 있었으며 따라서 피고에 대한 고소인이 되는 일은 결코 없었을 거라는 것을 아실 수 있을 것입니다.

　그동안 저는 원고 측의 온갖 거짓비방에도 불구하고 이 기록을 제출하지 않았습니다. 그 이유는, 이 안에 지원단체의 문제가 적나라하게 드러나 있고, 결과적으로 지원단체, 그리고 한국에 수치스러운 일이 될 수도 있다고 생각했기 때문입니다. 그 때문에 이 1년 반 동안 오로지 제 책 내용의 정당성만 주장해 왔습니다.

　하지만 이제 이 기록을 제출하는 이유는 이 고발이 단순히 책 문제에서 유발된 것이 아니었음을 밝히기 위해서입니다.

　저는 책을 발간한 후, 자신의 작업을 재검증하고 아울러 사죄와 보상에 대한 할머니들─당사자들의 생각을 확인하기 위해 할머니들을 만났습니다.

　그러나 정대협은 접근 자체가 불가능했습니다. 나눔의집은 방문 가능했으나, 『제국의 위안부』라는 책이 지원단체 비판인 탓이겠지만, 나눔의집 소장이 저를 경계하고 있음을 알 수 있었습니다.

　나눔의집이, 책 발간 직후가 아니라 그로부터 반년 지난 2014년 봄부터 이 책의 검토에 들어갔다는 것은 제가 나눔의집 할머니들을 만나기 시작한 데에 대한 경계심에 의한 것이었음을 말해줍니다. 책에도 나눔의집 이야기는 한 곳밖에 없었습니다.

　그리고, 2014년 4월에 피고가 〈위안부 문제, 제3의 목소리〉라는 심포지엄을 열어 할머니들 중에는 지원단체가 주장하는 '법적 책임'을 잘 알지 못하거나 그저 보상금만을 원하는 할머니들이 계시다는 사실 등을 할머니의 영상을 통해 내보낸 것이 고발의 직접적인 계기가 되었던 것으로 보입니다.

녹취록에 나타난 것처럼, 배 할머니는 제가 후견인이 되어주기를 원할 만큼 마음을 열어주셨었습니다. 반대로 나눔의집에 대해서는 강한 불신을 품고 있었습니다.

원고 측은 제가 다른 할머니의 목소리는 듣지 않는다고 비난했지만, 피고가 증언집을 중심으로 책을 쓴 건 옛날 증언들이 시간이 가면서 바뀌는 경우가 적지 않았기 때문입니다. 배춘희 할머니조차 다른 할머니들의 증언에 대한 불신을 갖고 있었다는 것은 저의 선택이 결코 틀리지 않았음을 말해줍니다. 그렇다고 해서 다른 할머니들의 증언에 전부 문제가 있다는 것은 물론 아닙니다.

저의 의도는 이 대화에서 거듭 드러나듯 20년 이상 해결되지 않는 문제를 해결하고자 하는 관심과 연구에 있었습니다. 따라서 위안부 할머니를 폄훼할 이유가 없습니다. 무엇보다 이 책이 공익적인 목적에서 쓰여졌다는 것은 제출하는 대화에서도 엿보실 수 있을 거라 생각합니다.

저는 한 사람의 학자로서, 가리워지고 묻힌 목소리를 복원해 총체적인 모습을 보려 했을 뿐, 다른 할머니의 목소리를 듣지 않은 것이 아닙니다. 직접적이지만 개인의 경험으로서의 한계를 안고 있는 증언의 다양한 모습을 보는 일을 통해 총체적인 이해를 돕고자 했던 것입니다.

동시에 그런 시도가 원고 측의 주장처럼 "일본 우익을 대변"하는 것이 아니라 그 반대의 작업이었음은 참고자료로 제출하는 칼럼에서 일본인이 내 책을 읽고 "위안부 할머니의 슬픔을 알게 되었다"고 말하는 데서 분명히 드러납니다. 그리고 바로 그러한 점이, 그동안 꿈쩍하지 않던 아베 정권과 일본 우파로 하여금 위안부 문제에 귀 기울이게 만들었다는 평가도 적지 않습니다.

물론 지원단체의 생각대로 "법적 해결"을 원하는 할머니도 계실 것입니다. 하지만 중요한 건 오랜 세월 동안 다른 목소리는 묻혔었다는 점이고 돌아가신 할머니들 중에도 그런 이들은 적지 않을 수 있다는 점입니다. 따라서 이제라도 그런 목소리도 전부 수렴하여 다시 생각할 필요가 있다는 것이 저의 제안이었습니다.

원고 측이 제출한 논평문들이 발표된 자리에는 원고 측 변호사가 등장하는데, 형사조정 중에 할머니들의 의견은 배제하고 독단으로 움직였다는 것도 드러납니다.* 다시 말해 원고들조차 이 사건에서 배제되고 있는 것입니다. 이는 배 할머니와의 대화에서 드러나는 것처럼 이 고발의 주체가 할머니가 아니라 주변인물이라는 사실을 감안하면 오히려 당연한 일이라 하겠습니다.

원고 측이 제출한 논문을 쓴 정영환 교수 등의 학자들은 저에게 반대했던 학자들 380명의 기소 비판조차 비난합니다. 그들의 논문은 그 자체로 이들이 얼마나 편협하고 극단적인 생각을 갖고 있는지를 보여줍니다. 법원에 학문의 판단을 맡기는 것에 대한 비판 목소리가 높아지는 가운데, 원고 측은 이제 이러한 자료마저 사용해야 하는 처지에 이른 것이라 하겠습니다. 정영환 교수는 재일교포 3세입니다.

저는 할머니들에게 '보상금만 주면 된다'고 한 적이 없습니다, 오히려 보상금에 집착했던 것은 나눔의집과 다른 할머니들이라는 것도 녹취록에는 드러납니다.

---

* 「박유하의 한일관계 인식과 그 문제점」(2015년 12월 22일)

저는 책에서 당사자를 포함한 한일협의회를 만들어 논의하자고 했고, 일어판에서는 사죄를 표명하는 국회결의가 있어야 한다고 강조했습니다.

녹취록을 꼭 살펴봐주시기 바랍니다. 여기에는 지원단체에 대한 여러 종류의 불신, 감시당하는 일에 대한 불안, 위안부 문제에 대한 세간의 상식에 대한 의구심, 지원단체의 운동방식에 대한 불만, 기존 상식만이 존중되는 데 대한 불만과 체념이 보입니다. 할머니들의 다른 목소리를 듣지 않은 것은 제가 아니라 지원단체입니다.

나눔의집 소장은 제가 유희남 할머니에게 일본 정부로부터 20억을 받아주겠다고 말했다는 허위사실을 유포하기까지 했습니다. 그러나 20억이라는 숫자는 바로 그 할머니와 나눔의집에서 나온 것이었다는 사실도 나타납니다.

배 할머니는 저를 전적으로 신뢰했습니다. 그런 제가 할머니들의 명예를 훼손하는 책을 쓸 수 없음은 명백합니다.

저의 의도는 꼬일 대로 꼬여 할머니들을 인질화하고 있는 위안부 문제의 실마리를 찾는 데에 있었습니다. 그동안 세간에서 익숙하지 않았던 목소리는 제가 지어낸 것이 아니라 존재했으나 아무도 들으려 하지 않거나 묻어버렸던 목소리였습니다.

저는 그저, 그런 목소리가 존재했던 이상 세상에 들려야 한다고 생각해 되살리려 했을 뿐입니다. 그리고 책을 내고 나서 운명처럼, 그런 목소리의 주인공을 만났던 것입니다. 그리고 그 목소리는 바로 저를 고발한 나눔의집 안에 있었습니다. 그리고 그 목소리가 세상에 더이상 나오지 못하게 되고 말았을 때 저는 고발당했던 것입니다.

그로부터 1년 반이 지나고 이제야 저는 이 녹취록을 제출합니다.

부디 이 고발에 이르는 과정을 살펴봐주시고, 생각을 들어주는 이도 거의 없이 세상을 떠난 할머니의 마음을 헤아리시고, 그런 할머니들의 목소리를 복원하려 했던 저의 진심을 이해해주시기 바랍니다. 그리고 이 소송을 기각해주시기 바랍니다.

12월에 제가 지인들과 행한 기자회견에서 발표한 내용, 그리고 성명문과 칼럼 등을 추가자료로 제출합니다.

5. 세계를 향해 제언하다

민사 1심 재판부에 마지막 의견서를 내고 나서 나는 워싱턴으로 날아갔다. 와세다 대학과 우드로윌슨센터가 주최하는 '한일관계와 동아시아의 역사적 화해를 위한 미국의 역할에 대한 전망'을 주제로 한 세미나에서 발제하기로 되어 있었기 때문이다. 하지만 이 사실이 미리 보도되면서 떠나기 전부터 격한 비난이 일기 시작했다.

고발 이후 일본의 재일교포 등 비판자들이 미국 매체까지 이용해 나를 공격하고 있었기 때문에 한 번은 직접 해명할 필요도 있다는 생각으로 수락했던 세미나였다.

하지만 언론은, 내가 일본에 유리한 말을 하러 가는 것이라는 지원단체의 주장을 그대로 옮겼다. 와세다 대학은 '그저 일본'으로 지칭되었고 나는 '일본 돈으로 일본에 유리한 말을 하러 미국까지 가는 친일파'가 되어버렸다(『노컷뉴스』외).

이미, 위안부 문제의 무대는 미국을 비롯한 세계가 되어 있었다. 따라서 예민한 반응 자체는 이해되지 않는 바는 아니었다. 하지만 의구심 가득한 생각만이 언론이 되고 국민들 생각으로 이어지는 현실은 암담했다.

행사에는 한일 양국 언론이 관심을 갖고 모여들었다. 정대협 워싱턴 지부 대표도 와 있었다. 모임에는 그동안 정대협 측과 연대해 활동하던 미국인 학자도 함께 등단했다. 상호접점을 찾아보려는 것이 모임의 취지였다.

내가 이날 주안점을 둔 것은 "정부간 합의만으로 끝났다고는 할 수 없다"였다. 그런 의미에서는 오히려 운동가들 편에 서서 한 이야기였다. 미국도 '한일 합의'를 환영한다고만 했으니, 합의에 비판적인 생각을 미국의 중심부에서 말하는 일에 나는 의미를 두었다. 그리고 일본 언론은 그 점을 정확히 짚어주었다. 그런 의미에서는 나를 초청해준 학자들의 의견도 다르지 않았다.

하지만 지원단체 쪽 입장을 대표해 나온 미국인 여교수 알렉시스 더든은, 나는 물론 과거에 아시아여성기금에 참여해 위안부 문제에 반성하는 입장의 논문을 발표하기도 했던 일본인 학자 이야기도 들으려 하지 않았다(2년 후, 한국의 서울대인권센터는 그 아사노 도요미淺野豊美 교수가 1990년대에 아시아여성기금의 지원을 받아 연구하고 발표한 논문에서 사용한 자료와 대동소이한 자료를 대대적으로 발표하며 "일본군에 의한 위안부 학살"을 주장했다.*). 위안부 문제는 학계에서조차 '의견이 다르다는 것'만으로 대화가 불가능한 지경에 이르러 있었다.

2016년 1월 11일, 나는 위안부 문제의 '주전장'이 되어가고 있던 미국 땅에서 처음으로 위안부 문제와 관련하여 짧은 발제를 했다.

◇ ◇ ◇

---

* 아사노 교수는 훗날 이 논문의 개정판을 냈는데, 그에 따르면 '학살'된 이들에는 일본인 위안부와 남성─일본군인조차 포함되어 있었다.(아사노 도요미,「북버마·윈난전선에서의 일본군의 '옥쇄'와 위안부─군의 작전과 민간인 보호 책임을 둘러싸고北ビルマ·雲南戦線における日本軍の「玉砕」と慰安婦─軍の作戦と民間人保護責任をめぐって」, 馬曉華 編,『新たな和解の創出』, 彩流社, 2020)

위안부 문제, 인식의 접점을 찾아서

1.『제국의 위안부』를 쓰기까지

오늘 제가 이 자리에 있는 이유는『제국의 위안부』라는 책을 썼기 때문일 터입니다. 사실 저는 10년 전인 2005년에도『화해를 위해서』라는 책에서 위안부 문제를 다룬 적이 있습니다. 그 책에서는 교과서, 야스쿠니, 독도 문제도 함께 다루었으나, 다시 위안부 문제에 관한 책을 쓰게 된 직접적인 계기는 2012년 봄 일본이 해결을 위한 제안을 했음에도 한국이 지원단체에 신경을 쓰면서 그 제안을 거부하는 사태를 목도했기 때문입니다.

사실『화해를 위해서』에 간단하나마『제국의 위안부』에 담긴 핵심 내용은 거의 썼다고 말할 수 있습니다. 그러나 저의 문제제기는 한국에서는 공론화되지 못했고, 주목받지 못한 채 묻혀버렸습니다.『제국의 위안부』를 다시 쓴 이유는 이후에도 한일 대립이 이어지고 시간이 지날수록 오히려 격화됐기 때문입니다.

『화해를 위해서』에서 저는 이 문제를 부정해온 사람들의 생각에 어떤 문제가 있는지를 지적하며 비판했습니다. 동시에 저는 지원단체와 한국 사회에도 비판을 시도했습니다. 왜냐하면 이 문제를 둘러싼 대립이 이어져온 것은 반드시 일본만의 책임은 아니라고 생각했기 때문입니다.

예를 들어, 1990년대 아시아여성기금을 지원단체는 격렬하게 비난하고 거부했습니다. 그 결과, 한국에서는 일본이 사죄와 보상을 시도했고, 60명의 위안부가 기금을 받았지만, 그런 사실조차 최근까지 거의 알려지지 않았습니다. 그래서 대부분의 한국인은 일본을 '사죄도 보상도 하지 않는 뻔뻔한 나라'로 인식하게 되었습니다. 지원단체는 훗날 기금에 대해 '법적' 책임을 지지 않으려는 일본의 술책이라고 주장했지만, 일반 시민은 세부 내용을 몰랐기 때문에 그저 일본이 책임을 지지 않으려 한다고만 생각했습니다.

저는 '법적 책임'을 포함한 지원단체와 관련자들의 주장을 검토했고, 한발 더 나아가 조선인 위안부란 과연 어떤 존재였는지에 대해 다시 고찰했습니다. 오늘 나눠드린 책의 요지는 그간의 고민을 정리한 것입니다. 이 문제를 해결하려면 조선인 위안부가 누구였는지를 정확히 보는 것은 물론, 문제 발생 이후 20년이 넘도록 이어져온 대립의 역사와 구조 자체를 살펴보는 것이 필수적이라고 생각했기 때문입니다. 그 결과, 기존 운동의 주장에는 몇 가지 문제가 있다는 결론에 이르렀습니다.

2.『제국의 위안부』의 문제의식

이 책의 부제는 '식민지지배와 기억의 투쟁'입니다. 저는 조선인 위안부 문제를 둘러싼 한일 대립을, 식민지지배를 둘러싼 '기억의 투쟁'으로 보았습니다. 즉, 조선인 위안부라는 존재는 '전쟁' 이전에 '식민지지배'가 만들어낸 존재라고 생각했습니다. 그리고 위안부 문제가 '전쟁'의 문제로만 이해되는 한, 문제의 본질은 보이지 않는다고 판단했습니다.

제가 생각하는 위안부란, 국가의 세력확장 욕망에 의해 남성을 '위안'해줄 것이라는 기대와 함께 멀리 떨어진 곳으로 '이동'당한 여성입니다. 당연히 일본군이 당시 가장 선호한 대상은 일본 여성이었습니다. 하지만 위안부 문제에서 일본인 위안부 문제는 거의 다뤄진 적이 없습니다. 현재 위안부 문제 운동이 '여성 인권' 문제로 논의되는데도, 왜 '일본인 위안부'는 주목받지 않았는지에 대한 의문이 생겼습니다. 일본인 위안부는 조선인 위안부보다 전반적으로 나은 환경에 있었지만, 그렇다고 해서 그들은 비참하지 않았던 것은 아닙니다. 그럼에도 일본인 위안부는 문제 해결 운동에서 오래도록 배제되었습니다. 그렇다면 그 운동은 정말로 '여성 인권'을 위한 보편적인 운동이었는지가 저의 의문이었습니다. 저의 첫 번째 문제의식은 거기에서 시작되었습니다.

조선인 위안부는 일본인 여성을 '대체'한 존재였습니다. 다시 말해, 조선인 위안부의 비극은 일본 제국에 편입된 식민지화가 만들어낸 것이었습니다. 일본과 전쟁을 하고 '정복'의 의미를 지닌, 예를 들어 네덜란드인 등의 위안부와는 일본군과의 관계가 달랐습니다. 저는 오히려 그들이 원하든 원치 않든 그 자리에 '일본인'으로 존재해야 했고, 일본어를 쓰며, 일본인처럼 행동하고 일본군이 좋아하는 방식으로 상대해야 했던 것에 대해 책임을 묻고자 했습니다. 폭행이나 강간도 있었지만, 그보다 더 중요한 것은 식민지지배가 그들을 그런 위치로 몰아넣었다는 점이었습니다. 이것은 '전쟁' 이전에 '제국'에 책임을 물어야 할 문제였고, 당연히 다른 옛 제국들도 책임을 져야 하는 문제입니다. 이것이 저의 두 번째 문제의식이었습니다.

또한, 위안부 문제 해결과 지원 운동은 여성 문제를 세계에 알리는 데 큰 공을 세웠지만, 그녀들이 '왜' 위안부가 되어야 했는지에 대해서는 충분히 말하지 않았습니다. 잔혹한 일본군이 한 것이니 그저 파시즘의 결과라거나, 오래된 여성차별문화 때문이라거나 하는 식으로 일본 특유의 문제로만 설명되었습니다. 그렇지만 그런 방식의 이해는 반복을 막을 수 없습니다. 그것이 저의 세 번째 문제의식이었습니다.

'위안부'는 태평양전쟁 때뿐만 아니라 냉전 시대에도, 지금도 존재합니다. 그녀들은 빈곤이라는 '계급구조'와 가부장제하의 '성차별구조'가 얽힌 구조 속에서 위안부가 되었습니다. 민족문제만으로는 결코 위안부를 총체적으로 이해할 수 없습니다.

3. 은폐된 책임, 들리지 않는 목소리

다시 말해, 기존 위안부 문제 운동은 남성과 업자의 책임을 묻지 않았습니다. 그들은 국가의 잘못된 정책에 협력했고, 이를 통해 '직접' 이익을 얻었음에도 불구하고 말입니다. 중요한 것은 그들이 국가 정책에 저항하지 않고 협력했다는 점입니다. 잘못된 정책이 실현되곤 하는 것은 협력자가 있기 때문입니다. 이 역시 저의 문제의식이었습니다.

물론 이런 지적은 국가나 일본의 책임을 면책하기 위한 것이 아닙니다. 정치적 현상의 뒤에는 항상 경제적 이득 구조가 존재한다는 점을 재확인하고, 국가권력에 대한 개인의 협력이 어떤 비극을 낳았는지를 보기 위한 것입니다. 다시 말해, '일본'이라는 이름만을 특수화하는 것은 이러한 구조를 보지 못하게 만듭니다. 지원단체는 '재발 방지'를 주요 조건으로 내세우고 있으나, 문제를 보다 복합적으로 바라봐야만 근본적인 방지책을 마련할 수 있습니다.

문제 발생 초기에 한국에서 나온 위안부 증언집은 이러한 다양한 상황을 잘 보여줍니다. 저는 『제국의 위안부』에서 이렇게 묻혀버린 목소리를 복원하고자 했습니다. 그리고 실제로 생존자 위안부 중에도 묻혀 있는 목소리가 있습니다.

중요한 것은, 이렇게 들리지 않았던 목소리에도 주목하는 일입니다. 지원단체는 발생 초기의 '군인이 강제로 끌고 간 소녀'라는 인식이 시간이 지나면서 내부에서는 변했음에도 불구하고, 오랫동안 대외적으로는 초기 설명을 고수해왔습니다. 그러나 증언집에 나타난 양상은 지원단체의 주장과 다른 경우가 적지 않았습니다.

또한 한 한국인 전 위안부는 저에게 "강제연행은 없었던 것으로 생각한다"면서 "위안부란 군인을 돌보는 존재"라고도 말했습니다. 위안부의 경험은 결국 개별적인 것에 불과합니다. 한 사람의 시각은 미미하지만, 저는 다양한 모습을 보는 일을 통해 전체적인 모습을 파악하는 것이 학자의 책무라고 생각합니다. 당연히, 보상에 관해서도, 지원단체의 주장과 다른 조치를 원하는 위안부가 존재합니다.

4. 화해와 대안

작년 말에, 1991년에 처음 문제가 제기된 이후로 24년 만에 한일 간에 이 문제에 관해 이른바 '합의'가 이루어졌습니다. 대립하던 양국이 정부 차원에서 '공동의견'을 낸 것은 우선 평가해야 하겠지요. 다만 이 합의는 해결에 필요한 과정을 생략한 합의였습니다. 한국 국민들의 거센 반발은 바로 그 때문이라고 생각합니다.

그 과정에서 부족했던 것은 위안부 문제의 쟁점을 한일 양국 국민이 공유하는 일이었습니다. 밀실 협의가 아니라 쟁점이 무엇이었는지를 알리고, 차이점에 대한 공론의 장을 마련했어야 합니다. 언론을 통해, 그 논의 과정을 통해, 국민 다수가 위안부 문제 자체에 대한 이해를 넓힐 수 있었다면, 지금과 같은 극단적인 반발은 일어나지 않았을 것입니다.

문제는 이러한 반발이 정치와 연계되는 경향이 뚜렷하다는 점입니다. 그러나 지금 필요한 것은 정치적 입장을 넘어선 접근과 이해입니다. 개인의 정치적 입장을 넘어선 합리적인 논의가 필요합니다. 그리고 그 논의를 기반으로 소녀상의 방향성이 결정되도록 하는 것이 바람직하다고 생각합니다.

이 소녀상은 사실 학대받은 소녀라기보다 '상처 입기 전, 식민지화되기 전의 순수한 조선'을 상징합니다. 즉, 저항 정신을 표현하고 있습니다. 그러나 1965년 한국에서 제작된 영화 〈사르빈강에 노을이 진다〉에 등장하는 조선인 위안부는 거의 모두 성인여성입니다. 물론 그 상像만이 옳다는 이야기가 아닙니다. 결국 우리가 보고 있는 것은 결국 동시대가 이해한 만큼의 이미지에 불과하다는 점을 말씀드리려는 것입니다.

위안부 문제에서, 이른바 '해결'을 위해 접점을 찾아야 할 쟁점은 사실 많지 않습니다. 첫째는 강제연행 여부입니다. 사실 현재 학계에서는 더이상 물리적 의미의 강제연행이라는 표현을 사용하지 않습니다. 일반인들도 정확한 쟁점에 대한 올바른 이해가 필요합니다.

둘째는 위안소에서의 생활을 총체적으로 파악하는 것입니다. 예를 들어, 군인이 위안소를 이용한 것은 사실이지만, 위안부들의 실질적인 주인이자 그들의 자유를 직접 구속한 주체는 업자였습니다.

셋째는 이러한 모든 것을 토대로 '법적' 책임을 져야 하는지 여부를 다시 생각해야 한다는 것입니다. 법적 책임이 왜 필요한지, 만약 필요하다면 왜 우리는 '법적' 책임을 최상위 책임으로 간주해야 하는지도 논의되어야 합니다.

위안부 문제를 둘러싼 논의―지난 20여 년간의 대립이 실은 한일뿐 아니라 좌우 대립이었다는 점도 이해될 필요가 있습니다. '한일 합의' 이후, 그동안 잠잠하던 보수층이 눈에 띄게 환영했고, 진보진영 언론이 가장 반대했다는 사실도 이를 보여줍니다. 남북관계와 한일관계의 역학구조도 반드시 함께 논의되어야 합니다. 즉, 20여 년간의 갈등은 사실 식민지 시대뿐만 아니라 냉전의 산물이기도 하다는 점이 이해되어야 합니다.

냉전 종식 이후, 역사인식 문제가 이데올로기적 정체성 확립과 결합되는 경향이 강해졌습니다. 일본에서는 위안부 문제가 좌우 대립의 양상을 띠었고, 현재 한국의 상황은 일본과 비슷한 구도의 대립이 한국에서도 시작되었음을 보여줍니다

이러한 논의를 위해, 한국과 일본, 그리고 필요에 따라 다른 나라 학자와 관계자가 함께 논의할 수 있는 협의체를 만들 것을 제안드립니다. 순서가 거꾸로 되었지만, 지금이라도 협의체가 구성되어 2015년 말에 이루어진 정치적 타결을, 양 국민이 납득 가능한 역사적 해결로 만드는 첫걸음이 되기를 기대합니다.

◇ ◇ ◇

그런데 이 발제조차 한국 언론은 또 다시 악의적으로 보도했다. 위안부 동원 정책에 대한 "남성과 업자"의 협력을 문제시했음에도 마치 내가 위안부 할머니를 비판한 것처럼 쓴 언론도 있었다.

워싱턴 일정을 마치고 공항에 내려 핸드폰을 켜자 수많은 문자와 카톡이 날아들었다. 민사 1심 패소 소식이었다. 위안부 할머니 1인당 3000만 원이 원고 측의 손해배상금 요구였는데, 1인당 1000만 원, 총 9000만 원의 손해배상금을 지불하라는 판결이 내려져 있었다.

제3장

'징역 3년' 구형에 맞서
(2016년 1월~2017년 10월)

1. 국가의 얼굴을 한 '국민'들

하지만 원고의 주장을 받아들인 판결을 수용할 수는 없었다. 판결 금액이 크지 않으니 지급하고 재판을 끝내라는 이들도 있었지만, 금액도 나에게는 컸지만 그 이상으로, 승복은 나의 책에 문제가 있다고 인정하는 것이기도 했다. 뿐만 아니라 형사소송이 남아 있었다. 나는 항소했다.

2주일 후 형사 1심이 시작되었다. 나는 재판부에 국민참여재판을 신청했다. 가처분재판과 민사 1심에 연달아 패소하고 나니 재판부를 더이상 신뢰할 수 없었다.

홈페이지를 개설하고 삭제판 파일을 무료로 공개했다. 보다 많은 이들이 직접 읽고 판단해주기를 바랐다. 홈페이지를 개설해준 건 멀리 미국에 사는, 일면식 없던 한국인 두 분이었다. 소송 이후 응원 혹은 도움을 받은 이들 중엔 외국에 살고 있는 한국인이 많았다. 대부분은 고국에서 벌어진 책에 대한 재판 소식을 듣고 우려와 지지를 표명하며 나에게 연락해온 이들이었다. 우리는 얼굴 한 번 보지 않고도 깊은 대화를 나누었다.

기소당하고 민사소송 1심에서 패소(2016년 1월 13일)하자 외부의 공격이 한층 더 거세졌다. 2016년에는 한국의 주요 '진보' 신문과 단행본을 통한 본격적인 공격이 이어졌다. 언론 중에서는 1년 전에 나에게 질문을 해왔지만 답변을 전혀 반영하지 않은 기사를 내보냈던 『한겨레』의 주일특파원이 그 선두에 서 있었다.

『한겨레』 기자의 비난 기사는 민사 1심에서 패소하고 얼마 지나지 않아 나왔다.˚ 나는 곧바로 반론을 쓰게 해달라고 요청했다. 만사 제치고 글을 써서 보냈지만 게재되기까지는 시간이 많이 걸렸다. 일본어로 번역된 인터넷 판 역시 평상시 속도와는 같지 않았다. 의도적 지연으로 여기지 않을 수 없었다.

2016년에 나에 대한 세간의 비난이 본격화된 배경에는 2015년 말의 '한일 합의'가 있는 듯했다. 실제로, 일본에서 곧바로 나왔고 몇 달 후에는 한국어판이 나온 '한일 합의' 비판서에는 그 합의가 『제국의 위안부』 때문이라고 주장하는 이까지 있었다. 그들의 비난에는 나에 대한 강한 분노가 깔려 있었다.˚˚

'위안부 문제를 둘러싼 국민 간 합의를 향해'라는 제목을 붙여 보낸 내 반론에는 반감을 살 수 있는 제목이 붙어 있었다.˚˚˚

◇　◇　◇

---

* 　[뉴스분석 왜?: 위안부 강제연행의 진실] '위안부', 일본육군이 주체가 된 전형적 인신매매였다, 『한겨레』, 2016년 1월 23일자.

** 　나카노 도시오 편, 〈위안부 문제와 미래에 대한 책임〉. 반론은 『〈제국의 위안부〉, 지식인을 말한다』(2018, 뿌리와이파리)에 수록했다.

*** 　[뉴스분석 왜?: 위안부 강제연행, 박유하 교수 반론] 법적 책임의 도그마에서 벗어나야, 『한겨레』, 2016년 2월 6일자.

위안부 문제를 둘러싼 국민 간 합의를 향해

혼란의 원인

『한겨레』에 「'위안부', 일본육군이 주체가 된 전형적인 인신매매였다」(길윤형 기자, 2016년 1월 23일자)라는 제목의 기사가 실렸다. 분명 조선인 위안부의 동원은 이른바 '군인이 끌고 간 물리적 강제연행'이 아니라, '인신매매'라는 틀 안의 일이었다.

사실 학계에서는 더이상 '군인이 강제로 끌고 갔다'는 식의 논의는 하지 않는다. 일본의 강제성과 그에 따른 법적 책임을 입증하고 싶어하는 학자들의 논의는 고작, 이송 시에 일본 군부의 배를 이용했으니 일본 국가 책임이라거나, 속아서 데려왔는데 알고도 묵인했으니 범죄라는 정도의 논의다. 그런 사실들이 이제껏 한국 사회에 널리 알려지지 않은 것은 관계자들이 그 부분을 사회를 향해 명확히 말한 적이 없기 때문이다. 또한 한편으로는 강간이 존재했지만 위안소에서의 성관계가 기본적으로는 대가가 처러진 관계였다는 것도 학자라면 누구나 알고 있는 사실이다.

따라서 위안부 문제를 둘러싼 "혼란과 불신"은 길윤형 기자가 주장하는 것처럼 "알기 쉬운 중립적 언어(만들기)의 실패" 때문이 아니다. 2014년 8월에 『아사히 신문』이 과거의 '강제연행' 기사 내용을 공식적으로 취소/수정한 이후에도 비슷한 발언을 한 한국인 학자나 언론, 혹은 지원단체 관계자들이 이제껏 없었기 때문이다.

그런데도, 이 기사는 "위안부 충원의 주체는 일본육군"임을 "흔들림 없는 사실"이라고 강조한다. 하지만 그건 새삼스럽게 확인하지 않아도 이미 일본이 인정한 일이다. 물론 나 역시 그것을 부정한 적이 없다.

그러나 조선인 위안부는 "일본군의 지휘하에 사기·협잡으로 강제연행"된 것이 아니다. 업자에게 여러 편의를 주었지만 일본 군부는 "사기와 협잡"은 공식적으로는 금지했다. "부녀매매조약이 조선에서 적용 제외"되었다는 것은 사실이지만 사기성 모집을 금지하라는 "내무성 경무국장의 통달"이 조선반도에서 발견되지 않았다는 사실이 곧 모든 사기를 허용했다는 이야기가 되는 것은 아니다. 조선에서만 범죄가 허용되었을 거라는 상상을 근거로 나의 책 『제국의 위안부』를 "결국 허망"하다고 하는 이 기사의 주장은, 내 책을 왜곡하고 전 국민을 오도한다.

나가사키 경찰서 문서에는 "전차금"을 군부가 지급한다는 얘기는 어디에도 없다. 문서에는 "소개수수료를 군부가 지급"한다고 쓰여 있는데, 이 부분을 두고 길 기자는 "일본 군부가 주체가 돼 전차금을 미끼로 여성들을 2년간의 성매매에 종사시키는 전형적인 '인신매매'를 시행"했다고 쓴다. 하지만 문서에는 어디까지나 그런 "말"을 "매춘업자가 퍼뜨리고 다닌다"고 쓰여 있을 뿐이다.

매춘업자가 여성들을 모집한다는 사실이 "일본의 경찰한테도 충격적으로 받아들여"진 것은 군이 "인신매매를 주도"해서가 아니다. 경찰은 그저 군이 여성들을 업자를 통해 모집한다는 사실을 놀라워했을 뿐이다. 내무성이 "경찰의 반대의견이 잇따르자 당황"해서 조선에서 모집하기 시작했다는 얘기를 증명하는 문구 역시 어디에도 없다.

부녀매매조약에 관한 국제조약이 조선이나 대만에 "유보"되었다는 김부자 교수의 지적은 참고해야 하지만, 그것이 곧 "매춘업에 종사한 적이 없으며 성병이 없는 여성을 식민지인 조선이나 대만에서 대량으로 모집해 위안부로 삼았다"는 이야기가 되는 것은 아니다. 중국 도항에 관한 "통첩"이 따로 존재하지 않는 이유도 조선인의 중국 이동은 배가 아니라 기차로 이동 가능한 곳이었기 때문으로 보아야 한다. 또 위안부를 데려간 이가 "칼 차고 모자 쓴" "일본 군인"으로 보인다 해서 그가 꼭 "일본 군인"인 것은 아니다. 길 기자가 인용한 안병직 교수도 말하는 것처럼 일본군은 업자를 군속 대우하기도 했고 그들에게는 군복이 지급되었다.

따라서 "결국 조선에서의 위안부 동원은 일본과 달리 성매매의 경험이 없는 미성년자가 많았고 그 수법도 당시의 일본의 형법 기준으로도 범죄라 할 수 있는 취업사기가 대부분"이라고 단정할 수 있는 것은 아니다. 스스로 가거나 소녀가 속한 공동체가 알고도 내친 경우 또한 적지 않기 때문이다. 일본 정부는 업자의 편의를 봐주었지만 "관리"는 관리감독의 의미가 강했고, 업자가 위안부를 착취하지 않도록 했다.

'법'의 한계

길윤형 기자의 기사가 결론으로 인용한 나가이 가즈 교수는 이렇게 말했다. "군으로부터 위안부 경영을 위탁받은 민간 업자나 모집업자가 사기·위계에 의해 여성을 위안소에 데려와 일을 시켰다." 그리고 "위안소의 관리자인 군은 이를 처벌하지 않고, 사정을 알고도 이를 방치했다면, 일본군이 강제연행을 하지 않았다고 항변할 수 없다. 그런 범죄의 피해자인 여성이 자신이 일본군에 의해 강제연행되었다고 느껴도 놀랄 일이 아니다."(『세카이』 2015년 9월호) 이 부분은 "강제연행"이라고 말하는 글이 아니다. 오히려 사기/위계의 주체는 "업자"임을 말하고 있다. 그저 군이 알면서 처벌하지 않았으면 강제연행으로 느낄 수 있다고 말하고 있을 뿐이다.

일본 군부는 당시, 오히려 업자가 사기로 데려오지 못하도록 본인에게 계약서를 쓰게 하고 확인했다(아시아평화국민기금 편, 『'종군위안부' 관계 자료집성』 2). 물론 계약서를 썼으니 문제없다는 이야기가 아니다. '계약'이라는 이름의 '법'의 존재는 오히려 인간을 구속한다. 마찬가지로, 오로지 국가배상을 입증하고 법적 책임을 묻기 위해 강제성을 주장하려는 발상은, 법의 바깥에서 이루어진 일에 대해서는 가해 책임을 물을 수 없는 자가당착에 빠지게 된다. '법'이란 국가 시스템의 중심에 있는 사람들이 만든 것이고, 근대 이후 국가 시스템은 언제나 남성중심적이었다. 중요한 것은 강제성 여부나 국가배상 여부가 아니라, 군대를 위한 여성이 필요하다고 생각한 군부의 발상이 어떤 식으로 여성들을 참혹하게 만들었는지다. 강제연행론은 물론 인신매매론도, '법적' 책임에만 구애하는 한, 법을 어기지 않은 공간에서는 무력해질 수밖에 없다.

'성노예'의 주인은 누구인가

식민지 경찰은 당시 횡행하던 사기나 유괴를 기본적으로는 단속했다. 일본 본토에서 국민을 대상으로 한 법적 보호와 똑같지는 않았지만, 그것은 식민지에서도 이루어졌다. 식민지 여성들만 사기나 납치에 노출되도록 '식민지 경찰'이 비도덕적이었다고 주장하는 것은, 당시 약 90만 명에 달했던 '식민지 일본인'의 존재를 인식하지 못한 발언이다. 식민지 경찰은 "포주들의 눈물도 인정도 없는 행위에 대해서는 당시의 경찰도 분히 여기고 그 서에서는 다시 전매한 곳으로 조회를 하여 최후까지 구해낼 방침으로 노력"했다. 또 경찰은 "여성을 흉측한 포주의 손에서 다시 북지(만주 등지)로 팔아넘기기 전에 그야말로 위기일발"(『매일신보』,「일제강점하강제동원피해진상규명위원회」,『전시체제기 조선의 사회상과 여성동원』에서 재인용)의 순간에 구출해내기도 했다. 물론 조선인을 포함한 식민지 경찰이 식민지인에게 가혹하지 않았을 거라는 이야기가 아니다. 그러나 그들 역시 '법'을 어기는 것을 단속하는 정도의 일은 했고, 여성들의 위안소행을 막으려 했던 흔적도 보인다.

제국 일본의 군부와 업자가 항상 공범이었던 것은 아니다. 속아서 위안소에 온 경우 군부가 다른 곳에 취직시켰다는 케이스는 그것을 보여준다(나가사와 겐이치, 『한구 위안소』). 혹은 너무 어리면 돌려보내기도 했다(『제국의 위안부』). 이 두 가지 사실은, 군부의 기본방침은 사기나 납치성 인신매매를 허용하지 않았다는 것을 보여준다. 제국 경찰은 계약서를 쓰도록 업자에게 지침을 내렸고, 위안부가 될 당사자에게도 도항허가원을 제출하도록 했다. 이렇듯 '계약'이라는 올가미에 묶인 위안부가 '폐업'을 하기 어려웠던 것은, 그들이 몸값의 소유자인 '업자'의 노예였기 때문이다.

업자에는 일본인도 많았다. 특히 규모가 큰 유곽 등은 오히려 일본인 업자가 많았을 것으로 보인다(니시노 루미코 외 편, 『일본인 '위안부'—애국심과 인신매매』, 2015). 국가 정책에 협력해 경제/이윤을 추구했던 중간계급의 문제를 보지 않고는 위안부 문제의 전모를 보았다고 할 수 없다. 그리고 우리는 아직 남성의 책임은 물론, 빈곤층을 착취한 이들의 책임을 물은 적이 없다. 일본이라는 민족주체와 다른 주체의 책임을 묻는 일을 곧 일본의 책임을 희석하는 것으로만 간주하는 주장들은, 계급과 남성의 책임을 은폐한다.

동지적 관계/제국의 책임

"한국사람이 항상 가난에 빠지니께 꽃다운 색시들을 승낙 아래 돈을 벌러 가는기야. 그때 돈으로 오십원이나 백원이나 받으면 기한은 5년 기한을 한다던가 3년 기한을 한다던가 이렇게. 전쟁이나 일본사람한테 당한 사람이 실제로 많거든. 자기가 돈 벌기 위해 가는 사람은 많다고"(『강제로 끌려간 조선인 종군 위안부들』5)라는 증언은 오랫동안 묻혀왔다. "자기가 돈 벌기 위해" 간 것을 보는 일은 "만주 얘기 난 누구한테 안 혀. 챙피해서… 집에 저렇게 와서 질문하면 당한 일만 얘기해주지"(『강제로 끌려간 조선인 종군위안부들』4)라는 식으로 자기검열된 증언들이 희석되는 일이라고 생각했기 때문일 것이다.

그러나 "한국사람이 항상 가난에 빠지니께"라는 이 증언만큼 '제국의 지배구조'를 명확히 말한 증언이 또 있을까. 그러나 하나의 목소리로 일원화된 20년 세월 속에서, "강제연행 없었지 싶어"라고 말했던 할머니는 단 한 번도 그 말을 공중 앞에서 하지 못한 채 세상을 떠났다. 그리고 이 할머니가 작고하자 지원단체는 곧바로 "할머니는 국가배상을 원하셨다"고 인터뷰에서 말한 바 있다(2014년 6월, 안신권 '나눔의집' 소장). 나는 그런 이들의 목소리를 복원하려 했을 뿐이다. 강제든 자발이든, 혹은 매춘 경험이 있건 없건, 나는 그들을 피해자로 생각했다.

『한겨레』 기사는 조선인 위안부를 '성매매 경험이 없는' 무구한 소녀로 말하고 싶어하지만, 이런 발상은 소녀가 아닌 성년/매춘 여성들을 배제한다. 하지만 기사에도 나오는 것처럼 위안부 모집은 30세까지도 허용되고 있었다. 30세 매춘부는 피해자가 아닌 걸까. 1970년 『서울신문』에는 '화류계 여성'도 갔다고 분명히 쓰여 있다. 위안부를 '소녀'로 생각하고 싶어하는 것은, 식민지를 오점 없는 '순결한 소녀'로 표상하고자 하는 욕망이 시키는 일이다. 무엇보다 '미성년 소녀'에 대한 집착은 오히려 그와는 달랐던 위안부들을 억압한다.

내가 '동지적 관계'라는 용어를 쓰게 된 것은, "다른 데는 몰라도 일본이 북한하고 한국은 줘야지. 대만까지도 이해를 해. 거기도 성과 이름을 일본식으로 고쳤으니께. 우리는 나라를 위해 나가야 한다고 같은 일본사람 취급했거든. 이렇게 끌어갔으니께 반드시 보상을 해줘야지. 그러나 중국, 필리핀은 다 영업용으로 돈 벌러 간 거지. 그러니 그건 안 줘도 괜찮고"(『강제로 끌려간 조선인 종군위안부들』5)라는 목소리를 일찍이 만났기 때문이다. '동지적 관계'가 있었으나 요구되는 구조였고, 그에 따른 '동지적 구조 속의 차별'에 대해서도 충분히 설명했다. 그러나 나를 비난하는 사람들은 그것을 묵살했다.

나는 위안부를 조선인 일본군의 징병과 같은 틀 속에서 생각해야 한다고 생각한다. 그러나 '법'은, '군인'은 보호했지만 '위안부'는 보호하지 않았다. 일본인 위안부에 대해서도 마찬가지였다. 위안부가 하는 일을 근대국가 시스템이 필요로 하면서도 경멸했기 때문이다. '법'에 의존해 역사를 판단하는 법지상주의가 아니고도, 역사에 대한 반성, 사죄와 보상은 가능하다. '한일 합의'는 일본이 사죄와 보상적 의미를 공식적으로 표명했다는 점에서 의의가 있다. 하지만 정부 간 합의만으로는 충분하지 않다. 더구나 피해자들의 생각도 하나가 아니다. 늦었지만 이제라도 국민 간 합의를 위한 논의를 시작할 필요가 있다.

2. 국가의 처벌에 가담한 이들
―재일교포 사회의 공격과 한국인 학자의 호응

내 반론이 실리자 『한겨레』는 이번에는 법학자 김창록의 반론(2016년 2월 20일자)을 게재했다. 하지만 그에 대한 반론보다 형사심 준비가 더 시급했다. 대화를 거듭하다 보면 접점이 생길거라 생각한 초기의 희망과 기대가, 기소와 민사 1심 패소를 겪으며 조금씩 사라져간 탓이기도 했다. 나는 더 이상 『한겨레』에 글을 쓰지 않았다.

다음달, 『한겨레』는 서경식 교수의 비판을 받은 와다 하루키 교수의 답변을 게재하면서 나를 다시 언급했다.* 기자가 나에 대한 의견을 와다 교수에게 물었더니 답변을 하지 않았다면서, 그 의미를 "박 교수를 둘러싼 논의가 오히려 문제 해결에 방해가 된다는 뜻"이라고 덧붙였다. 너무나도 자의적인 해석이었을 뿐 아니라 『제국의 위안부』 일본어판이 위안부 문제에 무심한 일본에 긍정적 역할을 하고 있다는 와다 교수의 발언은 묵살한 발언이었다.

3월 28일에는 도쿄 대학에서 나를 두고 의견이 갈린 진보진영 학자들이 모여 토론하는 모임이 열렸다. 그 모임에 대한 기사에서 기자는 (박유하가)

---

* 「[토요판 특집: 와다 교수 답신의 배경] 위안부 문제에 관한 현실주의… 서경식과 화해하기 힘든 심연」, 『한겨레』, 2016년 3월 26일자.

"소녀상 철거를 뒤에서 짜맞추고 있는 아베 정권과 일본 우익의 전전戰前 회귀에 협력하고 있는 것이 아닌가"라고 썼다. 자의적인 해석을 넘어 근거 없는 상상까지 넣어 버무린 악의적 기사였다.

이후 『한겨레』는 줄곧 나에 대한 비난에 앞장섰다. 심지어는 훗날 대법원에서 '무죄 취지 파기환송' 판결이 나왔을 때조차도 「대법원, '위안부는 매춘' 주장 박유하에 "명예훼손 아니다"」라는 제목을 달았다. 2014년에 언론중재위원회에서 나에게 패했음에도, 독자들이 나를 오해하고 적개심을 갖도록 하는 행위를 이후로도 10년 넘도록 멈추지 않았다.*

2016년은 내가 한국의 법원이나 학자들뿐 아니라 언론의 비난과도 제대로 대적해야 한다고 알려준 해였다. 하지만 2014년 후반에 그랬던 것처럼 언론중재위에 다시 가기에는 너무나 많은 언론이 끊임없이 공격하고 있었

---

* 이하는 나와 관련된 2016년 『한겨레』 기사 중 일부다.
- 「[토요판 뉴스분석 왜?: 위안부 강제연행의 진실] 위안부, 일본 육군이 주체가 된 전형적 인신매매였다」, 길윤형 기자, 2016년 1월 23일자
- 「[토요판 뉴스분석 왜?: 김창록 교수가 박유하 교수에게] 국가책임 이해 못하는 '뒤틀린 법 논리'」, 김창록 교수, 2016년 2월 20일자
- 「일본 진보진영 토론회서도 '제국의 위안부' 격론—도쿄대서 '박유하 교수 책' 토론회」, 길윤형 기자, 2016년 3월 29일자. 이 기사는 나를 둘러싸고 대립한 양쪽의 주장을 소개하면서, "이런 수준의 책이 일본 사회에서 평가를 받는 것은 일본인이 가해자라는 (한국의) 비판에 일본 사회가 지쳤기 때문"이라는 나카노 도시오의 발언으로 글을 맺고 있다.
- 「[토요판 르포: 일본 기자가 본 『제국의 위안부』 논쟁] '학문의 자유' 방패 삼는 건 우익에 손 빌려주는 꼴」, 길윤형 기자, 2016년 4월 23일자
- 「'제국의 위안부'는 '제국의 변호인'인가─책과 생각: 『제국의 변호인 박유하에게 묻다─제국의 거짓말과 '위안부'의 진실』」, 최원형 기자, 2016년 5월 13일자
- 「「박유하 현상, 한·미·일 주류 이익에 부합"─책과 생각: 『누구를 위한 화해인가─〈제국의 위안부〉의 반역사성』」, 한승동 기자, 2016년 7월 1일자
- 「박유하 교수, 일본인의 '위안부 애국' 증언을 조선인의 애국으로 읽은 것은 "나의 해석"」, 한승동 기자, 2016년 7월 12일자
- 「'위안부', 잘 알지도 못하면서─『제국의 위안부』 둘러싼 '박유하 신드롬'이 놓치고 있는 것」, 심용환, 『한겨레21』 1121호(2016년 7월 25일자)

다. 더구나 형사재판의 중압감은 작지 않았다. 페이스북 등에 짧은 글을 쓰는 것 말고는 더이상 바깥으로부터의 공격에 대응할 여력이 없었다.

5월에는 그 이전부터 페이스북에서 나를 격하게 비난했던 이들 중 한 사람이었던 어느 출판인이 여러 필자들을 모아 함께『제국의 변호인 박유하에게 묻다—제국의 거짓말과 위안부의 진실』이라는 책을 냈다. 연구자, 평론가부터 운동가까지 다양한 필진에는 일본은 물론 미국에서 활동하는 위안부 지원자까지 포함되어 있었다. 면면은 다양했지만, 그들은 한결같이 내가 위안부를 "자발적 매춘부"라고 썼고 "거짓말"을 했다고 다양한 표현으로 주장했다. 내가 (일본의 우익처럼) "제국에 면죄부를 주는" "역사수정주의자"이므로 그들에게 나는 "제국의 동지", "제국의 가미가제", "제국의 위안부!"였다.*

『제국의 변호인 박유하에게 묻다』에는 나에 대한 지원단체의 고발과 전년도부터 번역되어 한국 인터넷에 퍼지고 있던 재일교포 정영환의 블로그의 영향이 뚜렷했다. 정영환의 책이나 다른 연구자들의 비판이 증오를와 혐오를 학술적 외양으로 덮어 감정을 숨기고 있었다면,『제국의 변호인 박유하에게 묻다』는 나에 대한 감정을 날것으로 노출시키고 있었다. 자신들의 생각과 다른 생각을 말한 사람을 향한 혐오발언(헤이트 스피치)이, 집단이 되어 책 한 권을 뒤덮고 있었다.

7월에는, 그 전해에 한국 학술지에 기고까지 해 재판 대응 와중에 반론을 쓰지 않을 수 없었던 정영환의 글이『누구를 위한 화해인가—〈제국의 위안부〉의 반역사성』이라는 제목으로 출간됐다.

---

* 『〈제국의 위안부〉, 지식인을 말한다』에 반론을 수록했다.

『한겨레』는 이 두 권의 책을 호의적인 논조로 소개했다. "박유하 현상(일본에서 진보 지식인들이 나를 높이 평가한 것에 대해 비판자들은 그런 이름을 붙여 비난했다-박유하 주)은 한·미·일 주류의 이익에 부합"(한승동,『누구를 위한 화해인가』서평 기사)한다는,『화해를 위해서』(2005) 이후 들어왔던 익숙한 비난이 정영환의 책에 해설을 쓴 박노자의 말로 가공되어 인용되어 있었다.

책을 낸 유수의 '역사'출판사 주최로, 한국에 입국금지조치를 당한 저자 정영환을 화상으로 연결하는 서평회가 신속하게 열렸다. 2014년 말에 원고 측 변호인으로 참여했던 정연순 변호사(2016년 봄부터 민주사회를 위한 변호사모임[민변]의 회장이 되어 있었다), 서경식의 형 서승 교수, 그리고 법학자 김창록 교수 등이 함께하고 있었다.

나에 대한 비판이었기 때문에, 나는 참석을 요청했다. '비판은, 들리는 곳에서'가 나의 모토였다. 따라서 직접 듣고 답하고 싶었다. 3월의 도쿄 모임에서는 내가 참석하지 못한 탓에 이른바 '위안부 전문가'들의 일방적 주장에 대해 나를 옹호하는 '지식인'들이 구체적인 반박을 못 했다는 사실을 뒤늦게 자료집을 보고 알게 된 터였다. 같은 일을 반복하고 싶지 않았다.

하지만 막상 수락받고 참석을 결심하자 다리가 후들거렸다. 고발 소식을 처음 들었던 날 아침에 경험한 목이 타들어가는 느낌, 나를 비난하던 어떤 이가 한밤중에 머리맡에 서 있음에도 꼼짝할 수 없었던 가위눌렸던 경험에 이어 태어나 처음 겪는 신체적 반응이었다.

하지만 '대화'는 되지 않았다. 작은 공간이기도 했지만, 참석자 대부분이 나를 비난할 준비가 되어 있는 이들인 공간에서의 토론은 그 자체로 이미 숨이 막혔다. 나를 위해 함께 가준 이들이 있어 그나마 일어서서 발언할 수 있었지만, 접점이 만들어질 공간은 없었다.

그런데 비판자들의 주장만을 『한겨레』 등이 다시 보도했고, 나는 다시 한 번 '일본 편을 든 화해를 시도하는' '피해자 할머니의 감정 따위는 가볍게 무시하는' 국민마녀가 되었다.

나 자신을 위해서뿐만 아니라 나의 가족과 제자들과 응원해주는 이들을 위해서라도 그런 사태를 팔짱끼고 바라볼 수만은 없었다.

2016년 7월 11일, 나는 기자간담회를 열었다. 정영환 책의 서평을 호의적으로 쓴 기자도 와 있었다.

나는 정영환의 책의 왜곡과 교묘한 곡해를 구체적으로 인용해가며 문제를 지적했다. 하지만 이미 고발 이후 1년 넘게 지나 있었다. 20년 이상 귀에 박혀 '상식'이 된 인식이 나의 가처분재판 패소로 인해 확신이 된 이들 앞에서 변할 거라는 기대는 크게 할 수 없었다.

나는 7월 11일의 기자간담회에서 자료를 배포했고, 홈페이지에 그 일부를 올려두었다. 그리고 그 이후에 보완해 법원에 제출했다.

◇　◇　◇

누구를 위한 불화인가
정영환 저 『누구를 위한 화해인가―〈제국의 위안부〉의 반역사성』에 답한다

2014년 6월 16일 서울동부지검에 『제국의 위안부―식민지지배와 기억의 책임』이 고발된 지 약 2년 1개월이 지났다. 그동안 나는 그런 사태를 둘러싸고

일어난 일들과 나의 생각을 주로 페이스북에 써왔다. 대부분의 언론이 적이 된 상황에서 페이스북은 내 목소리를 낼 수 있는 유일한 창구였다. 무엇보다도, 고발 이전부터 사용해왔고 직접적인 국민적 비난이 페이스북을 통해 나에게 몰렸기 때문에, 나를 지지하고 응원해주는 페이스북 친구들을 위해서도 나는 써야 했다.

하지만 긴 글을 쓸 공간은 아니었고 무엇보다 고발 이전에 맡은 숙제들이 여전히 남아 있었기 때문에, 나에게는 강의와 재판 준비, 그 외의 일찍이 주어졌던 숙제들 외에 더 쪼갤 시간은 많지 않았다.

그런데, 가처분재판에서 패소한 이후인 2015년 5월과 6월, 정영환이라는 재일교포 연구자의 논문이 『역사비평』에, 그리고 '젊은 학자'들의 '집담회'가 『역사문제연구』라는 잡지에 실렸다는 것을 알게 되었다. 사실 고발 이후 정영환 씨가 책은 물론 나의 페이스북 글까지 가져다가 인용하면서 비판하고 있다는 것을 알고 있었지만, 그런 글까지 읽을 시간은 없었다. 무엇보다, 한두 번 읽어봤지만 나의 책에 대한 곡해가 너무 심했고, 그 바탕에 깔린 적개심이 마주하기 괴로워 읽는 것 자체가 고통이기도 했다.

따라서 영향력 있는 역사학계 관련 잡지에 그런 글이 실렸다는 사실 자체에 나는 우선 놀랐다. 단순오독을 넘어선 곡해가 가득한 글을 충분한 검토 없이 게재한 한국의 역사잡지에 깊이 실망했지만, 잡지의 영향력을 생각하면 무시할 수도 없었다.

그래서 나는 재판에 대응하는 한편 반론을 써서 2015년 8월 같은 『역사비평』에 실었다.* 그리고 이어서 정영환의 글 이상으로 곡해와 조롱과 어처구니

---

* 『〈제국의 위안부〉, 지식인을 말한다』에 수록했다.

없는 기초적 오독으로 가득한 '젊은 학자'들의 좌담에 대해서도 2015년 10월, 그 글이 실린 『역사문제연구』에 반론을 썼다.*

그동안 나는 모든 비판은 재판 종료 이후로 미루어달라고 호소해왔었다. 나를 고발한 고소장 자체에 2008년 무렵부터 『한겨레』를 통해 나를 '일본의 우익'에 가까운 인물로 몰며 공격해온 재일교포 지식인의 영향이 짙게 드러나고 있었을 뿐 아니라, 이후 원고 측이 제출한 문서에 연구자들의 논문이 인용되거나 증거자료로 직접 제출되는 식으로, 지식인들의 글이 학문을 억압하는 일에 이용되고 있었기 때문이다. 그런 사태가 이어지는 것을 연구자들 자신도 원하지 않을 거라고, 순진하게도 나는 생각했었다.

하지만 나의 호소에는 아랑곳없이 법원에 학자들의 글이 제출되는 일은 이어졌고 특히 2015년 말에 '한일 합의'가 나오자 정영환을 비롯해, 나를 비판하는 글들이 이번에는 책이 되어 한일 양국에서 쏟아져나오기 시작했다. 그런 사태를 보면서, 나는 그런 일들이 오히려, 2016년 1월에 준비재판이 시작되었고 본재판 일정이 8월 말로 잡힌 형사재판에 영향을 끼치려는 시도라는 것을 뒤늦게 깨달았다.

2016년 6월 말에 발간된 정영환의 책은 '한국사학자' 박노자 교수의 해설을 달고 국내 유수의 역사전문 출판사에서 간행되었다. 그리고 저자가 한국 정부의 입국불허 인물이어서 현장에 없는데도 출판기념회가 개최되는 등 대대적인 선전공세가 펼쳐졌다. 출판사가 책에 대한 광고를 잘 했는지 적지 않은 매체들이 36세 약관의 재일교포 청년연구자의 책을 긍정적으로 소개하고 논평을 게재했다.

---

* 『〈제국의 위안부〉, 지식인을 말한다』에 수록했다.

하지만 정영환의 책은 나의 책, 『제국의 위안부―식민지지배와 기억의 투쟁』이 "거짓말"이라면서 그 거짓말을 "폭로"하겠다는 말로 일본의 이른바 "양심적 지식인"에게마저 나에 대한 의구심을 품도록 유도하는 책이다. 그런 엄청난 단정을 하는 책임에도 출판사와 저자의 말을 옮긴 언론 중 어느 한 곳도 나의 생각을 듣기 위해 연락한 곳은 없었다.

그 정황은, 2년 전 고발 당시 "박유하가 위안부 할머니를 자발적 매춘부라고 했다", "위안부가 피해자가 아니라는 것을 인정하라고 했다"고 나눔의집 관계자들이 언론을 향해 주장하고 대부분의 언론이 나에게 확인도 하지 않은 채 그 내용을 전달했던 때와 다르지 않았다. 고발 주체가 지원단체에서 학자로 바뀐 것만이 달랐다. 앞서 나온 『제국의 변호인 박유하에게 묻다―제국의 거짓말과 위안부의 진실』라는 제목의 책이 말해주는 것처럼 그들은 나를 손가락질하라고 국민들을 부추기고 있었다.

내가 충격받은 것은 비판 자체 때문이 아니었다. 내가 충격받은 이유는, 법원에서 이미 은밀히 이루어지고 있던, '학자의 소송 가담'이 이제 공공연히 사회로 얼굴을 드러낸 일에 있었다. 그들의 비판은, 그 내용을 일일이 검증할 수 없는 법원이라는 공간에서, 나의 도덕성과 학자적 자질에 대해 의구심을 품도록 만드는 자료들로 기능해왔다. 그 결과가 두렵다기보다, 그런 결과를 초래할 수 있는 일에 학자들이 노골적으로 가담했다는 그 사실자체에 나는 절망했다 (이보다 앞서 2016년 3월 28일에 내 문제를 논의하기 위해 의견을 달리하는 진보학자들이 도쿄 대학에 모인 연구집회에서, 정영환은 나를 옹호하는 학자들의 호소―'기소 반대'에서만이라도 합의해보자는―에도 노골적으로 반대한 바 있다). 이 사태는 작금의 한국을 상징하는 또 하나의 문제적 사태다.

고발장에는 나눔의집에 거주하는 위안부 할머니 아홉 분의 이름에 똑같은 목도장이 찍혀 있었다. 하지만, 아니 그렇기 때문에, 나는 이 고발이 할머니들의 고발이라고는 생각하지 않는다. 할머니들의 주체성을 무시해서가 아니라 그 사실을 입증할 수 있는 증거를 갖고 있기 때문이다.

그럼에도 나는 당분간 그런 유의 이야기를 하지 않을 생각이다. 그리고 할머니를 보호하는 포즈를 취하면서 실제로는 할머니들을 아프게 해온 이들의 논지에 어떤 문제가 있는지 말해볼 생각이다. 이들의 사고의 폭력성을 검증하는 일이, 나를 위해서를 넘어 동아시아 평화를 위해서도 필수불가결한 작업이라고 생각하기 때문이다.

나의 책에 반발한 이들이 할머니들께 말했을 내 책을 왜곡한 내용들, 비수로서의 그 말들에 가슴을 찔렸을 할머니들을 생각하면 정말이지 죄송한 마음이다. 할머니들에 대한 1차가해자는, 학자들이자 운동가들이다. 이 사태는, 대변자들 간의 싸움이다.

이하는 정영환의 책이나 말을 인용한 언론보도(2016년 6월 30일~7월 7일) 중 일부다. 하지만 밑줄친 부분은 전부 사실이 아니거나 정영환의 근거 없는 독단일 뿐이다.

"사료의 오독, 증언의 자의적 해석과 취사선택, 연구 성과에 대한 잘못된 이해 등이 넘쳐난다."

"일본 내 <u>우익만이 아니라 좌파와 자유주의자</u>('리버럴'-혁신/진보-박유하 주)에게도 환영받는 현상"

"조금만 살펴봐도 객관성이 결여됐다는 것을 알 수 있는데도 비판이 없는 것은 <u>일본 사회 전반으로 퍼진 은근한 '우경화'의 영향</u>"

"일본어판에는 <u>한국어판에 없는 주장이나 인용 또는 뉘앙스가 다른 내용이</u> 등장하는데 이는 한국인의 비판을 피하려는 차원"
"일본어판은 양국관계가 정체된 책임이 전후 일본의 보상과 사죄를 기억하지 못하는 한국 측에 있다고 적는 등 일본인의 입맛에 맞도록 가필"
"우경화로 인해 일본인들은 '식민지지배에 대해 사과는 할 만치 했다'고 생각하는데 여기에 딱 부합하는 책이 『제국의 위안부』. 더욱이 한국인 저자가 썼으니 일본 언론이 대대적으로 다루고 예찬을 했죠. 여기에 피해자에 대한 배려는 없었습니다."(이상, 정영환 인터뷰, 『연합뉴스』, 7월 1일)

"『제국』은 극우 『산케이 신문』이나 우파 『요미우리 신문』은 말할 것도 없고 『아사히 신문』이나 『마이니치 신문』 같은 리버럴 매체들도 격찬하는 가운데 1만 부 이상 팔려나갔다."(『한겨레』, 7월 1일자)

"1965년 국교정상화 당시 일본이 위안부 배상을 추진했고 한국 정부가 거부했다는 박 교수의 주장이 허구라는 사실도 사료검증으로 밝혔다"(『한국일보』, 7월 2일자)

"일본 지식인 사회에서 『제국의 위안부』가 환영받는 이유는 전쟁과 식민지배의 책임을 부정하려는 일본 내 역사수정주의 흐름에 들어맞기 때문이라고 분석"
"역사수정주의에 우익뿐 아니라 리버럴(진보 세력)까지 점차 동조하는 가운데 이들의 욕망에 부합하는 책"
"리버럴이 보수파에 합류"
"일본 극우파의 입장을 대변하는 것 아니냐는 비판"
"일본 정부에 '법적 책임'은 더이상 없다는 박 교수의 견해는 일본 우익의 입장

과 맥이 닿는다."(이상, 『연합뉴스』, 7월 3일)

"(박유하가) 피징용자 미수금을 위안부 문제로 오인한 결과"(『한겨레』, 7월 4일자)

"동족이나 애국을 운운한 것은 위안부의 말이 아니라 일본군의 말"
"박 교수가 들려주고자 했다는 위안부의 다른 목소리란 일본군들이 말하는 위안부 이야기이고 일본인들이 듣고 싶어하는 위안부 이야기"(이상, 『국민일보』, 7월 6일자)

이 모든 내용이 정영환의 주장이다. 하지만 『제국의 위안부』는 피해자로 하여금 협력자가 되도록 만든 제국의 구조를 지적한 책이다. 동족을 가해자로 만든 식민통치를 비판한 책이다. 그런 역사와 어떻게 마주할 것인지 함께 고민하고자 했던 책이다.

따라서 일본뿐 아니라 한국/정부/민간/부정자 등 관계자 '다수에게 말 걸기'를 시도했다. 말하자면 다양한 청자를 향해 말을 걸어 일방적 규탄(모놀로그)이 아닌 대화(다이얼로그)를 지향했다. 식민지 시대를 살아야 했던 이들에 대해 일방적으로 단정하고 규탄하거나 옹호하기 전에 생각하고 이해해야 진짜 비판도 가능하다고 생각했기 때문이다. 역사인식에서는 동시대 인물들의 정황 및 심중에 대한 상상력이 무엇보다 필요하다. 역사인식이란, 동시대와의 대화여야 한다. 우리가 바라는 역사에 근거한 인식은 더이상 '역사'일 수 없다. 나의 책을 두고 "반역사"적이라는 정영환의 주장이 바로 그렇다. 자신이 바라는 하나의 역사를 지향한다는 점에서도 그들이 말하는 역사란 그들이 비난해 온 '국정' 역사와 다를 바가 없다.

정영환은 내가 말하는 화해는 "피해자가 부재하는 화해"라고 주장한다. 하지만 그건 오히려 피해자상을 단일화했고 결과적으로 당사자의 일부를 배제해온 운동과 연구에 대한 이의제기라는 내 책의 취지를 전혀 이해하지 못했거나 이해하려 하지 않는 비난이다. 나는, 누구보다 위안부 할머니들을 위해 이 책을 썼다. 또 서로에 대해 이해하는 기회를 박탈당한 채 적대의식을 키워가는 중인 차세대를 위해 이 책을 썼다. 식민지 체험의 간접 트라우마를 갖게 된 후예이자 또 다른 당사자인 우리 자신—한국인들 모두를 위해 책을 썼다.

이 책은 『제국의 위안부』를 교묘하게 왜곡하는 레토릭을 다수 사용해 나의 도덕성을 의심하게 만든다. 물론 목적은 독자들의 분노와 불신을 유발하기 위해서다. 예를 들면, "(쟁점을) 살짝 바꾸기 때문에"(37쪽), "사실에 관한 논의를 이미지 문제로 살짝 바꾼다"(57쪽), "논점을 살짝 바꿔버리기까지 한다"(57쪽), "속임수"(58쪽), "애매하게 처리"(59쪽), "불성실한 수법"(65쪽), "바꿔치기" 등의 표현을 통해서다. 물론 실제로는 전부 정영환 자신이 내 책을 비틀어 읽은 결과다. 장정일 작가의 「박유하 죽이기—이명원/정영환의 오독」(『허핑턴포스트』, 2016년 5월 12일)이 간파한 것처럼.

이런 레토릭의 목적은 도덕성, 의구심 유발에 이어 '일본 우익'에 연결시켜 독자들의 적개심을 유발하고 나를 친일파/매국노로 몰아가는 데에 있다. 일부 재일교포 사회는 이미 2000년대 후반부터 자신과 생각이 다르면 상대를 무조건 우파로 치부하며 비난해왔다. '우파' 혹은 '우익'이라는 단어라면 다른 이들을 쉽게 동참시킬 수 있기 때문이다. 이들은 이런 수법으로 이른바 '양심적' 지식인들마저 적으로 돌려왔다. 그래도 되는 결정적 이유로 "일본군무죄론과 기본적으로는 동일"(66쪽)해 "부정론자들의 담론을 기본적인 수준에서 계승"한 논지라면서 "박유하가 전개한 논리는 고바야시 요시노리나 『산케이 신문』

으로 대표되는 명확한 역사수정주의"(40쪽)라는 주장까지 펼치고 있다.

그저 자신의 목적을 달성하기 이해 정영환은 나의 책을 비틀고 거짓말을 섞어 보여주면서 독자들의 손쉬운 비난을 돕는다. 표면적으로 비난할 이유가 없는 기술은 그에게 그저 "본심"을 감춘 것일 뿐이다. "위안부 연행에 일본군의 직접적인 책임이 있는 듯이 읽히는 부분이 있다"(60쪽), "두 가지 기술은 국가의 책임에 대해 모순되는 지적을 한 것인데 아마도 박유하의 실제 주장은 후자일 것이다", "'위안부 공급이 따라가지 못할 것을 알았다면 모집 자체를 중단해야 했을 것'이라는 기술은 공급이 따라갈 정도라면 군위안소 제도에 문제는 없는 것처럼 읽히기도 한다"(56쪽) 등에 나타나는 것처럼.

나의 "본심"을 무리하게 읽어내려 하다 보니 내 책은 그에게 이 "터무니없는 부담"일 수 밖에 없다. 그리고 그건 말 그대로 "터무니없는" 곡해(서경식, 윤건차 등 재일교포 지식인의 『화해를 위해서』 비판의 문제의식을 답습한 결과일 것이다)를 그가 굳이 시도하기 때문이다. 자신의 연구에 근거한 주장이 아니라 기존 연구만을 신봉하며 새로운 연구에는 무조건 배타성을 드러내는 편협성과 폭력성까지 드러내고 만 것은 나의 책이 젊은 '역사'연구자에게는 미지의 세계였을 학제적 연구이자 메타역사서이기 때문일 터이다.

"'해결'을 둘러싼 담론에 계속해서 영향을 미칠 것"이라면서 그 이유가 나의 책이 "식민지주의 이데올로기에 친화적"이기 때문이라는 주장은 사실과 정반대되는 주장이고, 현대 일본이 위안부 문제에 어떻게 대처해왔는지를 은폐해온 정대협의 입장에 가담한 주장이다. 일본의 책임 방식이 자신들의 마음에 안 든다는 이유만으로 마치 아무것도 안 한 것처럼 비난하고 규탄해왔던 그간의 운동에 대해 문제제기를 했을 뿐인 나의 책을 전면부정할 뿐 아니라 감추어진 의도가 있는 것으로 몰아가는 수법 또한 정대협이 해왔던 행위와 다르지 않다. 그러면서 일본의 "행정적인 강제력을 동반한 징집의 가능성을 부정할 수 없"(56쪽)다는 식의 추론에 기대어 유괴와 인신매매의 주체가 일본군이었다고 주장한다. 상상을 전제로 나의 책이 "일본군무죄론"(49쪽)이니 분노하라고 선동하는 것이다. 심지어 나는 그저 협의체를 만들어 대화하자고 했을 뿐임에도 내가 "피해자나 지원단체가 양보하라고 했다"는 거짓말조차 서슴지 않는다.

이 외에도 너무 많지만 다 언급할 시간이 없으니, 배포한 자료를 참조해주시기 바란다, 내가 주장한 말을 가져와 어떤 식으로 교묘하게 비틀어 왜곡했는지 보실 수 있을 것이다.

◇ ◇ ◇

그러나 회견에 와준 기자들 모두가 나를 의구심이 가득한 눈길로 바라봤다. 내가 바라던 기사도 거의 나오지 않았다.

기자간담회 때 배포했던 자료에 설명을 붙여 홈페이지에 올렸다. 6회에 걸친 형사재판 준비공판이 끝나가고 있었고 본안공판을 앞두고 있었다. 나는 국민참여재판 신청을 철회했다. 내 편을 들어줄 '국민'이 나를 비난하는 이들보다 더 많을 확률에 대한 기대는 더이상 갖기 어려웠다.

그 무렵, 정영환의 책을 전면긍정하는 해설을 썼던 박노자 교수가 권명아, 천정환 교수 등과 함께 나눔의집과의 '중재추진단'에 나서보겠다는 연락을 나의 지인에게 보내왔다. 하지만 요구조건이 있었다. 박노자에 따르면 내가 사과하고 "일어판의 증쇄 정지"를 해야 했다. 일본어판 증쇄 정지란 절판을 의미했다. 박노자는 나를 홀로코스트 부인자 같은 범죄자로 몰고 있었고, 내가 역사수정주의자이며 위안부 할머니들을 모욕하고 있다고 정영환의 책 해설에서 주장하고 있었다. '역사학자'의 권위를 내세워 『제국의 위안부』가 '반역사적'이라고 주장한 정영환의 책에 꽃을 달아주고 있었다. '학자'면서도 '학문'의 임무에 대해서는 한 번도 생각해보지 않은 게 분명했다. 나와 함께 그 메일을 읽은 이는 "박유하가 무릎을 꿇으면 구명해주겠다는 얘기"라며 웃었다.

하지만 '망명' 보낸 셈이 된 책을 절판시킬 수는 없었다. 권명아, 천정환 교수 등 역시 페이스북에서 나를 비판해 고발 이전부터 논쟁했던 이들이었다. 나는 천 교수가 진행했던 젊은 인문학연구자들을 위한 모임에 기부까지 하면서 참여했었지만, 이후 탈퇴했다. 한국여성학회 회원이었지만, 학회의 침묵을 보면서 다음해인 2017년에 마찬가지로 탈퇴했다.

『제국의 변호인 박유하에게 묻다』에는 재일조선인뿐만 아니라 일본인의 비판도 포함되어 있었다.* 소송은 일본의 재일교포 세력의 공격에 의해 뒷받침되고 있었지만, 일본인의 비판이 번역되어 소개된 것은 나의 싸움이 더이상 일부 재일교포 사회나 한국의 법정에만 국한되지 않음을 보여주고 있었다. 그해 봄에 『한겨레』가 서경식에 의한 와다 하루키 비판을 실었으니 위안부 문제를 둘러싼 대립이 한일 간의 대립을 넘어 좌우대립이자 진보진영 내부의 대립이라는 사실을 어렴풋이 깨달은 사람도 없지 않을 터였다.

실제로 한국에서도 그런 상황은 현저했고, 나를 위해 선봉에서 싸워준 이들의 대부분은 장정일 작가를 위시해 대다수가 진보진영 사람들이었다. 일본의 응원자들 역시 마찬가지였다. 위안부 문제를 '일본의 전후'라는 역

---

* 반론은 『〈제국의 위안부〉, 지식인을 말한다』에 수록했다.

사 흐름 속에 위치시키며 『제국의 위안부』의 의미를 읽어준 논문을 써준 학자들 역시 가깝게 지내던 연구회 모임 지인들이었다. 읽으면서 나도 모르게 눈물을 흘리도록 만든 글의 저자 역시 마찬가지였다.

동시에, 그들은 일본의 각 분야 최고봉에서 활약하는 학자들이었지만 그들 자신이 이른바 '위안부 문제' 전문가는 아니었다. 따라서 그중에는 나를 옹호하면서도 나에게 '오류가 있을 수도 있다'며 신중한 자세를 취하는 이도 있었다. 고마우면서도 착잡할 수밖에 없었다. 비판자들이 주장한 그 '오류'가 바로, 나를 법정에 옭아매어 두고 있었기 때문이다. '틀렸을 수 있지만 법정으로 가서는 안 된다'는 옹호로는 재판을 이길 수 없었다. 정치화되지 않은 위치에서 비판자들의 터무니없는 공격에 구체적으로 반박할 수 있는 사람은 나밖에 없었다. 내가 할 수 있는 일은 끊임없이 위안부 문제 자료를 더 들여다보고 다시 고찰하는 일뿐이었다.

그럼에도, 일본에서까지 비판자들의 공격이 격해지는 상황에서 중요한 건 문제 자체를 잘 아는지 여부가 아니었다. 중요한 건, 내용을 잘 알든 아니든 나를 신뢰하는지 여부였다. 나를 신뢰하는 이들은 내용을 따지기 이전에, 내가 비판자들의 비난과 같은 행위를 할 사람이 아니라는 믿음으로 곁에 서주었다. 책을 있는 그대로 읽은 이들은 한발 더 나아가 글과 말과 행동으로 나와 함께 싸워주었다. 나는 그들을 위해서도 끝까지 싸워내야 했다.

재일교포들의 비판은 이미 영어 매체에도 실리기 시작하고 있었다. 영어로 읽을 수 없는 『제국의 위안부』에 대한 비난을 비판자들이 영어권에까지 확산시킨 것은, 위안부 문제의 '주전장主戰場'이 어느새 미국으로 옮겨가 있었기 때문일 터였다. 실제로 『제국의 위안부』를 자기식으로 읽은 요약을 영어로 번역해 유포하는 이들도 있었다. 미국 서부 캘리포니아 대학 버클리 캠퍼스에서 내 책을 전시한 데에 대해 항의가 들어왔다는 소식도 들려왔다.

그리고 이해 말, 책이 출간되었을 때 가장 먼저 북섹션 머리기사로 호의적인 서평을 실어주었던 『경향신문』은, 정영환을 '올해의 저자'로 선정했다.

3. 형사 1심 승소까지

거의 반년이 걸린 형사재판 준비공판이 끝나고 본격적으로 재판이 시작되었다. 8월 30일, 뜨거웠던 여름날에 첫 번째 공판이 열렸다. 재판은 여섯 번 진행되었다. 나는 당시 재판에서 이루어진 공박을 메모해두었다가 공판기를 써서 홈페이지에 연재했다.*

검찰(권방문 검사)의 기소 내용과 이후의 주장은 가처분신청이나 민사재판에서의 원고 측 주장과 다르지 않았다. 『제국의 위안부』가 위안부 할머니들의 사회적 평가를 떨어뜨렸으므로 처벌해야 한다는 것이 그의 주장의 핵심이었다.

형사재판 기간 동안 1000여 매의 반박 '증거자료'를 제출했다. 위안부에 관해 알 수 있는 증언, 수기, 기사 등이었다. 위안부 문제 전체를 이해하는 데에 도움이 될 수 있도록 시대순으로, 그리고 당사자/주변인/학자 순으로 배열해 공판에서도 설명했다. 『제국의 위안부』가 위안부 할머니들의 명예를 훼손하는 책일 수 없음을 증명해줄 다른 여러 자료들도 160개 이상 '참고자료'로 제출했다. 이번에는 할머니와의 대화록이나 영상도 처음부터 제

---

* 이후 『〈제국의 위안부〉, 법정에서 1460일』(뿌리와이파리, 2018)에 수록했다.

출했다.

형사재판에서는 재판장이 정리를 잘 해주어 나 스스로 재판의 논리를 이해하며 진행할 수 있었다. 명예훼손 재판은 (1) 사실 적시인지, 의견 표명인지, (2) 사실 적시라 하더라도 객관적으로 명예훼손이 되는지, (3) 고소인 개개인에 대한 명예훼손인지, (4) 적시된 사실이 허위인지, (5) 위법성이 있는지가 쟁점이 된다고 했다. 판사는 이 재판이 책에 관한 재판인 만큼 저자인 나도 발언할 수 있도록 충분히 배려해주었다. 변호인은 물론 검사도 공부를 많이 한 것으로 보였다. 하지만 사안에 대한 법률적 판단을 제외하면, 나와 나를 비판하는 학자들을 '대변'하는 입장일 수밖에 없었다.

다섯 번의 공판을 거치고, 마지막 여섯 번째 결심에서 검찰은 나에게 '징역 3년'을 구형했다. "역사적 사실을 의도적으로 왜곡한 점, 뉘우치지 않고 있는 점, 피해자들의 명예를 심각하게 훼손한 점 등을 고려해야 한다"는 것이 징역형 구형의 이유였다. 검사와 원고 측은 나의 '반성'을 이끌어내고 싶어하는 듯했다. '형사조정 불성립'도 내 탓이라고 했다. 삭제판은 물론 일본어판마저 절판시키려 한 시도를 거부한 것은 나로서는 당연한 선택이었음에도, 괘씸죄가 추가된 듯했다. 심지어 내가 조정 과정에서 관계자들에게 요구했던 '사과'를 두고 마치 할머니들에게 사과를 요구한 것처럼 비난했다. 나는 나의 책을 왜곡한 고발을 통해 전 국민의 비난을 받게 만든 이들이 자신들의 오해 혹은 왜곡을 인정하고 사과해주기를 바랐다. 하지만 그런 일은 일어나지 않았다.

나를 '3년의 징역'에 처해야 한다고 힘주어 주장한 검사는 나의 모든 반박을 듣고 자료들을 봤으면서도 전혀 보지 않고 듣지 않았다는 듯한 태도였다. 법정이라는 공간에서 '대화' 혹은 이해를 기대했던 내가 문제였다.

물론 검사의 그런 태도를 만든 것은 재판을 뒤에서 직접 돕거나 비난으로 지탱한, 학자를 비롯한 관계자들일 터였다. 또한 그들에 동조해 스스로 국가가 되어 나를 심판하려 한 '국민'들일 터였다. 그들의 맨 앞에는 '민주화'를 이루었다는 긍지에 차 있는 '민주' '시민'들이 서 있었다.

◇ ◇ ◇

최후진술서

존경하는 재판장님,

형사재판이 시작된 지 벌써 일 년이 되어갑니다. 그동안, 저에게도 가능한 한 발언권을 주시고 저의 설명에 귀를 기울이면서 공정하게 진행해주신 데에 대해 먼저 깊은 감사의 말씀을 드립니다.

1. 고의성[犯意]이 있었다는 주장에 대해—『제국의 위안부』를 쓰기까지

먼저, 제가 『제국의 위안부—식민지지배와 기억의 투쟁』을 쓰게 된 경위에 대해 말씀드리고자 합니다.

저는 25년 전 유학 막바지 무렵에, 도쿄에 증언을 하러 오신 위안부 할머니들을 위한 통역을 자원봉사로 한 적이 있습니다. 그리고 하얀 치마저고리를 입고 울부짖는 할머니의 증언을 들으며 눈물 흘린 경험이 있습니다. 이때부터 위안부 문제는 지난 25년 동안 저의 가장 중요한 관심사 중 하나가 되었습니다.

그러나 귀국 후에는 위안부 문제를 둘러싼 운동 방식에서 모순을 보거나 운동에 다가갈 특별한 기회도 없었기 때문에 오랫동안 지켜보기만 했습니다. 하지만 그 사이에도 10년 전(2005년)에 위안부 문제에 관한 첫 책을 쓰게 될 때까지, 수요집회에 참여하거나 나눔의집에 찾아가 할머니들과 대화를 나눈 적은 있습니다.

세월이 지나 2004년에, 민족주의를 넘어 한일문제를 논의하는 한일 지식인 모임을 만들게 되었는데, 제가 이 모임을 만들게 된 가장 중요한 계기도 사실 위안부 문제에 있었습니다. 일본의 문제적 교과서를 반대하는 모임 대표이기도 했던 고모리 요이치 도쿄대 교수와 의기투합해 모임을 만들면서, 제일 먼저 함께해주기를 부탁했던 이가 일본을 대표하는 여성학자 우에노 지즈코 교수였던 것은 그래서이기도 합니다.

그리고 다음해에, 오랜 세월 역시 위안부 문제 해결을 위해 앞장서 활동해왔던 와다 하루키 교수와 우에노 교수를 같이 초청해 서울에서 심포지엄을 했습니다. 이때 저는 이분들의 발제에 대한 토론을 위안부 지원단체인 한국정신대문제대책협의회의 사무국장을 맡고 있던 윤미향 씨에게 부탁했습니다. 그 이유는, 정대협이 와다 교수가 중심적으로 활동한 아시아여성기금을 비난해왔기 때문에, 이들 간의 접점을 찾아보고자 했던 것입니다.* 하지만 이때 윤미향 씨는 기존의 주장만을 되풀이했고 결국 접점은 찾을 수 없었습니다.

실은 저는 그 심포지엄을 열기 직전에 『화해를 위해서—교과서·위안부·야스쿠니·독도』(뿌리와이파리, 2005)라는 책을 냈었습니다. 정대협의 운동 방식과 함께, 그동안 알려지지 않았던 '또 다른' 위안부 할머니들의 목소리를, 더

---

* 『한일 역사인식의 메타히스토리』(뿌리와이파리, 2008)에 수록.

많은 사람들이 알고 이 문제를 다시 생각해보기를 바랐기 때문입니다.

제가 이 책에서 강조한 것은, '대립 중인 문제를 풀려면 우선 그 문제에 대한 정확한 정보가 필요하다, 지원단체가 언론과 국민에게 내보내는 정보가 정확하지 않고 일관성이 없으니 우선 정확히 알자, 그러고 나서 다시 논의했으면 좋겠다'는 것이었습니다.

그리고 한국 사회는 저의 책을 별 거부반응 없이 받아주었습니다. 몇몇 언론의 호의적인 리뷰를 얻을 수 있었고, 다음해에는 문광부 우수교양도서로 선정되기도 했습니다.

『화해를 위해서』가 일본어로 번역되면서 일본에서 발언할 기회도 많아졌는데, 그때마다 저는 위안부 문제 해결에 일본이 다시 나서야 한다고 말했습니다. 1997년에 만들어진 일본의 아시아여성기금은, 2003년에 여러 나라의 전 위안부들에게 일본 수상의 편지와 함께 보상금을 지급한 후 2007년에 해산했고, 그 이후로 위안부 문제에 대한 일본의 관심이 급격히 식어갔다고 느꼈기 때문입니다.

예를 들면 2010년, '한일합방' 100주년이 되던 해, 일본 정부는 물론 한국 정부조차 위안부 문제에 대해 언급하지 않던 때입니다만, 그해에 저는 일본 매체에 '올해에 일본이 가장 먼저 해야 할 일은 위안부 문제를 둘러싼 대화'라고 쓴 바 있습니다(참고자료 59).

그리고 다음해인 2011년 겨울, 역시 일본 매체에, 위안부 문제에 대한 글, 일본의 우익과 정부와 지원단체를 각각 비판하는 글을 연재하기 시작했습니다. 2년 후에 한국에서 먼저 책으로 나오게 된 『제국의 위안부』에는 이때 연재한 글도 한국어로 번역해 실었습니다.

다시 말해, 『제국의 위안부』는, 위안부 문제에 무관심했던 일본을 향해, 위안부 문제를 다시 환기시키고, 해결에 나서야 한다고 말하기 위해 쓰기 시작한 책입니다. 일본뿐 아니라 한국도 이 문제를 다시 생각하는 일이 시급하다고 생각해서, 책으로 먼저 나오게 된 건 한국이지만, 바로 그 이유 때문에, 원래는 한일 양국에서 동시에 내려고 했던 것입니다. 위안부 문제를 위해 오랫동안 애써온 일본의 와다 하루키 교수가 제가 고발당했을 때 "일본에서 위안부 문제를 환기시키는 순기능"이 있다고 언급한 것은 저의 노력이 헛된 것만은 아니었다는 것을 증명합니다. 아직 글을 연재하는 중이었던 2012년 봄, 이번에는 일본에서 제가 2005년에 시도한 것과 같은, 똑같이 이 문제를 해결하고자 하지만 방법에서 의견이 다른 이들을 불러 접점을 찾아보고자 하는 취지의 심포지엄이 있었습니다. 저도 와다 교수와 나란히 초청받아 와다 교수와 비슷한 입장에서 의견을 말했습니다(참고자료 162).

이 심포지엄의 타이틀이 '위안부 문제 해결을 향해서'였고, 주최한 사람들이 한국에서 정대협 활동을 했거나 일찍부터 위안부 문제에 대한 관심을 가져 한국 정대협의 초대 대표인 윤정옥 교수와도 친분이 있던 여성학자였다는 것은, 그들이 저의 입장을 와다 교수와 비슷한, 다시 말해 위안부 문제 해결을 위해 나름대로 노력해온 인물로 이해해주었다는 것을 말해줍니다.

같은 2012년 봄, 일본이 시도한 사죄·보상 움직임을 청와대 인사가 지원단체의 반대를 미리 신경쓰면서 위안부 당사자는 물론 지원단체에게 얘기조차 하지 않고 거부했다는 기사를 보고, 저는 이대로 가면 위안부 문제의 해결은 영원히 어렵겠다고 생각했습니다. 그래서 한국을 향한 글을 더 쓰기 시작했고, 이미 쓴 일본어 글도 번역해 넣었습니다. 그것이 1년 뒤, 2013년에 발간된 『제국의 위안부』입니다.

이 무렵 저는 연구년을 맞아 일본에 있었는데, 이 기간에 오랫동안 교류해온 여러 학자들과 위안부 문제 해결을 위한 논의를 자주 했고, 돌아오기 직전에는 도쿄 대학에서 또 다시 접점을 찾기 위한 세미나를 열기도 했습니다.

고발 직후 기고와 다른 글들에 쓴 것처럼(참고 45~50), 『제국의 위안부』에서의 저의 관심은 기존의 '상식'을 재검토하고, 그에 기반해 '또 다른 해법'이 있는지 고민하는 데에 있었습니다. 그 고민을 함께 나누는 일을 통해, 위안부 문제에 대한 관심이 많은 한국인들의 진정한 관심과 이해가 깊어져서, 더 많은 이들이 납득할 수 있는 해결책을 찾고 위안부 할머니들을 하루라도 빨리 편안하게 해드리는 일이었습니다.

그리고 책에서의 구체적인 제안은, 그저 '위안부 할머니들의 다양한 목소리가 위안부 담론과 해결을 위한 논의에서 배제되어 있으니 당사자를 포함한 한일협의체를 만들고 일본과 대화하자'는 것이었습니다.

재판장님,
위안부 문제에 대해 알게 된 이후, 이 문제에 관한 저의 관심과 행동과 집필은 전부 위안부 할머니들을 위한 것이었습니다. 또한, 기존의 상식에 이의를 제기하는 것은 학자의 당연한 본분이자, 한국에 거주하면서 일본을 가르치는 일본학 전문가로서의 의무라고 생각하기도 했습니다. 무엇보다, 사태를 정확히 알아야만 생산적인 대화가 시작되고 올바른 비판도 가능하다는 것이, 한일관계 관련 첫 책을 내놓을 때부터 저의 일관된 생각이었습니다. 『제국의 위안부』는 그런 생각에서 쓴 책입니다.

2. '위안부 할머니를 비난하는 일본의 우익을 대변한다'는 주장에 대해—일본의 평가

그런데 원고 측 대리인과 검찰은, 저의 책에 일본의 책임을 무화시키려는 의도가 있다고 비난합니다. 저의 책이 일본 우익을 대변했고 아시아태평양전쟁을 미화했다는 거짓말에 더해, 위안부 문제 해결에 '해악'이 되는 책이라고까지 합니다. 로스쿨 학생들을 동원해 『제국의 위안부』를 분석하도록 시켰던 나눔의집 고문변호사는, 오래전 책인 『화해를 위해서』가 청소년유해도서라면서 당시의 '우수교양도서' 지정을 취소시키려는 운동에까지 나섰습니다.

하지만 지원단체가 고발하기 전까지는, 『제국의 위안부』 역시, 기대 이상의 호응을 얻은 바 있습니다(참고자료 5~12, 신문 서평 등).

중요한 건, 제가 일본의 책임을 무화시키려 한다고 원고 측으로부터 비난당한 그 일본에서, 저의 책이 어떻게 받아들여졌는지일 것입니다. 결론을 먼저 말씀드리자면, 저의 책을 높이 평가해준 것은, 원고 측이 말하는 것처럼 책임을 부정하는 일본 우익이 아니라, 일본의 책임을 누구보다 깊이 인식해온 이른바 양심적 지식인과 시민들입니다.

그건 우선, 2014년 가을에 일본어판이 나온 이후 가장 먼저 서평을 써준 곳이 이 문제에 오랫동안 가장 많은 관심을 기울여온 『아사히 신문』이고, 『아사히 신문』보다 더 진보적이라는 평을 받는 『도쿄 신문』, 그리고 중도적인 『마이니치 신문』 등이 서평, 칼럼, 사설 등을 통해 긍정적으로 언급해주었다는 사실이 보여줍니다.

그런 글들이 저의 책을 어떻게 평가했는지, 원고 측의 거짓말을 밝히기 위해 심사평, 학자와 작가 등의 말을 일부 읽어보겠습니다.

군으로 대표되는 공권력에 의해 납치되어 성적 봉사를 강요당한 수많은 피해자의 목소리에 귀를 기울이려는 자세의 뒤에는 단순한 전시하의 인권침해로 보는 견해보다도 식민지주의, 제국주의로까지 시야를 넓혀 문제를 파악하는 날카로움이 있다. 그것은 전시하의 인권침해적 범죄라는 이해보다 더 엄중한 물음을 품고 있다. 박유하는 과거를 미화하고 긍정하려고 하는 역사수정주의자의 시점과는 정반대의 시선을 위안부 피해자에게 보내고 있는 것이다.(나카자와 게이中澤けい, 작가, 호세이法政 대학 교수, 『웹 론자』, 2016년 1월 18일)

여성을 수단화·물건화·도구화하는 구조에 대한 강한 비판과 함께 그 안에서 인간으로서 살아가는 사람들에 대한 공감을 표한다. 이것이 이 책의 중심축이다.(다나카 아키히코田中明彦, 도쿄대 명예교수, 아시아태평양상 특별상 심사평, 2015, 참고자료 71, 72)

이 책의 평가해야 할 점은 제국, 즉 식민지지배의 죄를 전면에 끌어낸 데에 있다.(우에노 지즈코, 도쿄대 명예교수, 2016년 3월 28일의 도쿄대 연구모임 자료집 「위안부 문제와 어떻게 마주할 것인가—박유하 교수의 저서와 평가를 소재로」에서)

(식민지배의) 거시적인 모습을 바라보면서도 사람들의 삶의 미시적인 모습들을 살펴보는 것이야말로 그 공간에 존재하는 중간 차원의 정황을 꼼꼼하게 보고 식민지지배를 생각해가는 올바른 지점이 아닐까. '그런 방식이 아니면 식민지지배의 폭력성의 진정한 모습은 보이지 않는다'는 현재의 식민지 연구의 하나의 흐름을 박유하 씨는 잇고 있다고 생각한다.(아라라기 신조蘭信三, 조치上智 대학 교수, 위의 자료에서)

일찍이 구미를 추종했고 강자로서 아시아를 지배한 일본은, 타자를 지배하는 서양 기원의 사상을 넘어서서 국제사회를 평화 공존으로 가져갈 가치관을 보여줄 수 있을 것인가? 한국의 이해를 얻으며 도전하고 싶다. (…) 이제, 물음은 일본을 향하고 있다.(야마다 다카오山田孝男 특별편집위원, 『마이니치 신문』, 2015년 7월 27일자)

이상이 『제국의 위안부』에 대한 일본 지식인들의 평가입니다.

그런데도 검찰과 원고 대리인은, 아니 그들에게 정보를 제공한 이들은, 그동안 한국이 일본 사정을 잘 모른다는 것을 이용해 완전히 사태를 반대로 왜곡해 전달해왔습니다.

그들이 말하는 대로 일부 우익이 자신들이 하고 싶은 말을 위해 저의 책을 이용하는 경우도 없지 않았지만, 극히 미미한 수준입니다. 그 어떤 보수 신문도 이 책의 서평을 게재하지 않았고, 물론 상을 주겠다는 곳도 없었습니다.

그런데도 이 책이 두 개의 상을 수상하자 곧바로 기소가 이루어졌습니다. 그리고 일본을 대표하는 지식인들이 기소 반대 성명을 내자, 『화해를 위해서』 일본어판이 나왔던 2007년 무렵부터 저를 비난해왔던 재일교포 연구자와 일본인들을 포함한 연구자 및 운동가들이 저의 책을 왜곡해가며 격하게 비난하기 시작했습니다. 그러자 이를 보다 못한 일본의 지식인들은 다시 이렇게 말해주었습니다.

『제국의 위안부』는 민족과 젠더가 착종하는 식민지지배라는 큰 틀에서 국가책임을 묻는 길을 열었다.(가노 미키요加納實紀代 게이와가쿠인敬和學園 대학 교수, 2016년 3월 28일의 도쿄대 연구모임 자료집 『위안부 문제와 어떻게 마주할 것인가―박

유하 교수 저서와 평가를 소재로』에서)

이러한 구조야말로 식민지지배와 전쟁의 커다란 죄악, 그리고 여성의 비애였다고 나는 생각한다. 나는 박유하 씨가 말한 '동지적 관계'에 담긴 의미를 그렇게 해석한다.(와카미야 요시부미若宮啓文 전『아사히 신문』주필, 위의 자료집에서)

일본을 면죄하는 것이 아니라는 것은 선입견을 빼고 전체를 읽어보기만 한다면 생길 리가 없다. 그런데도 일본의 면죄에 이용하는 것이라는 일부 사람의 독해는 명백히 오독이며 이 책을 악용하는 것이다. (…) 이러한 측면의 강조는 식민지지배에 대한 더욱 깊은 이해의 길을 열어줄지언정, 일본의 면죄를 이끌어내거나 하는 일은 없다.(니시 마사히코西成彦 리쓰메이칸立命館 대학 교수, 위의 자료집에서),

라고 말입니다. 말하자면, 이들은 한결같이 『제국의 위안부』 안에 있는 일본에 대한 비판을 제대로 읽어주었고, 이들의 말은 저의 책이 일본에서 평가받은 이유를 보여줍니다.

그리고 위안부 문제 해결 운동의 역사에서 저의 책이 어떤 의미가 있는지에 대해 논문으로 써주거나 저와 대담을 나눈 학자도 있습니다(이와사키 미노루·오사 시즈에,「위안부 문제가 조명하는 일본의 전후」;『주간 금요일』편집위원 나카지마 아쓰시中島あつし-박유하 특별대담). 또 이들 이외에도 비슷한 시각으로 제국의 위안부를 옹호하는 글모음집이 내년 봄에 나온다고 듣고 있습니다(『대화를 위해서-〈제국의 위안부〉라는 물음을 펼치다』[뿌리와이파리, 2017]로 출간되었다-편집자).

저의 책이 위안부 할머니를 '명예훼손하는 책이 아니다'라는 내용의 일본 지식인들의 기소 반대 성명에, '고노 담화'를 발표한 고노 전 관방장관, '무라야마 담화'를 발표한 무라야마 전 수상, 그리고 일본의 양심적 지식인을 대표하는 노벨상 작가 오에 겐자부로 등이 동참해준 것(참고자료 73-1, 2)은 그들의 저의 책을 올바르게 평가해주었기 때문입니다.

  고발 직후, 아직 책이 일본어로 번역되기 전에도, 자국을 비판해온 일본의 대표적 사상가 가라타니 고진 선생이 저에 관한 메시지(참고자료 140)를 가처분신청 재판부에 보내준 것도, 저의 그간의 작업에 대해 잘 이해하고 있었고 공감해주었기 때문이라고 생각합니다. 저의 지인들이 어떤 이들인지를 보시는 것만으로도 제가 위안부 할머니를 명예훼손할 이유가 없다는 것을 아실 수 있을 것입니다.

  그런데도 원고 측 대리인과 검찰은, 제가 일본의 책임을 부정하고 면죄하려 한다고 주장합니다. 물론 그들이, 본 사건 논점과 관계가 없음에도 불구하고 그런 주장을 되풀이하는 것은, 제가 일본 돈을 받고 위안부 할머니를 회유하는 인물이라는 거짓말을 퍼뜨렸던 것과 마찬가지로, 저에 대한 세간의 인식을 나쁘게 만들어, 제가 위안부 할머니들의 명예를 훼손하려는 '고의'가 있는 인물인 것처럼 보이게 하기 위한 것입니다.

3. 위안부를 폄훼하는 책이라는 주장에 대해—한국의 평가

재판장님,
하지만 저의 책이 결코 위안부 할머니들의 명예를 훼손하는 책이 아니라는 것은, 책을 쓰기까지의 경과와, 그리고 2013년 책 발간 직후의 한국 사회의 반응만으로도 충분히 아실 수 있으리라 생각합니다.

그리고 고발 이후에도, 일일이 다 찾아보지 못할 만큼 쏟아져나온 시민/지식인들의 탄원서, 성명, 서평, 페이스북, 유력 잡지 특집 등에서의 발언/글과, 진실을 전하고자 한 기자들의 서평과 기사가 보여주고 있습니다(참고자료 4-34, 36~44, 66-2, 73-1, 73-2, 75, 76-1~10, 79~85, 91~95, 124~139, 142~155).

고발을 문제시하는 시민들이 페이스북에서 모여 지지하고 응원하는 모임을 만들었고, 페이스북에 『제국의 위안부』, 법정에서 광장으로'라는 페이지를 개설하여 저에 대한 오해를 풀기 위해 노력해주었습니다. 이 페이지에, 현재까지 2000명 가까운 사람들이 호응해주었습니다.* 또한 어제, 저를 위한 탄원서가 한 젊은 논객에 의해 새로 작성되어 동참자들의 서명을 받고 있는 중입니다. 숫자는 결코 많지 않지만, 저는 그런 분들이 있기에 이 나라를 떠나고 싶다는 생각 없이 견뎌왔습니다.

재판장님,
저를 위한 탄원이나 언론에 글을 써준 분들이 주로 텍스트를 읽고 분석하고 쓰는 일을 업으로 하는 한국문학자, 평론가, 작가 등이라는 사실에 주목해주시기 바랍니다.

많은 이들이 읽어주기를 바라 일반서로 쓰기는 했지만, 사실 저의 책은 내용도 문체도 단순하지는 않습니다. 따라서 중요한 건, 사실 여부 이전에, 책에서 제가 무엇을 말하고 있는지에 대한 정확한 파악일 것입니다. 우리는 그것

---

* https://www.facebook.com/radicalthird

을 독해력이라고 합니다. 그 독해력에서 한국에서도 손꼽힐 만한 뛰어난 분들이, 저의 책을 정확히 읽어주시고 옹호해주셨던 것입니다.

원고 측 대리인과 검찰은 저의 '의도'까지 의심하며 책을 왜곡했지만, 저의 책이 그들이 말하는 것 같은 책이었다면, 발간 직후에 그냥 묵살당하거나, 언론이 이들보다 먼저 앞장서서 저를 비난했을 것입니다.

고발 이후는 물론 고발 이전에 나온 비판들에 대해 저는 이미 대부분 대답했습니다(이재승, 젊은 학자들, 정영환에 대한 답변 등. 참고자료 62-1~4, 102~106, 110). 지원단체뿐 아니라 학자들마저 어떤 거짓말을 했는지, 다독가로도 유명한 한 작가와 제가 반박한 자료를 봐주시기 바랍니다(참고자료 110, 132). 아직 완전한 형태가 아닌 글도 있지만, 그들이 어떤 왜곡을 했는지 아실 수 있으리라 생각합니다.

4. 다른 목소리의 억압—고발의 이유

그런데 원고 측 대리인들은 왜, 발간 이후에 10개월 동안이나 침묵하다가 갑자기 고발을 한 걸까요?

그 직접적인 이유는 두 가지가 있습니다. 하나는 할머니의 목소리를 세상에 전하기 위해 2014년 봄에 유지들과 함께 연 심포지엄입니다. 그리고 고발을 앞당긴 것은 책을 낸 이후 제가 나눔의집에 거주하시는 분을 비롯한 할머니들 중 가장 가까웠던 분이 돌아가셨기 때문으로 생각합니다. 실제로 이들의 고발장에는, 『화해를 위해서』와 심포지엄에 대한 언급과 함께, 박유하의 향후 활동을 막아야 한다고 쓰여 있었습니다.

이들은 제가 할머니들과 만나는 것을 막고 싶었던 것입니다. 이들이 책의 출판금지 등 가처분과 함께 위안부 할머니에 대한 접근금지 가처분까지 신청한 이유는 거기에 있습니다. 그렇게 할머니와의 만남을 독점했으면서도, 이들은 저의 책에 생존 할머니의 목소리가 없으니 알맹이가 없다고 주장합니다.

하지만 제가 책을 쓸 때 할머니를 만나지 않은 것은, 할머니들의 증언이 시간이 지나면서 초기와 달라진 경우가 없지 않았기 때문입니다. 예전에 나온 증언집 등이 현재의 증언보다 사태 파악에 훨씬 도움이 된다고 생각했기 때문입니다. 또한 한일관계가 나날이 험악해져가고 위안부 할머니들이 세상을 뜨는 가운데, 하루라도 빨리 책을 세상에 내보내어 다시 논의해야만 위안부 문제가 해결된다고 생각했기 때문이기도 합니다. 물론 그 이전, 오래전에 만난 분들의 기억은 제 안에 오롯이 남아 있었습니다.

책을 내고 나서 위안부 할머니들을 만나기 시작한 것은, 사죄 및 보상에 관해 할머니들이 어떤 생각을 가지고 있는지 직접 듣고 싶었기 때문입니다. 하지만 연락처를 쉽게 알 수도 없었고, 정대협의 수요시위에 나오는 분들은 접근이 철저하게 차단되어 있었습니다. 그런 제한 때문에 만날 수 있었던 건 결국 몇 분 되지 않지만, 만난 분들은 저 자신이 놀랄 만큼, 제가 책에 쓴 지원단체 비판이 다름 아닌 할머니들 본인들의 생각이기도 했다는 것을 알려주었습니다.

한 할머니는 저에게 이렇게 말씀하셨습니다.

"일본에서 진짜 하려면, 할머니한테 직접 사죄하고 할머니한테 직접 돈을 손에 쥐어줘야지, 왜 정대협을 끼고" 진행하느냐면서, "입법 하겠소, 무슨 법 하겠소…, 그런 거 다 소용없으니까, 할머니들하고 이렇게 직접, 우리 주소 있고 전화번호 있고 계좌번호 있지 않아요, 그거 불러달라고 하면서 상대를 하면서, '이

방식으로 우리가 준비했으니까 할머니들이 받으시고 싶으신 분이 받아가세요' 하면, '이제 우리 둘 다한테 안 받는 사람은 이걸로 끝난다' 하면 할머니들이 다 받을 거예요. 그렇게 꼭 해주세요"라고 말씀하셨습니다.(참고자료 65, A 위안부 할머니 영상)

또 다른 분은 제가 아시아여성기금에 대해서는 아시는지, 일본의 어떤 사죄와 보상을 원하시는지, 법적 책임에 대해서는 아시는지 묻자, "법적이고 뭐고 그런 건 우리는 모르고, 다 떠나서 우선은 보상해줬으면" 좋겠다고 말씀하셨습니다(2014년 심포지엄 영상, 참고자료 166).

말하자면, 20년 이상 지원단체들이 '할머니의 생각'이라면서 주장해왔던, 또 검찰이 본 사건의 쟁점과는 아무런 관계가 없음에도 제가 부정한다고 비난해온 일본의 '법적 책임'에 대해, 전혀 인지하지 못하고 계신 분들이 적지 않았던 것입니다. 제가 일본에서 20억을 받아주겠다 했다고 위증하신 유○○ 할머니조차, 저에게, 정대협을 비판하면서 보상만 해주었으면 좋겠다고 하셨습니다.

바로 그때문에 저는 그런 목소리를 세상으로 내보내기로 했던 것입니다. 책을 낸 다음해 봄인 2014년 4월 말에 연 〈위안부 문제, 제3의 목소리〉라는 제목의 심포지엄에서입니다(참고자료 35, 영상자료 추가).

일본에서 와다 하루키 교수, 부산에 계신 지원단체장, 그리고 제가 발제한 이 심포지엄은 실은 제가 비용을 부담한 심포지엄이었습니다. 물론 결코 돈이 많아서가 아닙니다. 그럼에도 그 일은 필요하다고 생각했고, 개인적으로는 큰 부담이었지만 묻혔던 할머니들의 목소리가 세상에 전해지고 그 목소리를 들은 이들이 논의를 새로 시작해준다면, 그만큼의 가치는 있다고 생각했기 때문입니다. 그리고 기대 이상으로, 처음으로 공적인 장에 나타난 '다른' 목소리들에 한일 양국 언론은 크게 주목해주었습니다.

그런데 이때의 영상을 보시면 아시겠지만, 여기에 나오는 위안부 할머님들은 전부 얼굴을 모자이크 처리하고 목소리도 변조되어 있습니다. 그건 물론 이분들 자신이, 자신이 누구인지 알려지는 것을 두려워하셨기 때문입니다.

도대체 왜 그런 일이 일어나야 했던 걸까요? 왜 그분들은 자신의 생각을, 시위에 나오시는 다른 분들처럼 당당하게 얼굴을 드러내고 말하지 못했던 걸까요?

물론 우리는 그 이유를 압니다. 그런 발언들이 지원단체에 의해 금기시되어 있었기 때문입니다. 할머니들의 두려움이, 직접적으로는 금기를 깼을 경우의 불이익에 있다는 것도 두말할 필요가 없는 일입니다.

재판장님,
6개월간에 걸친 통화기록이어서 길지만, 참고자료로 제출한 배춘희 할머니의 녹취록을 읽어봐주시기 바랍니다(참고자료 77). 저와 통화하면서 할머니가 자주, 직원 등이 몰래 듣고 있는지 여부에 늘 신경을 쓰고 계시는 모습도 확인할 수 있을 것입니다.

제가 이런 이야기를 하는 것은, 제게 할머니를 비난하려는 '고의' 같은 것이 있을 이유가 없다는 말씀을 드리기 위해서지만, 나중에 말씀드리는 것처럼, 할머니들 역시 이 문제에 관한 담론에서 결코 자유롭지 않다는 사실을 아는 일이야말로 이 사태에 대한 올바른 판단을 가능하게 해줄 것이라고 생각하기 때문입니다.

지원단체 관계자들이 외부 유출을 막으려 했던 건 할머니들의 사죄와 보상

관련 생각만이 아닙니다. 그들이 오랫동안 언론과 국민을 향해 말해온 이야기, 이미 하나의 이미지로 굳어진, '군인에게 강제로 끌려간 소녀'라는 이미지에 균열을 낼 이야기야말로 이들이 저를 고발까지 해가면서 막으려 했던 내용입니다.

지난 공판에서 이미 보신 것처럼, 배춘희 할머니는 동원 정황과 위안소 생활과 조선인 위안부에 대해서, '강제연행은 없었다고 생각한다. 위안부는 군인을 돌보는 사람이었다. 에이프런(국방부인회 제복) 두르고 군인을 위한 천인침(천 명의 여성이 놓은 바늘땀을 천조각에 받는 일. 군인의 무운장구를 비는 부적으로 사용되었다)을 받았다. 일본을 용서하고 싶은데, 그런 말을 할 수가 없다'고 말씀하셨습니다(증거자료 4 외).

그리고 당신은 일찍 부모를 여의고 할머니와 살다가 스스로 직업소개소에 가셨다고 했습니다(참고자료 77). 그러면서 '일본 정부에서 절대로 그런 짓 안 했다', '일본 사람이 잡아가고 그런 건 없다'(증거자료 77)고까지 말씀하셨던 것입니다. 너무 단정적이셔서, 오히려 제가 다른 여러 사례도 있지 않겠느냐고 말씀드렸을 정도입니다.

위안부 동원에 사기적 수법이 많이 사용되었다는 것은 이미 알려진 사실입니다. 그런데 속인 것은 일본군이 아니라, 업자뿐 아니라 직업소개소이기도 하다는 것이 이미 제출한 증거자료에 나와 있습니다. 그래서 당시의 경찰도 문제시하고, 여성들이 속아 팔려가는 일이 없도록 단속했던 것입니다(증거자료 3-1).

제가 만난 몇몇 분의 목소리를 통해, 저는 오로지 증언집에 의거해서 쓴 저의 책이 생존해 계신 할머니들의 목소리를 나름대로 대변한 것이었다고 확인할 수 있었습니다.

나아가, 이들이 말하는 생존해 계신 할머니, 나눔의집의 다른 분들 구술록을 보면, 원고 측이 제출한 자료입니다만, 이른바 '군인이 강제연행'한 분은 단한 분도 안 계십니다. 이옥선 할머니는 모르는 조선인에 의한 납치, 김군자 할머니는 수양아버지에 의한 인신매매, 김순옥 할머니는 아버지가 종용한 인신매매, 강일출 할머니는 형부에 의해 '보국대'라는 이름으로 가게 된 케이스, 박옥선 할머니는 스스로 갔는데 속은 케이스입니다(증거자료 50). 강일출 할머니가 '보국대'에 갔다고 말씀하신 건, 이분들이 모집 당시부터 '애국'의 틀에서 동원되었음을 보여줍니다.

재판장님,
제가 『제국의 위안부』를 통해 시도한 일은 오로지, 그런 분들, 자신의 체험을 드러내놓고 말하지 못하고, 말했으나 잊혔던 목소리를 그저 복원하고, 세상 사람들이 들을 수 있는 공간으로 내보내는 일이었습니다.

물론 그런 목소리만이 진짜 진실이라고 말하기 위해서가 아닙니다. 위안부 할머니들을 둘러싼 일임에도 위안부 문제가 당사자의 일부를 점점 제쳐놓고 진행되는 것을 보면서, 자의반타의반으로 침묵하게 된 분들의 목소리도 일단 들어야 한다는 것이 저의 생각이었습니다. 그리고 당사자들 간의 생각이 다르다면, 주변 사람들도 함께 다시 생각해보자, 오로지 그것뿐이었습니다. 앞서 말씀드린 심포지엄에서도 그런 내용을 제안했습니다.

그리고, 저의 진심이 어떤 곳에 있었는지, 배춘희 할머니는 정확히 간파해 주셨습니다. 저는 결국 할머니를 세상으로 당당하게 불러내드리지 못했지만, 그런 제게 "선생님 마음은 내가 알고 있다"(참고자료 77. 55쪽) "신세만 지고 있다"(같은 자료 68쪽)고 해주셨던 것입니다. 그리고 그 말씀은, 지금도 제겐 위안과 함께 죄송한 마음을 불러일으킵니다(참고자료 113~118).

하지만 그 이후, 저는 더이상 할머니들과 대화를 이어갈 수 없었습니다. 저와 가장 긴밀한 대화를 나누었고 심포지엄에도 영상으로 목소리를 내보내주셨던 배춘희 할머니가 심포지엄 후 한 달여 만에 돌아가셨고, 저 또한 그로부터 불과 일주일 후에 고발을 당했기 때문입니다.

5. 검찰/원고 측의 오독

재판장님,

『제국의 위안부』가 허위가 아니라는 사실을 증명하기 위한 자료는 이미 지나치리만큼 충분히 제출했다고 생각합니다. 하지만 중요한 점을 조금만 더 보충해보겠습니다. 먼저 검찰이 문제삼는 '긍지'와 '동지적 관계'에 대해 다시 한 번 간단히 설명하겠습니다.

1) '긍지'의 대상

우선 이들의 의도적 혹은 무의식적 오독에 관해서입니다.

검찰은 저의 책이 '자긍적 애국심'을 말했다고 말합니다. 하지만 저는 책에 그렇게 쓴 적이 없습니다. 『제국의 위안부』에서 '긍지', '자긍'이라는 단어는 전부, '애국' 자체라기보다 그 어떤 역할이건 자신이 필요시되는 공간에서 느낄 수 있는, 자신의 존재가치에 대한 자긍심이라는 의미로 사용하고 있습니다. 예를 들면 저는 이렇게 썼습니다.

그것은 분명 부조리한 국가의 책략이었지만, 외국에서 서러운 음지생활을 하던 그들에게는 그 역할은 자신에 대한 긍지가 되어 살아가는 힘이 되었을 수 있다. 그런 사회적인 인정은 고통스러운 하루하루를 잊고 삶의 끈을 이어가기 위해서도 필요했을 것이다. "싱가포르 근처에는 거의 6000명의 가라유키상이 있었고 1년에 1000달러를 벌었는데, 그 돈을 일본인들이 빌려 상업을 했"다는 이야기는 해외의 가라유키상들이 일본 국가의 국민으로 당당할 수도 있었다는 것을 보여준다.

가라유키의 경우이지만, 이 글에서 중요한 건 긍지라는 감정 자체일 뿐 그 내용이 아닙니다. 저는 분명히 긍지가 되는 건 그 '역할'이라고 말했고, '사회적인 인정'이라고 고쳐 설명했습니다. 그리고 '국민'으로서 당당할 수 있었다고 썼습니다. 다시 말해, 가난과, 딸을 파는 가부장제와, 혹은 '매춘녀'로 사회의 지탄과 차별을 받던 위치를 떠나 "국민"의 한 사람으로 동등하게 취급받는 일에 따른 감정 자체가 제가 말한 '긍지'입니다. 하는 일의 내용이 무엇이건, '자기 존재를 긍정하는 감정', 저는 그것을 긍지라고 말했던 것입니다. 긍지의 대상은 애국심이 아니라 자기 자신입니다.

다른 글에서도, "그녀들이 '황국신민서사'를 외우고 무슨 날이면 '국방부인회'의 옷을 갈아입고 기모노 위에 띠를 두르고 참여한 것은 어디까지나 '국가가 멋대로 부과한 역할'"이라고 분명히 강조했고, 이어서 그런 행위가 담고 있던 누군가를 위로하는 역할에 대해 '자기 존재에 대한 (다소 무리한) 긍지'라고 분명히 기술했으며, '그녀들이 처한 가혹한 생활을 견뎌낼 수 있는 힘이 될 수도 있었으리라는 것은 충분히 상상할 수 있는 일이다'라고 쓴 것처럼, '긍지'는 어디까지나 자기 존재에 대한 긍지일 뿐입니다.

자기 존재에 대한 의미 부여가 인간이 살아가기 위해 필요불가결한 것이라는 것은 굳이 첨언하지 않아도 될 것입니다. 극단적으로는, 그 내용이 어떤 일이건 상관없었다고까지 말할 수 있습니다.

고발자와 대리인과 검찰이 이 부분을 위안부가 '애국 자체에 자긍심을 가졌다'고 읽은 것은 문맥을 정확하게 파악하지 못한 오독입니다.

설사 애국심 자체에 대한 긍지로 판단한다 해도, 그것은 구조적으로 강요된 애국일 뿐 검찰이 주장하는 자발적/자긍적 애국과는 다른 것이라는 것도 이미 말씀드린 바 있습니다.

2) '동지적 관계' 개념의 의도

검찰은 저의 책이 일본군과의 차이, 일본인 위안부와의 차이를 소거시켰다면서 '동지적 관계'라는 단어가 위안부의 명예를 훼손했다고 말합니다. 하지만, 예를 들면,

> 표면상으로는 '동지'적 관계였어도, '조선인 주제에 붕대를 잘 감기나 하겠어?'라고 생각하는 데에서 보이는 것처럼 차별감정은 깔려 있었다. 그러나 그런, 감추어진 차별감정을 보기 위해서도 '조선인 위안부'라는 존재의 다면성은 오히려 직시되어야 했다. 명확하게 보는 일만이 책임을 져야 할 책임 주체와 피해자의 관계성을 명확하게 보여주기 때문이다.

라고 쓴 데에서 저의 의도를 읽으실 수 있을 것입니다.

저는 또 "무엇보다, '동지'적 관계를 기억하고 그 기억만을 고집했던 이들을 무조건 규탄하고 거부하는 것이 아니라, 올바르게 응답하고 대화하기 위해서도 사실을 있는 그대로 봐야 했다. 위안부의 고통을 이해하지 못하는 이들을

제대로 비판하기 위해서도, 그들의 내면에 존재했던 차별의식을 지적하기 위해서도, '동지적 관계'는 우선 인정될 필요가 있었다"고, '동지적 관계'라는 말을 굳이 사용한 이유에 대해서도 명시했습니다.

다시 말해 검찰의 말처럼 조선과 일본을 똑같이 취급해 일본의 책임을 면죄하려 한 것이 아니라, 오히려 눈에 띄지 않는 차이를 보기 위해 '제국 일본의 구성원'이라는 범주-동질성을 보고자 했던 것이고, 그런 논지가 일본의 사죄의식을 이끌어낼 수 있기를 기대했던 것입니다.

바로 그래서, 일본을 향해 쓴 부분에서 "그녀들은 생명의 위협 속에서 때로 운명의 '동족'(후루야마 고마오, 「하얀 논밭」, 14쪽)으로서 일본의 전쟁을 함께 수행한 이들이기도 하다"고 쓰고, 이어서 "그런 의미에서는 그런 그녀들에게 돌아가야 할 말은 때로 그녀들에게 폭력을 행사하고 가혹하게 다룬 데에 대한 사죄의 표현이어야 한다. 군인의 폭력은 표면적으로는 '내선일체'였어도 차별구조는 온존시켰던 일본의 식민지 정책이 만든 것이기도 했다"(162쪽)고 강조했던 것입니다.

6. 지원단체/검찰/학자의 기만과 망각

재판장님,
이제 이들이 '허위'라고 주장하는 세 가지 논점에 대해 조금 더 보충해 보겠습니다.

1) 매춘/강제, 일본인 위안부의 차이화
저는 위안소의 틀이 '관리매춘'이자 '강요된 매춘'이라고 말했습니다. 그리고 이 부분에 대해서는 검찰도 원고 측 대리인도 더이상은 반박하지 않고 있습니다.

그런데 정대협의 대표였던 윤정옥 교수도, 『한겨레』에 연재되어 유명한 글에서 '매춘'이라는 단어를 사용하고 있습니다.*

그리고 이 자료를 포함한 신문기사들을 정리한 정대협의 보고서는, '경성지법 일본군 위안부 관련 판결문'이라는 제목으로 1930년대 후반의 재판자료들을 정리해놓고 있는데, 여기에는 호적등본이나 인감증명 등을 위조해서 데려간 '사문서위조행사사기', '만주로 시집을 가는 것으로 속이고 작부계약'한 '사기', '인사소개업자에게 큰딸의 창기 주선을 의뢰'한 '사기', '내연의 처를 작부로 넘기고 그 이득을 챙기'려 한 '영리유괴사기', '자신의 첩을 창기로 만들어 그 이득을 챙기려 시도'한 '영리유괴사기', '영리유괴사문서위조사기' 등이 열거되어 있습니다.

이 자료들과, 보고서 머리말에 있는 "조선 사회의 빈곤화와 그에 따른 여성에 대한 심각한 인신매매를 볼 수 있다", "상당수의 여성들이 만주로 팔린다는 기사가 나오"고 있다는 말(위의 자료)은, 지원단체가 일찍부터 위안소의 형태가 관리매춘이었고 군인에 의한 강제연행만은 아니었다는 사실을 알고 있었다는 것을 보여줍니다. 2004년, 무려 12년 전 일입니다.

그럼에도 지원단체와 관련 연구자들은 오랫동안 언론이나 국민에게는 이런 사실을 숨기고 '강제연행'과 '총독부 명령을 받은 총칼 찬 순사'만을 강조해왔던 것입니다. 그 결과가 바로, 금년 초에 300만 명 이상이 보았다는 영화 〈귀향〉에서의 강제연행 장면입니다. 그리고 검찰의 기소는 그렇게 만들어진

---

* 1990년 1월 4일. 『일본군 위안부 신문기사 자료집』, 정대협 연구보고서, 2004, 45~46쪽.

'국민의 상식'에 단 한 번도 의구심을 갖지 않았던 결과라고 해야 합니다.

또한 일제강점하강제동원피해진상규명위원회가 2009년에 발행한 『인도네시아 동원 여성 명부에 관한 진상조사』를 보면, 송복섭이라는 조선인 군속의 수첩을 근거로 한 "광주에서 종군위안부 61명의 명단이 확인돼 일제가 한국인 위안부를 인도네시아 수마트라섬에까지 끌고 가 매춘을 강요한 사실이 밝혀졌다"는 신문기사가 수록되어 있습니다. 이 기사는 위안부 중에 "세 유부녀까지 포함됐다고 송 옹은 증언"했다고 쓰고 있기도 합니다.

다시 말해 현재의 우리의 기억은, 위안부 문제 발생 초기의 기억의 망각과 함께 만들어진 것입니다.

얼마만큼 의도된 것인지는 알 수 없으나, 원고 측 대리인들과 검찰은 자신들의 무지 혹은 기만을 숨기고, 일본인 위안부는 '자발적 매춘부'이고 조선인 위안부는 일본군이나 총독부 관계자에게 '강제로 끌려간 소녀'라고만 강조합니다. 그리고 저의 책이 그런 생각을 부정한다면서 저를 엄벌에 처해달라고 말하는 것입니다.

하지만 일본인 여성 중에도, 위안소인 줄 모르고 속아서 간 경우가 적지 않았다는 것도 최근 간행된 일본의 연구서에서도 밝혀진 바 있습니다.[*]

또 일본의 연구서뿐 아니라 한국의 보고서인 『인도네시아 동원 여성명부에 관한 진상조사』 역시, "위안부나 유흥업 등으로의 충원 과정에서 유괴유인, 취업사기, 인신매매 등 합법과 불법을 오가며 각종 수법이 횡행하고 있었"다는 지적을 하면서 "일본 여성들조차 일본 내무성, 외무성이 제시한 원칙이 지켜지지 않고 있었다"고 지적하고 있습니다(77쪽).

---

[*] 니시노 루미코西野瑠美子 외 편, 『일본인 위안부—애국심과 인신매매日本人慰安婦-愛國心と人身賣買と』(現代書館, 2015) 22~23쪽.

즉 '일본인 위안부는 자발적 매춘부'라는 검찰의 단정은 아무런 근거가 없습니다.

원고 대리인 또한, 센다 가코千田夏光의 『속 종군위안부』를 제시하면서, 마찬가지로 조선인 위안부는 아무것도 모르는 소녀였다고 강조했지만, 같은 책에 "29세의 조선인 창녀"(118쪽)도 등장한다는 것은 말하지 않았습니다. 일본군들은 조선인 위안부를 비하해서 '조센삐'라고 불렀는데, 일본인 위안부에게도 비하의 말인 '삐'라고 부르고 있었다는 사실도, 다름 아닌 같은 책(148쪽)에 나옵니다.

앞서의 나눔의집 할머니의 경우를 본 것처럼 이른바 강제연행과는 다른 정황이 보이는데도, 원고 측은 이분들에 대해 설명하면서, '이옥선 할머니는 납치, 김군자 할머니는 군복을 입은 사람에게 끌려갔다, 김순옥 할머니는 속아서, 강일출 할머니는 집에서 군인과 순사에 의해 강제로 끌려갔다'고만 쓴 바 있습니다(나눔의집 측 제출서면). 다시 말해, 형부가 보냈다는 사실은 은폐하고, 박옥선 할머니에 대해서도 그저 "돈을 버는 줄 알고 갔다"고만 기술할 뿐 어떻게 갔는지에 대해서는 말하지 않습니다. 원고 대리인은, 국민을 향해 행해온 오랜 기만을 재판부를 향해서도 행했던 것입니다. 물론 『제국의 위안부』 가처분신청 및 손해배상청구소송 1심 재판부는 이러한 자료들을 면밀히 보지 않았을 것입니다.

2) 제복을 입은 업자/조선의 '낭자군'

재판장님,
앞서의 공판에서 군복을 입은 업자와 관련된 자료를 제출한 바 있습니다. 그 자료에 대해 보충설명하겠습니다.

위안부 모집은 시기에 따라 형태가 조금씩 달라진 것으로 보입니다. 1930년대에는 주로 업자의 자율적인 모집이었던 데에 반해, 중일전쟁 이후에는 전쟁으로의 국민총동원시대를 맞아 '애국'의 틀이 강해진 것으로 보입니다.

앞서 제출한 증거자료 45호 중에 있는 조선 거주 일본인의 회상에는, "북지北支 방면으로 강계江界 미인들을 황군 위안부로서 인솔활약"하는 가네하라(김) 시언金原始彦이라는 군속이 "요원을 모집하기 위해 마침 후창읍으로 귀성"해 와 있는데 "한 사람이라도 낭자군을 모아 전력 증강에 기여해야 한다면서 패기만만"했다고 기술되어 있습니다.

'낭자군'이란, 여성들의 전력화를 칭송하며 붙여진 이름입니다. 이 단어가 업자에 의해 쓰여졌다는 것은, 이른바 한국인들 대다수가 상상하는 '강제연행'과는 다른 모습으로 위안부 모집이 이루어졌을 가능성을 보여줍니다.

또한 당시 군속에게는 군복과 흡사한 제복을 입고 있었으니,* 평상시에도 군속 제복을 입고 다니던 업자들을 소녀들이 '군인'으로 착각했을 가능성은 배제할 수 없습니다. 그리고 그들의 태도에 따라서는 '군인이 강제로 끌고 갔다'는 증언은 얼마든지 나올 수 있었다고 생각합니다. 물론 앞서의 공판에서 말씀드렸던 것처럼, 실제 군인의 강제연행 가능성도 저는 부정한 적이 없습니다.

강제연행이 아니라도 소녀와 여성들의 위안소 생활은 충분히 참혹합니다.

그럼에도 오랜 세월 지원단체는 모집 정황에 대해 국민과 여론, 그리고 국제사회를 향해 강제연행이라고만 주장해왔고, 초기의 잘못된 인식을 수정하려고 하지 않았습니다. 저의 책은 오로지, 그것을 전하고 '다시 논의'하기를 바

---

* 기타무라 쓰네노부北村恒信 編, 『육해군 복장총집도전－군인·군속 제복, 천황 제복의 변천陸海軍服装総集図典－軍人·軍属制服, 天皇御服の変遷』(国書刊行会, 1996)

랐던 책일 뿐입니다.

3) 군속으로서의 위안부

4회 공판에서 설명드린 것처럼, 지정 위안소에 있던 위안부들은 '군속' 대접을 받았습니다. 그런 정황을 보여주는 자료는 이 밖에도 존재합니다. 그것만으로도, 위안부들이 애국의 틀 안에 있었다고 한 저의 책이 허위가 아니라는 것은 명백합니다.

그런데, 저 말고도, 이런 정황을 간파하고 있던 이들이 있었다는 것을 저는 최근에 알았습니다. 예를 들면, "위안부를 간호노동에 종사시키는 일은 빈번히 일어난 일"이었는데, 이들이 "문서에 등재"된 이유는 "간호부 일을 하면 정식으로 유수(부재)명부에 기록하여 군속 대우를 하는 것이 타당하다는 제7방면군 수뇌부 판단의 결과"였고, "유수명부에 등재하였다는 것은" "원호와 관련된 각종 조치도 함께 받을 수 있"고 "일본 제국의 국민으로서 보호를 받을 수 있다는 점도 있다"고, 앞서의 정부 연구용역보고서(『인도네시아 동원 여성명부에 관한 진상조사』, 2009)는 말합니다. "식민지 여성들을 여전히 일본 제국의 한 단위로 인식하고 현지에 있던 일본인 여성들을 편입한 것과 마찬가지로 조선인 여성을 편입하였다라고 보여지는 면이 있다"는 것입니다. 앞서의 공판에서 제출한 것처럼, 실제로 일본 국회에서 위안부를 원호(지원)대상으로 하기 위한 논의가 있었던 것은 이들의 추정이 옳다는 것을 보여줍니다(증거자료 44).

또, 한 일본 군인이 쓴 책*은, 중국에 위안부가 8만 명 있었다고 들었다면서

---

* 나가미네 히데오長嶺秀雄, 『수필 전장隨筆 戰場』(私家版, 1987)

"현 지사인 오석경 씨가 앉아 있고 그 오른쪽에 내가 있고 10명의 위안부에 둘러싸여 있는데, 여성들은 기모노를 입고 있지만 전부 조선인"(94쪽)인 사진에 대해 설명하고 나서, 필리핀 세부 섬에서 "위안부 약 100명이 특수간호부의 이름으로 군의 야전병원과 행동을 같이했으며 우리 제1사단에 배속되어 있었"다면서, 미군에게 포위되었을 때도 "부대가 진지 안을 우왕좌왕할 때 이 간호부 부대는 의연한 태도로 동요되지 않았다"(96쪽)고 말합니다.

제4회 공판에서 제출한, 자신이 군속이라고 말한 문옥주 할머니의 수기에는 위안부들이 좋아하는 사람을 "스짱"이라고 했다면서, 문 할머니가 "우리들은 대체로 스짱이 한 사람씩 있었다"고 했다는 기술이 나옵니다.* 이 역시, 바로 이러한 관계 속에서 가능했던 것입니다. 오늘 이 자리에 나오신 이용수 할머니 역시, 좋아하는 사람이 있었다는 사실을 저에게 말씀하신 바 있습니다.** 또 대만에서 그 군인과 영혼결혼식을 올리기도 했던 분입니다.***

그럼에도 이러한 정황을 알지 못한 채, 원고 측과 검찰과 일부 학자들은 저의 책을 두고 그저 '예외의 일반화'라는 말로 비난해왔던 것입니다.

4) 소설 사용에 대해

서울대 김윤식 교수가 위안부 관련 한국소설을 언급하며 소설을 증언이라 했다는 말씀을 앞서의 공판에서 이미 드린 바 있습니다. 그런데 정부에 의한 교과서 검정은 위헌이라고 제소했던 일본의 이른바 교과서 재판 사건으로 유명

---

* 모리카와 마치코 지음, 김정성 옮김, 『버마전선 일본군 위안부 문옥주』(아름다운 사람들, 2005) 87쪽.
** 대구에서 필자가 2014년 가을에 했던 인터뷰 영상.
*** 1998년 8월 27일 중앙일보, http://news.joins.com/article/print/3689266

한 이에나가 사부로 교수도, 그의 저서 『태평양전쟁』에서 제가 사용한 다무라 다이치로의 작품 『메뚜기』 등을 언급하면서 소설도 역사적 진실을 말할 수 있다고 쓴 바 있습니다.* 그럼에도 소설을 일부 사용했다는 이유로 저의 책이 '허위'라고 말했던 검찰의 발언은, 문학에 대한 무지가 시킨 일이라 하지 않을 수 없습니다.

7. 돌아오지 못한 위안부를 위해서

재판장님,

앞서 말씀드린 것처럼, 저 역시 오래전부터 위안부 문제에 관심을 가져왔습니다. 하지만 『제국의 위안부』에 구체적으로 이름을 들어 기술한 것은 딱 한 분입니다. 피를 토하는 듯한 유서를 써서 인터넷에 올려두었던 심미자 할머니입니다. 그것도 그분의 위안부 체험이 아니라 지원단체 비판이었고, 아무도 이분의 목소리를 들으려 하지 않았다는 문맥에서 언급했습니다.

따라서, 설사 저의 책이 위안부 할머니를 비난한 책이었다 해도, 저의 책을 읽으면서 구체적으로 누군가를 떠올릴 사람은 아무도 없을 것입니다. 왜냐하면 위안부 체험은 하나가 아니라는 것이 저의 책의 주요 논지 중 하나였기 때문입니다.

심지어 많은 분들이 가명을 쓰고 계시니, 설사 어떤 분을 특정하고 싶었다 해도 가능한 구조가 아닙니다.

---

* 이에나가 사부로家永三郎, 『태평양전쟁太平洋戰爭』(岩波書店, 2002)

재판장님,

위안부의 전쟁터 생활과 귀환 혹은 미귀환에 대해서 쓴 제1장 마지막에 저는 이렇게 썼습니다.

> 아마도 지금 우리가 귀 기울여야 하는 것은 누구보다도 이들이 아닐까. 전쟁터의 최전선에서 일본군과 마지막까지 함께하다 생명을 잃은 이들—말없는 그녀들의 목소리에. 일본이 사죄해야 하는 대상도 어쩌면 누구보다도 먼저 이들이어야 할지도 모른다. 언어와 이름을 잃은 채로, 성과 생명을 '국가를 위해' 바쳐야 했던 조선의 여성들, '제국의 위안부'들에게.(104쪽)

책을 쓰는 제 머릿속을 떠나지 않았던 것은, 누구보다도 전쟁터에서 죽어간 위안부들입니다. 당시에도 기록되지 않았고, 죽어서도 다른 군속처럼 유족들이 지원금을 받는 일도 없었던, 그런 위안부들입니다. 또, 차별받을까 무서워 돌아오지 못했던 위안부들입니다.

그런데 어떻게 저의 책이 살아 돌아온 생존 할머니들을 특정한 책이 된다는 것일까요. 제가 이 책에서 생각해본 것은, 일본인 여성을 포함해, 국가의 무모한 지배욕과 전쟁으로 인해 희생된 모든 개인이었습니다.

8. '할머니의 아픔'은 누가 만들었는가

1) 당사자가 배제된 대리고발

재판장님,

그런데 고발과 기소는 부당하다는 이들에게 원고 측 대리인과 검찰은 말합니다. 할머니가 아파하셨다, 할머니가 '아픔'을 느끼는 한 고발과 기소는 당연하다고. 학자들조차 일부는 그렇게 말합니다. 최근에도 원고 측 대리인은 제가 "그럴싸한 언변"으로 "할머니 가슴에 대못"을 박았다고 말했습니다.

그런데, 할머니들께 '대못'을 박은 건 도대체 누구일까요? 저의 책을 왜곡해 전달해서 할머니들의 가슴을 아프게 하고 이어서 분노하게 만든 건 과연 누구일까요.

저는 고발 직후에 두 분의 할머니와 통화한 적이 있습니다. 그중 한 분은 나눔의집에 계셨던 분이고, 원고로 이름이 올라가 있는 분입니다.

앞서 말씀드린 것처럼 저는 나눔의집 할머니 중 일부 분들과 가깝게 교류했고, 그중 한 분인 배춘희 할머니와는 반년에 걸쳐 전화통화도 자주 했습니다. 만난 횟수보다 전화통화 횟수가 많았던 이유는 나눔의집에서 저를 경계했기 때문입니다. 할머니 역시 그래서 저와의 만남을 조심스러워하셨습니다.

그런데 가장 가까웠던 배 할머니는 고발 일주일 전에 돌아가시고 말았습니다. 그래서 저는 폭풍우와도 같았던 고발의 충격이 좀 가신 후에, 나눔의집에 거주하시는 유○○ 할머니께 전화를 걸었습니다. 그분 역시, 저와 대화를 나누어왔고 제가 주최하는 심포지엄에도 나올 예정이었던 분이기 때문입니다.

어떻게 된 일인지 여쭈었더니, 할머니는 말씀하셨습니다.

"(내가 눈이) 안 보이잖아, 그래서 (직원이) 와서 읽어주었는데, 강제동원이 아니고 뭐야… 그냥 갔다던가… 하여간, 그렇게 읽어줬는데, 들었는데도 잊어버렸네", "책에다가 뭐 하러 그런 말을 썼어"라고요(참고자료 156).*

이분은 눈이 불편하셔서 저의 얼굴조차 또렷이 안 보인다고 말씀하셨던 분

---

* 유○○ 할머니, 2014년 6월 27일.

입니다. 그리고 이 말씀은, 할머니 자신이 읽은 것이 아니라, 할머니들을 모아 놓고 직원이 읽어주었다는 것을 알려줍니다. 또한 나눔의집 안신권 소장은 올해 1월에 일본에서 한 강연에서, 할머니들은 고령으로 책을 읽을 수 없기에 일부분을 발췌해서 반복해서 들려드렸다고 했습니다. 즉 할머니는 전체를 읽으신 것이 아니라 지원단체에 의해 앞뒤 문맥이 잘린, 편집된 문장만을 '들었'던 것입니다.

듣는 행위가 책에 있어 간접적인 행위라는 것은 말할 필요도 없을 것입니다. 자세히 읽어도 독자의 숫자만큼 독해가 가능한 것이 한 권의 책입니다. 저 때문에 아파하셨다는 나눔의집 할머니들의 아픔은, 제가 만든 것이 아니라 나눔의집 고문변호사 주도로 이루어진 한양대 로스쿨 학생들의 거친 독해와 그것을 그대로 전달한 나눔의집 관계자들입니다. 2차가해자는 제가 아니라 그들입니다.

그래서 제가 유 할머니께 그런 의도로 쓴 책이 아니라고 하자, "의도는 그렇겠지만…"이라고 말끝을 흐리셨습니다. 유 할머니는 제가 나쁜 의도로 책을 쓸 사람이 아니라는 것을 알고 계셨습니다.

그리고 사흘 뒤, 이번에는 혼자 사시는 어떤 분께서 저에게 전화를 하셨습니다. 이분은 유○○ 할머니께 들었다면서 노여워하셨고, 그런 책이 아니라는 설명을 드리려 하자, "서울대 교수 다섯 명이 당신 책을 나쁘다고 했다"는 말을 반복하시면서 들으려 하지 않으셨습니다(참고자료 157).*

재판장님,

---

* 우○○ 할머니, 2014년 6월 30일.

저에 대한 고발에서 할머니들은 당사자가 아닙니다.

이미 보신 것처럼, 책 읽기는 물론, 고발서류 작성, 논리 구성 등, 저를 고발한 모든 주체는 주변인들입니다. 고발장에 찍혀 있는 할머니들의 도장, 똑같은 모양의 도장들을 살펴봐주시기 바랍니다. 저는, 할머니들 중에 2014년 6월, 고발 이전에 저의 책에 대해 알고 있던 분은 안 계셨다고 생각합니다. 배춘희 할머니조차, 돌아가실 때까지 저에게 그런 이야기를 하지 않으셨기 때문입니다. 저와의 친밀한 교류를 몰랐기 때문일 텐데, 나눔의집 소장은 배 할머니도 생존해 계셨다면 고발에 참여했을 것이라고 말했습니다. 하지만, 저와 나눈 대화 녹취록을 보시면 그런 징후는 전혀 찾아볼 수 없다는 것을 아실 수 있을 것입니다.

심지어 할머니들은 검찰이 진행한 조정 과정도 모르고 계셨습니다. 저에게 일본어판을 삭제하라는 요구를 포함한 조정안이 왔을 때, 다른 건 몰라도 그건 제가 정할 수 있는 것이 아니라는 것을 말씀드리기 위해 형사고발에서 원고로 이름이 올라 있던 두 분께 전화를 걸었습니다.

고발 후 1년이나 지난 가을 시점이었는데, 그중 한 분인 유○○ 할머니는 반갑게 맞아주셨습니다. 제 얘기를 들으시고, 조정 문제는 안신권 소장에게 말하라고 하셨습니다. 또 한 분, 이○○ 할머니는 자신이 원고로 이름이 올라 있는 것조차 모르고 계셨습니다.

나눔의집 안신권 소장은 최근에 제출한 탄원서에서도 변함없는 거짓말과 엉터리 기사로 저를 비난했지만, 할머니들과의 통화 내용과 영상을 확인하시면 왜 그가 거짓말까지 해가며 저를 비난하는지 아실 수 있을 것입니다.

너무나 늦었지만, 고발 전후에 무슨 일이 있었는지 이제야 쓰기 시작한 저의 글을 봐주시기 바랍니다.* 지금도 돌아다니는 '20억 회유설'이 유○○ 할머니의 위증이라는 것도 배 할머니와의 통화 녹취록을 보시면 아실 수 있습니다. 그리고 안신권 소장이 반복적으로 비난해온, 사전허락 없이 할머니들을 찾아오고 찍으려 했다는 NHK 문제 역시, 그의 거짓말임을 아실 수 있을 것입니다. 필요하다면 안 소장과 나누었던 문자를 제출할 수 있습니다. 배 할머니는 일본인들과의 대화를 기다리셨던 분이고, 그 기자들은 해결을 위해 노력했던 사람들입니다.

2) 피를 토하는 목소리

재판장님,

본 재판과 상관없어 보이는 이야기를 길게 해서 죄송합니다. 하지만, '법'이란 정의와 공동선을 추구하는 것이라고 이해하고 있습니다. 제가 이런 이야기를 하는 것은, 저 자신을 위해서이기도 하지만, 그 이상으로 할머니들을 위해서입니다. 여전히 할머니들 일부는 세상이 들어주지 않는 목소리를 갖고 있고, 그럼에도 세상에 내보내지 못하는 정황이기 때문입니다.

배춘희 할머니와의 대화에서 저는 그것을 알게 되었습니다.

배 할머니는, 자신의 경험이 세상에서 통용되는 것과는 다르다는 사실을 말하지 못했고, 저와 대화할 때도 누가 엿들을까 조심하곤 했습니다.

동시에, 지원단체의 운동 방식과 돌봄 방식에 비판적이면서도 그런 생각을 마음대로 말하지 못했습니다. 그리고 그들의 말을 "반은 거짓말"(참고자료 77, 16쪽)이라고 했고, 할머니들의 강연료가 지원단체 소유 건물에 사용되는 일을

---

* 「역사와 마주하는 방식」이라는 제목으로 홈페이지에 연재한 글을 말한다. 일부를 자료로 제출했다.

불만으로 여기면서도 말하지 못했습니다. 저를 만나지 못하게 하느라 상태가 안 좋으신데도 병원에서 나눔의집으로 강제로 이송당하신 후, 돌아가시기 한 달 전에는 피를 토하듯 그들에 대한 불만을 토로하셨습니다.

"사람은 살려놓고 봐야 되잖아", "어떤 사람이든 살려놓고 봐야 되잖아…"
라고.

그 배경에 어떤 일들이 있었는지, 대화 녹취록을 확인해주시면 감사하겠습니다. 언론과 검찰이 해야 할 일은 오히려 그런 일이 아닐까요.

그렇지만 자신들의 활동에 방해가 된다고 생각한 그들이 저를 매장하는 일에 먼저 나섰고, 그들이 만든 화살로 언론과 재판부와 검찰이 저를 겨냥하게 되면서 배 할머니는, '적은 100만, 나는 혼자'라고 생각하며 고독 속에 이승을 떠나셨던 것입니다.

사실 이미 배 할머니 이상으로 지원단체를 비난한 분이 일찍이 계셨습니다. 그분의 목소리를 우연히 듣게 된 것이 제가 『화해를 위해서』에서 위안부론을 쓰게 된 계기 중의 하나이기도 합니다. 2004년의 일입니다. 그런데 그로부터 12년이 지나도록 정황은 변하지 않았습니다.

우리 사회는 위안부 할머니에게 관심이 많습니다. 하지만 그분들의 마음으로부터의 목소리를 우리는 과연 들었을까요. 더 늦기 전에, 생존해 계신 분만이라도, 진짜 목소리를, 정돈되지 않았어도 그 자체로 소중한 목소리를 들어드릴 수 있는 사회가 되었으면 좋겠습니다.

재판장님,
원고 측 대리인은 최근 제출한 서류에서 '박유하의 해결책이 어떤 설득력을 가질 수 있는지 의문'이라고 말했습니다.

바로 이 말에, 이 고발과 기소의 본질이 담겨 있습니다. 원고 측은, 이미 고발장에 뚜렷이 나타나 있는 것처럼, 그저 '다른 목소리'의 확산을 막고자 했던 것이고, 이후의 공방을 통해서도 그들이 집착하는 것은 오로지 이 부분입니다. '매춘' 여부도, 할머니의 '명예'도 아닌 것입니다. 일본의 '법적 책임'을 반복적으로 주장한 이유도 거기에 있습니다.

앞서 말씀드린 것처럼, 제가 만난 할머니들은 왜 해결이 지연되고 있는지 모르셨습니다. 대부분, 그저 일본이 아무것도 하지 않아서라고만 알고 계십니다. 물론 그건 관계자들이 할머니들께 정보를 전하지 않고, 당사자를 배제한 채 자신들이 모든 것을 주관했기 때문입니다.

저는 그런 방식을 비판했을 뿐, 그들의 활동 전부를 비판하지 않았습니다. 그럼에도 그런 저를, 그들은 국가의 힘을 빌려 억압하고, 20년 이상 정보를 공유한 결과로 그들과 똑같이 생각하게 된 언론과 국민을 동원해 저에게 돌을 던지도록 만들었습니다.

3) 공격을 만드는 의식

재판장님,

이들의 태도는, 여러 가지가 복잡하게 얽혀 만들어진 것입니다.

그중 하나만 말씀드리자면, 검사와 대리인의 공격, 위안부는 자긍심을 느끼면 안 된다고 억압하는 생각은, 여성차별, 매춘차별적인 생각이 만든 것입니다.

그건, 원고 대리인이 '피해자의 목소리'라면서 그의 서면에서 반복해 기술하는 표현들에서 명백히 드러납니다. 그는 끊임없이 일본인 위안부에 대해 '창녀', '몸을 팔았다', '갈봇집' 등등의 단어를 인용·사용합니다. 그러면서 제가 자발적인 매춘부인 일본인 위안부를, 강제로, 혹은 속아서 끌려간 조선인 위안부와 동일시했다고 비난합니다.

그런데 그의 이런 말이야말로 일본인 위안부들이 명예훼손소송을 걸 수 있는 발언은 아닐까요? 그의 단어 사용에는 명백히 매춘부에 대한 차별이 있고, 명예훼손의 조건이라는 '사회적 평가를 저하시키는' 인식이 존재합니다.

이른바 '여공'이나 '매춘녀'들이, 죽지 못해 사는 고통 속에서 한푼 두푼 모아 고향에 보낸 돈으로 상급학교에 가고 사업할 수 있었던 오빠가, 여동생의 연애에 간섭하고 윽박지르고 때로 폭력과 살인을 마다하지 않았던 심성들이, 바로 오랫동안 우리 사회에서 위안부의 '다른' 목소리를 죽여왔습니다. 그런 생각을 내면화한 여성들 또한 우리 사회에는 적지 않습니다.

그동안 저를 죄인 취급하며 윽박질러온 원고 대리인과 검사, 그리고 그들에게 그런 생각을 불어넣은 운동가와 일부 학자들 역시, 그러한 인식의 주인공들입니다. 위안부를 억압하고, 때로 자기 존재에 아무런 의미를 느낄 수 없도록 차별하고 소외시켜, 자살로 몰아넣기도 했던 생각의 주범들인 것입니다.

그렇게 저를 억압하는 이유는 단 하나, 그런 존재들이 자신을 불편하게 만들기 때문입니다.

재판장님,

자신들의 고발과 기소로 인해, 또 아무런 확인 없이 보도된 기사들로 인해, 제가 지금도 일본에서 돈을 받아 위안부를 회유하려 한 매국노이고 그래서 제가 두른 스카프를 당겨 목을 졸라 죽이고 싶어지는 인물로서 손가락질당하고 있는데도, 저에 대한 비난을 멈추라고 말하는 이들이 이들 중에서 아무도 나오지 않는 것은 바로 그래서입니다.

고발에 이르는 또 하나의 배경은, 위안부 문제를 둘러싼 일본 지식인들의 생각의 차이가 있습니다. 자세히 말씀드리지 않겠지만, 참고자료와 홈페이지에 올린 고발까지의 경과를 봐주시기 바랍니다(참고자료 46).

그런데 지식인 간의 생각 차이의 싸움이 법정에서 이루어져야 합니까? 심지어 그들 자신은 나타나지 않는 법정에서 검사와 변호사가 대리해서 해야 합니까?

4) 공격의 목적

그런데 그들이 이토록 일관되게 '지원자와 강제연행'의 차이를 강조하는 이유는 어디에 있을까요. 어떻게 갔든 모두 비참한 정황이었다는 것을 그들 자신이 누구보다 잘 알 터임에도 차이를 주장하며 저를 비난하는 이유는 어디에 있는 걸까요. 그건, '강제연행'이라고 해야만 그들이 초기에 잘못 알고 요구해왔던 '법적 책임'을 계속해서 물을 수 있기 때문입니다. 자신들의 인식에 오류가 있었다는 사실이 밝혀지는 것을 덮기 위해서입니다.

재판장님,

이들은, 국민과 언론이 부여한 시민권력, 학계와 언론권력, 그리고 유엔과 세계여성과 시민연대에 이르기까지 막강한 힘을 갖고 있습니다. 지원단체 대표 중 한 사람은, 유수한 학회의 전 회장이자 유수 언론사 전 주필의 사모님이자, 참고자료 65로 제출한 자료에서 위안부 할머니가 언급했던 '서울대 교수'이기도 합니다. 그리고 이들의 뒤에는 오랜 세월 운동을 통해 만들어진 끈끈한 유대관계뿐 아니라 장관과 국회의원을 배출한 인맥이 있습니다. 나아가 정부, 기업과 국민이 모아준 자금과 신뢰가 있으며, 무엇보다 일할 인력이 있습니다.

하지만 저는 오로지 혼자, 이들이 집단으로 내놓는 모든 공격글들을 분석하고 반론을 내놓아야 했습니다. 그 작업 이상으로 힘들었던 것은, 그 안에 담긴 왜곡과 적대와 조롱이었습니다.

이들은 오로지, 자신들의 생각을 지키기 위해서, 그동안 국민들을 향해 저지른 수많은 모순들을 그저 덮기 위해서, 운동에 방해가 된다는 이유로, 그동안 지켜온 권력과 명예를 흠결 없이 유지하기 위해서, 저를 사이비 학자이자 매국노, 친일파로 몰아 배척해왔습니다. 대중들의 오해와 끔찍한 비난을 내내 모른 척했습니다.

그러면서, 오로지 이 재판에서 이기기 위해, 아무런 근거 없이 저의 책이 위안부를 '왜곡'하기 위해 자료들을 '의도적으로', '교묘하게', '철저하게', '반복 사용하였다'면서 저에게 '악랄', '잔인', '이기적', '악의적'이라는 단어마저 서슴지 않은 것입니다. 이러한 태도와 표현이 전형적인 마녀사냥의 수법이라는 것은 이미 잘 아실 것입니다.

재판장님,
그동안 수많은 자료와 설명으로 저의 책이 허위가 아니라고 변론해왔지만, 정말은 이 문제는 책 문제조차 아닙니다. 제가 고발당하게 된 것은, 위안부 할머니들과 제가 가까워지는 것, 그에 따라 나눔의집의 문제가 세상에 드러나게 되는 것을 두려워한 나눔의집 안신권 소장과 그에 동조한 나눔의집 고문변호사, 그리고 위안부 문제에 대해 잘 모르면서 교수가 지시하는 대로 엉터리 독해를 바탕으로 책을 100군데 넘게 난도질한 리포트를 작성한 한양대 로스쿨 학생들의 반지성적인 행위이자, 모함이고 음해입니다.

재판장님,

'다른' 목소리에 대한 폭력적인 억압과 그에 따른 끔찍한 고통은 저 하나로 족합니다. 원고 대리인은 저를 비난하면서 저를 방치하면 '제2, 제3의 박유하'가 나올 것이라고 말했습니다.

똑같은 말씀을 드리고 싶습니다. 제가 말하는 의미에서의 박유하를, 제2, 제3의 고통받는 박유하를, 더이상은 만들지 말아주시기 바랍니다.

이들은 '엄하게 처벌받지 않고 어물쩍 넘어가면' 안 된다고 재판부를 협박마저 합니다. 이들이 저를 처벌해 지키고자 하는 것이 무엇인지 이제는 잘 이해해주셨을 줄 믿습니다.

재판장님,

이들의 공격과 고발로 인해 저의 학자 생활 이십수년의 명예가 한순간에 깨졌고, 이 2년 반 동안 고통을 받아왔습니다.

저는 이들의 거짓말과 왜곡을 범죄적 수준이라 생각했지만, 가처분신청과 손해배상소송 재판부는 그러한 이들의 선동을 검증하지 않았습니다. 그리고 결국 한국의 법정을 세계의 웃음거리로 만들었습니다.

극소수 사람들만이 저의 책을 있는 그대로 받아들여주었고, 그런 이들의 지원과 도움으로 끔찍한 고통을 그럭저럭 견뎌왔습니다. 고발사태로 입은 명예훼손과 상처는 설사 이 재판에서 제가 승소한다고 해도 완전히 사라지지는 않을 것입니다.

'사회적 가치가 저하'되는 것이 명예훼손의 정의라고 들었습니다.

부디 명철한 판단을 내리시어 저의 명예를 회복시켜주시고, 대한민국에 정의가 살아 있다는 것을 보여주시기를, 간곡히 부탁드립니다.

2016년 12월 20일

박유하

◇ ◇ ◇

진술은 한 시간 넘게 걸렸다. 읽어가면서 나도 모르게 감정이 북받쳐올랐다. 수많은 사람들 앞에서 감정을 드러내는 건 예정에 없던 일이었다. 억누르려 노력했지만, 제어하기 힘들었다.

이날 진술을 끝낸 이후에 비로소 11월에 원고 측—나눔의집 안신권 소장이 제출한 「탄원서」를 읽을 수 있었다. 내가 자신을 협박했다는 거짓말에서 시작해 나를 비난했던 이들 대부분의 글을 첨부해둔 탄원서였다. '재판에는 반대하지만…'이라면서 앞다투어 가세했던 비난들이 나의 "범죄증거자료"로 제출되어 재판을 간접적으로 돕고 있었다.

다음해, 2017년 1월 27일. 형사 1심 선고가 내려지는 날이었다. "피고인은 무죄." 주심 이상윤 판사는 무려 1시간 반에 걸쳐 판결문을 읽었다. 많은 언론이 주목했던 만큼 한 점의 의혹의 여지도 남겨놓지 않기 위해서였을 터였다. 나눔의집 측의 「탄원서」에도 흔들리지 않은 판결이 너무나 고마웠다. 10번 이상 재판을 열고 아침부터 저녁까지 긴 시간을 할애하면서 나와 변호인의 목소리에 귀를 기울여준 결과라고 생각했다. 판결 자체도 당연히 기뻤지만, 고발 이후 2년 반 만에 처음으로 법조계에 지성이 살아 있음을 확인할 수 있었던 것이 더욱 기뻤다.

하지만 판결이 나온 순간, 나눔의집 바깥에 거주하면서 '원고 측'에 추가로 합류했던 이용수 할머니가 방청석에서 재판부에 항의를 하고 나를 향해

"친일파년!"이라고 외쳤다.

언론도 수긍하지 않았다. 법정에 와 있던 나의 가족을 향해 잠깐 미소 짓는 순간을 포착해 침통해하는 위안부 할머니와 대비시킨 『연합뉴스』와 『뉴시스』의 사진을 가져와 「'무죄' 선고에…미소짓는 '제국의 위안부' 박유하 교수」(『조선일보』 외) 등의 헤드라인을 달았다.

『경향신문』의 법조담당기자는 '설사 틀린 의견이라 해도 학문의 장에서 논해야 하므로 법원은 보호해야 한다'라는 판결문의 핵심 요지를 있는 그대로 보도하지 않았다. 그 반대로 판사가 세심하게 쓴 판결문을 부분발췌해 독자들이 '박유하 책은 틀린 내용인데도 무죄를 내린 것'으로 읽힐 수 있는 기사를 썼다. 2025년 8월 시점의 '나무위키'조차 형사 1심 판결문에 대해, "'이 사건 논지는 (…) 서로 다른 가치판단의 당부를 따지는 것이지 법원이 수용할 수 있는 권한이나 능력도 벗어난다'며 '학문적 표현의 자유는 틀린 의견도 보호해야 한다. 옳은 의견만 보호한다면 의견의 경쟁은 존재할 수 없다. 학술의 옳고 그름은 국가 기관이 판단할 것이 아니라 토론과 반박에 의하여야 한다'고 무죄 선고 이유를 밝혔다"고 명확히 정리해두고 있음에도 그랬다. 다른 '진보' 언론들도 다르지 않았다. 판결문의 의미를 정확히 파악하고 전달하려 한 기사는 거의 없었다.

2013년 여름 『제국의 위안부』가 출간되었을 때 한 면을 전부 사용해 호의적인 서평기사를 내준 『경향신문』은 이미 그곳에 없었다. 2016년 말에 정영환의 책을 '올해의 저자'로 선정한 신문사답게 변해 있었다.

나는 기사를 쓴 이범준 기자는 물론 『경향신문』 대기자 등 몇몇 사람들 상대로 시정을 요구하는 메일을 써봤지만, 반응은 없었다.

언론의 얄팍한 인식과 태도를 다시 만나면서 분노 이전에 서글픔이 밀려왔다. '참을 수 없이 가벼운' 경박의 시대가 지나가고 있었다.

검찰은 곧바로 항소했다. 나 역시 항소했다.

4. 형사 2심 패소

형사재판은 이어질 것이었지만, 1심의 '첫 승소'는 위안이 되었다.

3월이 되자 『중앙일보』가 인터뷰 기사(남정호 기자)를 내주었다. 재판 초기에는 한 목소리로 비난하던 언론이 조금은 변하고 있는 듯했다. 보수 쪽의 응원은 진보 쪽 사람들의 비난을 오히려 도울 수도 있었지만, 다행스러운 일이라 생각했다.

잠시 찾아온 여유시간은 길지 않았다. 검찰은 1심에서의 공소장 내용을 바꿔 항소한 상태였다. '출판물에 의한 명예훼손죄'로는 그동안 주장해온 '고의'를 입증할 수 없다는 이유로, 항소 취지를 출판물이 아닌 '일반' 명예훼손으로 바꿔 재판을 이어갔다. 가처분신청 재판에서 원고 측이 했던 일이기도 했다.

원고 측이 제출한 「피해자 의견서」라는 문서에는 내가 "전쟁범죄를 찬양한다"고 한 나눔의집 고문변호사 박선아 변호사의 주장도 담겨 있었다. 그 주장에서 나는 홀로코스트 부정자와 다를 바 없는 악인이자 반성을 모르는 파렴치한 인물이었다.

그러면서도 내 주장을 받아들인 것으로 보이는 부분도 없지 않았다. 검사는 학계에서 어떤 논의가 이루어지고 있는지 모르는 채로 원고 측 주장만을 믿고 기소를 감행했음이 분명했다.

고발자도 검찰도, 고소와 기소 이후 자신들의 기존 주장의 일부를 철회하고 있었다. 하지만 법정에서는 철회했어도 그들이 세간에 대대적으로 유포한 왜곡이 수정되거나 철회되는 일은 없었다.

6월에는 일본인 지인 학자들이 써준 『대화를 위해서―〈제국의 위안부〉라는 물음을 펼치다』라는 책도 번역되어 나왔다. 우에노 지즈코를 비롯한 노장 학자부터 젊은 역사학자까지, 누구보다 바쁘게 활동하는 이들이 시간을 내어 쓴 글들을 모은 것이었다. 그중 하나는 나를 울게 만들었다.

번역 역시 누구보다 바쁜 현장의 선두에서 활약하는 제자와 지인들이 나서 주었다. 나는 그들을 위해서도 제대로 싸워야 했다. 바다 건너 친구들―오랜 세월 양국관계에 다리를 놓아왔고 그들의 후손 역시 일본에서 살아갈 한국인 친구들을 위해서도.

같은 6월에 2심 항소심 공판이 시작되었다.

검사는 1심과 같아서, 공박 내용도 다르지 않았다. 하지만 내 항변과 설명에 귀 기울이는 분위기는 더이상 없었다. 공소장이 가처분신청 재판 때처럼 변경되어 있었던 것은 검사의 전략으로 보였는데, 재판 분위기는 검사의 성공을 예고하고 있었다.

마지막 공판일에는 기소 다음날 자신에게 협력하면 재판을 중지하겠다는 내용의 전화를 걸어왔던 최봉태 변호사가 몇몇 젊은이들과 함께 법정 앞에 서서 나를 처벌하라는 규탄시위를 했다. 9월 27일이었다.

검사는 1심과 마찬가지로 '징역 3년'을 구형했다.

나는 이번에도 「최후진술서」를 준비해 읽었다. 1심 판결이 틀렸다고 주장하는 검사의 문제를 말하고, 검사의 공격에 어떤 문제가 있는지 반박했다. 1심에서는 하지 않았던 이야기—정대협 비판이 책에 많았고 그것을 문제시한 고소였다는 사실—도 구체적으로 인용하며 이 재판이 위안부 할머니가 아닌 지원단체와의 싸움임을 강조했다.

'위안부 문제는 홀로코스트와 다르다'고 쓴 부분을 두고 위안부 문제를 부정한 것으로 간주한 비난에 대해 한동안 위안부 지원단체와 연계하는 것처럼 보였던 유대인 단체들은 얼마 전부터 위안부 문제와 홀로코스트는 다르다고 말하고 있다는 사실도 지적했다.*

2016년 11월에 발간된 『아시아여성기금과 위안부 문제—회상과 검증』이라는 책에서 와다 하루키 교수가 이른바 '강제연행'설의 기반이 된 요시다 세이지 증언이 허구라고 지적한 사실도 추가했다. 2017년 7월에 위안부 문제 관련 주류 학자들이었던 이들과 함께 활동해왔던 일본인 학자가 서울에서 열린 심포지엄에서 "총독부가 지시한 강제연행은 없을 것"이라고 여러 근거와 함께 주장한 사실도 덧붙였다. 관헌이 동반한 경우가 있을 수 있으나, 총독부의 지시가 아니라 업자의 접대에 의한 것으로 봐야 한다는 것이 그의 판단이었다.

검찰이 근거로 삼고 있던 국제기구의 권고나 보고서들이 대부분 여성들을 노예사냥처럼 끌고 갔다고 말했으나 허구로 밝혀진 요시다 증언이나 정치가의 추정 숫자 등을 기반으로 쓰인 미국 학자의 책을 자료로 한 문건들이었다는 사실도 말했다. 국제보고서나 권고 등의 내용이 한국의 주장과 다르지 않은 이유는 지원단체가 1990년대부터 유엔을 향해 활동했고 2000년

---

* 「위안부 '기억유산' 신청—유태인 단체가 비판 '홀로코스트를 왜곡' 慰安婦「記憶遺産」申請—ユダヤ人団体が批判「ホロコーストをねじ曲げ」」(『ZakZak』, 2016년 11월 25일). 이 기사는 "캐나다·이스라엘우호협회가 (한국, 중국, 일본 등 8개 국가/지역의 14개 시민단체로 구성된) 신청자는 홀로코스트를 왜곡하고 있다"고 했다고 전한다.

대는 직접 유엔기구의 위원이나 이사로 활동하기도 한 정황의 결과라는 이야기도 썼다.

일본이 조선인 여성의 약취유인을 '위해' 한반도에 직업소개소를 만들었다는 원고 측 변호인들의 주장은 한반도에서만 관련 법률이 느슨해서 유괴나 속임수가 많았다는 한 학자의 주장을 변형한 것이지만 그 논문 역시 다른 학자에 의해 오류를 비판받은 바 있다는 말도 했다. 학계 상황을 잘 모르는 이들이 자신들의 기존 상식에 기대어 소송을 일으키고 국가와 언론을 동원해 마녀사냥을 유도하고 처벌을 요구하고 있다는 사실을 판사들이 이해할 수 있도록 호소했다.

원고 측이 제출한 「피해자 의견서」에 내가 '강제성을 인정하는지, 법적 책임을 인정하는지를 확인해달라'고 쓰여 있기에, 바로 그 부분에 이 소송의 본질이 있다고 강조했다. 『제국의 위안부』 소송은, 위안부의 명예가 아니라 해결 방법을 둘러싼 지원단체의 오랜 주장의 근거가 흔들리는 일에 대한 공격이었다.

그리고 마지막 부분을 이렇게 맺었다.

저에게 무죄를 내려주시고, 위안부 할머니가 아니라 자신들의 이익을 지키기 위해 감행된 지원단체의 고소를 이제 그만 기각해주시기 바랍니다. 더이상, 이 일로 국민의 세금을 낭비하지 않도록 해주시기 바랍니다. 저 하나를 죄인으로 몰기 위해 9곳의 법무법인, 10명의 변호사가 이름을 올린 「피해자 의견서」가 드러낸 기만과 폭력을, 정의로운 판결로써 시정하여주시기를 부탁드립니다. 대한민국에, 간판으로서의 정의가 아니라 진짜 정의가 살아 있다는 것을, 저와 양식 있는 국민들, 그리고 관심 갖고 지켜보고 있는 해외 시민들에게도 보여주시기를 간곡히 부탁드립니다.

2017년 9월 27일

피고 박유하

◇ ◇ ◇

그러나 10월 27일에 나온 판결은 "원심판결을 직권파기"한 유죄—1000만 원의 벌금형이었다. '공소장변경으로 인한 심판대상의 변경'이라는 검사의 전략이 성공한 것으로 보였다. 검사는 그렇게 1심 '무죄 판결'을 뒤집었다.

그동안 법원에 제출했던 수많은 자료와 거기에 들인 품은 물론, 세상으로 내보낸 적지 않은 글들이 물거품이 되는 순간이었다. 전세계 지식인들이 마음 담아 보내준 '기소 항의 성명'을 비롯, 내 곁에 서서 함께 시간과 에너지를 나누어 써준 수많은 이들의 마음들이 가볍게 무시되는 순간이었다.

대신 나의 "붕괴와 몰락을 지켜보겠다"고 쓴 진보진영 '교수'(김동규)의 SNS에 사람들이 몰려들어 공감을 표했다. 패소란 바로 그런 이들을 대변한 것이기도 했다. 그런 말에 환호하는 사람들이 많다는 것은 패소 사실 이상으로 나를 암담한 기분으로 만들었다. 그는 고발 직후 내가 너무나도 많은 비난에 대응하기 위해 배춘희 할머니와의 대화 일부를 SNS에 올렸을 때 '연구윤리' 운운하며 나를 공격했던 이였다.

하지만 더이상 그런 말들에는 상처받지 않았다. 누군가를 향해 독화살 쏘기를 주저하지 않는다는 건 강해서가 아니라 약해서이기 때문일 터였다. 그런 이들이 입에 담는 '정의'란 취약한 것일 수밖에 없었다. 하지만 그는 이후에도 SNS와 지방신문 등을 통해 집요하게 공격을 이어갔다.

판결문은 검사의 기소장과 거의 다르지 않았다.

나는 10월 30일에 상고했다. 검찰도 상고했다.

나는 우선 판결에 대한 반박문을 써서 공개했다.

◇ ◇ ◇

형사 2심 판결문을 읽는다*

1. 자의적인 판결

2017년 10월 27일, 서울고등법원 형사4부(재판장 김문석 부장판사)는 나의 책 『제국의 위안부—식민지지배와 기억의 투쟁』을 위안부의 명예를 훼손한 책으로 판단하고 벌금 1000만 원의 유죄 판결을 내렸다. 2017년 1월 1심에서의 무죄 판결 이후 나를 유죄로 판결할 만한 새로운 '증거'가 나온 것이 아님에도 무죄 판결을 뒤집은 것이다.

말하자면, 2심은 같은 책에 대한 판단을 증거가 아니라 책에 대한 자의적인 해석만으로 뒤집었다. 당연히 승복할 수 없어, 나와 소송대리인은 곧바로 (10월 30일) 상고했다. 법원에 제출할 상고이유서는 더 자세히, 구체적으로 쓰게 되겠지만, 아래는 재판부뿐 아니라 더 많은 이들이 이 사태를 이해할 수 있기를 바라면서 우선 간단히 써보는 글이다.

2심 판결 내용을 정리하면 이렇게 된다.

---

* 『허핑턴포스트』, 2017년 11월 4일.

『제국의 위안부』는 '일본군에 의해 강제로 끌려가 성노예가 된 조선인 위안부'와는 다른 위안부상을 보여주고 있다. 또 저자는 '조선인 위안부의 고통'에 관해서도 이 책에 쓰고 있다. 하지만 그런 인식을 책 전부에 쓰고 있지는 않다. 그 때문에 '자발적 매춘부였던 일본인 위안부와는 다른, 성노예 조선인 위안부'라는, 우리 사회와 국제사회가 공유하는 인식과는 다른 인식을 독자가 갖도록 만들 가능성이 있다. 즉 '조선인 위안부=자발적 매춘부'라는 인식이다.

　유엔 보고서 등 국제사회와 일본의 고노 담화 등이 제시하는 인식에 따르면, 위안부가 '자발적 매춘부'라는 인식은 명백한 허위이다. 저자의 인식을 허위로 단정하는 이유는 국제사회의 인식이야말로 가장 올바른 인식일 것이기 때문이다. 그런 국제사회의 인식을 저자는 잘 알고 있었을 텐데도 그와 다른 인식을 말했다. '허위'를 말했을 뿐 아니라, 명예훼손 여부 판정에서는 그 사실을 말하면 언급 대상의 사회적 평가가 저하될 것인지를 인식했는지 여부도 중요한데, 저자는 오래 위안부 문제를 연구했으므로 그 파생효과를 알고 있었을 것이다. 따라서 허위사실 적시와 집필 목적에서 '고의(범의)'가 인정되므로 유죄다.

　단순화해 말하자면, 2심 판결은 '독자의 독해에 저자가 책임을 져야 한다'는 판결이었다.

　나에게 내려진 '벌금 1000만 원'을 검찰이 구형한 3년 징역형보다 가벼워서 다행이라고 말하는 (혹은 비난하는) 이들이 있다. 하지만 1000만 원이라는 액수는 징역이라면 5년에 해당하는, 명예훼손 관련 벌금형이 선택할 수 있는 최고금액이었다. 재판부는 관대한 처분을 내린 것처럼 강조했지만, 징역형을 선택하지 않았을 뿐 실제로는 3년 이상의 징역형에 해당하는 처벌을 내렸다. 그러면서도 재판부는 마치 '학문의 자유'를 옹호하는 듯한 포즈를 취했다.

법률상 명예훼손 혐의에서 유죄가 성립되기 위해서는 해당 내용이 '사실'이어야 할 것이 첫 번째 조건이었다. 나에게 무죄를 내린 1심은, 검찰이 지적한 35곳 중 30곳을 '의견 표명'으로 규정하고 애초에 명예훼손에 해당하지 않는다고 판단했다. 나머지 5곳은 '사실'에 관한 기술로 규정하면서도, 위안부의 사회적 평가를 저하시키는 표현이 아니고 개개인을 특정한 것이 아니므로 명예훼손이 아니라고 판단했다. 또한 저자에게 명예훼손을 하려는 목적(고의)이 있었다고 볼 수 없고, "위안부 문제는 국민들이 알아야 할 공공성/사회성을 갖는 공적 관심사항이므로 활발한 공개토론과 여론 형성을 위해 표현의 자유를 폭넓게 보장"해야 한다면서 무죄를 내렸던 것이다.

　이렇게 판단하기까지 1심 재판부는 무려 1년에 걸쳐 10회 넘게 재판을 진행했고, 본재판부터는 매번 아침부터 저녁까지 긴 시간을 들여 재판을 진행했다. 검사는 나를 비판한 학자들의 주장에 의거해 나의 '범죄'를 주장했고, 결국 법정에서의 공방은 학술세미나와 다름없는 내용이 되었다. 그에 비해 2심은 고작 4번 진행되었고, 매번 한두 시간 만에 끝났다. 그렇다면 1심에서 제출된 방대한 자료를 세심하게 봐야만 이 사건을 제대로 판단할 수 있었을 터인데, 2심 판결은 결코 그랬던 것으로 보이지 않는다.

2. 왜곡과 소송의 본질

　이 판결의 가장 큰 문제점은 검사가 제출한 왜곡된 책요약(악의적인 독해)을 그대로 차용해 사용했다는 점이다. 아래에 인용해두었지만, 다른 한편으로는 나의 책의 취지를 충분히 살펴 요약하면서도, 결국은 내가 가장 신경을 써서 독자의 오해가 없도록 쓴 부분에 관해 재판부는 검사가 멋대로 왜곡한 요약을 가져와 내가 한 말처럼 왜곡했다. 하지만 나는 결코 '위안부는 강제연행되지 않았다'고 쓰지 않았다. 일본군의 모집과 관여/관리도 부정하기는커녕 오히려 어떤 방식으로 관여했는지 자세히 썼다.

"조선인 위안부가 해야 할 일의 내용이 무엇인지 알면서 본인 혹은 부모의 선택에 의해 자발적으로 갔다"고 요약된 부분도 엉터리 요약이고, "본인의 의사에 반해 위안부를 하게 되는 경우는 없었다"는 것도 내 말이 아니라 그렇게 말하는 이들을 비판하기 위해 인용한 위안부 비판자들의 말이다. "1996년 시점에서 위안부란 근본적으로 매춘의 틀 안에 있던 여성들"(42)이라는 표현 역시 재판부가 인용한 유엔 보고서의 내용이다. 이런 논리라면, 박유하가 '위안부는 자발적 매춘부'라고 했다고 보도해온 모든 언론과 개인도 명예훼손으로 고소되어야 한다는 얘기가 된다.

또한 나는 "법률상 배상 책임이나 공식 사죄를 받을 수도 없다"(2)고 한 적이 없다. 나는 그런 방식만을 지고지선의 해결 방법으로 생각해온 지원단체의 운동 방식과 논리에 의문을 제기했을 뿐이다. "공식 사죄를 받을 수 없다"가 아니라 20년 이상 법적 책임만을 주장해온 지원단체 생각에도 문제가 있어 보이니 한일협의체를 만들어 다시 논의하자는 것이 내가 책에 쓴 내용이다. 한국어판 간행 이후 나온 일본어판에서는 '국회결의'가 필요하다고 썼다.

내가 "피고인이 주장하는 해결 방식을 제시"(39)했다는 말은 검사의 주장인데, 앞에서 쓴 것처럼 나는 한국어판에서는 구체적인 해결 방식을 제시하지 않았다. 그럼에도 원고 측도 검사도 재판 과정에서 내내 이런 말로 비난했는데, 실은 이 주장에 『제국의 위안부』 소송의 본질이 있다. 원고 측(지원단체)이 소송을 시작한 건 사실, '위안부의 명예'라기보다는 자신들의 정당성을 지키기 위한 것이었다. 나의 책은 '식민지지배와 기억의 투쟁'이라는 부제가 보여

제3장 '징역 3년' 구형에 맞서 211

주듯 1990년대 이후 위안부 문제 지원운동의 문제를 비판한 책이다. 그리고 바로 그 사실이 고발의 원인이 되었다.

3. '사실 적시'라는 전제에 대해

이 판결은 나의 책에 대해 이렇게 말하고 있다.

> 피고인이 이 사건 도서에서 모든 조선인 위안부들이 자발적으로 위안부가 된 것이 아니고 직접적인 폭행·협박 또는 기망·유혹에 의해 위안부가 된 경우가 있으며, 일본국이나 일본군이 공식적으로 강제연행을 한 증거가 없으나 책임이 없다고 할 수 없고, 민간인 포주나 업자에 의하여 강제력이 행사되었으며, 성적 학대의 대가로 지급된 것은 소액인 데다 그나마도 착취당했고, 일부 조선인 위안부들이 일본군과 협력적인 관계를 맺고 있었다는 등 내용을 함께 서술하고 있다.(32)

> 피고인은 이 사건 도서에서 '조선인 위안부들을 모집한 주체는 일본군이 아니라 업자들이었지만 그 과정에서 불법적인 모집 방법이 사용되었다. 일부 위안부들은 일본군에 의해 강제로 연행된 경우도 있었다. 조선인 위안부들은 가난, 가부장제, 국가주의에 의하여 위안부가 되었다. 위안소 내에서 민간인 포주나 업자에 의해 강제력이 행사되었고, 성적 학대의 대가로 지급된 것은 소액인 데다 그나마 착취당했다. 조선인 위안부들은 식민지인으로서 애국이 강제되었고, 일부 위안부들은 일본군과 동지적 관계에 있었다'는 내용을 서술하고 있다.(37)

피고인이 주장하는 바와 같이 일본군 위안부 문제에는 사회구조적 요인이 존재하고 조선인 일본군 위안부들의 모습이나 처지가 매우 다양하며, 이 사건 도서는 피고인이 기존 자료를 토대로 현재 우리 사회 주류적인 시각과는 다른 입장에서 위안부 문제에 관한 자신의 주장을 개진하는 내용이고, 이 사건 도서 곳곳에서 여러 예외적인 경우와 다양한 위안부들의 모습이나 처지가 서술되어 있다.(41)

"예외적"이라는 말 자체에 이미 쓴 사람의 견해가 드러나 있어서 완벽하지는 않지만, 나의 책의 의도를 어느 정도 이해한 요약이다. 그렇다면 도대체 왜 유죄가 내려졌을까?

나는 명예훼손소송에서는 '의견'인지 '사실'인지가 중요하다고 듣고, 학술적인 책에서의 모든 기술은 기본적으로 의견일 수밖에 없다고 말했다. 물론 학문이란 '진실'을 찾는 과정이지만, 아무리 내가 알게 된 사항을 '사실'이라고 주장한다 해도, 내가 믿었던 '사실' 역시 언제고 새로운 탐구와 학설에 의해 부정될 수 있다는 것을 알고 있기 때문이다. 그런 의미에서는 모든 학문은 '의견'일 수밖에 없다.

실제로 헤이든 화이트의 『메타역사』(1973) 이후, 객관적인 사실을 기술한 것처럼 보이는 역사서조차, 입수된 자료를 두고 학자가 문학적 상상력으로 엮은 '문학'일 수밖에 없다는 인식은 점차 상식이 되고 있는 중이다. 다수의 지지와 검증을 거친 가설들이 세월과 공간을 넘어 '진리', '사실'로 정착되어오긴 했지만, 그 모든 것은 문학적 플롯을 필요로 하고 그러한 플롯을 만드는 것은 보이지 않는 이데올로기라는 인식은 과거의 역사에 겸허하기 위해서도 필요하다. 말하자면 모든 역사서/학술서는 '진실=사실'을 추구하는 것이되 하나의 사항을 최종적 '사실'로 단정할 수 있는 사람은 논리적으로는 없다. 어디까지나 그 시점에서의 '인식'을 말하는 것일 뿐이다.

더구나 나의 문맥이나 표현 자체도 '의견'으로서 표현한 곳이 많다.『제국의 위안부』는 역사 자체보다 증언을 포함해 역사를 둘러싼 담론을 분석한 학술적 비평서이기 때문이다.

4. '사회적 평가 저하'라는 인식에 대해

재판부는 결과적으로 나의 책이 위안부 할머니들의 "사회적 평가를 저하"시킨다고 말한다. 재판부가 말하는 '사회적 평가 저하'란 위안부 할머니들이 '강제연행을 주장'하고 있는데 그와 반대되는 듯한 말을 하는 것은 그런 주장에 문제가 있는 것처럼 독자들에게 받아들여질 수 있다는 의미이다.

하지만 내 책을 읽은 이들 중에는 오히려 위안부 문제를 더 생각하게 되었고 이전에 못 느꼈던 슬픔을 느꼈다고 말해준 사람이 적지 않다. 오로지 그들의 독해만이 옳다고 주장하지는 않겠지만, 이 판결은 그렇게 읽은 모든 이를 무시한 판결이다. 대신 저자의 의도와는 다르게 읽을 (수 있는) 이들의 존재와 그렇게 유인한 이들의 오독의 '가능성'을 편파적으로 우선시했다. 나에 대한 유죄 판결은 그렇게 내려진 것이다.

『제국의 위안부』는 역사서라기보다는 역사를 둘러싼 담론을 분석한 메타역사서이다. 한국과 일본의 여러 층위의 독자들을 대상으로 썼고, 하나의 '진실' 자체보다 눈앞에 있는 진실(대상/정황)과 '어떻게' 마주해야 할지를 모색한 이유이기도 하다. 필요한 만큼 '사실'에 접근할 수 있도록 노력했지만, 그 이상으로, 그 '사실'을 둘러싸고 대립 중인 이들이 서로 더 깊이 이해할 수 있기를 지향하면서 쓴 책이다. 접점을 찾기 위해 양국 정부와 지원단체를 비판했지만, 위안부에 대해서는 부정도 비판도 하지 않았다.

내가 시도한 건 오히려 그동안 지원단체가 묵과하거나 은폐했던 목소리를 살려내는 일이었다. 그동안 의식/무의식적으로 묻혀왔던 그 모든 목소리에 귀를 기울이는 일이야말로 과거와의 대면에서 성실한 방식—바람직한 '역사와 마주하는 방식'이라고 생각했기 때문이다.

그런데 재판부는 나의 그런 시도를 인정하면서도, 나의 책에 반발한 지원단체(와 검찰)의 나의 책에 대한 왜곡을 액면 그대로 받아들인 판결을 내렸다. 재판부조차 제대로 읽고 있었다는 흔적을 남기면서도, 이 판결은 결국 재판부 자신을 포함한 모든 독자를 무시한 결론을 내렸던 것이다.

판결문에 일부 요약된 것처럼, 나는 '위안부의 자발성'을 강조하기는커녕 오히려 그런 구조를 만든 일본의 식민지지배를 비판했다. 설사 자발적으로 간 위안부가 있다 하더라도, 그 대부분은 가족을 위해 희생한 경우라고도 썼다. '(관리)매춘'이라는 단어는 재판부가 인용한 유엔 보고서와 여러 학자들이 사용하는, 가치 평가와는 무관한 중립적인, 하나의 정황 설명일 뿐이다. 문맥이나 의도와 상관없이 하나의 단어를 사용했다는 이유만으로 유죄가 되어야 한다면, 1996년에 보고서를 작성한 유엔 보고관, 그리고 일본군 위안소를 국가가 관리한 공창에서 파생된 것으로 보고 있는 다른 모든 학자도 기소되고, 유죄가 내려져야 한다.

5. '허위'라는 인식에 대해

재판부가 나의 책을 허위라고 말하기 위해 인용한 자료는 1990년대 중반, 즉

20년도 더 이전에 나온 자료들이다. 그나마 고노 담화는 일본 정부가 직접 조사해 내놓은 견해지만, 다른 유엔 보고서나 국제사법위원회의 자료는 위안부 문제가 문제로서 발생되기 시작한 초기에 지원단체들이 유엔 등 국제사회에 제출한 자료 등을 비전문가들이 검토해 나온 자료이다.

물론 유엔의 쿠마라스와미 보고서는 일본이나 한국, 그리고 북한에서 학자나 위안부의 증언을 듣고 종합한 보고서이다. 그리고 그들의 의견을 공정하게 취합하려 한 것이기도 하다.

하지만 기본적으로는 이 보고서는 지금은 부정되고 있는 요시다 증언(이 문제 해결을 위해 오랜 기간 노력해온 와다 하루키 교수조차 작년에 낸 책에서 요시다 증언을 부정했다) 등을 근거 중 하나로 삼은 보고서이다. 그리고 동시대에 벌어졌던 유럽 등지의 내전에서의 강간/학살과 똑같은 것으로 이해한 흔적이 있다.

하지만 학계의 연구는 이후로도 20년 이상 진행됐고, 지금은 학계에서 '일본군에 의한 조선인 위안부의 물리적 강제연행'을 말하는 사람은 내가 아는 한 없다. 강제동원을 주장했던 이들은 지금은 동원에서의 강제가 아니라 위안소에서 부자유했다는 식으로 내용을 바꿔 여전히 똑같은 '강제성'인 것처럼 주장하고 있을 뿐이다.

물론 연구자나 지원단체 관계자들이 그런 정황을 모를 리 없다. 그럼에도 변함없이 '강제연행'에 집착하고 주장하는 이유는 그들이 주장해온 '법적 책임'을 지키기 위해서이다. 그 방식만이 정의로운 사죄 방식이라고 생각하기 때문이다. 그리고 그들이 나의 책을 '허위'라면서 고발한 이유는, 위안부 할머니를 모욕하거나 일본의 책임을 부정했기 때문이 아니라, 그들이 오랫동안 주장해온 '법적 책임'의 가능성에 내가 의문을 제기했기 때문이다.

그럼에도 지원단체의 사고에 의문을 제기한 나를 '일본을 면죄하는 것'이라며 비난하고 급기야 고발/기소에 이른 원고 측과 검찰의 주장을 2심 재판부는 그대로 받아들였다. 재판부의 판결문은 1심에서 제출한 방대한 나의 자료가 완벽하게 무시되었음을 보여준다.

재판부는 나의 책을 "조선인 위안부들은 자발적으로 위안부가 되어 경제적 대가를 받고 성매매를 했다"(31), "일본국과 일본군은 조선인 위안부를 강제동원하거나 강제연행하지 않았다"고 했다고 요약한다. 그러면서 "조선인 위안부는 대부분 일본 국가나 일본군의 지시에 따라 자신들의 의사에 반해 강제로 동원되어 일본군 위안소에서 성적 학대를 당하며 성노예로서의 생활을 강요당했다"(31)는 것이 "사실"이라고 주장했다.

하지만 우선 나는 그렇게 말하지 않았다. 모집은 했지만 일본군이 납치나 속임수를 허용한 정황이 없고, "공적으로는" 오히려 그런 정황을 단속한 정황이 보인다(즉 공식적으로 강제연행을 지시한 흔적이 없고, 오히려 그에 반하는 정황이 증언/수기 등에서 보인다)고 했을 뿐이다.

그렇다고 해서 위안부 할머니들이 말하는 '강제연행'을 부정한 것도 아니다. 당사자의 증언은 기본적으로 존중하고 싶었기 때문이다(다만, 경찰과 같이, 혹은 혼자 나타난 '군인'처럼 보였던 이들은 군속 대우를 받고 군복을 지급받은 업자일 가능성이 높다).

더구나 재판부는 다른 사람의 말을 인용한 곳조차 나의 글로 착각하고, 그 부분에 내가 일일이 추가 설명을 덧붙이지 않았다는 이유만으로 그 부분을 '범죄'로 단정했다. 하지만 그런 부분들은 대부분, 말한 이들을 비판하는 문맥, 혹은 전체를 정리하는 부분에서 쓰인 내용들이다. 오히려 지적된 곳 대부분의 앞뒤에 반박/비판이 들어가 있는데도, 그런 문맥을 무시하고 단어에만 반응한 셈이다.

재판부는 유엔 보고서에 나오는 "일본 정부가 강간수용소의 설립에 직접적으로 관여했다", "위안부를 조달하기 위해 일본 군부는 물리적 폭력, 유괴 강요와 속임수를 동원했다"(34)는 말, 일본군이 여성이나 소녀들이 "자발적으로 신청한 것처럼 꾸미기 위해 업자에게 적극적 지원을 부여했다"는 말을 인용하면서 이 인식이 "위안부에 대한 가장 정확하고 객관적인 사실"이라고 주장한다(36). 나의 책은 이런 "중요한 부분이 사실과 합치하지 않"기 때문에 "허위"라는 것이다.

재판부가 유엔 보고서 쪽이 진실일 것으로 생각하는 이유는 '국제사회'라는 단어를 무조건 권위로 간주하기 때문이다. 물론 그렇게 판단하는 이유는 원고 측과 검찰이 그렇게 주장했기 때문이다. 원고 측은 그동안 나온 국제 보고서들과 고노 담화를 나의 '범죄'를 증명하는 자료라며 검찰과 재판부에 제출했다. 이들의 고소/기소 취지는 말하자면 '국제사회는 물론 일본까지 공유하는 인식을 박유하가 혼자 부정하고 있다'였다.

하지만 나는 고노 담화를 부정하기는커녕 오히려 높이 평가했다. 다만 해석을 달리 했을 뿐이다. 지원단체는 예전에는 고노 담화가 강제성을 부정한 것이라면서 미봉책으로 치부하고 비판했다. 그러다가 아베 정권에서 고노 담화가 재검증 대상이 되자 태도를 바꿔 고노 담화가 '강제성'을 인정한 것이라면서 지키기에 나섰을 뿐이다.

그런데, 고노 담화를 만든 고노 전 관방장관은 나의 기소 반대 성명에 서명하기도 했다. 나의 해석이 그의 의도에 반하는 것이었다면 그가 참여했을 리가

없다.˙

재판부는 국제 보고서의 '성노예' 인식이 옳고, 나의 책은 그에 반하는 것처럼 말했다. 하지만 나는 『제국의 위안부』에서 지원단체의 성노예 인식에는 이의를 제기했지만, 동시에 위안부가 분명히 '성노예적' 존재라고 썼다.

그런데도 재판부는 "하지만 피고인은 처음에는 일부 그런 경우도 있다고 하거나 여러 가지 경우가 있다는 식으로 서술하다가 이 사건 표현들에서는 이러한 예외적인 경우를 빼고 서술하거나 단정적인 표현을 사용함으로써 위 표현을 접하는 독자들은 '전체는 아니더라도 대부분 또는 많은 조선인 위안부들은 자발적으로 위안부가 되어 경제적 대가를 받고 성매매를 하였고, 애국적으로 일본군과 협력하고 함께 전쟁을 수행했으며 일본국과 일본군은 조선인 위안부를 강제동원하거나 강제연행하지 않았다'는 것으로 받아들이도록 서술되어 있고, 이러한 내용이 객관적인 사실과 다르다는 것은 분명하다. 이 사건 표현들은 허위사실에 해당한다"(37)고 말한다.

이런 재판부의 인식은 '자발적 매춘부'라면 피해자가 아니라는 생각이 만든 것이기도 한데, 원래는 지원단체의 인식이기도 하다. 말하자면 위안부 문제의 중심에 있던 이들이 오히려 '매춘'에 대해 차별적인 생각을 스스로 가졌거나(그들이 오로지 '순결한 소녀상'에 집착해온 이유이기도 하다), 20년 이상 여성인권운동을 하면서 사회가 필요시하고 차별해온 문제를 바꾸려는 노력을 하지 않았으면서도 그것을 시도한 나를 죄인으로 치부하고 고발한 것이다. 재판부는 그러한 상황은 도외시하고, '(『제국의 위안부』 때문에) 사회가 위안부를 차별(사회적 평가 저하)할 수 있으니 (저자의 의도가 그게 아니더라도) 처벌

˙ 재판이 아직 진행 중이던 훗날, 나는 그를 와세다 대학 식당에서 우연히 만난 적이 있다. 그래서 성명에 대한 감사를 전했더니 책을 잘 읽었다면서 격려해주기도 했다.

한다'고 한 셈이다.

6. 인물 특정 여부에 대해

재판부는 나의 책이 특정 위안부를 지칭해 명예를 훼손했다고 말한다. 하지만 1심 재판부는 그렇게 판단하지 않았다. 그리고 2심 재판부의 말이 맞다면, 오히려 원고로 이름이 올라 있는 위안부 할머니들의 '일본군에 의한 강제연행'이 개별적으로 증명되어야 한다. 하지만 나는 누구의 이름도 의식하지 않고 책을 썼다. 그런데 원고 측(검찰)이 나의 '허위'를 증명하기 위해 재판부에 제출한 나눔의집 거주 다섯 분의 할머니 구술서에 따르면, 오히려 아무도 그런 경험을 한 분이 없다. 심지어 그중에는 '보국대'로 갔다고 말한 분조차 있다.

그런데 재판부는 내가 집필 목적에 대해 쓴 서문에서 "말하자면 한일 양국은 20여 년의 역사문제 갈등을 거치면서 심각한 소통부재 상황에 빠져버렸다. (중략) 그 갈등의 중심에 위안부 문제가 있고, 그들(일본의 부정자)은 한국이 세계를 향해 거짓말까지 해가면서 일본의 명예를 훼손하고 있다고 생각한다. 그래서 나는 다시 한번 원점으로 돌아가 위안부 문제를 생각해보기로 했다" (38~39쪽)라는 일부와 이하의 본문에서 인용한 부분을 가져와, 내가 구체적으로 문제 해결을 위해 나서고 있는 위안부를 특정했다면서 이렇게 주장한다.

"그런데 현재 한국과 일본 사이 위안부 문제의 중심에는 자신이 일본군 위안부였음을 밝히고 일본의 사죄와 배상을 요구하는 위안부 피해자들이 있다. 피고인도 이 사건 도서에서 [한국의 위안부들과 지원단체는 그 후에도 일본 정부와 세계를 상대로 '사죄와 보상'을 요구하고 있다. 그것은 일본의 사죄를 인정하지 않기 때문이다. 그런 의미에서는 세계적인 문제로 간주되고 있지만, 다른 나라는 사죄를 받아들였으므로 현재의 위안부 문제란 실은 이 몇십 명의 위안부와 위안부 지원단체가 주체가 된 한국인 위안부 문제이기도 하다(171)]라고 썼다"면서, "스스로 일본군 위안부였다고 나타내고 있는 사람에게만 명예훼손 문제가 생길 뿐"이므로 "제3자가 일본군 위안부를 생각할 때는 전체 '조선인 위안부'보다는 우선 자신이 일본군 위안부임을 밝힌 '위안부 피해자'들을 떠올리게 된다"고, 그렇기 때문에 내가 위안부를 "특정"했다고 볼 수 있다는 것이다.

하지만 위 인용된 부분에서 내가 강조한 건 '한일 갈등의 중심에 위안부 문제가 있다'는 사실일 뿐, '갈등을 빚고 있는 그 위안부'가 아니다. 이 부분에서도 책 전체에서도, 나는 위안부에게 잘못이 있다거나, 사죄 요구가 옳지 않다고 쓴 적이 없다. 할머니들에게 제공된 정보가 과연 정확했는지, 그렇게 생각하도록 이끈 지원단체의 사고가 과연 절대선인지를 의문시했을 뿐이다. 무엇보다 300쪽이 넘는 나의 책을 읽으면서 위안부의 슬픔을 느꼈다는 이들이 있다. 그들은 대부분 재판부나 원고가 말하는 '특정한 그 위안부'가 아니라 '이름 모를 위안부', '전쟁터에 동원된 위안부'를 떠올린 이들일 것이다. 그런 독자들이 실재하는 한 2심 재판부의 판단은 편파적이고 자의적인 것일 수밖에 없다.

만일 내가 위안부 문제를 그저 '사죄·보상을 요구하는 그 위안부들의 문제'로 생각했다면, 애써 '위안부의 슬픔과 고통'을 전하려는 책을 쓰지도 않았을 것이다. 오히려 나는 위안부 문제를 부정하는 이들을 구체적으로 비판했다. 기존 지원단체와 똑같은 규탄이 아니라 그들이 그렇게 생각하는 이유에 귀를 기울이면서, 문제적인 생각을 비판했을 뿐이다.

우리에게는 '과거의 위안부'의 실상을 보여주는 추상적인 '위안부'가 있고,

현재의 한일 갈등의 중심인 구체적인 '위안부' 할머니가 있다. 나의 책은 후자에도 주목했지만, 고찰 대상은 어디까지나 전자였다. 검찰이 매춘/강제성/동지적 관계, 이 세 부분을 문제삼았다는 것은 전자를 문제삼아 기소한 것이기도 하다. '과거의 이름 모를 위안부'를 포함해 모든 (추상적) 위안부에 관해 쓴 부분에 주목하면서 내가 '사죄와 보상을 요구하는 (현재의 구체적인) 위안부'를 특정했다는 말은 그들의 기소 취지에 비추어 보아도 비논리적이다. 설사 나의 책을 읽고 오로지 현재의 위안부만을 떠올리는 사람이 있다 해도, 그것을 의도하지 않은 한 그건 저자의 책임일 수 없다. 나의 고찰 대상이 어디까지나 전쟁터에서 사망한 '그녀들 모두'였다는 건 위안부에 대해 설명한 책의 1부 마지막 부분을 이렇게 맺었다는 만으로도 분명하다(2부와 3부는 90년대 이후의 갈등 양상에 대해 썼고, 4부는 현재가 과거를 반복하고 있는 구조에 대해 썼다).

> 아마도 우리가 지금 귀 기울여야 하는 것은 누구보다도 이들이 아닐까. 전쟁터의 최전선에서 일본군과 마지막까지 함께하다 생명을 잃은 이들—말없는 그녀들의 목소리에. 일본이 사죄해야 하는 대상도 어쩌면 누구보다도 먼저 이들이어야 할지도 모른다. 언어와 이름을 잃은 채로 성과 생명을 '국가를 위해' 바쳐야 했던 조선의 여성들, '제국의 위안부'들에게.(104쪽)

7. 목적("고의")에 대해—'사회적 평가 저하'를 한 건 누구인가?

재판부는 나의 책이 다양한 위안부의 모습을 보여준 것이라면서도, "그러나 피고인은 이 사건 표현들에서는 예외적인 경우를 빼고 서술하지 않거나 단정적인 표현을 사용함으로써 이를 접하는 독자들은 마치 대부분 또는 많은 '조선인 위안부'들은 자발적으로 위안부가 되어 경제적 대가를 받고 성매매를 하였고 애국적으로 일본군에 협력하고 함께 전쟁을 수행했으며 일본국과 일본군은 조선인 위안부를 강제동원하거나 강제연행하지 않았다고 받아들일 수 있다. 피고인도 이러한 점을 인식하면서 이 사건 표현들을 서술하였다고 보인다"(41)면서, "이러한 사정을 감안하면 피고인이 이 사건 도서를 집필한 목적, 이 사건 도서의 성격 및 전체 내용을 감안하더라도 피고인은 이 사건 표현들에서 적시한 사실이 허위인 점과 그 사실이 피해자들의 사회적 평가를 저하시킬 만한 것이라는 점을 인식하였다고 보인다. 피고인에게 명예훼손 고의가 인정된다"(41쪽)고 말한다.

말하자면 재판부는 그저 '가능성'을 처벌하고자 했고, 그 가능성을 방지하기 위해 책의 모든 부분에서 재판부 스스로가 옳게 요약하기도 한 나의 책의 취지를 반복했어야 한다고 말하고 있는 셈이다. 책이라는 매체가 한 개인의 표현이기도 한 이상, 이런 생각은 개인의 표현 방식에까지 국가가 관여해야겠다는 이야기일 뿐이다

나는 일본과 한국의 독자를 동시에 염두에 두면서 책을 썼고, 각각의 부분에서 그 독자들을 떠올리며 글을 써나갔다. 같은 소재를 두고 약간 다른 뉘앙스로 기술한 부분들이 존재하는 이유도 그 때문이다. 앞에서 말한 것처럼 하나의 진실을 가능한 한 보되 더 중요한 건 그 진실을 '어떻게 생각할지' 여부라고 생각하기 때문이다. 원고와 검찰과 재판부는 나의 책이 정작 '위안부는 매춘부'라고 말하는 이들에 대해 비판한 책이기도 하다는 것을 알면서도, 그런 부분을 완전히 도외시하고 단어에만 집착했다. 하지만 단어 자체가 문제라면, 나를 고발한 이후 언론이 나를 비난하면서 "위안부는 자발적 매춘부라고

한 박유하"라고 반복해온 시간들, 이 3년 반의 시간들이야말로 위안부 할머니들에게는 모욕적인 시간들이었을 것이다. 나는 그렇게 쓰지 않았을 뿐 아니라 위안부를 비방할 의도가 있기는커녕 오히려 그 반대라는 것을 웬만한 독해력을 가진 독자라면 반복하지 않아도 알 수 있도록 썼다. 책의 취지를 이해하지 못하거나 한발 더 나아가 '악의적'으로 읽는 독자가 설사 있다 해도 그건 저자의 책임이 아니다.

내가 이 책에서 강조한 건 '강제로 끌려간 순결한 소녀'만 피해자로 생각하는 우리 사회의 인식이 오히려 그 경우에 해당하지 않는 이들을 차별하고 배제하는 상황이었다. 설사 자발적으로 갔다 해도 그 사실이 은폐될 이유가 없다고 강조한 까닭이기도 하다. 위안부 체험을 한 이들이 해방 이후 50년 가까이 침묵해야 했던 이유도 바로 거기에 있었기 때문이다. 그녀들로 하여금 목소리를 낼 수 있도록 도운 지원자들조차, 그러한 구조를 오히려 공고히 해버린 건 단순한 오해나 시대적인 문제가 만든 것으로 보이지만, 이후 운동의 확산을 위해 전략적인 것으로 바뀌어간 측면이 있다. 나는 그 전략을 이해하지만, 세월이 지나면서 그 전략이 결코 문제를 해결하지 못한다는 것이 분명해졌기 때문에 이의를 제기한 것이었다. 그럼에도 재판부는 명백히 적어둔 나의 집필 목적을 왜곡해가면서까지 지원단체들이 주장하는 대로 고의/범의를 보려 했다.

물론, 우리 사회의 매춘에 대한 인식—'사회적 평가 저하'를 재판부가 우려할 수 있다. 하지만 책이 나온 후 나의 책을 근거로 그저 '위안부는 매춘부'로 생각하고 위안부에 대해 비판적이게 되었다면 이 역시 독해력의 문제일 뿐이다. 혹은 그저 나의 책을 자신들이 이미 해왔던 말을 보완하기 위해 왜곡해 이용한 이들일 뿐이다. 중요한 건 매춘 여부가 아니라 그 여성들의 삶에 대한 이해 여부다. 나는 오로지 그 옛날 소녀/여성들의 신산한 삶을 더 많은 독자들이 이해할 수 있기를 지향하며 자료와 글쓰기 방식을 골랐다.

그런 나의 책을 왜곡한 건 그 반대편에 있는 이들도 다르지 않았다. 나는 그렇게 대립해온 이들 간의 접점을 찾기 위해 이 책을 썼지만, 결과적으로 나의 책을 있는 그대로 받아들여준 건 그들과는 상관없는 일반 독자들이었다. 이번 판결은 내 의도와는 완전히 다르게, '오독하는 독자들', 혹은 '의도적으로 왜곡하는 독자들'을 우선시한, 결과적으로 사회적 퇴보를 부르는 판결이다.

8. 식민지 트라우마

원고 측과 검찰과 재판부의 생각과 판단의 저변에는 우리의 식민지 트라우마가 있다.

예를 들면 재판부는 내가 일본인 위안부와 조선인 위안부가 일본군과 '기본적인 관계는 같다'고 한 부분을 들어 문제시했다. 물론 나는 완전히 같지 않다고 분명히 썼고, 조선인은 기본적으로 차별 구조 속에 있었다고 말했다. 하지만 국가에 동원되어 다수의 군인들을 상대해야 하는 생활이 가져다준 '여성'으로서의 고통에서는 차이가 있을 수가 없다. 정대협 전 대표를 비롯해 여러 학자들이 위안부 속에서 굳이 한일 간의 차이를 보고 싶어하는 건 그들이 인간의 아이덴티티를 성보다 민족에서 보고 싶어한 결과일 뿐이다.

하지만 인간의 아이덴티티는 다양하고, 조선인 여성이 위안부가 된 것이 '여성'이기 때문이었는지 '조선인'이기 때문이었는지는 한마디로 결론낼 수 없는 일이다. 그리고 나는 그 양쪽에 다 이유가 있었다고 썼다. 하지만 기존 학자 대부분은 '여성의 인권'을 앞세워 운동과 연구를 해왔으면서도, '일본' 제국에 속하던 땅에서 태어난 '여성'의 인권은 애써 무시 혹은 간과해왔다. 그건 세계연대를 위해 '여성문제'임을 주장하면서도 정작 조선인 위안부의 '여성'으로서의 고난은 도외시했다는 이야기이기도 하다. 그녀들은 '여성'이면서도 공적으로는 '남성'을 비판할 수 없었고, 자신들을 착취한 '계급'의 문제를 말하지도 못했다. 물론 증언에서는 그런 구조를 충분히 말했지만, 아무도 귀를 기울이지는 않았다. 나는 그렇게 묻혔던 말들을 살려내 언어화했을 뿐이다. 하지만 나는 여기서 나의 생각만이 옳다고 말할 생각은 없다. 그런데 지원단체와 일부 학자는 자신들의 인식만이 절대 옳은 것으로 간주하고 다르게 생각하는 사람의 입을 막으려 했다. 혹은 재판 중에 나를 비판하는 일로 직간접으로 고발에 가담했다. 역사학자들은 '역사서'를 지향한 것이 아닌 이 책을 두고 '역사서'의 형식을 갖추지 않았다고 비난했다. 더구나 그들은 나의 책이 이른바 일본 우익의 책과 같은 것은 아니라는 것을 충분히 알면서도, 일본 우익과 같다고 외치는 일로 나에 대한 국민의 비난을 조장하고, 대중에 의한 끔찍한 여성혐오적 비난과 협박을 방치했다. 이것이 대한민국과 재일교포 '페미니스트'와 위안부 관련 학자와 지원단체 관계자들이 지난 3년 반 동안 보여준 모습이었다. 그리고 2심 재판부는 결국 그들의 손을 들어주었다.

　재판부는 '동지적 관계'도 '허위'로 판단했지만, 나는 '군수품으로서의 동지'라고 분명히 적었다. 재판부는 판결문에 나의 책이 '애국을 강제했다'고 쓰고 있다고 적고 있으니, 내가 강조한 메시지는 분명히 받아든 셈이기도 하다. 그럼에도 재판부는 원고 측과 검찰의 왜곡요약을 그대로 인용하면서 『제국의 위안부』는 '위안부가 애국적 자긍적으로 협력하였다'고 쓴 책이라고 주장한다.

　원고 측 고발, 검찰 기소, 그리고 이번 형사 2심 판결까지, 이들이 나의 책을 왜곡해 언급할 때마다, 그리고 이들의 말을 그대로 언론이 보도하고 SNS가 확산시킬 때마다, 나는 이들의 '허위'사실 유포에 의해 학자로서의 명예에 깊은 상처를 입는다.

　그런 의미에서 『제국의 위안부』로 인해 실제로 '사회적 평가가 저하'된 건 다름 아닌 나다. 그리고 그것이 바로 원고 측―고발자들의 목적이었다. 나에게 이 3년 반 동안 쏟아진 수많은 비난과 협박 들은 그들의 의도가 성공했음을 증명한다. 그리고 이제 공정하게 평가해야 할 사법부가 스스로 국가의 얼굴을 한 민간인의 손을 들어주며 한 사람의 학자에게 형사처벌을 내렸다. 2017년 대한민국의 공간이 내게 아득할 수밖에 없는 이유다.

◇　◇　◇

독자들이 오해할 수 있으니 유죄, 라는 판결은 '오해'는 물론 악의적 곡해까지 허용하는 판결이었다. 문맥을 무시하는 것이든 독해력의 문제이든 읽고 싶은 대로 읽어도 된다는, 최소한의 룰을 깨는 일의 '공적 허용'이었다. 사회 구성원이 지켜야 할 룰을 관장하는 법조계가, 룰을 제시하는 대신 스스로 그 룰을 허문 셈이었다. 나에 대한 형사 2심 판결은, 이후 다가올 우리 사회를 예고하고 있었다.

제4장

대법원에서
(2017년 11월~2020년 4월)

1. 패소 항의 성명과 후원 시작
(2017년 11월~2018년 12월)

1심 승소 판결이 뒤집힌 만큼 2심에서의 패소는 충격이 컸다. 그러나 기소 직후에 성명을 내주었던 국내외 지식인들은 다시 패소에 항의하는 성명을 발표해 응원해주었다. 이번에는 한국과 일본, 그리고 그 밖의 나라 지식인들이 함께 참여한 성명이었다.

고발에서 이미 4년 이상 지나 있었다. 공격은 이어지고 있었지만, 시간이 경과한 만큼은 『제국의 위안부』를 이해하는 움직임도 축적되고 있었다.

따라서 이번에는 성명에 참여하는 인원이 꼭 많을 필요는 없다고 생각했다. 기소 직후에 참여해준 200여 명 중 직접 면식이 있는 이들에게만 참여를 부탁했다. 그리고 102명의 학자/변호인/작가들이 국내외에서 참여해주었다. 성명의 중심에는 이번에도 오랜 동료 학자이자 선배인 연세대 김철 교수와 동국대 황종연 교수가 있었다.

기소 반대 성명에 이어 놈 촘스키 교수, 브루스 커밍스 교수가 이번에도 참여해주었다. 두 사람은 면식이 없었지만 미국에 거주하는 지인이 노력해준 결과였다. 그는 홈페이지를 만들고 운영해준 사람이기도 했다.

2017년 12월 7일의 성명 발표 기자회견에는 참여해준 몇몇 분들과 함께 등단해 발언했다. 패소 사태를 맞아 세간의 시선은 엄혹했지만, 4년 전에 내가 발 딛고 서 있던 공간이 외줄 위였다면, 이제 평행봉만큼은 넓어져 있었다.

2017년의 패소 항의 성명은 2015년 성명과 달리 정신적 지지를 넘어 금전적 '후원'에 대한 지지도 포함하고 있었다. 이미 재판비용으로 1억 원 가까운 비용이 들어간 상태였다. 형사 1심 후반에 참여해 승소로 이끌어주었던 변호인은 수임료를 받지 않았지만, 승소 후엔 감사의 마음을 담아 약간의 성의 표시를 했었다.

후원을 위해서는 공식 창구가 필요했다. 고발 1년 후에 만들어진 지지모임 '동아시아 화해와 평화의 목소리'가 든든한 창구가 되어주었다. 창립모임 때 함께했던 일본 지부도 나서주었다.

우리는 이후 위안부 문제뿐 아니라 식민지 시대 전반을 이해하고 공유하기 위한 강연회와 서평회, 영화상영회, 책 발간 등에 기부금을 사용했다. '목소리' 창립 이후 1년에 한 번 열어왔던 심포지엄 비용에도 충당했다. 식민지와 냉전을 둘러싼 담론과 '재인식'을 생산하고 확산하고 공유하기 위한 비용이었다는 점에서 '사회적' 비용이었지만, 무엇보다도 위안부 문제에 대한 인식의 변화와 공유가 급선무였던 만큼, 나 자신을 위한 비용이기도 했다.

사회적으로 의미있는 일에 쓴다는 생각은 했지만, 고발의 방아쇠를 당긴 〈위안부 문제, 제3의 목소리〉 심포지엄 비용을 자비로 지불했고 재판 초기에 만난 지지자의 권유―학자들에 대한 억압에 맞서 보호할 수 있도록 기금을 만들어야 한다는―를 진지하게 고려하지 않았던 나로서는 커다란 변화였다.

그만큼 사태는 심각했다. 그러나 10억 원 이상이 모였다는 정대협이나

100억 원 이상이 모였다는 나눔의집과는 비교할 수 없었다.* 그들의 집요한 공격과 악의적인 정보 왜곡을 막아낼 수 있을지는 미지수였다.

1월에 승소했으나 10월에 패소했던 2017년의 마지막 날, 나눔의집에서 촬영된 영상이 '국민의당' 홈페이지에 올라왔다. 영상 속에서는 안신권 나눔의집 소장이 정동영 의원을 상대로 내가 일본에서 고등학교 때부터 교육받아 일본식 사고를 하게 되었다면서(고등학교가 아니라 대학교 때부터였다) 오래전에 낸 책이었던『화해를 위해서』일부를 가져와 적개심을 이끌어내는 방식으로 설명하고 있었다. 또 "그런데 명예훼손으로는 이게 처벌이 잘 안"되고 있으며 "그런 여자가 아직도 세종대에서 가르치고 있"으니 "박유하를 처벌 가능한 법"을 만들어달라고 부탁했다. 정 의원은 이에 부응해 홈페이지에 나에 대한 대처방안을 '한일 합의' 대처방안과 나란히 정리해 올려둔 것이었다.

나눔의집 소장은 형사재판 1심에 제출된「탄원서」에서 내가 일본을 향해 "더이상 사죄를 요구해서는 안 된다"고, "그만 잘잘못을 따지고 돈 받고 끝내자"고 했다고 주장했던 사람이었다. 내가 피해자 문제에 "진정으로 공감하는 사람이 아니라"고 하기도 했다. 타인에 대한 "공감"이 그에게는 고작 '매국노'를 가려내기 위한 잣대가 되고 있었다. 이번에는 한 걸음 더 나아가 오로지 나를 '처벌'하기 위해 '한일 합의'에 대한 국민들의 불만과 적개심을 이용하고 있었다. 그 수단이 된 국회의원은 그런 국민들의 불만을 정치적 궁지 타개의 수단으로 사용하려 했다. 그들은 공범이 되어 나를 매장하려 하고 있었다.

---

* 최종적으로 2000여 만 원이 모였다. 그나마 '동아시아 화해와 평화의 목소리'라는 공식 조직이 있었기에 가능한 일이었다. 우리는 서울시에 기부금 모집 신청을 하고 공식 모금을 시작했다.

『제국의 위안부』 소송의 본질은 나의 "순수하지 못한 의도"를 처벌해달라는 요구에 드러나 있었다. 자신들과 다른 생각은 검은 "의도"가 있으니 검열되어야 했다. 국가를 동원해서라도 처벌되어야 했다. 그들의 목적은 나의 입을 막는 것—현재와 미래를 억압하는 것을 넘어 이미 나온 책(과거의 목소리)까지 묻어버리는 데에 있었다. 그런 목소리를 '학자'들은 물론 정치가도 앞다투어 앵무새처럼 반복하고 있었다.

심지어 그들 대부분은 국가보안법에 반대하는 이들이었다. 국가보안법이 국가가 스스로 주체가 되어 개인을 처벌하는 법이었다면, 『제국의 위안부』 고발에 가담한 이들은 자신들이 직접 국가의 얼굴을 하고 나에 대한 위협에 나섰다. 파시즘의 도래였다.

새해, 2018년이 되어서야 나는 법원에 제출된 검사의 서류와 원고 측 서류들에 다시 대응할 수 있었다. 대법원은 2심까지의 재판이 잘 되었는지를 검토하는 곳이니 서류를 따로 낼 필요가 없다는 이야기를 변호인이 해주었지만, 검찰은 잇달아 이런저런 서류를 제출했다. 그냥 바라보고만 있을 수는 없었다.

'민주'와 '자유'를 스스로 국가에 갖다 바친 이들의 문제를 나는 말해야 했다. 나 자신은 물론 내가 사랑하는 이들과 그들이 살아갈 공간의 미래를 위해서도 해야 할 일이었다.

고통스러웠지만, 나는 1심과 2심에서 한 얘기들—4년 동안 외쳐온 이야기들을 다시 반복했다.

우선 「피고인 탄원서—지난 1년간의 동향에 대해」(2018년 1월 19일)를 썼다.

나를 둘러싼 대립은 "실은 진보 지식인 간의 분열이 드러난 사태이고, 굳이 구분한다면 온건파와 원리주의적 급진파의 갈등"이었다. 일본 『아사히신문』은 나의 패소를 놓고 이 재판이 "한일관계에 큰 영향을 미칠 '또 하나의 준거'가 될 것"이라고 언급했는데, 지원단체가 나를 공격하는 이유는 바로 그런 식으로 『제국의 위안부』가 일본에서 진보 일각에 영향을 미친 사실에 있었다. 일본 외에도 중국, 미국, 독일, 중동의 언론까지 내 재판에 주목하면서 "학문이 법정으로 간 데에 대해 해외의 적지 않은 언론과 식자들이 우려를 표명 중"이었다.

무엇보다 『제국의 위안부』 사태는 일본의 혐한을 악화시키는 역할까지 하고 있었다. 한국이 그들이 생각하는 그런 비상식적인 나라가 아니라는 것을 보여주기 위해서라도 승소해야 했다.

원고 측은 '일본군에게 학살된 조선인 위안부의 영상'이 있으니 내가 사용한 '군수품'이라는 표현은 부당할 뿐 아니라 위안부를 두 번 죽이는 일이라고 주장하고 있었다. 그런데 2월 말에 바로 그렇게 언급된 영상이 기자회견까지 해가며 세간에 발표되었다. 정대협 대표를 지냈던 정진성 교수의 서울대 인권센터 연구팀이 '발견'했다고 주최측은 말했다.

하지만 그 영상은 이미 20년 전에 일본인 학자가 일본 정부의 지원을 받아 집필했던 논문에서 봤던 사진과 다르지 않았다. 그럼에도 서울대팀 발표 어디에도 그런 선행연구에 대한 언급은 없었다. 심지어 그 소식을 접한 일본인 학자 아사노 도요미 교수는 그 사진 속 희생자들의 정황을 봤을 때 학살보다는 폭격이나 옥쇄(집단자살) 가능성이 크다고 했다. 그리고 조선인만이 아니라 일본인/대만인/조선인이 섞여 있을 가능성이 있다고 덧붙

였다.˙

3월에 다시 검사의 두 번째 「의견서」가 법원에 제출되었다. 여전히, 내가 근거 없는 허위를 말하고 있고, 그건 자신의 해결 방법이 옳다고 주장하기 위해서이며, 그런 의도를 감추기 위해 교묘하게 기술하고 있는 것이라고 주장하고 있었다.

내가 엉터리 학자이자 위안부 할머니들에게 상처를 입히고 있는 천하의 몹쓸 악녀라고 주장하는 목소리를 만나기 시작한 지 이미 4년이 되어가고 있었다. 하지만 여전히 거짓말과 적개심에는 익숙해지지 않았다.

원고와 검사의 주장 대부분이 학자들이 나서서 만들었거나 지탱한 것이었던 『제국의 위안부』 소송 사태가 21세기 초반 한국 학계의 오점으로 남을 것이라는 건 확신할 수 있었지만, 그 이전에 내가 그들의 억압과 폭력으로부터 해방될 수 있을지 여부는 알 수 없었다.

서울대 위안부 문제 연구팀의 '학살'설도, 검사의 「의견서」에서는 마치 내가 전쟁터에서의 위안부의 죽음을 부정하기라도 한 것처럼 나를 공격하는 자료로 사용되고 있었다.

기자회견장에서 그 발표를 진행한 연구자는 페이스북에서 나를 비난했고, 『경향신문』 지면을 통해 "『제국의 위안부』는 학술적으로 틀린 내용을 담고 있"**다고 주장했다. 그는 2016년에 장정일 작가의 「과거사 보도의

---

* 박유하, 아사노 교수 페이스북. 2018년 3월 1일, '자료 11'. 아사노 교수는 이후에 90년대 논문을 개정한 논문(121쪽 각주의 논문)에서 그 영상에 비치는 이들 일부는 남성 — 일본군인이었다고, 근거와 함께 지적했다.
** "공감 이뤄내는 진실의 힘"… 위안부 연구팀 3인이 전하는 영상 발굴 풀스토리」, 『경향신문』, 2017년 7월 15일.

'자극 경쟁'과 '사실 경쟁'」이라는 글을 조롱하며 비판해 작가로 하여금 반론을 쓰도록 만들었던 이이기도 했다.**

나는 무엇이 틀렸다는 건지 구체적으로 말해달라고 페이스북을 통해 요구했지만, 답변은 없었다. 그들은 내가 이 책을 쓰면서 가장 의식했던 것이 바로 그, 전쟁터에서 죽은 위안부들이었다는 사실(『제국의 위안부』, 104쪽)은 무시하거나 모르는 척하고 있었다.

나는 서울대팀의 연구에 대해 1) 버마에서의 위안부의 죽음이 밝혀진 건 이미 20년 전이며, 2) 사망자들이 조선인이라고 단정할 수 있는 근거가 없으며, 3) 폭격이 아닌 총살이라고 단정할 수 있는 근거가 없다는 점을 20여 년 전에 그 논문을 쓴 아사노 교수의 연구를 참고해서 지적했지만, 그들은 침묵했다.

4월에는 검찰이 직전에 나온 호사카 유지 교수의 『일본의 위안부 문제 증거자료집 1』(황금알, 2018)을 '참고자료'로 제출했다. 나는 어쩔 수 없이 호사카 교수의 책도 검토해 「의견서」를 냈다. 호사카 교수의 책은 일본의 강제연행을 주장하는 자료집이었다. 목적이 앞선 경우 흔히 볼 수 있듯이, 적지 않은 모순과 자료 오독과 곡해가 존재했다.

예를 들면, 위안부 모집에서 오히려 본인과 주변인의 허가서가 필요했고 계약기간이 2년이었다는 자료를 제시(36~39쪽)하면서도 '강제연행'을 주장하고 있었다. 또 현지에서 헌병대가 위안부를 기다렸다가 이송한 방식의 관여조차 '강제연행'의 증거로 사용하고 있었다.

---

* 「장정일 칼럼: 과거사 보도의 '자극 경쟁'과 '사실 경쟁'」, 『한국일보』, 2016년 7월 9일자.
** 「장정일, 또 장정일이다! ─ 위안부 '전문' 연구자이신 강성현 교수께」, 『허핑턴포스트』, 2016년 7월 11일.

심지어 위안부가 "혹시 마음을 바꿔도 도주 못 하게 했다"(46쪽)는 주장의 증거로 제시된 자료는 군인이 아니라 업주의 이야기였다. "내선인 38명이 들어와 개업"(67쪽)했다는 공문서에는 "선인 예기" 2명, "선인 작부" 33명으로 기술되어 있었다. 조선인은 순수한 소녀라는 기존 인식을 오히려 배반하는 자료였다. 일본군은 영업정지를 명령한 업주가 영업을 계속할 경우 처벌했다.

즉 강제노동의 주체는 군이라기보다 업주였다(71쪽). 나의 원고이기도 했던 박옥순, 이옥선 등 할머니의 사례조차 "연행"으로 표기(75쪽)하는 등, 이분들의 실제 경험은 잘 모르고 쓴 게 분명한 기술도 존재했다.

그럼에도 검사는 호사카 교수의 주장만을 "진실"로 신봉하고 있었다.

하지만 비슷한 시기에 나오기 시작한 전쟁성폭력 연구서들은, 위안부 문제에 관한 나의 인식이 옳았음을 재확인시켜주고 있었다. 나에 대한 소송과 비난이 발생하고 긴 시간 동안 유지된 건 정영환의 경우처럼 낯선 연구 방식에 대한 이해 부족, 그리고 목적이 앞선 연구가 학문의 이름으로 횡행한 시대의 결과였다. 실제로 한 위안부 연구자는 한국에서는 연구보다 운동이 먼저 일어난 탓에 혼란이 있었다고 한 학회에서 발언하기도 했다(강정숙).

이 무렵 페이스북에는 박근혜 등 보수진영 여성들의 얼굴에 나까지 하나의 포스터에 구겨넣어 "적폐 여전사"로 비난하는 사진까지 돌고 있었다. "적폐"라는 단어가 유행하던 시절이었다. 수많은 시민들이 그런 사진을 돌려보며 조롱에 참여했다.

대법원으로 간 이후에도 가끔 자료를 제출해야 하긴 했어도, 재판은 없었다. 나는 비로소 그동안 할 수 없었던 작업—본격적인 반론 집필을 시작할 수 있었다.

고발 4주년을 맞게 된 6월, 반론집을 두 권 냈다. 법정투쟁을 기록한 『〈제국의 위안부〉, 법정에서 1460일』, 그리고 학자와 운동가 등에 대한 비판과 반론을 쓴 『〈제국의 위안부〉, 지식인을 말한다』였다.

2013년 여름에 처음 『제국의 위안부』가 나왔을 때 호의적인 서평을 써주었던 기자가 이번에는 주간지 지면을 할애해 인터뷰를 해주었다.* 독자들의 반응은 거의 없었지만, 나로서는 오랜 숙제를 해냈다는 것만으로도 의미가 있었다. 『〈제국의 위안부〉, 지식인을 말한다』에는 고발 직후에는 침묵을 지키다가 1년쯤 후부터 나에 대한 비판 대열에 참여한 여성학 관계자들/위안부 연구자/운동가들(김부자, 정희진, 양현아 등)에 대한 반론도 넣었다. 하지만 그들로부터의 '반론'이나 '대화'는 없었다.

책이 나올 무렵, 나는 검찰의 「상고이유서」에 대한 본격적인 반박을 「피고인 의견서」라는 제목으로 써서 대법원에도 제출했다.

◇ ◇ ◇

---

* 「권재현의 심중일언: 한국의 드레퓌스인가, 하이데거인가―『제국의 위안부』이후를 다룬 책 2권 동시 펴낸 박유하 세종대 교수」, 『주간동아』 1147호(2018년 7월 18일).

피고인 의견서—검찰의 「상고이유서」에 대해

1. "역사를 왜곡", "허위사실을 적시", "강제동원을 부정"하였다는 주장에 대해

검찰 측의 모든 해석은 저의 주장이 독자들에게 받아들여지고 확산되는 것을 막기 위한, 확증편향적 책읽기의 결과입니다.

저는 "역사를 왜곡"하지 않았고, "허위사실"을 적시한 바 없으며, 위안부의 "강제동원을 부정"하지 않았습니다. 거듭 말씀드린 대로 저는 조선인 위안부로 한정해 고찰했으며, 그 경우 이른바 "강제동원"이 중심적 사실은 아니라고 했지만, 위안부의 증언 중에 "군인이 끌고 갔다"고 한 주장을 부정한 적이 없습니다.

이는 예를 들면 발간 직후 저를 인터뷰한 한 신문의 기자가, "<u>박 교수는 위안부 모집을 일본군이 의뢰했고, 경찰이 칼소리를 내며 일본군 어용매춘업자의 위안부 모집에 동행했고, 매춘업자가 조선의 여성을 감언이설로 위안부로 데려가거나 유괴한 경우를 인정한다</u>"(2013년 8월의 인터뷰. 다만 게재 예정일 직전에 언론사 상층부에 의해 게재가 불허되었고, 그해 11월에 언론사 이름을 밝히지 않고 제가 페이스북에 올린 바 있습니다.)*고 쓴 데서도 나타납니다.

언론은 검찰이 말하는 "일반 독자"를 대표하는 독자라고 할 수 있는 만큼, 이러한 독해야말로 적대의식이나 악의적 의도 없이 있는 그대로 읽은 결과라고 해야 합니다. 저의 책이 검사가 말하는 그런 책이라면, 고발되기 전에 언론

---

* 자료 1: 박유하 페이스북, 2013년 11월 4일.

과 일반 독자들에 의해 공격받았을 것입니다. 하지만 고발당하기 전까지는 누구에게서도 그런 반발을 받은 적이 없습니다(물론 이면에서 관계자들은 반발했음을 여러 경로로 알 수 있었습니다).

구체적으로는 김용균 변호인(법무법인 바른)의 「상고이유서」 '기초사실' 중 2번과 홍세욱 변호인(법무법인 에이치스)의 설명과 인용(28~29쪽)을 참조해주시기 바랍니다. 저는 구조적 강제를 주장했지만 강제동원을 부정하지 않았고, 그 목적은 '좁은 의미의 강제연행과 다른, 넓은 의미의 강제연행'도 일본 국가의 강제성으로서 인정할 것을 일본에 촉구하기 위한 것이었습니다.

또한 검사는 "위안부가 강제동원되었다"는 기존 연구에 바탕해 저를 기소까지 하였지만, 작년에 일본의 "양심적 지식인"에 속하는 도쿄 대학 도노무라 마사루 교수는 일본군이나 총독부가 '강제연행'을 지시했다고 볼 수 없고, 업자가 경찰을 대동하였을 경우는 정부의 명령체계에 의한 것이 아니라 자신의 모집에 권위를 부여하기 위한 업자의 개인적인 접대 등에 의한 것으로 봐야 한다고 말한 바 있습니다.*

2. "자신의 위안부 문제 해결 방법을 주장"하기 위한 책이라는 주장에 대해

원고 측은 저에 대한 비난의 중심을 재판이 진행되는 기간 동안 조금씩 변경해왔습니다. 처음에는 "허위"로, 좀 지난 후에는 "전쟁범죄 용인"(역사인식에 문제 있음)으로, 그리고 재판이 더 진전되면서 책이 아닌 법원제출 문서에 쓴

---

* 자료 2: 도노무라 마사루, 「위안부는 어떻게 동원/모집되었는가」, 동아시아 평화와 화해의 목소리 제3회 심포지엄 〈'위안부'동원과 재현의 정치학〉(2017년 7월 1일, 출판문화회관) 발표 논문.

생각을 두고 자신들이 "받아들일 수 없는 해결 방식(을 박유하가) 주장"한다면서 비난하기 시작했던 것입니다.

저는 책에서는 구체적인 해결 방법을 제안하지 않았습니다. 제가 책에서 말한 건, "20년 이상 지원단체와 일부 연구자가 주장해온 '법적 해결'이라는 해결책이 성립 불가능해 보이고 무엇보다 많은 당사자를 배제한 주장이기도 하니, 당사자를 포함해 한국과 일본이 다시 논의해보자"는 제안이었습니다.

구체적으로는 일본을 향해 "1965년 한일협정의 한계", "1990년대의 사죄와 보상의 불완전성"을 강조한 후 "세계의 시각과 일본의 역할"(258~273쪽)에 대해 말하면서 90년대 보상 논의에서 당사자가 배제된 것이 실패 원인 중 하나이니 "이번에는 반드시 지원단체와 '위안부'를 포함시켜 협의할 필요가 있다"(271쪽), "이 문제에 관심을 가진 관계자/지식인들도 참여시킬 필요가 있다", "'위안부 문제'란 당사자와 운동가들만의 판단으로는 합의에 도달할 수 없을 만큼 어려운 문제가 되었기 때문이다"(272쪽)이라고 썼을 뿐 "자신의 위안부 문제 해결 방법"을 구체적으로 주장한 바 없습니다.

또한 아래와 같이 쓰기도 했습니다.

정대협은 제3국을 포함한 '중재위원회'를 만들라고 요구하고 있지만, '중재위원회'가 하는 일은 실질적으로는 양측이 진실을 놓고 치열하게 싸우는 본격적인 싸움이다. 그런 싸움에서 승리할 가능성도 적어 보이지만, 설사 승리한다고 해도 그런 식의 해결이 한일관계 회복에 도움이 될 리도 없다.

'위안부 문제' 해결은 필요하지만, 입법해결은 불가능하다. 정말 위안부 문제의 해결을 원한다면 정부는 일본과 대화를 시작해야 한다.

일본 정부는 사죄했고, 일본의 사죄를 받아들인 위안부도 많다. 그러나 그 사실은 알려지지 않은 채, 오랫동안 사죄하지 않는 자와 용서하지 않는 자의 대립만이 큰 목소리가 되어 위안부 문제의 중심에 있었다. 하지만 이제 목소리를 내지 못했던 이들, 좌우의 정치적인 입장을 넘어서 윤리적이고 합리적으로 풀려 하는 이들의 목소리가 필요하다.(312쪽)

이렇게 제가 책에 쓴 것은 당시 대화 불능에 빠져 있던 한일 양국 정부를 향해 '다시 협의에 나서라'고 촉구하기 위해서입니다. 그런데도 원고 측이 반발하고 검사가 이렇게 주장하는 이유는 자신들이 세간에 유포해온 해결 방식과는 다른 저의 생각을 차단하기 위해서입니다. 이는 파랗게 표시한 부분(이탤릭체)을 삭제하라며 고발한 사실이 보여줍니다. 이 글 후반에서 다시 쓸 예정입니다만, 원고 측은 이 외에도 상당수에 달하는 정대협 비판 부분을 삭제하라고 요구했습니다. 원고 측 반발은, 위안부의 명예훼손이 아니라 지원단체의 권위훼손에 그 원인이 있습니다.

저는 책을 낸 이후 우리 사회가 위안부 할머니들의 다른 목소리도 직접 들을 수 있도록 다음해(2014년 4월)에 심포지엄(기제출 심포지엄 〈위안부 문제, 제3의 목소리〉 자료 참조)을 열었고, 여기에서도 "정부 당국자, 위안부 당사자 대표, 지원단체, 관련 전문가 등으로 구성되는 협의체를 만들고 합의 도출을 전제로 기간을 정해 실질적 논의를 하여야 한다"고 말했습니다. 그리고 양국은 상호비방을 멈추고 "문제 해결을 위해 대화"하라고 말했던 것입니다. 저만의 구체적 방식을 제안하지도 않았지만, 설사 했다고 하더라도 그 사실이 곧 비난의 이유가 될 수는 없습니다.

3. 기존의 역사적 자료나 증언을 "왜곡"하였다는 주장에 대해

제가 자료나 증언을 왜곡했다고 주장한 대표 주자는 재일교포 연구자 정영환입니다. 그런데 저에 대한 비난은 사실 10여 년 전에 낸 책『화해를 위해서』가 일본에 번역되어 주목을 받자 일어난 일입니다. 즉 지원단체의 고발 이전에 일본에서 시작된 진보 지식인 간의 갈등과 대립이 저에 대한 고발을 야기한 것이었습니다. 그 원점에는 직접적으로는 위안부 문제 해결 방식을 둘러싼 일본 내 갈등, 간접적으로는 제가 말한 한일 화해를 남북 화해를 방해하는 것으로 간주한 일부 진보 지식인들의 편견이 존재합니다. 이번에 낸 책『〈제국의 위안부〉, 지식인을 말한다』를 참조해주시기 바랍니다.*

앞부분에 이들의 생각에 대한 반론, 중간과 후반에 자신의 주장을 위해 증언이나 자료를 왜곡했다고 주장해온 정영환의 생각 혹은 서경식, 정영환 등의 영향을 받은 다른 지식인들에 대한 반론과 비판을 넣었습니다(「일본군 위안부 문제와 1965년체제―정영환의『제국의 위안부』비판에 답한다 1」, 「비판이 지향하는 곳은 어디인가?―정영환의『제국의 위안부』비판에 답한다 2」, 「누구를 위한 불화인가: 정영환의『누구를 위한 화해인가―〈제국의 위안부〉의 반역사성』의 비판에 답한다」, 「도쿄 대학 3·28 연구집회에 답한다」등).

그리고 오히려 정영환 쪽이 저의 책을 교묘하게 왜곡했다는 사실을 다른 몇몇 사람들도 지적한 바 있습니다(『〈제국의 위안부〉, 지식인을 말한다』364~367쪽 등**). 저 자신은 재판 대응 때문에 검토할 여유를 갖지 못하다가 이번에 책을 내면서 비로소 그 교묘한 왜곡을 알게 되었습니다.

---

* 자료 3:『〈제국의 위안부〉, 지식인을 말한다』(뿌리와이파리, 2018.6.)
** 자료 4: 장정일,「박유하 죽이기―정영환/이명원의 오독」,『허핑턴포스트』, 2016년 5월 12일.

4. 자신의 주장을 '사실'처럼 주장하고도 기소 이후에 자신은 '의견'을 제시한 것이라고 주장한 것은 처벌을 모면하기 위한 것이라는 주장에 대해("원심이 법리를 오해했다"는 주장에 대해)

『제국의 위안부』에서 다룬 '조선인 위안부'에 관한 저의 분석은 제가 파악한 '사실'입니다. 하지만 더 정확히 말하자면 "'실제로 있었던 일'(사실)로서 박유하가 학자로서 인식한 내용"입니다. 2심 판결문에 대한 반박문에서도 썼지만,* 모든 학문은 '의견'이자 '가설'일 수밖에 없고 학자의 작업은 진실을 추구한 결과로서의 가설을 내놓으며 그 가설이 '진실'이자 '사실'이 되기를 기다리는 일이기도 합니다. 그렇기 때문에, 한편으로는 '사실'이라 말하면서도 궁극적으로는 '의견'이라고 말할 수밖에 없는 것입니다. 검찰의 기소와 처벌 요구는, 따라서 이미 적지 않은 이들이 동의해준 견해(출간 직후의 서평이 보여줍니다)를 자신의 기존 상식에 기대어 '허위'로 단정하고 부정하고 억압하는 행위입니다.

또한 '처벌을 모면'하기 위한 변명이라는 주장은, 학문이나 역사기술에 대한 이런 생각이 저 혼자만의 생각이 아니라 사실은 역사학계의 첨단 사고라는 것을 모르기 때문에 하는 주장이기도 합니다.

"역사를 보는 인식과 사고에서 결정적인 전환을 가져온 인물"(안병직, 『픽션으로서의 역사: 헤이든 화이트의 역사론』, 2004)이라는 평가를 받는 헤이든 화이트라는 역사학자가 19세기 역사가들의 책을 분석해 내놓아 "역사이론과 관련하여 '가장 중요한 책 가운데 하나'로 꼽히고 있"는 『메타역사』(1973)에 의

---

* 자료 5: 박유하, 「『제국의 위안부』 형사 2심 판결문을 읽는다」, 『허핑턴포스트』, 2017년 11월 8일.

하면 "역사의 본질은 서사라는 역사기술의 형식에 있"습니다.

말하자면 역사란 사실 '사료'라는 이름의 자료들을 가지고 역사가가 '서술'한 '이야기'에 불과하다는 인식입니다. 그렇다고 한다면 모든 역사서술은 아무리 역사가가 '사실'이라고 주장한다 해도 결국 역사가가 한정된 자료를 가지고 과거에 대해 말해본 '의견'일 수밖에 없습니다. 변호인이 저의 책이 의견이라고 주장한 이유도 거기에 있습니다.

원고 측이나 검찰, 그리고 일부 학자들은 이러한 학계 동향을 인지하지 못했기 때문에 자신들이 의존해온 기존 인식을 완벽한 "사실"로 간주하고, 저의 의견이 그와 좀 다른 것으로 보인다는 이유로 저의 의견을 "허위"라고 주장했습니다. 그 때문에 저는 그에 항의해 '사실'이라고 말했을 뿐입니다. 그리고 그런 의미에서는 저의 책은 전부 의견이자 사실이라고 말할 수 있습니다.

검사가 저의 말을 그저 변명으로 치부하는 것은 그 때문입니다. 검사의 주장은, 단적으로 말해 모든 학문이 사실을 추구하는 것이면서도 의견(서사, 이야기)일 수밖에 없다는 사실을 이해하지 못한 주장입니다.

5. "위안부는 생활을 위해 본인의 선택에 따라 '위안부'가 되어 경제적 대가를 받고 성매매를 하는 매춘업에 종사하는 사람이다"라고 썼다는 주장에 대해

앞서 언급한 신문 인터뷰는 저의 책에 대해(기제출한 다른 신문 서평들도 "일반 독자'들을 대표한다 할 수 있는 언론이 검찰의 주장과는 전혀 다르게 책을 읽어주었음을 보여줍니다), "박 교수는 일본의 위안부 동원을 '살인교사와 비슷한 구조'라고 비판하고, 온건하지만 일본에 추가 사죄와 보상도 요구한다"고

했다면서 인터뷰 내용의 소제목을 '다양한 스펙트럼을 가진 위안부'라고 써두고 "넓은 스펙트럼 속에 분명히 존재하는 다른 위안부의 얼굴도 받아들이자는 것"이라고 정리한 바 있습니다. 이런 이해야말로 정확한 이해입니다.

이미 변호인이 주장한 것처럼 제가 그런 "다른 위안부의 얼굴"에 대해 언급한 것은 그분들의 사회적 가치를 폄하하기 위해서가 아니라 이 기자의 이해대로 "받아들이자"고 말하기 위해서이며, 즉 '그런 이들도 피해자'라고 강조하기 위해서였습니다. 표면적으로 똑같은 표현으로 보는 이들도 있겠지만, 저의 말이 '위안부는 매춘부'라고 말하는 일본 우익들과 같을 수가 없다는 것은 기초적인 독해력이 있다면 누구나가 이해 가능한 일입니다. 저는 그렇게 말하는 일본 우익을 향해, '그런 이들이 있는 건 사실일 수 있지만 그들 역시 피해자'라고 책에 썼던 것입니다.

그런데 지원단체는 오랫동안 '군인에 의한 강제동원'만을 주장해왔습니다. 그 결과로 대부분의 국민과 언론이 지원단체와 똑같이 생각하게 되었기 때문에, 자신들의 주장(생각)에 대한 신뢰가 손상될 것을 우려한 것으로 보입니다. 그 때문에 결국, 저의 생각을 일본 우익과 같은 것으로 치부하면서 위안부 할머니들과 언론과 국민을 향해 저의 책을 왜곡전달하고, 저를 고발·고소까지 한 것입니다.

검사는 저의 주장을 왜곡하여 사실이 아니라고 주장하지만, 제가 허위를 말한 적이 없다는 사실은, 아래의 증언도 보여줍니다.

"한국 사람이 항상 가난에 빠지니께 꽃다운 색시들을 승낙 아래 돈을 벌러 가는 기야. 그때 돈으로 오십원이나 백원이나 받으면 기한은 5년 기한을 한다던가 3년 기한을 한다던가 이렇게. 전쟁이나 일본 사람한테 당한 사람이 실제로 많거든, 자기가 돈 벌기 위해 가는 사람은 많다고."(『강제로 끌려간 조선인 군위안부들 5』, 풀빛, 2001, 11쪽)

이런 "사실"을 일본의 우익은 책임 부정의 근거로 주장해왔습니다. 바로 그 때문에 그런 "사실"을 무조건 부정하기에 급급했던 지원단체와의 긴 세월에 걸친 싸움과 대립을 분석한 후, "그런 '사실'이 있는 것은 맞지만 그럼에도 불구하고 일본에 책임이 있다"고 주장한 책이 바로 『제국의 위안부』입니다.

이와 비슷한 증언은 적지 않습니다. 「형사 1심 제4회 공판기」에서 인용한 바 있지만, 또 다른 증언은 이렇게도 말합니다.

그때가 뭐 열몇 살인지 몇인지, 아, 열여섯 살 났을 거요. 술집에도 한 2년 있었으니까는. 할머니 할아버지까지 도장 받아오랍니다. 할머니 할아버지까지 도장을 찍어주겠나. 그래서 우리 아버지가 내 말이라면 또 믿습니다. 그래서 아버지를 데리고 손을 잡고 도랑카에 나가서 사정을 했지요. "아바이, 나, 누가 색시 사러 왔는데, 얼마얼마 주겠다는데, 내가 먼 데로 가서 돈 벌러 가갔소." "여, 그럭하면 어떠카갔니? 내가 너 하나 보고 사는데 안 된다." "안 될 일 없다구. 아버지 잘사는 걸 보구 죽어야지. 우리 아버지 돈 쓰고 그저 잡숫고 싶은 거 잡숫구, 나 하나 없는 줄 알고 아버지, 나 소개해주소. 어떡하갔어. 술집에 빠져서 2년 동안 돌아먹었는데 나 촌에 안 있갔시오." "정 그렇다면 내가 소개해주지." "그래 어머니 아버지 이름 다 쓰고 도장 다 찍고" "근데 할머니 할아버지 도장 다 찍으랍니다. 어카갔나? 아버지" "그럼 내가 쓰지" 아버지가 써가지구 할머니 도장 할아버지 도장 찍어서 그 다음에 다 동의를 받았수다. 그래가지구 박천으로 올라갔죠. 올라가니까네 보더니 우리 아버지 하는 말이 "당신에게 내 딸을 팔았으니까는 다른 데 못 넘긴다." 그렇게 약속을 했단 말요.(『중국으로 끌려간 조선인 위안부 2』)

이 증언은, 이른바 '자발적으로 간 위안부'들의 슬픔을 보여주는 증언입니다. 이들이 "나 촌에 안 있갔시오"라면서 스스로 고향을 떠나야 했던 건 가난 때문에 겪어야 했던 처지를 동네 사람들이 이해하지 못한 정황조차 암시합니다. 제가 만나 깊은 대화를 나눴던 배춘희 할머니 역시 천애고아로서 고향이 가난한 여성들을 보호하지 못해 떠난 경우였습니다. 그런 자신과 동시대인들의 경험을 바탕으로 "강제동원은 없던 걸로 안다"고 말씀하셨던 것입니다.*

그렇다고 해서, 그동안 반복해 강조해온 것처럼, 제가 강제동원당했다고 증언한 다른 분들의 증언을 부정한 적은 없습니다. 위의 기자가 정리한 것처럼, 동원 양상의 "스펙트럼"이 다양하다는 사실을 언급했을 뿐입니다.

6. "집단의 사회적 가치 내지 평가가 침해될 가능성이 있다"는 주장에 대해

심지어 90년대에는 이런 '위안부를 둘러싼 정황'이 다양하다는 사실이 공공연하게 사회에 통용되기도 했습니다.

일례로 정대협의 초기 대표 윤정옥 교수의 『한겨레』 연재르포는 '매춘'이라는 단어를 썼고,** 한 지방신문 역시 '매춘'이라는 말을 사용했습니다.*** 더구나

---

* 배춘희 할머니 영상 스크립트(형사1심 제출 자료)
** 자료6: 윤정옥 르포, 『한겨레』 기사(1990.1.)
*** 자료7: 『광주매일신문』, 1992년 1월 16일자.

1992년에 나온 정부보고서 역시 마찬가지 인식을 보여주고 있습니다.* 위의 증언처럼 스스로 간 경우도 있고 강제성의 정도에는 차이가 있었지만 그 내용이 '매춘'이라는 사실은 이미 90년대에는 오히려 많은 이들이 자연스럽게 인지하고 또 공개적으로 발화하고 있었습니다. 현재의 소녀상이 보여주는 인식—'어느날 갑자기 강제로 끌려간 순진한 소녀'라는 인식은 문제 발생 초기에 나온 것이기는 하지만 오히려 2000년대 이후에 그 이전까지의 인식이 망각되면서 강화된 인식입니다(물론 정신대와의 혼동도 영향을 미쳤습니다).

검사는 저의 책으로 인해 "집단의 사회적 가치 내지 평가가 손상될 우려가 있다"고 주장합니다. 하지만 설사 그렇게 읽는 이들이 있다 해도, 그건 저의 책임이 아니라 한때 우리 사회에 자연스럽게 존재했던 인식을 조금씩 망각해온 결과이고, 그 책임은 지원단체에게 있습니다. 할머니들은 처음부터 있는 그대로 증언해왔는데도, 주변인들이 자신들의 주장 목적(법적 책임 요구)이 이루어지기 쉽도록, 증언을 과장하거나 각색하거나 반대로 묻어온 결과이기 때문입니다.

물론 그 과정 자체는 시행착오 과정에서 있을 수 있는 일입니다. 하지만 자신들의 문제를 지적당하자 대화가 아니라 고발로 대응하려 했다는 점에서 저는 지원단체의 윤리를 의심합니다. 90년대에는 정부조차 '매춘'이라는 단어를 금기시하지 않았고 할머니들은 지금보다 훨씬 자유롭게 자신의 이야기를 할 수 있었습니다. 그런데 국제사회에서 '성노예'를 강조해 운동이 성공하게 되면서 더이상 뒤로 물러설 수 없게 된 것이 지원단체의 '그후'이자, 이후 이들이 자신들의 주장을 유지해온 결과가 우리 앞에 놓인 현재라고 하겠습니다.

---

* 외교부 정신대문제 대책반 보고서(형사 1심 제출 자료)

다시 말씀드리자면, '(이른바) 매춘부 역시 피해자다'라는 것이 저의 주장이었고, '일본인 위안부는 매춘부다, 매춘부는 피해자가 아니다, 조선인은 매춘부가 아니었다'는 생각이 지원단체의 주장입니다. 저는 그런 주장이 세계의 공감을 얻는 데에는 유리했을지 모르나 결국 운동을 옹색하게 만들었다고 비판했을 뿐입니다.

따라서 그런 저에게 위안부의 명예를 훼손하려는 의도가 있을 이유가 없습니다.

이에 관해서는 변호인도 인용한 1심 판결(35~37쪽)이 "위안부 피해자들이 갖는 피해자로서의 사회적 가치나 평가의 핵심은 이들이 자신의 의사에 반하여 일본군 위안소에서 성적 학대를 받으며 위안부로서의 생활을 강요당했다는 데에 있다", 형법 287조와 296조에서 "약취죄와 기망 유인을 요건으로 하는 유인죄에 관해 원칙적으로 동등한 법적 평가를 하고 있다"면서 "강제연행 또는 기망 행위를 한 주체가 일본군인인지 아니면 민간인 업자인지 역시 이들의 사회적 가치나 평가에 영향을 미칠 수 없다", "일본국이나 일본군이 강제연행의 방법으로 위안부를 동원할 것을 지시하였는지 아니면 단지 개별 군인의 일탈행위로 강제연행이 발생했는지도 마찬가지로 위안부 피해자로서의 사회적 가치와 평가에 영향을 미치지 아니한다"고 말하기도 했고, 저 역시 같은 입장입니다. 검사가 지적한 부분은, 1심 판결문이 판단한 것처럼 강제연행이 "공식적인 정책"이었는지에 초점을 맞추어 "조선인 여성들을 강제로 연행하여 위안부로 만드는 것이 일본국이나 일본군의 공식적인 정책은 아니었다고 서술하는 내용"입니다.

위안부 할머니들이 저의 책에 의해 사회적으로 폄훼당했다는 증거는 전혀 없습니다. 그 반대로 함께 제출하는 한 독자의 평에 있는 것처럼, 저의 책을 제대로 읽은 이들은 그동안 남의 일로 여겨온 위안부에 대한 진지한 관심을 갖게 되거나 위안부의 슬픔을 더 깊이 이해해주었고, 저의 책을 악의적으로 읽은 이들은 위안부가 아니라 저를 비난했습니다. 이런 실제적 정황을 보더라도 저의 책에 의해 위안부의 사회적 가치가 저하되었다는 주장은 검사의 상상에 불과합니다.

7. 의견인지 사실인지 여부 판단에 관해 "일반 독자의 관점에서 전체적인 문맥 속에서의 당해 표현의 통상적인 의미인 객관적인 내용에 더해 배경이 되는 사회적 흐름을 종합적으로 고려하여 구별되어야 한다"는 주장에 대해

운동과 직접적인 관계가 없는 "일반 독자"들의 감상이 어떤 것이었는지는 앞서의 기자의 리뷰 외에 앞서 제출한 신문 서평과 앞서 1심에서 제출한 "일반 독자"(이들은 이른바 진보진영에 속하는 이들입니다)들의 리뷰들이 보여줍니다.*

   대부분의 "일반 독자"들은 학자에서 언론까지 저의 의도를 있는 그대로 받아주었습니다.** 그렇지 않은 독자들이 있다면, '순수한 소녀' 인식에 사로잡혔던, 그리고 자신의 믿음을 훼손당하는 것이 두려운 경우입니다. 검사의 주장은 "매춘"이라는 단어는 사회적 평가를 저하시킨다는 주장이지만, 저의 책은 설사 그런 편견을 갖고 책을 접한 독자라 하더라도 생각이 바뀌어 '위안부'에 대한 진정한 공감이 생기기를 바란 책이었고, 실제로 그런 성과를 거둘 수 있었

---

*   형사1심 제출 자료
** 김용균 교수, 김미영 교수의 페이스북 글

음을 많은 독자들의 반응에 의해 확인할 수 있었습니다. 그중 일부를 제출합니다. 이 외에도 많은 독후감들이 저의 홈페이지에 올라와 있습니다.

8. "위안부 문제 해결 방법 등 검사가 기소하지 아니한 부분에 대해 기소한 것처럼 호도하였다"는 주장에 대해

검사는 법정에서 여러 번 저에게 "'법적 책임'을 부정했다면서 아직 '법적 책임'에 대한 충분한 지식이 없는 재판부와 기자들을 향해 제가 마치 일본의 책임 자체를 부정한 것처럼 생각하도록 유도했습니다. 제가 책에 쓰지 않은 내용(해결 방법)을 두고 저를 추궁하고, 앞서의 '2.'처럼 여전히 제가 책에서 주장하지 않은 '해결 방법'을 제가 책에서 주장했다면서 비난한 것은 오히려 검사 쪽입니다.

표면적으로는 '위안부의 명예훼손'을 고발한 것처럼 보이지만, 뒤에서 말씀드리는 것처럼 원고 측은 정대협에 관한 많은 기술을 문제시했습니다. 이는 지원단체의 해결 방법에 제가 이의를 제기했기 때문입니다. 법정에서 검사가 저에게 '법적 책임'을 부정했다면서 여러 번 비난한 것은 그런 지원단체의 입장을 그대로 반복한 것입니다.* 뿐만 아니라 고소 취지를 중간에 변경하면서 정대협 관련 지적을 철회했을 뿐, 처음 고발 당시에는 그런 부분들이 다수 존재했고, 검사의 법정에서의 추궁은 바로 그런 당초의 고발 이유를 드러낸 것이기도 했습니다.

---

* 자료 8: 『〈제국의 위안부〉, 법정에서 1460일』, 147~214쪽.

9. 기소된 표현에는 책의 다른 부분에 쓰여진 (기소 내용과 반대되는) 의미가 존재하지 않는다는 주장, "일반 독자 관점"에서 보면 피고인이 기소 내용과 다르게 표현했다고 하는 부분에 오히려 기소 내용과 의미가 포함되어 있다는 주장에 대해

저의 책은 일본과 한국 양국의 정부, 일반 독자, 지원자 등 다수의 청자를 대상으로 한 책입니다. 얼핏 보면 모순되는 것처럼 보이는 기술이 존재하는 이유는 그 때문입니다. 양측이 각자 자기 성찰을 하도록 하는 방식을 제가 지향했기 때문입니다.

   따라서 한국을 향해 쓴 부분에 일본을 향해 쓴 내용이 들어 있지 않다 해서 그런 방식에 대해 검사에게 비난받아야 할 이유는 없습니다. 중요한 건 그 양쪽을 함께 한 권의 책에 기술해 저의 그런 '듣는 이에 따라 조금 다르게 말하기'를 오히려 누가 봐도 알 수 있도록 공개했고, 양국 독자들에게는 그 전체를 보면서 생각해보기를 바랐던 것이 저의 책의 의도였다는 점입니다. "일반 독자"의 총체적인 관점이 어떤 것이었는지는 앞서의 답변과 자료를 살펴봐주시기 바랍니다.

10. "본질", "근본"이라는 표현은 '위안부의 본질이 매춘'이라고 한 것으로 간주해야 한다는 주장에 대해

'본질', '근본'이라는 표현은 '구조'라는 표현과 다르지 않은 학술적 표현입니다. 이미 변호인이 강조한 것처럼, 저는 위안부의 본질을 매춘이라고 하지 않았고 "국가/남성의 편의를 위해 <u>이동당한 여성</u>"이라고 했습니다. 이는 "위안부

의 전신 가라유키상"이라는 소제목에 부제를 "국가의 세력확장과 이동하는 여자들"(27쪽)로 달고, "그들은 팔려가면서도 오로지 부모와 집을 위하는 마음으로 자신을 희생하기로 한 심성 고운 딸들이기도 했는데 그런 소녀/여성들을 고향 사람들은 고마운 마음까지 담아 가라유키상이라고 불렀다"(27~28쪽), "국가 세력을 확장하기 시작한 일본인들이 향수에 젖거나 일상의 불편함을 겪어 일본으로 돌아오는 것을 막아 확대된 국가 세력을 유지하기 위한 흐름이었고, 그런 욕망에 동원된 것이 '가라유키상'이었다"(29쪽), "그런 의미에서는 훗날의 '조선인 위안부'의 전신은 '가라유키상', 즉 일본인 여성들이었다. 그들 역시 가난한 시골처녀들이었고, 감언이설에 속거나 부모의 뜻에 따라 팔려간 이들이었다. 말하자면 '일본인 위안부' 역시 가부장제와 국가의, '가난한 여성'—사회적 약자에 대한 차별이 만들어낸 존재였다"(30쪽)라는 기술에서 충분히 알 수 있습니다. 다시 말해 여기서 제가 "가라유키"에 담은 뜻은 매춘부가 아니라 이동당한 가난한 여성, 혹은 일본인 위안부라는 뜻이었고, 그런 이들에 대한 비난이 아니라 그런 이들에 대한 "차별'을 문제삼고자 한 기술인 것입니다.

즉, 기존 연구가 일본인 위안부에 주목하지 않은 데에 대한 의문을 제기하면서, 민족차별도 작용했지만 근본적으로는 여성문제임을, 국가에 의한 개인 동원의 문제임을 강조하고자 했던 것입니다. '일본인 위안부'와 '가난한 여성'을 따옴표로 강조한 이유도 거기에 있습니다.

그런데도 검사는 저의 책을 매장하고 싶어하는 일부 지원자/연구자들의 지극히 자의적이고 왜곡으로 가득한 해석을 받아들여, 가라유키상을 그저 매춘부로 간주하고 기소한 것입니다.

11. 피고인의 매춘 관련 기술이 "피해자에게 상처를 주었"기 때문에 명예훼손이 된다는 주장에 대해

피해자에게 상처를 준 것은 제가 아니라 저의 책을 왜곡해서 전달한 이들입니다. 또, 매춘이라는 단어를 인용/언급한 것만으로 문제가 된다면, 매춘이라는 단어를 90년대 초에 신문지상에서 사용했던 정대협 대표 윤정옥 교수를 비롯, 위안부 문제를 공창의 연장선에서 고찰했던 다른 국내외 학자들*도 모두 기소되어야 합니다.

2017년 6월 23일과 24일 이틀 동안 연세대에서 열린 국제정치학회의 위안부 문제 세션에서는, 한 연구자가 「총동원체제기 '제국 일본'의 공창제와 일본군 '위안부' 제도」라는 제목으로 발표를 했는데, '공창도 위안소로 봐야 하지 않느냐'는 문제제기에 대해 한 토론자가 "그런 주장은 하타 이쿠히코의 주장과 어떻게 다른가?"라는 질문을 던진 적이 있습니다. 하지만 그 세미나가 별다른 대립이나 논박 없이 종료되었던 건 오로지 그 자리에 있었던 사람들이 그동안 위안부 담론을 만들어온 한일 '기존' 연구자들이었기 때문일 것입니다.

말하자면, 학계는 오히려 '위안부'로 더이상 '강제로 끌려간 순진한 소녀'만을 상정하지는 않습니다. 위안부 문제로 일본에서 박사학위를 받은 윤명숙 교수도 "위안부 피해자들이 동원되는 주된 방식이 군인에 의한 '강제연행'이라기보다 좀더 식민지 상황과 깊게 연관이 되어 있는 인신매매라든가 취업사기라든가 이런 것으로 끌려갔다. 그렇기 때문에 식민지지배 책임이라고 하는 부

---

* 형사 1심 증거/참고자료 38, 39, 40, 41: 구라하시 마사나오, 후지나가 다케시, 송연옥, 야마시타 영애의 논문과 저서

분과 연관시켜서 반드시 생각을 하지 않으면 안 된다, 라고 하는 건 이제 거의 공유가 되어 있는 상태"(「위안소제도와 위안부 연구, 그 현황과 과제를 묻는다」, 『역사문제연구』 34호, 180~181쪽, 2015. 10.)라고 합니다.

그런데 이런 학자들은 그런 내용을 위안부 할머니 앞에서 발표할 수 있었을까요? 물론 하지 못했을 것입니다. 물론 원고나 검사가 한 것과 같은 표피적이고 단락적인 반응으로 집필(연구) 취지와 관계없는 갈등을 일으킬 필요가 없기 때문일 것입니다. 저 역시 위안부 할머니를 책의 독자로 상정하지 않았습니다. 그러나 동시에, 『제국의 위안부』는 여러 사람들로부터 오히려 "할머니들에게 읽혀드리고 싶은" 책이라는 감상을 얻은 책이기도 합니다.

이 고발 사태는. 나눔의집이 할머니들에게 저의 책을 왜곡해서 전달하면서 일어난 일입니다. 나눔의집 안신권 소장은 이하와 같이 말한 바 있습니다.

"그리고 나서(한양대 로스쿨 학생들에게 분석을 시키고 나서-인용자) 우리는 할머니들께 책을 읽어드렸습니다. <u>할머니들은 직접 책을 읽지 못하기 때문에, 우리가 여러 번 반복해서 읽어드렸습니다.</u>"(2016년 1월 16일의 나눔의집 안신권 소장 강연. 기타하라 미노리北原みのり 의 2016년 1월 17일자 페이스북 글에서 인용.)

어떤 글이든 의도를 담아 짜깁기하면 정반대의 의미로 해석될 수 있습니다. 일부 일본인들이 저의 책을 인용하여 위안부 문제를 왜곡했다고 검사는 주장하는데, 일본의 책임을 부정하고 싶은 이들이 저의 책을 왜곡해 이용했다고 해서 곧바로 저의 책이 일본의 책임을 부정하거나 위안부의 명예를 훼손하는 책이 되는 건 아닙니다. 원고 측은 분노하는 할머니들에게 제가 사과하지 않았다고 비난하지만, 할머니들을 분노하도록 만든 건 제가 아니라 나눔의집 소장을 비롯한 관계자들입니다.

사실 저는 고발 직후 시점에서 페이스북을 통해 할머니들께 사과하기도 했습니다. 이유 여하를 막론하고 제 책을 왜곡해서 전달한 이들로 인해 상처받으셨을 건 사실이니까요. 제가 하지 않은 건 나눔의집에서의 사과입니다. 이들은 제가 위안부 문제와 관련해 다른 많은 이들이 했던 나눔의집에서의 사죄를 기대한 듯하지만, 저는 그에 응하지 않았을 뿐입니다. 그 이유는 그 사죄가 제가 할머니들의 명예를 훼손한 증거로 비쳐질 수 있기 때문이었습니다.

12. 제3자가 보아 집단에 대한 명예훼손이 개별 구성원에게 되어진 것이라고 이해할 가능성이 큰 경우에는 개별 구성원에 대한 명예훼손이 된다는 주장에 대해

이들은 '매춘'이라는 단어가 할머니에게 명예훼손이 된다고 주장하지만, 앞서 쓴 것처럼 그 단어는 이미 오래전에 우리 사회에서 문제없이 통용되었던 단어입니다. 그럼에도 우리 사회는 그런 할머니들을 비난하지 않았습니다. 말하자면 스스로 위안부에 대한 사회적 인식을 바꿔놓은 지원단체가 그 결과로 이제 와서 초기와는 다르게 들리게 되고 만 매춘이라는 단어에 민감하게 반응하게 된 것입니다. 90년대에는 '더럽혀진 여자'라는 인식 때문에 침묵해왔던 전 위안부 여성들을 '그럼에도 불구하고' 앞장서서 목소리를 내도록 노력해왔던 이들이 (즉 위안부의 현실이 어떤 것이었는지 충분히 알고 있던 이들이) 스스로 해왔던 작업을 부정하고 있는 셈입니다.

위안부 할머니 중에 아직도 가명으로만 존재하는 이들이 많은 것은, 지원자들의 노력에도 불구하고 드러나기를 원하지 않았던 이들을 위한 조치로서 허

용된 것이고(제가 만난 어떤 분도, 자신이 위안부였다는 사실을 아직 가족이 모른다고 하셨습니다), 그렇다고 한다면 그런 와중에 이름을 드러낸 '소수'가 있다고 해서 저의 책이 바로 그분들을 지칭한 것이라고 할 수는 없습니다. 오히려, 그럼에도 불구하고 자의반 타의반으로 이름을 드러냈다면, 그 단어가 야기하는 차별/편견과 맞서 이름과 얼굴을 드러낸 이로서 '매춘'이라는 단어에 맞서 당당해야 했고, 지원자들은 그것을 도와줬어야 한다는 것이 저의 생각입니다. 그것이 지원자들의 원래 역할이었으니까요.

저의 책은, 어느새 그런 역할이 잊혀지게 된 데에 대한 이의제기입니다. 여성운동으로서 과연 실수는 없었는지, 그것이 초래했고 여전히 초래 중인 운동의 결과에 대해 자성을 촉구한 책입니다. 그런데 그들은 그런 의문은 묵살했고, 오히려 저의 책이 위안부 할머니의 명예를 훼손한 책이라고 왜곡한 인식을 확산시키고 있는 중입니다. 그리고 바로 그것이 이 소송의 본질입니다. 거듭 말씀드리지만, 단어 자체가 문제가 아니라 단어가 내포하는 의미가 문제입니다. 저의 책이 위안부에 대한 비난이나 차별의 함의를 담지 않는 한 (설사 누군가가 저의 의도와 달리 읽는다 해도) 명예훼손이 될 수 없습니다. 그런데 다른 이도 아닌 지원단체가 나서서 '매춘'이라는 단어에 반응하고 허위라는 말로 차별 인식을 조장하고 있는 것이 작금의 현황입니다.

그러므로, 과거에는 문제없이 받아들여졌던 '매춘'이라는 단어를 금기의 단어로 만든 것은 오히려 지원단체입니다. 또한 그 결과로서 여전히, 영원히 금기를 주장해야 하는 위치에 서기를 선택하고 있다고 하겠습니다. 그리고 그 아이러니에 대한 책임을 저에게 묻고 있는 것이 이 소송입니다.

13. 피고인이 "현재의 '위안부 문제'란 실은 이 몇십 명의 위안부와 지원단체가 주체가 된 '한국인 위안부 문제'이기도 하다"(171쪽)라고 썼기 때문에 피해자가 특정된다는 주장에 대해

이는 저의 글 한 줄에 의해 '위안부 문제'가 정의되는 것처럼 말하는 주장입니다.

하지만 '위안부 문제'라고 말할 때의 함의는 두 가지입니다. 하나는 '과거에 일어난 일본군의 성관리를 위한 여성동원', 또 하나는 그 문제가 '문제로서 발표되고 여러 사람들이 관여하고 한일 대립이자 전 세계에 알려지게 된 그 정황'입니다.

예를 들면, '대만은 위안부 문제가 활성화되지 않았다'고 하면 그때의 함의는 후자입니다. 그리고 제가 여기서 말한 '위안부 문제'란 어디까지나 후자입니다. 아무도 전자의 '위안부 문제'에서 함의하는 '위안부'를 곧바로 후자의 위안부 문제로 치환하지는 않습니다. 일반적으로 전자를 말할 때는 모두가 수많은 여성이 동원된 그 '위안부'의 숫자를 떠올릴 것이며, 후자를 말할 때 비로소 그 "몇십 명"을 떠올릴 것입니다. 따라서 이 주장은 전자에서의 '위안부'와 후자에서의 '위안부'를 일부러 혼동시키고자 행한 주장입니다.

제가 책에서 쓴 '위안부'는 어디까지나 전자의 '위안부'입니다. 책에서 쓴 표현으로 말하자면 검사의 주장이 내포하는 것은 어디까지나 90년대 이후 사람들 앞에 나타난 '투사'로서의 위안부일 뿐(물론 부정적인 의미가 아닙니다), 책 1장에서 주로 다룬 과거의 수많은 그 '위안부'가 아닙니다. 다시 말해 '우리 앞에 나타나 문제시되게 된 위안부'인 것입니다. 그럼에도 검찰은 이 문장 하나를 가져와 제가 책에서 다룬 대상이 과거의 위안부가 아닌 현재의 위안부

라고 주장합니다.

그러나 그 차이는 분명합니다. 이 문장에서 특정되는 건 제가 조선인 위안부에 대해 말한 그 내용들이 아니라, 우리 앞에서 예를 들면 "여러분, 저희들은 독립운동 선두에 섰습니다!"(『경향신문』 2017년 3월 1일자 영상[https://youtube/FcvNltMWt8g])라고 외치는 그분일 뿐입니다. 다시 말해 민족주체화된 위안부 할머니입니다. 따라서 제가 책에 쓴 그 '위안부'일 수가 없습니다.

그리고 이러한 주장이야말로, 이른바 강제연행이 아닌 전 '위안부'들을 오랫동안 침묵하게 만들고 세상에 나오지 못하도록 만들고 때로 거짓말까지 하도록 만든 주범이 아닐 수 없습니다. 그리고 검사의 주장 또한 이러한 정황에 가세하는 주장입니다.

따라서, "제3자가 일본군 위안부를 생각할 때 전체 조선인 위안부보다 우선 자신이 위안부임을 밝힌 위안부 피해자들을 떠올리게 된다"는 주장은 검사의 자의적인 판단일 뿐입니다. 더구나 특별한 관심이 없는 한 대부분의 사람들은 위안부 할머니들의 이름을 기억하지 못합니다. 그러니 "이 사건 도서를 읽는 독자들"이 책에서 언급하는 위안부가 곧 "사건 피해자를 지칭"하는 것으로 받아들인다는 것도 있을 수 없는 일입니다. 이미 작고한 분도 계시고, 오랜 세월 관심을 가져온 저조차도 그 모든 분들의 이름을 기억하지 못합니다.

무엇보다 이 소송의 주체가 위안부 할머니 자신이라고 한다면, 이름이 잘 알려진 몇 분의 위안부 할머니들이, 저의 책 내용에서 불편한 부분이 자신으로 여겨질까 봐 저의 책이 명예훼손이라고 주장한다는 얘기가 됩니다.

학문이란 하나의 사태를 놓고 다양한 측면에서 다양한 관점으로 바라보고 고찰하는 작업입니다. 유엔의 인종차별철폐위원회도 이하와 같이 말하고 있습니다.*

'역사적 사실에 관한 의견표명'은 금지 혹은 처벌되어서는 안 된다는 것을 강조해둔다. 위원회는 학술적 논의, 정치적 관여 혹은 그와 비슷한 활동에 관해 <u>증오, 모욕, 폭력 혹은 차별의 선동을 동반하지 않으면서 행해지는 사상 혹은 의견의 표명</u>은, 설령 그런 사상이 <u>논의를 불러일으킨다</u> 해도 표현의 자유의 권리의 합법적인 행사로 간주되어야 한다고 생각한다.

그리고 사실, 나눔의집 위안부 할머니들 중 군인에 의해 끌려간 분들은 오히려 발견하기 어렵습니다. 즉, 원고가 되어 있는 할머니들의 경우 이른바 '군인에 의한 강제연행'에 해당하는 사례는 알려진 자료에 한해 말하자면 없다고 할 수 있습니다. 검찰이 제출한 자료—대리인에 의해 고소고발/소송의 주체가 된 나눔의집 거주자 위안부 할머니 중 다섯 분, 그리고 대구에 사시면서도 원고로 이름이 올라간 이용수 할머니(저와의 통화에서, 이분이 고발 사실을 몰랐다는 것을 알았습니다) 관련 자료에 따르면, 이른바 '군인이 강제연행'한 이는 단 한 분도 없다는 것을, 저는 고발당한 이후 원고 측이 제출한 자료를 통해 알 수 있었습니다.

이옥선 할머니는 모르는 조선인에 의한 납치, 김군자 할머니는 수양아버지에 의한 인신매매, 김순옥 할머니는 아버지가 종용한 인신매매의 사례였고, 강일출 할머니는 형부에 의해 '보국대'라는 이름으로 가게 된 사례, 박옥선

---

* 자료 9: 유엔 인종차별철폐위원회의 일반권고에 첨부된 '노트 14'(일본어 번역자료 4쪽)와 '노트 25'(일본어 번역자료 4쪽)

할머니는 스스로 가긴 했지만 속아서 간 경우입니다.* 더구나 강일출 할머니의 사례에 나오는 '보국대'는 제가 지적한 '애국'의 틀을 보여주고 있기도 합니다.

그런데, 나눔의집 측 원고 대리인에 의한 서면에는, 이옥선 할머니는 "두 명의 남자에게 납치를 당하여", 김군자 할머니는 "군복을 입은 조선 사람에 이끌려", 김순옥 할머니는 "공장에 돈 벌러 가는 줄 알고 속아서", 강일출 할머니는 "집에서 군인과 순사에 의해 강제로 끌려"가서, 박옥선 할머니는 "돈을 벌 수 있다는 말을 듣고 따라나섰다가" 위안부가 되었다고 적혀 있었습니다.

즉, 검찰은 원고들이 제출한 자료조차 제대로 보지 않고, 실제로 어떤 정황인지도 모르면서, 그저 상식에 기대어 혹은 원고 측의 말만 믿고 저를 기소한 것입니다. 그리고 가처분재판과 민사 손해배상소송, 그리고 형사 2심 재판부 역시 그에 동조했습니다. 이 재판의 본질은, <u>관계자들이 자신들의 주장을 지키기 위해 국가를 동원해 저를 억압 중인, 학문의 자유를 훼손 중인 소송</u>입니다.

그리고 중요한 것은 정부와 지원자(정진성 대표 포함)들이 그런 경험을 한 분들도 "위안부"로 인정하고 국가의 보상금을 지급하고 지원을 이어왔다는 점입니다.**

14. 인터넷상으로 피해자에게 접근 가능하기 때문에 이 사건 원고들이 "명예훼손 피해자"로 특정된다는 주장에 대해

앞서도 썼지만, 위안부 중에는 가명을 사용하는 분도 많습니다(증언집 및 여가

---

* 자료 10: 검찰 증거목록 16. 강일출 할머니 등의 자료와 이용수 할머니 등의 자료
** 검찰 증거목록 5.

부 자료실 참조). 따라서 특정되지 않습니다. 저의 책은 구체적인 개개인을 특정하지도 않았고, 다양하다고 썼으므로 설혹 누군가가 저의 책의 기술로부터 구체적인 어떤 사람을 유추한다 하더라도, 당사자가 부정하면 그만인 일입니다. 무엇보다 저는 강제연행을 부정하지 않았으니, 그와 달라 보이는 특정 사례만 가져와 누군가를 유추하는 것은 유추하는 사람 쪽의 문제입니다.

특히 현재 생존해 계신 분들은 위안부가 된 나이가 상대적으로 어렸던 분으로 가정해야 하고(일례로, 1978년에 자신을 64세라고 말한 배봉기 할머니는 1916년생이고, 29세에 위안부가 되었으니, 현재 생존해 계신 분들보다 한 세대 가까이 나이가 많은 셈이 됩니다), 나이가 어릴수록 위안부 생활에 적응하기 어려웠을 것은 당연한 일이고, 그런 정황은 증언집에서도 보입니다. 그렇다면, 현재 생존해 계신 분들이, 검사가 제가 강조했다고 주장하는 내용과 오히려 거리가 먼 체험을 했으리라는 것도 분명합니다. 저의 책의 일부분을 (왜곡해) 가져와 그분들이 특정된다는 주장은 검사가 이러한 정황을 모르기에 하는 주장일 뿐입니다.

15. '고노 담화'가 물리적 강제를 주장한 내용이고 따라서 피고인의 주장과 상반된다는 주장에 대해

저는 책에서 '고노 담화'에 대해 분석했고, 기존의 한국의 이해가 잘못되었음을 밝혔습니다. 그리고 제가 기소되자 바로 그 고노 전 관방장관이 저에 대한 기소를 반대하는 성명에 이름을 올렸습니다. 저는 고노 장관에게도 책을 보냈었고, 기소 이후 우연히 만날 기회도 있었는데, 저를 응원한다고 직접 말하기도 했습니다.

따라서 검사의 주장은 저의 책과 '고노 담화' 양쪽에 대한 자의적인 해석일 뿐 아니라 같은 이야기를 다른 한 쪽에 대한 '범죄증거'로 들이밀고 있는 모순을 범하고 있습니다. 물론 이 모든 것은 지원단체 및 관련 연구자들의 자의적인 해석에 검사가 기대어 판단한 결과이기도 합니다.

16. 유엔 보고서에서 사용된 "매춘"이라는 용어는 그저 "바깥으로 드러나 보이는 현상적 행태를 의미"하는 것이고 "그러한 행태가 일본군에 의해 조직적이고 광범위하게 이루어져 역사적으로 유례가 없는 군위안소 제도를 일본국이 시스템화한 것을 지적한 것"이자 "위안부 피해자들은 매춘부와는 전혀 다른 그 본질이 성노예 피해자였음이 역사적 사실임을 명시적으로 밝히고 있다"는 주장에 대해

유엔 보고서를 내놓은 몇몇 위원회들은, 자신들이 입수한 자료를 있는 그대로 인식했으면서도, 동시에 위안부 문제를 90년대에 아프리카나 동유럽에서 일어난 부족/민족 강간 사태와 같은 것으로 이해했습니다. 그 때문에 위안부들이 감금당해 성폭행당한 강간수용소라는 인식을 갖게 된 것입니다. 이는 물론 초기의 지원자들의 운동이 '군인에 의한 무차별적 강제연행'에 초점을 맞춘 결과이자, 이후 지원단체장이 유엔 위원회 내부에서 이사나 위원으로 활동해 온 결과이기도 합니다.

그리고 제가 사용한 "매춘"이라는 단어 역시 "현상적 행태"의 의미일 뿐입니다. 또한 "그러한 행태가 일본군에 의해 조직적이고 광범위하게 이루어져 역사적으로 유례가 없는 군위안소 제도를 일본국이 시스템화한 것을 지적한 것"이라는 주장에 관해 관계자들이 '조직적'이라는 표현에 상층부의 (강제연

행)명령이라는 뜻을 담고 있다는 것, 또 "역사적으로 유례가 없"다는 이해에 대한 이견(최근 들어 미군의 문제, 소련군의 문제 등이 밝혀진 바 있습니다[메리 루이스 로버트, 『병사와 섹스—제2차 세계대전 당시 프랑스에서 미군은 무엇을 했나』; 레기나 뮐호이저, 『전쟁터의 성—독소전쟁 당시의 독일 군인과 여성들』, 한국어판 미간행]) 외에는 대체적으로 저도 비슷하게 생각합니다.

또한 "성노예"라는 단어는 한 일본인 변호사가 90년대 초의 인식이었던 '강제연행' 인식을 기반으로 위안부 문제의 참혹성을 강조하기 위해 만들어 유엔에서 사용하면서 정착시킨 단어입니다. 그 자신이 그렇게 말한 바 있습니다. "'성노예'란 과거 일본제국군이 '종군위안부'란 이름으로 여성에게 성적 서비스를 강요한 노예적 행위를 뜻하는 국제용어이다. 1992년 이후 이 책을 쓴 도츠카가 유엔에서 사용하면서부터 점차 정착되었다."(도츠카 에츠로戶塚悅郎, 『위안부가 아니라 성노예이다』, 소나무, 2001, 23쪽)라고.

또 저는 위안부 할머니들 자신이 사실은 성노예라는 단어에 거부반응을 보이고 있다는 사실에도 주목했습니다. '위안부'의 공식 명칭을 '성노예'로 해야 한다는 의견이 나왔을 때 할머니들은 그 표현에 반대한 바 있습니다(「성노예 표현도 싫다… 日 진정한 사과가 해법」, 『서울신문』, 2012년 7월 16일자). '성노예'라는 명칭을 오로지 운동을 위해 고수하려는 주변인들은 이런 위안부 할머니들의 생각을 무시하고 있다고 해야 합니다. 물론 성노예라는 단어를 거부한다는 것이 곧 피해자가 아니라는 뜻이 되는 건 아니라고 저는 책에 썼습니다.

17. "자발성과 수입이 예상되는 노동"을 강조하였다. "조선인 위안부들은 일의 내용이 군인을 상대하는 매춘임을 인지한 상태에서 생활을 위해 본인의 선택에 따라 '위안부'가 되어 경제적 대가를 받고 성

매매를 하는 매춘업에 종사하는 사람이다", '매춘'이라는 단어를 "근거없이 사용했다"는 주장에 대해

따로 강조한 것이 아니라, 위 검찰 표현을 빌리자면 "바깥으로 드러나 보이는 현상적 행태를 의미"했을 뿐입니다. "자발적인 매춘부"라는 표현은 제가 사용한 것이 아니라 그렇게 주장하는 일본 우익의 표현을 (비판하기 위해) 인용한 부분입니다. 형사 1심 판결에서도 그 부분에 따옴표가 있다는 사실에 재판부는 주목했고, '인용된' 단어임을 인정했습니다.

그리고 "현상적 행태"를 기술한 것은 학자로서 당연한 작업입니다. 검사는 제가 '명예훼손을 하기 위해' 그렇게 기술했다고 주장하지만, 일본 우익들의 주장을 내재적으로 비판하기 위해서는 일단 그들의 주장을 들어야 하고 제가 시도한 것은 그렇게 잘 듣고 나서 비판하는 작업이었습니다. 누군가의 의견을 부정하려면 잘 듣고 근본적인 반박을 해야 합니다. 기존 연구와 운동이 하지 않았던 작업을 시도한 이유는 그것이 당사자에게 부끄러운 일이거나 타인이 차별해야 하는 일이 아니라는 것을 말하기 위해서였습니다. 말하자면 '매춘'의 재규정입니다. 그럼에도 검사와 관계자들이 제가 일본 우익과 똑같은 이야기를 한 것으로 치부한 것은 그들 자신의 내부에 있는 차별의식을 보여줍니다.

더구나 앞서의 답변에서 인용한 '위안부' 자신의 증언이 보여주듯, 저는 허위를 말하지 않았습니다. 사실 저는 이 증언을 『제국의 위안부』에서는 굳이 인용하지 않았는데, 그것은 독자들의 충격을 피하기 위해서였습니다. 그리고 오히려 "강간적 매춘", "매춘적 강간"이라는 표현을 통해, "매춘"(買春―성을 구매하는 행위)이라는 표면적으로 보이는 것과 달리 실은 강간이라는 저의 생각

을 표명했던 것입니다.

18. "조선인 위안부들이 애국적·자긍적 협력자"였다고 주장했다는 주장에 대해

제가 쓴 위안부의 '긍지'란 "애국"이나 "일본 국가"에 대한 긍지가 아니라 자신(의 존재 자체)에 대한 긍지입니다. 인간은 살아가기 위해 자신에 대한 긍지를 필요로 하는 존재입니다. 말하자면 사회에서 차별받던 "매춘부"가 아닌 "낭자군" 혹은 "위안부"로 불리면서 그 단어가 "매춘부"로서의 소외의식과 절망감을 희석시킬 수 있었다는 기술입니다. 물론 내면화의 정도는 사람에 따라 다르고, 그조차도 크게는 구조적 강제의 결과라고 분명히 써두었습니다.

또한 이 대목은, 원래 일본인 위안부의 발언을 인용한 것을 '맥락 없이 조선인 위안부와 같다고 썼다'고 지적된 부분에 대한 검사의 주장인데, 책에서는 그 전에 조선인 위안부의 증언을 이에 앞서 기술해두어 '맥락'을 제시하였습니다. 또 변호인이 이미 말한 것처럼(「상고이유서」 '기초사실' 중 (6)) "조선인 위안부에게 부여된 역할이 일본인 위안부에게 부여된 역할과 같다"는 표현일 뿐, '조선인 위안부가 일본인 위안부처럼 애국적·자긍적 협력자였다'고 주장한 부분이 아닙니다.

더구나 원고 중 한 분인 강일출 할머니의, "보국대"로 나갔다는 구술*은 저의 지적이 옳았음을 증명합니다. 비슷한 증언을 한 사람은 적지 않고, 그 대표로 문옥주 할머니나 배봉기 할머니를 들 수 있습니다. 이 두 분은 일본이 전쟁

---

* 자료10: 강일출 할머니 구술록

에서 지자 슬펐다고 구술한 분들입니다. 그리고 다음 인용은 보다 명확하게 위안부가 "애국"의 틀에서 동원되었음을 보여줍니다. 그리고 바로 그런 구조를 전제로 보상을 바라는 발언을 하기도 했다는 사실을 저의 해결 방식 제안을 비난하는 검사와 관계자들은 명확히 인식해야 할 것입니다.

"다른 데는 몰라도 일본이 북한하고 한국은 줘야지. 대만까지도 이해를 해. 거기도 성도 이름도 일본식으로 고쳤으니께. 우리는 나라를 위해 나가야 한다고 같은 일본사람 취급했거든. 이렇게 끌어갔으니께 반드시 보상을 해줘야지. 그러나 중국, 필리핀은 다 영업용으로 돈 벌러 간 거지. 그러니 그건 안 줘도 괜찮고."
(『강제로 끌려간 조선인 군위안부들 5』, 풀빛, 2001, 116쪽)

또한, 검사가 일본인 위안부의 애국을 제가 조선인의 것이라고 했다면서 가져온 부분은 위 증언처럼 "나라를 위해서"라는 미명으로 동원되었다는 '구조'를 지적한 부분일 뿐(특히 새 책에서의 정영환 반론'에서 지적한 것처럼) 그 부분 앞에서 인용한 조선인 위안부의 다른 증언들이 그러한 저의 분석의 근거입니다. 그럼에도 검사는 정영환의 주장만을 믿고 확인조차 하지 않은 채 제가 아무런 근거도 없이 일본인의 증언을 맥락 없이 조선인의 상황으로 치환시킨 것처럼 주장한 것입니다.

중요한 것은 애국 여부가 아닙니다. 그것이 강요된 것이었다는 설명을 하고자 한 것이 저의 의도였습니다. 오랜 세월 동안 일본과 전쟁을 하기라도 한 것처럼 '전쟁범죄'의 틀로만 추궁해왔던 지원단체의 운동논리를 바꿔 식민지인

---

* 자료3:『〈제국의 위안부〉, 지식인을 말한다』172~205쪽.

으로서의 비애로 인식하는 것으로 문제 해결에 조금이라도 도움이 되고 싶었기 때문입니다. 변호인 역시 구체적인 인용(법무법인 에이치스, 44~45쪽)과 함께 이에 대해 설명하고 있습니다.

19. 일본군 위안부들이 협력을 강요당하였던 측면을 표현한 것이 아니라는 주장에 대해

저는 '구조적 강제'라는 개념으로 조선인 위안부 동원이 "강요"였음을 명확히 기술했습니다. 변호인들이 이구동성으로 강조하고 1심 판결문이 말하고 있는 그대로입니다. 오히려 자발적 행위로 보는 이들을 향해 그렇게 보아서는 안 된다고, 그것은 시대적인 강요이자 남녀 위계에 따른 강요였다고 분명히 써두었습니다.

그 일부를 인용해둡니다.

'조선인 위안부'는 분명, 식민지가 된 나라의 백성으로서 일본의 국민동원과 모집을 구조적으로 거부할 수 없었다는 점에서 일본의 노예였다. 조선인으로서의 국가 주권을 가졌다면 누릴 수 있었을 정신적인 '자유'와 '권리'를 빼앗겼다는 점에서도 분명 '노예'였다.(117쪽)

조선인 위안부들은 이렇게 살아 있는 군인을 위안했을 뿐 아니라 죽은 군인들을 위로하는 역할도 했다. '피묻은 군복'을 빨아 다음 전쟁에 대비할 수 있도록 하고 여차하면 함께 싸울 수 있는 훈련까지도 한 이들이 조선인 위안부였다. 그렇게 그녀들은 생명의 위협 속에서 때로 운명의 '동족'(후루야먀 고마오, 「하얀 논밭」, 14쪽)으로서 일본의 전쟁을 함께 수행한 이들이기도 하다. <u>그런 의미에서는 그런 그녀들에게 돌아가야 할 말은 때로 그녀들에게 폭력을 행사하고 가혹하게 다룬 데에 대한 사죄의 표현이어야 한다. 군인의 폭력은 표면적으로는 '내선일체'였어도 차별구조는 온존시켰던 일본의 식민지 정책이 만든 것이기도 했다.</u>(162쪽)

강요가 아니라고 생각한다면 일본에게 사죄하라, 책임을 지라, 고 쓸 이유가 없습니다. 그리고 한국인 "일반 독자"는 물론, 많은 일본인들이 저의 그런 의도를 정확히 파악하고 다음과 같이 말해주었던 것입니다.

이러한 구조야말로 식민지지배와 전쟁의 커다란 죄악, 그리고 여성의 비애였다고 나는 생각한다. 나는 박유하 교수의 동지적 관계라는 말에 담긴 의미를 그렇게 해석했다." (와카미야 요시부미 전 『아사히 신문』 주필, 3·28 도쿄대 집회 자료집)

원고 측과 검찰의 주장은, 저의 책이 주목받은 데에 따른, 자신들의 주장의 설득력 약화와 권위 훼손을 막기 위한 것입니다.

20. 조선인 위안부가 위안부의 삶에 긍지를 가지고 일본 제국을 위해 싸우는 병사를 위로해주는 역할을 내면화하지 않았고 일본군과 동지적 관계가 아니었다는 주장에 대해

이에 관해서는 정대협의 윤정옥 교수도 저와 똑같은 내용을 언급한 바 있습니다. 저는 『제국의 위안부』 발간 이후에 이 사실을 알았지만, 앞서 말씀드린 대로 위안부 문제 발생 초기에는 이런 이야기가 아무렇지도 않게 세간에 통용되었던 것입니다. 저를 비난해온 『한겨레』에서입니다. 문제는 이러한 정황의 직시가 위안부의 피해를 희석시킨다고 생각하는 사고에 있습니다. 그리고 그렇게 만드는 것은 그저 기존 담론 지키기에 대한 집착과 이 문제를 개인의 불행을 넘어선 한일문제이자 국가문제로만 보려 하는 시각입니다.

> 이러한 끔찍한 삶 속에서 한국인 위안부와, 출격이 곧 죽음을 뜻하는 육해군의 소년들은 완전히 모든 탈을 다 벗어던진 <u>인간과 인간의 만남을 가진 모양이다. 다음날 그 소년이 돌아오진 않았을 때 위안부는 그의 죽음을 목 놓아 울었다고 한다. 그리고 이름을 쓴 종이를 방 한쪽에 세워놓고 꽃을 꽂아 그를 기억해주었다는 것이다.</u>"(「이화여대 윤정옥 교수 '정신대' 원혼의 발자취 취재기」, 『한겨레신문』, 1990년 1월 24일자)

또한 제가 책에서 사용한 "정신적 위안"이라는 단어를 저는 『제국의 위안부』를 출간한 이후에 일본군의 공문서자료집에서 발견했습니다. 일본 정부가 90년대에 발간한 자료집입니다. 그 자료집에는 이하와 같은 기술이 보입니다.

> "현재 특수위안소는 위안부가 적어 욕정을 채우는 데 그치고 있으니 조금 더 위안부를 늘려 <u>정신적 위안도 받을 수 있도록 지도하는 것이 좋겠음.</u>"(독립산포병제3연대진중일기独立山砲兵第三連帯陣中日記 중 1939년 6월 7일자 일기 「교통상황, 정신적 위안, 우편 등에 대한 의견」이라는 글 중 '2, 정신적 위안에 관한 건', 『政府調査「従軍慰安婦」資料集成』 2집, 317~318쪽).

이 내용은, 일본 정부가 만든 위안부 관련 자료집을 일부 번역한 한국어책 (요시미 요시아키 편집해설, 『자료집 종군위안부』(김순호 옮김, 서문당, 1993)에도 일찍이 수록되어 있었습니다. 공식 문서의 존재를 알고 쓴 건 아니었지만, 위안부가 "정신적 위안" 역할을 부여받고 있었다고 한 저의 기술은 허위가 아닙니다.

제가 만든 개념인 '동지적 관계'란 어디까지나 그 기본은 중국 등과의 전쟁 관계가 아닌 식민지/종주국 관계였다는 것을 나타내기 위한 개념일 뿐입니다. 그런 구조가 군인들과의 친밀한 구조를 만들었다 해도 그 관계는 남녀간 관계, 즉 성아이덴티티에 기반한 관계일 뿐입니다.

인간은 성, 민족, 계급 등 다양한 아이덴티티를 가집니다. 전쟁에 끌려와 자신들의 심경을 토로할 곳도 없었던 가혹한 일본군 시스템 속에서 말단 병사들에게는 그나마 위안소가 그런 역할을 하는 곳이었음을 군 상층부도 뒤늦게 깨달았고, 성적 위안 이외의 효과를 찾게 된 것입니다. 하지만 그 모든 것이 결국은 군인을 전쟁터에 붙들어매어 두기 위한 것이었다는 것이 이 부분을 언급한 저의 궁극적 취지입니다.

바로 그렇기 때문에 "군수품으로서의 동지"(55쪽, 219쪽)라고 명확히 기술했던 것입니다. 검사는 그런 부분을 전부 무시하고, 단어의 이중적 함의를 이해하지 못한 채 표피적 추궁을 하고 있는 것입니다.

21. 가처분결정문이 "일본국 및 일본국의 위안부 강제동원 사실을 부정할 수 없다"고 했으므로 피고인이 그렇게 말한 것이라는 주장에 대해

가처분결정문은 민사 1심 판결과 형사 2심 재판부와 마찬가지로 저의 책을 제대로 읽지 않은 판결입니다. 특히 가처분결정문이 나온 2015년 2월은 아직 저의 책을 이해하는 사람이 극소수였던 시기라서 세간의 인식과 다른 판결이 나오기 어려웠다고 생각합니다. 원고 측이 저의 책 자체를 왜곡해 고발·고소한 이상, 가처분결정문이 원고의 주장에만 귀를 기울였다 해서 제가 그렇게 쓴 것이 되지는 않습니다.

다시 말씀드리지만, 저는 위안부 동원의 강제성을 부정하지 않았습니다. 구체적인 사실 파악에서 이견을 갖고 있을 뿐입니다. 그리고 기존 사고틀에 대한 이견은 학문하는 자로서 당연히 가져야 하는 것이자 가질 수 있는 것이라고 생각합니다. 학문이나 책이 다른 표현의 자유보다 더 보호받고 있는 이유이기도 합니다.*

22. 가처분결정문이 "일본의 매춘부와는 질적으로 다르다"고 했으므로 피고인이 유죄라는 주장에 대해

가처분결정문 내용에 대해서는 앞서 말씀드린 바와 같습니다. 형사 1심의 판결문은 이와 완전히 반대의견을 말하고 있습니다.

심지어 <u>"공창제도의 최하층"(10쪽)</u>에 편입되었다는 부분을 제가 쓴 것처럼 비난하지만, 그 부분은 저의 글이 아니라 앞서 언급한 야마시타 영애라는 <u>다른 학자의 글을 인용</u>한 것입니다.

기소된 내용 중에는 이런 식의 너무나도 거친 엉터리 지적이 적지 않습니다. 더구나 이 역시 앞서 언급한 것처럼, 지금은 학계의 이해구도가 오히려 야

---

* 자료9: 유엔인종차별철폐위원회 규약

마시타 영애 교수나 윤명숙 교수의 인식을 공유하는 방향으로 가고 있습니다. 참고로 말씀드리자면 야마시타 영애 씨는 이름에서 나타나는 것처럼 한일 양국 출신의 부모님 밑에서 태어났고, 한국에서 오래 거주하면서 정대협 활동을 한 학자이기도 합니다. 그런 학자가 그렇게 말하고 있는 것입니다.

"가난한 여성들이 매춘업에 종사하게 되는 것과 같은 구조"라고 쓴 것은 위안부 문제 연구가 간과해온 계급적 원인을 강조해 지적하고 싶었기 때문입니다. 단적으로 말해 중산층 이상의 여성들이 위안부로 간 흔적은 거의 보이지 않습니다. 정신대와 차이를 보이는 부분이기도 합니다. 또, 일본군이 무차별적으로 강제연행을 했다면, '(무학의) 가난한 여성'만을 대상으로 삼을 이유가 없습니다.

특히, 일본인 위안부는 원래 매춘부이고 한국인 위안부는 순진한 소녀였다는 인식은 정진성 전 정대협 대표, 재일교포 연구자 김부자 등의 인식에 의해 굳어진 것인데, 실상과는 다릅니다. 가라유키상 자체가 원래는 순수한 소녀들이었고, 몇 년 전에 나온 『일본인 위안부』라는 책은 일본인 위안부 중에도 역시 속임수와 납치 등의 희생자가 적지 않았음을 보여줍니다. 다시 말씀드리지만 조선인 위안부 역시, 조선에 이식된 공창제가 만든 존재로 보는 것이 현재 학계의 주된 인식입니다.

일본도 그렇지만 이미 10여 년 전에 한국에서 이루어진 연구자들의 세미나에서조차 위안부가 "군속"이었다는 인식이 제기되었습니다. 따라서 "강제성"을 어떻게 규정해야 하는지에 대한 열띤 논의가 벌어지기도 했습니다(일제강점하강제동원피해진상규명위원회 보고서 『강제성이란 무엇인가』, 2007년, 배재대학교, 주관: 한국정신대연구소, 공동주최: 한국정신대연구소, 민족문제연구소, 민족정기를 세우는 국회의원 모임).

정대협이 '주관'하고 정대협 대표가 사회를 맡은 이런 모임에서 위안부도 위안부모집업자도 군속이었다는 발언이 나오고, "배봉기 할머니를 10여 년 만나는 과정에서 배봉기 할머니는 과연 자신이 과연 어떤 부분에서 강제되었다고 생각을 하셨을까, 아니면 강제되었다고 생각하지 않는 것은 아닐까 하는 이런 부분도 사실상 고민스러웠습니다"(97쪽)라는 소회가 나오기도 했습니다. 말하자면 기존 학계와 지원자들은 이미 이런 "고민"을 관계자들 간에는 공유하면서도 외부에는 그 고민을 노출하지 않았던 것입니다. "일본인 위안부와 질적으로 다르다"고 주장하지만, 저 역시 식민지지배가 만든 존재라는 점에서는 다르며 계급적/민족적 차별이 있었다고 일찍이 말한 바 있습니다(『화해를 위해서』, 2005). 그러나 '강제연행' 여부에 차이를 둘 수는 없었다는 것이 저의 생각입니다.

한일 위안부 사이에 민족적 차이가 없는 것은 아니었습니다. 하지만 동원에서 이미 차이가 났다는 주장은 사실과 다릅니다. 그럼에도 기존 관계자들의 인식은 지원자라는 특권에 의해 모두 정당화되었고, 사회적 인식으로 정착되었습니다. 일부 재판부마저 고민이나 재고 없이 공유하게 된 것, 검사의 기소 역시 그 결과입니다.

23. 명예훼손의 고의가 있었다는 주장에 대해

명예훼손의 '고의'와는 반대로, 저는 '위안부' 할머니들을 위해 책을 썼습니다. 20년 이상 노구를 이끌고 지원단체의 주장에만 기대어 고생하시는 할머니들을 조금은 자유롭게 해드리고 싶었던 것입니다. 자세한 사항은 변호인이 기제출 서면에서 인용해둔 저의 집필의도를 참조해주시기 바랍니다.

저는 더 많은 사람들이 이 문제를 올바로 알아야 합의가 만들어지고 문제 해결도 가능해지겠다는 희망을 담아 『제국의 위안부』를 썼습니다. 한일 양국 정부에 대화를 촉구했던 이유도 거기에 있습니다.˙

24. 피고인의 주장이 "군인에 비교해 비동등 대우를 받았으니 그에 따른 보상을 하라"는 것이며, 그 주장을 "그럴듯하게 보이게 하기 위해" "그 전제사실로 본인의 의사에 의해 자발적으로 위안부가 되었"다고 했다는 주장에 대해

앞서 쓴 것처럼, 제가 조선인 군인에게 주어진 보상이 필요하다고 공적으로 말한 건 『제국의 위안부』가 아닙니다. 또, 위안부 문제 해결 방식에 대한 저의 생각은 여러 자료들을 고찰한 결과일 뿐 목적이 아닙니다. 물론 검사가 말하는 것처럼 "자발적으로 위안부가 되었다"고 검사가 주장하는 뜻을 담아 말한 적도 없습니다. 이런 식의 주장이야말로 '위안부' 생활을 겪어야 했던 이들이 오랜 세월 동안 목소리를 내지 못하도록 만든 주범이라 하겠습니다.

25. "자발성"과 "동지성"을 주장하기 위해 "전체적인 증언을 무시하거나 의도적으로 왜곡"했다는 주장에 대해

앞서와 마찬가지로 전도된 주장입니다. "자발성이나 동지성을 <u>주장하기 위해</u>" 연구를 한 바 없고, 『제국의 위안부』는 기존 해결 방식에 의문을 제기했을

˙ 변호인이 이미 제출한 심포지엄 〈위안부 문제, 제3의 목소리〉 자료 중 제언 부분

뿐, 다른 어떤 구체적인 제안을 한 바 없습니다. 물론 했다 하더라도 명예훼손과는 아무런 연관이 없을 뿐 아니라 '(구체적인) 해결 방식을 주장하기 위해' 연구를 하는 식으로 목적이 앞선 연구란 오히려 기존 연구자들에게 더 합당한 인식입니다.

검사와 비판자들은 저의 인용이 일부이거나 파편일 뿐이라고 주장하지만, 일부나 파편만을 전체인 것처럼 주장해온 것 역시 저 아닌 기존 연구자들입니다. 단적인 예로, 이른바 강제연행의 사례는 그동안 나온 증언에서 압도적으로 적은데도 불구하고, 그들은 위안부 동원을 강제연행이라고 주장해왔습니다.

가장 최근에 나온 한 연구서는 "증언이란 증언자와 듣는 이의 공동제작물"임을 강조하면서 이하와 같이 말하고 있습니다.

"스피박이 말하는 것처럼 '저항이 복종이 되고 복종이 저항이 되'는 정황에서는, <u>피해자는 피해자이기에 가해자가 되고, 가해자 역시 피해자가 될 수 있다.</u>"

"'전쟁과 성폭력 비교사 연구'에는 문헌과 상황의 복잡성에 대응하는 섬세하고 치밀한 분석이 필요하다. '복잡한 것을 복잡한 대로' 말하는 화법도 필요하다. 왜냐하면 인간과 인간이 만드는 역사란, 복잡한 것이기 때문이다."

"<u>듣는 이들이 속하는 사회는, 특정 이야기를 끌어내거나 반대로 억압하는 일로, 증언을 통제한다.</u> 기억과 증언의 문제계는 트라우마화되고 스티그마화된 경험에 대해서 '목소리를 존재하도록'하기 위한 시도지만 우리는 거기에 무엇이 있는지뿐 아니라 무엇이 없는지도 알아야 한다. <u>그 목소리의 부재와 그 침묵에서,</u>

듣는 이인 우리 또한 공범자인 것이다."(우에노 지즈코·아라라기 신조·히라이 가즈코 엮음, 서재길 번역, 『전쟁과 성폭력의 비교사―가려진 피해자들의 역사를 말하다』, 어문학사, 2020, 5~18쪽)

저에게 『제국의 위안부』를 쓰게 만든 것도 같은 인식이었습니다. 『제국의 위안부』에서 인용한 증언들을 "예외"로 치부하고 싶어하거나, 한발 더 나아가 거짓말로 생각하고 싶어했던 비판자들의 비난은, 결국 이런 부분에 대한 인식이 없었던 결과라고 해야 합니다. 검사는 이러한 학계 동향에 대한 인식이 없기 때문에 원고 측과 기존 연구자들의 주장을 반복하고 있는 것입니다. 위안부 연구자들 역시 주로 기존 역사학연구 방법을 고수해온 역사연구자였던 탓에, 이러한 인식을 갖지 못했던 것입니다.

26. "일본인 위안부의 경험을 아무런 근거도 없이 조선인 위안부의 경험인 것처럼 왜곡하고 소설을 근거로 내세우기도 했다"는 주장에 대해

이는 재일교포 연구자 정영환의 주장입니다. 함께 제출하는 책 중 정영환 반론 부분(「누구를 위한 불화인가: 정영환의 『누구를 위한 화해인가―〈제국의 위안부〉의 반역사성』에 대해」)에 쓴 것처럼, 정영환이 저의 책을 교묘하게 왜곡하여 퍼뜨린 허위입니다.

소설을 활용한 것은 주로 일본인들을 향해 쓴, 끔찍한 참상을 보여주려는 부분에서 시도했고, 거기에는 두 가지 이유가 있었습니다. 하나는 위안부에 대한 일본의 책임이 없다, 위안부가 거짓말을 하고 있다고 외치는 일본인들을 향해 '당신들의 조상(일본군인 출신 작가)도 이렇게 쓰고 있다'는 것을 보여주

기 위한 것이었고, 또 하나는 소설이라는 장르가 이른바 사료에 나타나지 않는 내면을 잘 보여주고 그 때문에 때로 참상을 잘 전달해주기 때문이기도 했습니다. 제가 인용한 작가는 "수천 번의 성교"라는 말로, 가까이에서 봤기에 가능했을 표현으로 위안부의 참상을 기록했습니다. 기존 운동에서는 묻혀왔고 그 때문에 잊혀졌던 위안부의 목소리, 증언집에서 확인된 목소리가 그의 소설 안에서도 살아 있었기 때문이기도 합니다. 그럼에도 검사는 제가 소설만 사용해 쓴 것처럼 주장하고 그것을 빌미로 자신이 주장하고 싶은 '허위' 이미지를 강조하려 노력합니다.

하지만, 한국의 저명한 학자 또한 학도병의 소설에 대해 말하면서 "곧 문학이란 역사에 관여하거나 어느 한쪽 편들기에 앞서, 나름대로 증언은 할 수 있다는 것. 이것이 어쩌면 인간의 위엄에 어울리는 문학의 몫이라는 것."(「김윤식의 문학산책: 위안부의 이미지, 그리고 증언」,『한겨레』, 2008년 7월 12일자)이라고 한 바 있고, 전후 일본을 대표하는 일본의 역사학자 역시 "전쟁터의 극한 상황의 사료로서는 당시의 공사의 기록/문서만으로는 불충분하고, 픽션을 섞은 구체적 상황을 추체험하기 위해서는 문학작품(체험자의 사실적 작품에 한해서지만)을 많이 활용할 필요가 있다", "다무라 다이지로의 작품집『메뚜기』에 수록된 같은 제목의 작품은, 있는 그대로의 사실로 볼 수는 없다는 얘기(저자에게 물어본 결과, 저자의 답신)였지만, 조선인 위안부의 종군 상황을 추측/고찰하는 데에 참고가 된다(이에나가 사부로家永三郎,『太平洋戦争』, 岩波現代文庫, 2002, 282~283쪽)고 말한 바 있습니다.

물론 역사 관련 기술에서 소설을 활용하는 데에는 몇 가지 조건이 필요하지만, 소설 사용 자체에 대한 검사의 비난은, 아직 젊어서 학계의 첨단 인식을 알지 못했던 연구자의 인식에 기댄 주장일 뿐입니다.

27. 피고인의 주장은 허위이고 그 허위를 사실로 보이게 하기 위해 "'위안부'들을 '유괴'하고 '강제연행'한 것은 최소한 조선 땅에서는, 그리고 공적으로는 일본군이 아니었다"고 강조했다는 주장에 대해

허위도 아니고, 목적이 앞선 것이 아니라 어디까지나 증언집을 분석한 결과 나온 결론입니다. 또한 저의 연구에 대해 "박유하의 『제국의 위안부』는 증언집을 활용한 극소수 연구 중 하나이다."(야마시타 영애山下英愛,「제1장 한국의 '위안부' 증언 청취 작업의 역사―기억과 재현을 둘러싼 대응자세韓國の「慰安婦」証言聞き取り作業の歷史―記憶と再現をめぐる取り組み」, 위의 『전쟁과 성폭력의 비교사―가려진 피해자들의 역사를 말하다』 일본어판, 岩波書店, 2018, 62쪽)라고, 저의 방식을 평가해준 학자도 있습니다. 오랫동안 위안부 연구가 도외시해온 구술록 사용이 왜 중요한지도 학계의 첨단 연구들이 논리적으로 말하기 시작하고 있습니다.

28. 정서운 할머니의 증언을 각색한 애니메이션에 대해 허위를 말했다는 주장에 대해

곧바로 알려질 것이 뻔한 사안에 관해 거짓말을 할 이유가 없습니다. 저는 제가 본 대로 애니메이션에 대해 언급했을 뿐입니다. 설사 저의 착각이라 해도, 위안부에 대한 명예훼손과는 아무런 관계가 없습니다.
 이런 주장을 한 이들은 위안부 문제 연구자도 아닙니다. 그저 기존 상식에 기대어 저의 책을 비난했고, 저의 인성에 대한 의구심이 이런 주장을 하도록 만든 것으로 보입니다.

29. 학문의 자유로 보호받을 내용이 아니라는 주장에 대해

저는 재판이 시작된 이후 한 번도 '학문의 자유'로 보호해야 한다고 말한 적이 없습니다. 물론 저를 지지하는 주변인들은 그렇게 말했고 저도 기본적으로는 같은 생각이지만, 앞서 쓴 것처럼 저의 책은 검사가 이렇게 말할 때 의미하는 뜻인 '아무말 책'이 아니고 따라서 굳이 그런 개념을 동원해 보호받아야 할 그런 책은 아니라고 생각해왔기 때문입니다. 검사는 저의 책이 '위안부는 매춘부'라는 주장을 한 책이 아님에도 이런 주장을 통해 끊임없이 저의 책이 일본 우익들의 주장과 같은 책이라는 인상을 심어주려 하고 있습니다.

다시 말씀드리지만, 저의 책은 검사가 주장하는 '아무말' 책이 아닙니다. 한일 갈등 문제에 대해 오래전부터 관심을 갖고 고찰해온 한 사람의 학자로서, 자료를 통해 얻게 된 인식을, 위안부 할머니를 생각하면서 쓴 책일 뿐입니다. 위안부 할머니와 제가 어떤 교류를 했는지는 『〈제국의 위안부〉, 법정에서 1460일』의 제1부와 함께 1심에서 제출한 '통화 녹취록'을 봐주시기 바랍니다.* 90년대 초에 도쿄에서 위안부 할머니의 증언을 통역한 경험을 가진 이래로 20년 이상 위안부 문제에 관심을 가져온 제가 위안부의 명예를 훼손할 이유가 없습니다.

그럼에도 있을 수 있는 오해를 피하기 위해, 누군가의 감상에 의하면 불필요하리만큼 저의 의도를 반복설명하고, 저의 책을 그저 '위안부는 그저 매춘부'라는 책으로 인식하는 일이 없도록 노력했습니다.

그런데 그런 식으로 받아들인 것이 다름아닌 위안부들을 지원해온 이들이

---

* 배춘희 할머니 통화기록과 인터뷰: 형사 1심 제출 자료

었다는 사실은 아이러니가 아닐 수 없습니다. 하지만 그 역시 비난을 위한 수용일 뿐, 실상은 그저 저의 책이 자신들의 권위를 훼손하고 운동을 방해할 것이라는 생각이 저를 고발케 한 것입니다. 관계자들이 저의 책을 우선 어떻게 받아들였는지는 윤미향 정대협 대표의 홋카이도 강연(2014년 2월 19일)에서의 발언도 명백히 보여줍니다.

"이 책은 정면으로 정대협을 폄훼하기 위해 쓰인 책 같다. 명예훼손으로 고발하려 했지만, 그렇게 반응하면 오히려 박유하한테 주목이 쏠릴 것이고 사람들의 관심이 생길 것인데, 그것이 바로 박유하의 목표일 터라 무시하기로 했다."

30. 상대방의 인격을 존중하지 않았고 모욕적인 표현으로 모욕을 가했다는 주장에 대해

다시 말씀드리지만, 저는 위안부를 모욕하기는커녕 지원단체들이 간과하거나 운동의 성공을 위해 의도적으로 묻어온 '위안부의 다른 목소리'를 대변했을 뿐입니다. 제가 위안부를 모욕했다는 검사의 주장은, 선입견과 거친 독해로 그렇게 읽었거나 의도적으로 그렇게 읽으려고 했기 때문입니다. 검사와 같은 독해를 일반 독자들이 했다면, 한국/일본의 언론과 일반 독자들의 호의적인 서평, 그리고 두 개의 수상이라는 과분한 평가를 얻을 수는 없었을 것입니다.

31. 증언을 자의적으로 취사선택하고 선행 연구들의 주장을 왜곡했다는 주장에 대해

자의적으로 취사선택했다는 것은 앞서의 "파편화했다"던가 예외라고 주장한 비판자들의 주장입니다. 그런 주장을 위해 비판자들이 어떤 왜곡을 감행했는지에 관해 이번에 새로 낸 책『〈제국의 위안부〉, 지식인을 말한다』에 썼으니 살펴봐주시기 바랍니다.

저는 이들의 왜곡이야말로 범죄 수준의 행위라고 생각합니다. 앞서의 정영환에 대한 반론과 함께, 제5장 2절 '일본인들의 비난' 부분에 그 양상을 밝혀두었으니 참고해주시기 바랍니다.

32. 의도적인 비약과 단정적인 표현으로 "위안부는 자발적 매춘부"라고 했다는 주장에 대해

검사는 앞서 본 것처럼 일본인 위안부의 말을 조선인 위안부의 것으로 썼다고 주장합니다. 하지만 그건 저의 책의 문맥을 무시한 왜곡 주장이었음을 새로 낸 책에서 밝혀두었습니다.* 저는 비약한 적이 없습니다.

또한, 설사 단정적인 표현이 있었다 해도 모든 '의견'이 애매하게 쓰어야 하는 건 아닙니다. 또한 검사는 "본질"이나 "기본"이라는 단어를 단정적인 단어로 이해하고 있지만, 앞서 설명한 것처럼 본질이나 기본이라는 단어는 확정이 아니라 구조를 표현하고자 한 단어입니다.

---

* 자료 3, 172~205쪽

33. 『제국의 위안부』 일본어판이 "자신의 입맛에 따라 역사적 사실관계를 단정하여 왜곡하고 있다"는 주장—일본을 향해 일본은 사죄했다고 하고 한국을 향해서는 일본은 사죄하지 않았다고 했다고 주장해 '역사적 사실 관계를 자신의 입맛에 따라 아무런 근거도 없이 왜곡했다'는 주장에 대해

이에 관해서는 특히 정영환에 대한 반론,『〈제국의 위안부〉, 지식인을 말한다』의 제3부 '4. 누구를 위한 불화인가: 정영환의『누구를 위한 화해인가—〈제국의 위안부〉의 반역사성』에 대해' 중 마지막 부분을 읽어주시기 바랍니다.

34. 해외에서는 역사적 사실을 왜곡해 처벌받은 사례가 있으므로 『제국의 위안부』가 처벌받아야 한다는 주장에 대해

저는 위안부를 모욕하지 않았습니다. 이들은 전제 자체를 자의적으로 만들어 그 전제에 입각해 저를 비난합니다.

35. 피고인이 언론과 법정을 향해 책에 기술한 내용과 다른 말을 하여 사건의 본질을 흐리게 했다는 주장에 대해

앞서 쓴 것처럼, 저는 해결책에 대해 책에 쓰지 않았습니다. 그런데도 검찰은 제가 책에 쓰지 않은 말—"해결 방법을 제시"했다는 말, 군인과 동등한 대우를 받아야 한다고 했다는 말—을 가져와 마치 책에 쓰여 있는 것처럼 주장합니다.

36. 학자들과 독자들이 문제제기했음에도 "피해자들에게 사과 한마디 없이 지금까지 지속적으로 피해자들에게 고통을 주었다"는 주장에 대해

저야말로 "일반 독자"에게는 별 문제 없이 받아들여진 책이 10개월이나 지난 시점에 갑자기 고발을 당하고 일부 학자들마저 저의 책을 왜곡한 집단공격에 나선 결과로, 4년이라는 긴 시간 동안 고통받아왔습니다. 이번에 내게 된 책은 그런 재판과 비판이 얼마나 부당한 것이자 한국적 패거리주의와 타락의 결과였는지를 뒤늦게나마 말하기 위한 책입니다.

그리고 앞서 쓴 것처럼, 이유 여하를 막론하고 공개사과는 한 적이 있습니다. 제가 하지 않은 일은 나눔의집에 가지 않은 것뿐입니다. 원고 측 인식에 기반해 하는 사죄는 그대로 저에 대한 비난이 사실로 받아들여질 우려가 있었기 때문에 하지 않았을 뿐입니다.

이상입니다. 언급한 자료와 함께 제출하오니 판사님께서 부디 이러한 사항들을 살피시어 올바른 판단을 내려주시기를 부탁드리는 바입니다.

2018년 6월 12일
피고인 박유하

2. 빼앗긴 목소리
(2019년 1월~2019년 2월)

2019년 1월, 정대협의 얼굴과도 같았던 김복동 할머니의 작고 소식이 들려왔다. 윤미향 정대협 대표는 장례를 시민장으로 치르겠다며 모금을 시작했다.*

1997년에 정대협이 낸 증언집에 경험을 상세히 남긴 분이기도 했는데, 정대협은 김 할머니를 "1940년 만 14세에 일본군 '위안부'로 연행. 중국, 홍콩, 말레이시아, 인도네시아, 싱가포르 등 일본군의 침략 경로를 따라 끌려다니며 성노예가 됨."이라고 설명하고 있었다.

배춘희 할머니가 작고했을 때 나눔의집 소장이 내보낸 내용과 비슷했다. 망자가 유린당하는 것을 그냥 지나칠 수는 없어 당시에 배춘희 할머니 영상을 페이스북에 올렸던 것처럼 2019년 2월 5일부터 며칠, 이에 대한 내

---

* 2020년 5월 7일 이용수 할머니가 대구에서 기자회견을 열어 정의기억연대가 후원금/성금을 위안부 할머니들을 위해 쓰지 않는다는 의혹을 제기한 이래 시민단체 등의 고발로 윤미향 대표가 결국 기소당하게 되는데, 이때의 기부금을 신고하지 않고 개인계좌로 모집해 기부금법을 위반했다는 것이 혐의 중 하나였다. 1심에서는 '1718만 원에 대한 횡령' 혐의만 유죄로 인정해 벌금 1500만 원을 선고했지만, 2심에서는 '김복동 할머니 조의금 명목으로 1억 2967만 원을 개인계좌로 모금해 다른 용도로 사용한 혐의'를 포함하여 유죄로 판단한 범위가 넓어져 '징역 1년 6월에 집행유예 3년'형을 선고했고, 2024년 11월 14일 대법원에서 원심(2심) 판결이 확정되었다. 그리고 2025년 8월 15일에 '특별사면' 되었다.

생각을 페이스북에 썼다.

◇ ◇ ◇

김복동 할머니를 생각한다 1
(2019년 2월 5일)

지난주에 김복동 할머니가 작고했을 때 굳이 따로 언급하지 않았다. 그런데 이제 삼우제도 치러졌다니 뒤늦게나마 써두기로 한다.

김복동 할머니가 어떤 분인지에 대해서는 각 언론사가 보도한 바 있다. 그 자료를 제공한 건 아마도 정대협일 것이다.

그런데 김 할머니는 1997년에 정대협이 출판한 증언집에 자신의 체험을 대단히 구체적으로 남겨놓고 있다.

물론 여기서 먼저 눈에 띄는 건, 가난, 성병검사, 폭행, 강간, 자살 시도, 병원에서 일하면서 당했던 부상병들을 위한 채혈 등, 다른 대부분의 위안부 할머니들과 비슷한 고통과 고초다. 그런 의미에서 다시 한번 깊은 애도의 마음으로, 저 세상에서나마 편안하시길 빌고 싶다.

김복동 할머니는 정대협이 관리하는 거주지에 계신 두어 분 중 한 분이었다. 함께한 세월도 긴 만큼, 정대협에는 아주 특별한 분이었을 것이다. 다른 분들과 달리 4일장에 시민장으로 화려한 영결식을 치른 심경도 충분히 이해가 간다.

그런데 그렇다면 더더욱 그분의 인생을 있는 그대로 전달했어야 하지 않을까. 처음 있는 일은 아니지만, 할머니들이 사망하면 지원단체나 관계된 학자들이 전하는 건 한결같이 극단적으로 단순화된 생애와 일본에 대한 분노뿐이다. 심지어 유지를 왜곡하는 경우도 적지 않다.

이번에는 어땠을까. 외국 언론들까지 선입견과 상식으로만 기사를 내보내고 있는 현실 속에서 누군가는 써야 할 것 같아서 쓴다.

1. 위안부가 되기까지

〈정대협 설명〉(페이스북)
1926년, 경상남도 양산에서 출생
1940년, 만 14세에 일본군 '위안부'로 연행. 중국, 홍콩, 말레이시아, 인도네시아, 싱가포르 등 일본군의 침략 경로를 따라 끌려다니며 성노예가 됨.

〈증언집 내용〉(다 인용할 수 없어 부분부분 인용하고 맥락을 간단히 보충한다)
"동네 구장과 반장이 계급장이 없는 누런 옷을 입은 일본 사람과 함께" "한국말을 잘하는 일본 사람"(이 와서) "데이신타이(정신대)에 딸을 보내야 하니 내놓으세요"(라면서) "아들이 없으니 딸이라도 나라를 위해 보내야"(한다고 했다) (가는 곳은) "군복 만드는 공장"인데 "서류에 도장"(을 찍어야 한다고 했으나 어머니가 못 찍겠다고 해서 실랑이가 벌어졌다.)
"일본 사람이 버스에 태워 부산까지"(갔고) "일본에서 오래 살았다고 하는 조선 사람"이 "다른 처녀들을 끌고 온 듯"(했는데 이 두 사람이 인솔해서) "시모노세키에서 화물선"(을 타고) "대만", "광둥"(으로 이동했다.)
"우리를 인솔했던 일본 사람과 조선 사람이 우리를 높은 사람에게로 데려갔다."

"높은 사람에게 서류를 냈다."

"이들은 우리에게 높은 사람이 무엇인가를 물으면, 그저 하이, 하이(예, 예)라고만 대답하라고 일렀다."

〈박유하 해설〉

어느 집에 딸이 있는지를 잘 아는 동네 조선 사람이 업자를 데리고 나타났고, 정신대에 보낸다는 명목으로 데려갔다. "서류에 도장"을 찍었다는 것은 부모의 동의서일 가능성이 높다. 그러나 지원단체(와 일부 학자)들은 이런 정황을 전부 "연행"이라고 표현. 결국 영화 〈귀향〉의 이미지로 구체화되어 국민들에게 전파되는 것을 직간접적으로 도왔다.

업자들이 데려온 여성들이 속임수에 의해 끌려왔는지 여부를, 일본군은 체크했다. "높은 사람"에게 낸 "서류"란 계약서와 부모의 동의서 등 당시 정부 방침으로 요구된 서류들일 것이다. 그 정황에서 "그저 하이, 하이라고만 대답"하기를 종용받았다는 건, 데려간 소녀/처녀들이 일본어를 잘 모르는 것을 업자들이 이용했다는 얘기다. "계급장이 없는 누런 옷"의 주인공은, 군속 대우를 받은 업자일 가능성이 있지만 당시엔 흔한 옷이었으니 보통 민간인일 수도 있다.

22년 전에 나온 증언집은, 제목과 소제목에서 소녀가 (이곳저곳을) "전전"했다고 표현한다. 당시의 채록자들은 그렇게 이해했다는 얘기이다.

김복동 할머니를 생각한다 2
(2019년 2월 6일)

정대협의 발표자료엔 위안소생활에 대한 구체적인 언급이 없다. 따라서 여기선 증언집만 사용한다.

2. 위안소 생활

〈증언집 내용〉

"우리를 데려간 일본 남자와 조선인 남자가 사복을 입고 문 앞에서 우리를 감시했다."

"관리인은 우리를 부산에서부터 인솔했던 한국인이었다. 그는 일본 군복을 입고 계급장은 달지 않고 있었다."

"관리인은 전쟁이 끝나면 큰돈을 주겠다고 우리에게 말하곤 했다. 저렇게 큰 집을 살 만큼의 돈을 주겠다고 바깥의 큰 건물을 가리켰다."

"한국에서부터 같이 간 일본 사람과 조선 사람이 계속 우리를 데리고 다녔다."

"싱가포르에서 몇달 있다가 수마트라로, 인도네시아로, 말레이시아로, 자바로 우리는 계속 이동했다."

"나는 어느 곳에서건 특별히 정을 준 사람은 없었다. 얼굴이 익을 만하면 다른 곳으로 이동하곤 했으니 정들 사이도 없었고, 나는 그럴 마음의 여유도 없었다."

"일본이 이겨야 집에 갈 수 있다는 생각에 일본이 승전하기를 빌기도 했다."

"우리는 일본인 여자들과는 말도 하지 않고 우리끼리만 어울려 다녔다."

"위안부 시절 내 이름은 가네무라 후유코라고 하기도 했고, 요시코라고도 했다. 모두 군인들이 지어줬다."

"관리인은 처음부터 같이 다녔던 일본에서 자란 40대 한국인이었는데 우리는 이 사람을 '니상(오빠)'이라고 불렀다. 이 사람은 마음에 드는 위안부를 골라 데리고 자기도 했으며, 위안부들이 말을 안 들으면 막 때리고 욕도 했다."

〈박유하 해설〉

여기서는 관리인(업자)이 "군복"을 입고 있었다고, 보다 명확하게 표현된다. "군인이 나타나 끌고 갔다"는 증언을 거짓말이라고 말하는 일본인들도 있는데, 대개는 이러한 경우일 것으로 추정할 수 있다.

업자는 '위안부'에게 지급해야 할 돈을, 데려오면서 지불한 비용—부모에게 지운 빚으로 충당시킨 경우가 많았다. 다만, 꼬박꼬박 대신 저금해준 경우도 있었으니, 이 부분은 일괄적으로 말하기 힘들다.

김 할머니는 이때 "이동"했다고 표현한다. 물론 이때의 인솔자는 업자들이다. 군부의 요청을 받는 경우도 있었지만, 많은 경우 "이동"은 경제논리로 이루어졌다.

"정을 준"사람이 없었다는 이야기는 오히려 정을 주고 받는 정황이 예외적인 경우가 아니었다는 것을 보여준다. 김 할머니의 경우 15세에 갔으니 어렸기 때문일 수 있다. 일본군과의 관계는 나이와 일본어 능력이 크게 좌우한 것으로 보인다.

일본을 좋아해서든 아니든 "일본의 승전"을 빌었다는 것은 "일본"이 구조적으로 "적"의 관계가 아니었음을 말한다. "이름"을 부여하는 행위 역시(위계 관계가 있다 해도) 마찬가지다.

"일본군 위안부"의 첫번째 대상은 일본인 여성이었다. 조선인들과 잘 어울리는 경우도 있었던 것 같지만, 민족적 차별은 똑같은 일에 동원된 여성들 사이에도 존재했다.

조선인을 포함한 업자들이 위안부와 "자기도" 했다는 건, "업자"가 그저 일본군의 명령으로 관리했을 뿐이라는 일부 학자들의 주장이 상상이자 희망에 지나지 않는다는 것을 보여준다. 여기선 간단히 기술되고 있지만, 위안부들의 신체에 잔혹한 폭행을 가한 주체들은 압도적으로 업자였다. "성노예"들의 "주인"이었기 때문이다.

군인들 또한 때로 폭행했지만, 기본적인 규율은 금지사항이었고, 어길 경우 무겁지는 않더라도 처벌을 받았다. 위안부들은, 군인들의 부당한 행위를 '헌병'에게 호소할 수 있었다. 문옥주 할머니는 칼로 위협하는 군인과 싸우다가 상대를 죽였는데, 군사재판에서 무죄를 받기도 했다.

◇ ◇ ◇

내 글을 본 한 일본인은 "(20년 전 생각을 수정하지 않고 정착시켜온) 운동가와 학자의 죄"를 언급하며 (자신도 그 안에 있었기에) "뼈아프다"고 SNS에 썼다(도로 노리카즈泥憲和).

하지만 내가 반론을 한 상대들은 누구도 공적으로 반성하거나 직접 재반론하지 않았다. 내 책이 "학술적으로 틀린 내용을 담고 있"다고 말했던 성공회대 강성현 교수가 답변은 없이 다시 공격했기에, 그 공격에 대해 페이스북에 쓰면서 이렇게 덧붙였다.

---

* 「"공감 이뤄내는 진실의 힘"…위안부 연구팀 3인이 전하는 영상 발굴 풀스토리」, 『경향신문』, 2017년 7월 15일.

그런데 왜 반성은 늘 일본 사람만 하는가? 나는 비판자들의 자기비판/내부비판을 십수년 전부터 기다려왔다.

적대하는 이들에겐 돈과 권력과 사람이 있다. 그보다 더 힘이 센, 언론과 국민이라는 막강한 서포터도 가졌다. 아마도, 그런 '주류'들의 집단공격 속에서 내가 살아남는다면 기적일 것이다. 기적이 오면 좋지만, 안 오더라도 나 자신과 세상에 부끄럽지 않을 자신은 있다.

3. 바위와의 싸움, 기울어진 '주전장'
(2019년 3월~2019년 12월)

이 무렵 한국을 방문했던 일본의 지원자 대표—전년도에 상영된 영화 〈허스토리〉가 소재로 삼았던 관부재판의 지원자는 강연에서 "한국의 위안부 문제 인식은 20여 년 전 인식에 머물러 있다"고 말하기도 했다. 『제국의 위안부』 출간 이후 6년이 되어가고 있었지만, 20여 년 동안 정착된 인식의 뿌리는 깊었다.

7월에는 나도 의뢰를 받고 출연했던 미키 데자키 감독의 다큐영화 〈주전장〉이 상영되었다. 위안부 문제로 대립하는 양쪽의 목소리를 담는다고 감독은 설명했는데, 영화는 윤미향 정대협 대표와 나의 이야기를 나란히 놓았지만 대화의 마무리는 마이크를 윤미향 대표 쪽으로 돌리고 있었다. 심지어 내 책을 읽었느냐는 감독의 질문에 윤미향은 "중반쯤 읽다가 구토증이 나서 접었"다고 말했다. 사실이라면 다 읽지 않고 고발하려 했던 것이고, 레토릭이라 해도 영화를 보는 이들에게 『제국의 위안부』에 대한 거부감과 나에 대한 혐오를 심는 말이었다.

〈주전장〉은 데뷔작으로서는 잘 만들어진 영화였다. 하지만 전체적인 톤은 위안부 문제의 배후에 미국의 음모가 있는 것으로 상정한 '정치'영화였다. 현장에 와 있던 감독과 대화를 잠깐 나누었지만, 곧 대화를 포기했다. 그리고 대학원 졸업작품 제작이라는 말만으로 인터뷰에 응했던 나의 순진함을 반성했다.

사실 한국보다 먼저 상영했던 일본에서 나온 신문 칼럼에는 이런 감상이 있었다.

영화를 다 보고 난 이들에게 나는 박유하의 『제국의 위안부』를 읽기를 권한다. 〈주전장〉은 영화로서는 잘 만들어진 영화지만 어디까지나 보고서여서, 논리적 뼈대가 부족하다. 이 책은 그런 점의 보완에 도움이 된다. 양국과 여러 세력들을 공평하게 다루어, 감정적으로 되기 쉬운 논쟁의 온도를 낮추고 명료한 구도를 부여하고 있다.*

8월에는 내 재판에 대해 "우리 사회는 '다른' 이야기를 듣는 데 몹시 인색하다"**는, 법조계 인사의 글로는 처음 접한 긍정적인 칼럼이 나왔다. 그는 『제국의 위안부』 재판을 분석하고 논문까지 썼던 분이었다.

고발 5년. 20여년에 걸쳐 정착된 인식을 지키려는 움직임은 여전했지만, 그 견고한 바위에 조금씩 균열이 생기는 것 같기도 했다.

하지만 징용 판결을 계기로 7월부터 한일 갈등이 본격되면서, 그 균열은 다시 봉합되는 것으로 보였다. '노 재팬' 깃발이 거리마다 나부꼈고 고발 이후 SNS에서 나를 비난했던 호사카 교수가 매일처럼 방송에 등장했다. 그리고 "日 목표는 한국 경제력·군사력 망가뜨리는 것", "日 수출규제, 한국을 속국 삼겠다는 전략", "일본은 문재인 정권 교체가 목적", "아베의 목적은 한국에 친일정부 세우는 것", "일본은 한반도를 지배하려는 야욕이 아직 남아 있"다고 목소리를 높였다.

---

* 이케자와 나쓰키池澤夏木,「영화〈주전장〉— 위안부에 대해 말하는 어조, 말보다 설득력 있어 映画〈主戦場〉— 慰安婦語の口調, 言葉より雄弁」, 『아사히 신문』, 2019년 7월 3일자.
** 홍승기,「소녀상과 '제국의 위안부'」,『법률신문』, 2019년 8월 12일자.

그런 호사카 교수의 발언을 당시의 민정수석이 SNS에 공유하더니, 호사카 교수는 8월 초부터 '일본경제침략특별대책위원회'에 영입되었다.

민족주의가 아니라, 잘못된 정보와 그 정보가 만든 인식, 그리고 그것을 기반으로 한 세력다툼이 양 국민들을 불화로 몰아넣고 있었다. 그 책임이 누구에게 있는지는 아무도 말하지 않고 있었다. 2013년, 불과 6년 전에 책이 나왔을 때 가장 먼저 리뷰를 내준『경향신문』의 정확한 요약과 진지한 수용 방식이 새삼스럽게 생각나는 여름이었다.

"여기서 박 교수는 단지 조각상의 고증에 문제가 있다고 지적하는 것이 아니다. (…) 이런 일들의 뒤에는 '정의의 독점'을 꾀하는 한국, 일본의 강경파들이 있고, 이들이 문제 해결을 오히려 어렵게 한다고 박 교수는 주장한다."

"가라유키상은 강력한 국가권력, 가부장제 아래 있는 가난한 여성의 고난을 보여준다."

"물론 박 교수가 식민지의 가난한 여성이 이국으로 떠날 수밖에 없는 '구조적 강제성'을 만든 일본 정부를 면책하지 않는다. 일본 우익의 주장대로 설령 위안부들이 자발적으로 매매춘에 나섰다 하더라도, 세상이 멸시하는 일을 선택한 것은 그녀들의 의지가 아니었다. 남성, 군대, 국가 그리고 일본 제국에 최종 책임이 있다."

"위안부 문제 해결 운동에서 위안부는 당사자인가."

"1965년 한일협정으로 일본은 피해자 개인에 대한 '법적 책임'을 다했다는 입장이지만, 그것은 전쟁 후 처리에 대한 것일 뿐 식민지 지배 전체에 대한 것은 아니었다. 물론 과거의 식민지 지배에 대해 사과한 전(前) 제국 국가는 찾기 어렵다. 하지만 일본이 한일협정의 시대적 한계를 먼저 인정하고 과거의 식민지화에 대해 반성한다면 오히려 세계사적으로 의미 있는 사건이 될 수 있다."
"자신을 위한 집도 땅 한 뼘도 없이 몸담을 곳을 찾아 이동을 당하거나 선택하는 것은 늘 사회에서 가장 약한 자들이었다. 빈곤이 고향을 떠나도록 그들의 등을 떠밀었고, 사회적으로 가장 취약한 계층이 위안부가 되었다. 가난한 이들은 경제적 자립을 할 만한 문화자본(교육)과 사회안전망을 갖지 못한 탓에 다른 직업을 못 찾고 자신의 신체(장기, 피, 성)를 팔게 된다."*

하지만 그런 논조가 존재할 자리는 더이상 없을 것처럼 보였다. 세상은 앞으로 나아갔나 하면 곧바로 뒷걸음질쳤다.

11월에는 대구MBC PD가 위안부 특집 방송을 만들겠다면서 나의 조언도 듣고 싶다고 찾아왔다. 내 책을 두 번 읽었다고 했다. 동의하지 않는 부분도 있지만 우리 사회가 위안부 문제를 제대로 이해하기 위해선 내가 꼭 출연해야 한다고 하기에 어떤 부분에 동의하지 않느냐고 물었더니, "동지적 관계"라는 말에 동의하지 않는다고 했다. 그 단어는 "일본인"으로서 동원되었다는 얕은 의미이고, 동지적인 유대관계가 있었다면 민족적인 것이 아니라 계급적이고 성적인 관계라고 설명했다. 그제서야 납득한 듯했다.

책을 두 번 읽었다는 사람도 책에 쓰여 있는 내용을 충분히 보지 않은 채 "동의할 수 없다"고 말하고 있었다. 그냥 지나치고 싶어도 바로 그 단어가 "범죄"로 치부되어 나를 6년째 법정에 가두고 있는 이상 그럴 수도 없었다. 2010년대 한국은 "동의할 수 없"음을 대화 대상이 아니라 단죄 대상으로 만들고 있었다.

---

* 「책과 삶: 위안부 해법, 일본 정부는 물론 한국의 민족주의도 걸림돌」, 『경향신문』 백승찬 선임기자, 2013년 8월 10일자.

제5장

변화,
대법원 무죄 판결까지
(2020년 1월~2023년 10월)

1. 전환의 길목에서
   (2020년 1월~2022년 2월)

2020년. 코로나로 세상이 흉흉한 가운데, 대법원은 조용했다. 고영한 대법관에서 노영희 대법관으로 주심이 바뀌었고, 연구관들이 검토 후 무죄로 올렸다는 소식도 들려왔지만, 연락은 없었다.

세상이 죽음과 도피와 의구심으로 혼란스러웠을 무렵, 한국학이 전공인 한 일본인 학자가 제자가 쓴 논문이라면서 『제국의 위안부』를 둘러싼 상황에 대해 쓴 석사논문을 보내주었다. 책과 판결문을 치밀하게 검토한 논문이었다. 우선은 젊은이의 진지한 고찰이어서 한 줄기 빛이 비친 듯했다. 나에 대한 고발과 '한일 합의' 이후 한국에서는 민간은 물론 정부도 나서서 젊은 연구자들을 키우고 있었지만, 『제국의 위안부』 사태를 비판적으로 다루는 젊은 시각은 아직 보지 못했던 시기였다.

비슷한 무렵에 해외에 거주하고 있었던, 일면식 없었지만 페이스북 친구였던 한국회사 법인장이 『제국의 위안부』 판결문을 모두 검토하고 문제점을 분석한 긴 글을 보내주기도 했다. 고발 직후에도, 기소 후 홈페이지를 만들 때도, 가장 격한 비난을 받고 있을 때도, 용기 있게 나를 옹호하거나 굳이 "내가 박유하다"(김용균 교수, 조석주 교수)라고 SNS를 통해 외쳐준 이들 중에는 외국에 거주하는 이들이 많았다. 홈페이지를 만들어주고 10년 이상 무보수로 운영해준 두 사람이 해외거주자라는 것도 안보다 바깥에서 사태가 더 잘 보였기 때문일 터였다.

그런가 하면 어느 날 갑자기 페미니스트 국문학자가 나를 SNS에서 비난하기도 했다. 그녀는 "『제국의 위안부』를 정대협이 고소했다고 생각하는 사람이 많"다면서 "당사자가 계속 그런 '오인'을 부추기고 있다"고 주장했다. 심지어 그런 이들이 "탈민족주의 연구의 가장 핵심 중 하나는 젠더연구인데, 이들 대부분은 페미니즘의 ㅍ자도 모르고, 박유하 선생님은 사실 번역 전문가였다"며 타 분야에 대한 경멸의 태도를 노골적으로 드러냈다.

권명아 교수가 2011년에 번역된 내 책 『내셔널 아이덴티티와 젠더』를 읽지 못했다 하더라도, 놀랄 수밖에 없는 사태였다. 학문의 성취에 이르기까지 수많은 '번역자'들의 노고에 힘입었을 것임에도 그 사실을 잊고 있는 듯한 페미니스트의 오만을 목도하고 말았기에. 문제는 사유 이전에 세상에 대한 '태도'에 있었음이 다시 한번 확인된 사태였다.

가라타니 고진과 오에 겐자부로를 비롯해 번역을 많이 하기도 했지만, 그래서가 아니더라도 나는 내 저작물들뿐 아니라 번역물에도 긍지를 갖고 있었다. 그래서 답변에 이렇게 덧붙였다.

"수천 명 대중이 '박유하를 자위대에 먹이로 던져주자!'라고 외칠 때 페미니스트 '학자'들 중 단 한 사람도 그 여성혐오를 지적하는 사람이 없었습니다. 그 이후로 저는 우리나라의 여성학을 신뢰하지 않게 되었다는 사실도 이참에 말씀드려둡니다."

그러던 어느 날 정대협 대표 윤미향 씨가 비례대표 국회의원으로 선출되면서 이용수 할머니가 그녀를 비난하는 사태가 발생했다. 예기치 않았던 일인 만큼, 온 세상이 순식간에 소란스러워졌다. 갑자기 수많은 언론들이 의견을 듣고 싶다면서 연락해왔다.

하지만 나는 침묵을 지켰다. 배춘희 할머니와의 교류를 통해 문제를 알고 있었던 터라 사태가 놀랍지는 않았지만, 굳이 나서고 싶지는 않았다. 검찰이 수사에 나서면서 윤미향 전 정대협 대표의 가장 가까이에 있던 이의 갑작스러운 죽음 소식이 들려오고 '한일 합의' 이후 모인 돈으로 재단을 만들고 이름도 바꾼 새 정의연 대표가 검찰 수사 탓을 했을 때, 나는 『〈제국의 위안부〉, 법정에서 1460일』에 일부 언급했을 뿐 나머지는 묻어두었던 배춘희 할머니와의 대화 녹음기록을 6년 만에 다시 꺼냈다. 그리고 녹음 상태가 좋지 않아 잘 안 들리는 목소리에 헤드폰 너머로 귀 기울이면서 그 흥흥하던 시간을 보냈다. 음질이 좋지 않아 때로 몇번이고 반복해 들어야 했던 목소리 사이에서 6년 전에는 그 의미를 미처 충분히 파악하지 못했던 음성이 갑자기 의미를 이루기도 했다.

고민 끝에 나는 할머니의 목소리를 세상에 내보내기로 했다. 나는 "적은 100만, 나는 혼자"라는 고독한 목소리를 만났으면서도 배 할머니를 끝내 구해드리지 못했었다. 원하시던 대로 해드리기 전에 쇠약해지셨고 이어서 내가 공격당하고 말아 아무 힘도 못 되어드린 분이었다. 이용수 할머니는 나의 원고 중 한 분이었지만, '늦게 온' 목소리에 응답하고 싶었다.

이보다 먼저 나눔의집에서는 내부고발이 있었다. 하지만 세간의 공격이 심해지자 오히려 두 사람을 옹호하는 이들의 목소리도 일었다. 나눔의집 안신권 소장은 해임되고 기소되고 결국 징역형에 처해졌지만, 윤미향 전 대표는 징역형이 집행유예되었고 일각에서의 지지는 변함없이 이어졌다.

민족문제연구소가 자신들이 만든 식민지역사박물관에서 '친일찬양금지법'에 대해 홍보하는 기획을 하면서『제국의 위안부』를 친일파의 책으로 두 달 넘게 전시했다는 사실을 알게 된 것도 그 무렵이었다. 전시장을 찍은 영상 속에서는 연구자로 보이는 이가 진지한 얼굴로 유리장을 들여다보며 이렇게 말하고 있었다.

"문제는 이런 일반인만이 아니라 연구자, 전문학자라고 하는 분들이 쓴 책이 더 문제라고 보는데요, 대표적인 게 세종대 박유하 교수가 썼던『제국의 위안부』입니다."

『경향신문』이『제국의 위안부』를 있는 그대로 읽어주었던 2013년 여름과 2019년 여름 사이의 간극은 고작 6년이라고는 믿을 수 없을 만큼 컸다. 형사 1심이 진행되던 2016년에 이미 성남시 도서관에서 똑같은 책을 '19금' 책으로 지정해 청소년들이 읽지 못하도록 조치하기도 했으니 사실 그 간극은 훨씬 전부터 커져 있었다.

'불온'한 것으로 여겨진 대상을 누군가는 감추고 누군가는 전시하고 있었다. 물론 양쪽 다 목적은 하나─나를 사회적으로 매장시키는 데에 있었다.

2020년 8월 15일. 광복절 75주년을 맞아 문재인 대통령은 경축사에서 대한민국을 "민주적인 인권"의 나라라고 자랑스럽게 말하고 있었다. 하지만 일본으로부터는 이미 수십년 전에 해방되었고 독재정권을 상대로 한 민주화 투쟁도 성공한 지 오래였지만 나는 오히려 갇혔고, 6년이 지나도 여전히 갇혀 있었다.

심지어 나를 법정에 가두고 해방을 늦추고 있는 이들은 바로 그 "민주"와 "인권"을 앞장서 외쳐왔거나 실제로 이루고 신장시킨 이들이었다.

국가가, 한 권의 책이 자신의 상식과 국가 정책에 반한다는 이유로 개인의 인권을 탄압할 때, 침묵 혹은 비난으로 가세했던 이들이 나를 법정에 가두어둔 채 '민주주의'를 외치고 있었다. 그들의 민주주의란 '자신들이 선택한 이들, 순종하는 이들'에게만 권리가 부여되는 민주주의였다. 그곳에 존재하는 건 민주주의가 아닌 동질주의였다.

나는 2014년에 법원에서 기자들을 앞에 두고 내가 "전쟁범죄를 용인하고 공공선에 반하는" 행위를 했다고 외치던 박선아 변호사의 회견 영상조차 1분 이상 이어 볼 엄두를 아직 내지 못하고 있었다. 나는 그때까지도 '적'을 제대로 마주할 준비가 되어 있지 않았었다.

민주화 투쟁 당시 유학생으로 지내느라 미처 하지 못했던 민주화 운동을, 뒤늦게 해야 할 의무가 나에게 주어져 있었다. 너무나 어이없는 사태 앞에서 그저 외면하고 싶어하는 나를 돌려세워야 했다.

2020년 10월 15일, 나는 다시 한번 의견서를 제출했다. 발걸음을 떼지 않고 해방을 바랄 수는 없었다. 배춘희 할머니의 육성을 살려내고 전달하고 이어가야 했다. 2년 전 봄에 일본에서 나온 전쟁성폭력 관련 학술서가 한국어로 번역된 것도 용기를 북돋아주었다.

◇ ◇ ◇

피고인 의견서

저는 이하 네 가지 사항에 대해 본문에서 자세히 언급할 것입니다. 부디 참조하시어, 대법원 상고 이후 3년이라는 긴 시간 동안 '범죄자' 혐의에서 해방되지 못하고 있는 정황의 문제점을 살펴주시기를 부탁드립니다.

1. 사기 고발의 혐의

『제국의 위안부』에 대한 고발은, 나눔의집 소장과 주변인들이 자신들의 이익을 도모하고자 일부 위안부 할머니들의 의사를 도용하여 박유하를 고발한 사건으로 생각합니다.

2. 주류 학자의 연구 내용 변화

최근 들어 위안부 문제 권위자인 요시미 요시아키 교수가 쓴 『매춘하는 제국 買春する帝国』(2019)와 박유하 비판의 선봉에 섰던 재일교포 김부자 교수가 쓴 『식민지유곽—일본의 군대와 조선반도植民地遊郭: 日本の軍隊と朝鮮半島』(金栄과 공저) 등, 위안부 문제와 '매춘'의 깊은 관련성을 지적하며 위안부를 피해자로 인정하는 연구서들이 발간되었습니다. 그러나 이들의 책은 위안부를 비판하기 위한 책이 아닙니다. 저의 책 『제국의 위안부』 역시 동원 과정에 상관없이 위안부 모두를 피해자로 간주하고 그에 입각해 그녀들을 동원한 '일본 제국'의 책임을 물은 책입니다.

또한 호주의 한 학자도 『위안부는 여자다』(캐롤라인 노마, 2020)라는 책으로 일본인 위안부의 존재에 주목하면서 그들의 처지가 조선인 위안부와 다르지 않았지만 마찬가지로 피해자라는 주장을 펼친 책을 발간했습니다. 이 저자는, 그동안 <u>주류 연구자들이 펼쳐온 조선인 위안부=소녀, 일본인 위안부=매춘부라는 도식을 비판하면서, 기존 연구자들의 담론이 일본인 위안부를 매춘부로 취급, 조선인 위안부의 피해자성을 부각시키는 방식으로 희생시켰다고 주장하고 있습니다.</u> 여기서 비판 대상이 되고 있는 것은 앞에서 언급한 요시미/김부자 두 학자이기도 하며, 위안부 문제 연구에서 주류라 할 수 있는 위 두 학자가 기존 시각을 수정한 것은 이러한 비판과 연구의 변화를 받아들인 것이거나, 이미 인지하고 있었음에도 공개하지 않았던 연구를 공식화한 것이라 하겠습니다.

<u>오랫동안 '강제연행'설만을 주장해온 학자들이 자신들의 주장을 수정하고 이제 박유하의 주장과 가까운 설을 내놓고 있습니다.</u> 따라서, 제가 '강제연행을 부정'했다고 일방적으로 단정하고 그런 입장에서 저의 책을 허위라고 한 검찰의 주장은 주류 학자들이 주장해온 '강제연행'설 자체가 수정되었으므로 폐기되어야 할 것입니다.

오랜 기간 동안, 연구와 운동은 '강제연행'설에 입각해 활동해왔습니다. 저에 대한 고발은 『제국의 위안부』가 그들이 주장해온 '대의'에 균열을 가하는 것이었기에 감행된 것입니다.

3. 명예훼손 피해자 특정 여부

2심 판결은 『제국의 위안부』가 생존해 계신 위안부 할머니를 대상으로 한 책이라면서 언급 대상이 '누구인지 특정'된다는 이유로 『제국의 위안부』에 대해 유죄 판결을 내렸습니다. 그러나 남산 '기억의 터'에 새겨진 위안부의 숫자는 247명인데, 여성가족부에 등록된 위안부 할머니는 240명입니다. 90년대에 일본의 아시아여성기금을 처음 받은 분들이 여가부 명단에서 빠져 있는 것입니다. 목소리를 낸 분들의 숫자조차 우리 사회는 정확히 파악하고 있지 않고, 그중에는 여전히 가명을 사용하는 분조차 계십니다.

그러한 상황에서 <u>박유하가 생존자만을 특정하여 그들의 명예를 훼손하는 책을 쓰는 일은 실질적으로 불가능합니다.</u> 따라서 검찰의 기소는 명예훼손죄의 성립요건을 충족시키지 못합니다.

4. 『일본군 위안부, 또 하나의 목소리』의 의미

<u>제가 고발당한 직접적인 이유는, 책을 발간한 이후 나눔의집을 방문하고 그중 한 할머니와 가까워지면서 많은 대화를 나눈 데에 대한 경계심 발동에 있습니다.</u>

대화 내용은 나눔의집과 정대협에 대한 비판, 할머니들이 충분히 보살핌을 받지 못했을 뿐 아니라 오히려 심한 처우를 당한 정황, '위안부'가 무엇인지에 대한 위안부 할머니 스스로의 생각 등입니다. 이 내용은 『제국의 위안부』의 내용과 일치합니다. 따라서 『제국의 위안부』가 허위가 아니라는 또 하나의 증거가 될 것입니다.

이 네 가지 사항에 대해, 특히 1번에 중점을 두어 이하에서 다시 설명드리겠습니다.

* * *

1.

박유하를 고발한 주체는 위안부 할머니들의 주거복지시설인 나눔의집입니다. 나눔의집이 왜 박유하를 고발하게 되었는지 알 수 있는 자료로서 2020년 8월에 발간한 『일본군 위안부, 또 하나의 목소리』를 제출합니다.

2020년 9월 14일에 윤미향 전 정대협 대표가 기소당함으로써, 2020년 5월 초에 위안부 생활을 했던 이용수 할머니가 제기하신 '지원단체의 위안부 이용' 의혹이 사실로 밝혀질 가능성이 한층 더 높아졌습니다. 이후로도, 치매를 앓는 길원옥 할머니의 재산이 현금인출되고 있었다는 등, 또 다른 사실들이 밝혀지고 있는 중입니다.*

위안부 할머니들의 주요 거주시설이었던 나눔의집 또한 100억 가까운 돈을 모금 혹은 정부지원금으로 보조받으면서 정작 할머니들은 제대로 케어하지 않고 노인주거시설 경영에 투자하려 했다는 사실도 드러난 바 있습니다.**

이후 저를 고발한 안신권 소장 등 직원 일부는 조사단을 꾸려 조사한 경기도에 의해 해임 통고를 받은 상황이기도 합니다.***

이번에 제출하는 책은 지난 5월의 사태를 계기로 발간하게 된 책입니다. 주요 내용은 배춘희 할머니라는, 나눔의집에 거주하시다가 6년 전에 작고하신 분과 저의 대화입니다. 그리고 다른 몇 분과의 짧은 대화도 수록했습니다. 기본적으로는 일상적 내용이지만 전체적으로는 나눔의집을 중심으로 (정대협도 포함)하는 위안부 지원단체 비판이자, '대변자' 역할을 했던 지원단체에 대한

---

* 「길원옥 할머니 지원금, 통장에 입금되는 족족 현금 출금됐다」, 『한국일보』, 2020년 9월 22일자.
** 「88억 모금 '나눔의 집', 할머니들에 쓴 돈은 2억… 학대 정황까지」, 『동아일보』, 2020년 8월 11일.
*** 「경기도, 나눔의집 이사장 포함 이사진 5명에 해임 사전 통지 — 민관합동조사단 권고 수용 해임 절차 진행」, 『한겨레』, 2020년 10월 9일

분노와 고독이 기록된 책입니다.

    저는 이 기록의 일부를 재판부에 제출했으나 외부에는 거의 공개하지 않았습니다. 지원단체에 대한 할머니들의 비판이 공개됨으로써 지원단체가 난처해지는 것을 바라지 않았기 때문입니다. 그런 상태로 이미 6년이 지났지만, 지난 5월 이후 어렵게 목소리를 낸 이용수 할머니와 나눔의집 내부고발자들에게 힘이 되기를 바라면서, 즉 '지원단체에 의한 위안부 이용' 실태가 더 제대로 밝혀지기를 바라면서 발간했습니다. 배춘희 할머니는 이미 작고하셨지만, 이용수 할머니 이상으로 생생한 '당사자'의 목소리를 우리 사회가 제대로 듣고, 지원단체의 문제들을 뒤늦게나마 제대로 바라보고, 한발 더 나아가 '당사자의 위안부 이해'에 귀를 기울이는 일을 통해, 재정문제로만 축소되고 있는 그간의 '운동의 문제'를 근본적으로 다시 물을 수 있기를 바랐기 때문입니다.

    하지만 이 글에서는 그러한 최초의 목적, 1) 할머니와 지원단체의 관계, 2) 위안부 할머니의 '위안부' 이해라는 두 가지 내용에 관해서는 다시 언급하지 않겠습니다. 대신, 이 글에서는 책에서는 가급적 언급을 자제한 '<u>박유하에 대한 고발과 지원단체—나눔의집의 관계</u>'에 대해 밝히고자 합니다. 사실 과거에도 이 고발이 할머니들 자신의 책에 대한 정확한 판단에 의해 이루어진 것이 아님을 주장한 적이 없지 않지만, 지난 5월 이후, 사태의 진행에 따라 저 자신 새롭게 인식하게 된 사실도 있어 그런 사실도 함께 기술합니다.

1)
저는 2013년 8월에 『제국의 위안부—식민지지배와 기억의 투쟁』을 냈습니다. 그리고 여러 언론의 인터뷰와 호의적인 서평이라는 반응을 얻을 수 있었습니다. 물론 게재 예정되었던 인터뷰 기사가 갑자기 실리지 않게 되는 등 보이지 않는 '견제'는 이미 없지 않았습니다.

책 발간 직후, 이해 9월부터 저는 위안부 할머니들을 개별적으로 만나기 시작했습니다. 당사자들—할머니들이 일본의 '사죄와 보상'에 대해 어떻게 생각하시는지를 듣고 싶었기 때문입니다. 하지만 할머니들을 개인적으로 만나는 건 쉽지 않았고, 결과적으로 몇 분 정도밖에 만나지 못했습니다.

그렇게 만날 수 있었던 분들 중 한 분이 배춘희 할머니였습니다.

나눔의집으로 할머니들을 만나러 갔던 자리에서였는데 처음 만난 배춘희 할머니는 초면임에도 불구하고 저에게 (주변의 눈치를 보면서) 일본어로 속마음을 털어놓았습니다. "적은 100만, 나는 혼자"라는 발언으로 시작된 그 대화는 이후 주로 할머니 쪽에서 걸어오신 전화를 통해서 이어졌습니다.*

배 할머니가 첫만남 때부터 놀라운 이야기를 하셨기 때문에, 저는 허락을 받고 식당에서 그 이야기를 영상으로 남겼었습니다. 그 기록은 다른 할머니들과 나눔의집 직원들도 함께 있는 공간에서 이루어졌고, 영상 일부를 할머니의 허락을 받고 2014년 4월의 심포지엄에서 공개한 바 있습니다. 또 다른 영상기록인 병원에서의 2014년 4월 대화는 본서(『일본군 위안부, 또 하나의 목소리』)에 수록했습니다.

그 이외의 대화는 거의 전화통화였는데, 그 이유는 나눔의집이 저를 경계한 탓에 쉽게 만날 수가 없었기 때문입니다. 하지만 오히려 바로 그 때문에 할머니와의 대화가 기록으로 남게 되었습니다.

---

* 배춘희 할머니가 작고한 후 나눔의집 소장이 할머니의 생각과는 다른 이야기를 하는 것을 듣고 그때 찍은 영상을 페이스북에 공개했고, 이후 2018년에 발간한 『〈제국의 위안부〉, 법정에서 1460일』(31~55쪽)에서 이 대화의 일부를 다시 공개했다.

일상적인 이야기를 나누면서도 배 할머니는 저와 통화하고 있다는 사실이 나눔의집에 알려질까봐 언제나 조심스러워하셨습니다. 그런 모습이 책에서도 드러나고 있으니 참조해주시기 바랍니다.*

초기 만남 때부터, 배춘희 할머니는 지원단체와 나눔의집 생활에 대한 불만을 털어놓았습니다. 가족이 없었기 때문이겠지만 배 할머니는 자주 전화를 걸어오셨고, 저는 기꺼이 할머니의 이야기 상대가 되어드렸습니다. 11월에 첫만남이 있었고 12월에 첫 전화가 걸려 왔는데, 이듬해 3월에는 수화기를 붙잡은 채 신체적 불편을 호소하며 울기도 할 만큼 배 할머니는 저에게 마음을 열어주셨습니다. 4월에 병원을 찾아갔을 때 저를 보자마자 서럽게 우셨던 것을 지금도 아프게 기억합니다.

같은 4월에 배 할머니는 당신의 유산 처리에 대해 저에게 상의하셨습니다. 독실한 불교도여서 승가대학에 기부하고 싶다고 하셨고, 그런 할머니를 위해 저는 승가대학에 전화해서 연락이 닿을 수 있도록 돕기도 했습니다.

그런데 나중에 안 사실이지만 이미 이 시기에 나눔의집 소장은 나눔의집 고문변호사에게 의뢰해 (학생들을 시켜) 저의 책을 분석하고 있었던 듯합니다.** 사실 『제국의 위안부』에서 제가 비판했던 지원단체는 나눔의집이 아니라 주로 정대협이었습니다. 그랬기 때문에 나눔의집이 저를 적대시한 이유를 저는 그저 같은 지원단체로서의 경계심으로만 이해하고 있었습니다. 하지만 그 이

---

* 214쪽 외.

** 5월의 윤미향/정의연 사태 이후 이 문제에 관심 있는 일본인들끼리 진행된 영상회의에서 나눔의집 일본인 직원인 야지마 씨는 "안신권 소장한테 듣기로는 '내(안신권)가 박유하의 책을 읽고 문제라고 생각하고 지인 학자에게 말했더니 그 학자도 동의하기에 할머니들에게 책 내용을 요약해 들려드리고 고발했다"고 했다(「나눔의집에서 무슨 일이 일어나고 있나— 내부고발자들의 목소리ナヌムの家で何が起こっているのか-内部告発者たちの声」, 2020년 7월 5일, https://youtu.be/s5_K3Qe0lbk)

상의 이유가 있었다는 것을 알게 된 것은 나눔의집이 할머니들의 유산을 착복하고 배춘희 할머니의 유산마저 실제로 뺏어간 사실을 알게 된 2020년 5월 이후의 일입니다.* 배 할머니는 우리의 통화가 도청되는 것이 아닌지 의심하기도 했는데, 실제로 저와 전화로 이야기할 때 직원이 엿듣는 경우는 적지 않았습니다. 저에 대한 '접근금지' 가처분신청은 기각되었지만, 이들이 우려했던 것은 '(박유하가) 할머니들에게 접근하여 자신의 책에 맞는 증언을 이끌어내려고 한다'**는 식의 엉뚱한 오해(저는 『제국의 위안부』 이후 다시 위안부 관련 책을 쓸 생각은 하지 않았습니다. 따라서 경험에 대한 증언이 아니라 오로지 '사죄와 보상에 관한 당사자의 생각'을 듣는 것이 저의 만남의 목적이었습니다. 위안부 문제의 향방을 당사자가 아니라 지원단체 등의 대변인들이 결정하고 있다는 확신을 갖고 있었기 때문입니다.)뿐 아니라, 할머니들을 자신들이 관리할 수 없게 되는 것에 있었음을 명확히 알 수 있습니다.

덧붙이자면 같은 쪽에 표기되어 있는 것처럼, 저와 위안부 할머니들의 대화가 "일본 정부의 사죄와 배상을 요구하는 신청인들에게는 불리한 증거로 인용될 것이므로, 장래의 법적 불안이 도래할 우려가 있는 것"이라는 주장은 이들의 고발의 또 다른 목적이 '법적 책임'을 주장해온 자신들의 오랜 운동방식의 관철에 있음을 보여줍니다. 나아가 '법적 책임'이란 거주시설의 본래 역할을 벗어나 비교적 늦게 '운동'에 합류한 나눔의집이라기보다는 정대협의 주장이므로, 저에 대한 고발에 실질적으로 정대협이 깊숙이 관여했을 가능성을 명료하게 보여줍니다.

---

* 「"배춘희 할머니, 승가대학에 기부한다 했는데…" 커지는 유언장 위조 의혹」, 『한국일보』, 2020년 5월 26일자; 「데일리 영상: 故배춘희 할머니 "승가대에 시주하고 싶다" 육성 녹음 공개」, 『한국일보』, 2020년 6월 12일자.

** 「도서출판등금지 및 접근금지 가처분신청서」, 44쪽.

실제로 『제국의 위안부』를 위안부 문제에 대한 지식도 없는 학생들에게 검토시켜 책에 관한 엉터리 '허위'사실을 만들어낸 박선아 나눔의집 고문변호사는 정대협과 여러 모임에서 함께하고 있었음을 인터넷을 통해 충분히 확인할 수 있습니다. 영화 〈김복동〉에는 정대협의 연남동 '평화의 우리집'에 박선아 교수가 들어가는 장면이 나옵니다.

몇몇 위안부 할머니들과 만나면서, 예상대로 '당사자'들의 목소리가 여러 가지 측면에서 대변인들—지원단체와 주변인들과는 다르다는 것을 저는 알게 되었습니다. 그래서 다음해 4월에, 〈위안부 문제, 제3의 목소리〉라는 제목으로 문제의식을 공유하던 사람들과 함께 심포지엄을 열었습니다. '제3의 목소리'라는 말에 담은 것은 '오랫동안 대립하는 양쪽 목소리에 가려 들려오지 않았던 목소리'라는 의미입니다.

저는 무모하게도 이 심포지엄을 자비로 열었는데, 그건 오로지, 위안부 문제를 바로잡아 너무 오랫동안 '운동'에 동원되신 할머니들을 조금이라도 편안하게 해드리고 한일 양국에 누적된 오해와 불화를 풀어 차세대의 우애와 평화를 만들어보겠다는 열망이 강했기 때문입니다.* 그런 저에게 위안부 할머니의 명예를 훼손하려는 의도가 있을 이유가 없습니다. 나눔의집의 고발장은 이 심포지엄도 언급하고 있어서, 이 심포지엄이야말로 저에 대한 고발의 방아쇠를 당기는 직접적인 계기가 되었음을 알 수 있습니다.

실제로, 그 심포지엄에는 정대협 관계자도 와 있었는데, 나눔의집 관계자도

---

* 박유하, 「위안부 문제, 다시 생각해야 하는 이유」(심포지엄 자료집 〈위안부 문제, 제3의 목소리〉, 2014년 4월 29일, 동아시아 미래를 생각하는 사람들, 한국프레스센터). 기제출자료. 『제국의 위안부』 삭제판(2015)에도 수록했다.

와 있었다는 사실을 며칠 후에 배춘희 할머니에게 듣고 알았습니다(『일본군 위안부, 또 하나의 목소리』, 2014년 5월 16일의 통화, 245~246쪽 참조).

공개 심포지엄이니 충분히 예상할 수 있는 일이기는 했습니다. 사실 그런 경우를 예상하고 할머니에게 피해가 가지 않도록 얼굴을 모자이크 처리하고 목소리까지 변조했던 것입니다. 그럼에도 그 영상에 나온 분 중 한분이 배춘희 할머니였다는 것을 나눔의집이 인지했음을 배 할머니로부터 전해들었습니다. 그 때문에 나눔의집이 저를 비난하고 있다는 사실도 들었습니다. 말하자면 <u>나눔의집은 사죄와 보상에 관해 자신들과는 다른 생각을 하는 할머니들의 목소리가 바깥으로 유출되는 것을 경계했던 것이고 고발은 바로 그 때문에 이루어진 것으로 보입니다.</u>

배 할머니는 병원에서 제가 간호사에 의해 면회를 중단당한 이후(『일본군 위안부, 또 하나의 목소리』, 2014년 4월 16일의 기록, 197쪽 참조) 제가 할머니의 보호자=후견인이 되어주기를 강하게 원하셨고 저는 나눔의집 고문이었던 김강원 변호사를 만나 그 방법을 문의하기도 했습니다. 그리고 후견인이 되는 건 시간이 많이 걸리는 일이니 국가인권위원회를 통하는 것이 좋겠다는 조언을 듣고 국가인권위원회의 서류를 다운받아 작성 중이었습니다. 하지만 병원에서는 제가 묻지 않는 이야기까지도 하실 만큼 건강하셨던 배 할머니는 5월 10일경에 (할머니가 원하지 않음에도˚) 나눔의집으로 강제이동당하고 말았고, 이후 급격히 쇠약해졌습니다. 그리고 건강을 잃게 되면서 나눔의집 바깥에서의 삶에 대한 꿈과 의욕도 잃으셨습니다.

그 무렵 저는 할머니께 진행 상황을 알려드리고자 나눔의집을 찾아갔습니

---

* 간호사 일지. 4월 16일에 박유하가 방문한 사실과 함께 5월 10일에 할머니가 원하지 않는 퇴원을 했다는 사실이 기록되어 있다.

다. 하지만 배 할머니와 약속을 하고 갔음에도 안신권 나눔의집 소장은 저에게 면회를 허락하지 않았습니다. 대신 저에게 돌아온 말은 "법적 대응을 하겠다"는 말이었습니다. 이로부터 3주일 후 배 할머니는 작고하셨고, 작고 후 고작 일주일이 지난 뒤 저는 고발당하게 됩니다.

이상이 제가 고발당하게 된 배경입니다. 결론적으로 말하자면, 나눔의집 소장을 비롯한 주변인들은 할머니들의 재산을 독점적으로 '관리'하려 했던 것이고, 저의 논지가 '법적 책임'을 주장해온 운동 방식을 방해하는 것으로 간주한 정대협의 도움을 받아 저를 고발했다는 것이 여러 자료에 근거한 저의 이해입니다. 말하자면 경제적 목적이라는 사익과 오랜 기간에 걸친 운동의 성공이 가져다준 권위를 무너뜨리고 싶지 않았던 또 다른 사익이 만나 저를 고발한 것입니다.

그리고 민주국가에서 한 권의 책을 고발하는 방식으로 입막음하는 데에 대한 부담을 덜고자 국민들의 공감을 얻기 쉬운 프레임— '박유하는 위안부를 매춘부라고 말했다'는 프레임을 씌워 저를 고발했던 것입니다.

2) 사주/ 도장 도용
① 사주
그러한 목적을 위해 이들은 위안부 할머니들의 도장을 도용한 듯합니다. 물론 할머니들을 모아놓고 나눔의집 소장이 책의 '문제'를 들려드렸다고 하지만,* 당신들이 의지하는 이들이 누군가의 책을 가져와 나쁜 책이라고 말하면 당연

---

* 나눔의집 거주자였던 유희남 할머니의 증언(2014년 6월 27일 통화).

히 나쁜 책이라고 생각할 수밖에 없겠지요. 하지만 그중 한 분은 저에게 "정말 그런 말을 했느냐"고 물었습니다.* 읽거나 확인한 것이 아니라 할머니들은 그저 '들었'고 동조했을 뿐이라는 첫 번째 증거입니다. 오로지, 그런 해석을 제시하고 동조하도록 만든 나눔의집 소장에 의해 할머니들은 '박유하의 책은 나쁜 책'이라는 생각을 갖게 되었던 것입니다.

심지어 그렇게 전달하기 전에 지인 학자에게 의논해 동의를 받았다는 나눔의집 소장의 증언도 있습니다. 말하자면 할머니들이 그렇게 생각하도록 만든 배후에는 '학자'도 있었습니다. 학자가 그런 생각에 동조하게 된 것도 앞에 쓴 이유 때문일 것입니다. 사실 지원단체들의 주장은 많은 부분 학자들의 주장에 근거한 것입니다. 그런 학자들의 주장(위안부에 관한 이해, 법적 책임이라는 방식 고수)에 대해 제가 이의를 제기하고 그들과 함께하거나 학자 자신이 대표를 맡기도 한 지원단체를 비판했기 때문이라 할 수 있습니다.

실제로, "서울대 교수"가 박유하의 책을 나쁘다고 했다고 말한 할머니도 있습니다. 이분은 나눔의집 할머니에게 고발 사실을 듣고 분노하며 저에게 전화를 하셨는데, 바로 그런 정황이 이 고발이 위안부 할머니 자신의 판단과 의사로 이루어진 것이 아니라는 사실을 말해줍니다.** 고발 후 보름 정도 지났을 무렵이었는데, 이전 재판에서 제출한 적이 있지만 참고되지 않은 듯하여 다시 한번 제출합니다.

제가 이 할머니가 언급한 "서울대 교수"로 추정 가능한 것은 전 정대협 대표 정진성 교수와 그 연구팀, 그리고 법학자 양현아 교수 정도입니다. 정대협은 나눔의집 고발 이후 저를 고발한 것은 자신들이 아니라고 주장해왔지만,

---

* 위의 유희남 할머니 통화. 기제출자료. 스크립트 재첨부.
** 우연재 할머니 통화기록. 따로 첨부.

나눔의집 고발보다 이전 시점인 책 발간 직후에 고발을 검토한 바 있습니다. 실제로 윤미향 전 대표 역시 나눔의집의 고발 이전에 이루어진 외부강연에서 "제국의 위안부는 정대협을 비판한 책"이며 "고발하려고 했지만 오히려 책을 띄워주는 것이 될 수 있어 하지 않았다"고 말한 적도 있습니다.* 상담에 응했던 정연순 변호사가 스스로 공개적으로 말한 적도 있습니다.**

나눔의집은 저와 교류하던 배춘희 할머니가 작고하자마자 저를 고발하게 됩니다. 그것이 지원단체가 고발의 실질적 주체인 것으로 볼 수밖에 없는 또 하나의 이유입니다. 배 할머니가 살아 계셨다면 나눔의집 거주자 '모두'의 동의는 얻을 수 없었을 것입니다. 그런 의미에서 배 할머니를 병원에서 강제이동해 별다른 간호시설도 없는 나눔의집에서 돌아가시도록 방치한 사실은 문제적이었다고 생각합니다. 병원에서는 배 할머니 본인이, 병원이 자신에게 이상한 약을 먹이려 한다는 의심을 하시기도 했습니다.***

전적으로 신뢰할 이야기는 아닐 수 있지만, 배 할머니는 당시 (다른 거주자는 두뇌 혹은 신체에 장애가 있어) "의사표현을 정확히 할 수 있는" 분은 "나밖에 없다"고도 말씀하셨습니다.****

말하자면 나눔의집 소장이 모아놓고 『제국의 위안부』에 대한 설명을 들려드린 분들조차, 민사소송 고발인으로 이름이 올려진 9명 전부일 수는 없습니다. 다시 말해 나눔의집 소장의 왜곡된 '해석'을 듣고 수긍한 분들이 설사 몇

---

* 윤미향 강연 자료.
** 정연순 변호사 페이스북 글(2015년 12월 31일).
*** 『일본군 위안부, 또 하나의 목소리』238쪽. 이 당시 박유하가 할머니의 의구심을 풀어들이기 위해 지인 약사와 나눈 대화 기록 제출. 약사는 그 약은 노인을 '관리'하기 위한 약일 것이라면서 부정적인 의견을 내놓았다.
**** 『일본군 위안부, 또 하나의 목소리』267쪽.

사람 있었다 해도, 아예 설명조차 듣지 못하거나 들었다 해도 사태를 자신의 의사로 온전히 파악할 수 있는 분은 결코 원고로 기록된 9명 전부일 수 없습니다.

다시 정리합니다.
─(할머니들은) 스스로 독해 가능한가?
"나눔의집 위안부 할머니들은 스스로 책을 읽지 않았음이 여러 가지 정황에서 확인됩니다. 그럼에도 책 내용을 정확히 파악해야만 가능한 '고소인'으로 내세워졌습니다. 원고들에게 저에 대한 진정한 고발 자격이 있다고는 말하기 어렵습니다."
─9인 모두 나눔의집에 거주했는가?
"원고로 이름이 올라가 있는 분 중 한 분은 그 당시 나눔의집이 아니라 다른 지역에 계셨던 걸로 파악됩니다."*
─노쇠 등 다른 이유로 책에 대한 판단이 어렵지 않았는가?
"유희남 할머니는 눈이 불편해서 직접 책을 읽을 수 없다고 말씀하신 바 있습니다."**
─책 내용을 들은 할머니들이 들은 대로 수긍한 이유는 무엇인가?
"책 내용을 나눔의집 직원들로부터 들은 할머니들은 저에게 확인을 하려 했습니다."*** 그 사실만으로도 『제국의 위안부』에 대한 고발자들의 인식을 '위

---
*   정대협 '평화의 우리집' 고 손영미 소장 페이스북 글.
** 유희남 할머니 6월 27일 통화 스크립트.
*** "(직원이) 읽어주는데, 강제동원이 아니고 뭐야 그냥 갔다 그랬던가?"(유희남 할머니, 6월 27일), "할머니들을 나쁘게 비평해가지고 또 일본에 책을 판다고(들었다.)"(우연재 할머니, 6월 30일)

안부 할머니'들 자신의 생각이라고 말할 수는 없습니다. 말하자면 저에 대한 고발은, 윤미향 전 정대협 대표가 치매 등으로 의사표시가 어려운 위안부 할머니의 돈을 단체에 기부하게 하거나 개인적으로 현금을 빼갔다는 의혹을 받고 있는 사태*와 다르지 않은, 지원단체의 의사를 할머니들에게 대변시킨 사태입니다.

나눔의집 외부에 거주하시던 할머니 중 고발 이후 반년쯤 늦게 고소인으로 추가된 분이 두 분 계십니다. 그중 한 분인 이옥순 할머니는 저에 대한 고발 이후에 나눔의집에 거주하게 되었습니다. 아직 대구에 사시는 이용수 할머니 역시 그때 추가된 분인데, 그분 역시 책을 읽지 않았다고 저에게 직접 말한 바 있습니다.**

이용수 할머니는 대구대학에서 명예박사학위를 받은 분입니다. 그런 분조차, 제가 책을 드리겠다고 하자 "내가 무식한 할머니인데 왜 책을 읽어야 하냐"고 말했습니다. 다시 말해 많은 이들 앞에서 기자회견이 가능한 이용수 할머니조차 책을 읽지 않은 채 주변인의 말만을 믿고 저에 대한 고소인이 된 것입니다.

따라서 저는 이 고발을 자신들의 생각과 다른 주장을 했다는 이유로, 또 그러한 책이 영향력을 가질 것을 두려워하여 저를 사회적으로 매장하기 위해 행해진 모함고발로 인식합니다.

---

* 「검찰 "윤미향, 길원옥 할머니 치매 알고 있었다"」, 『조선일보』, 2020년 9월 16일자.
** 2020년 6월 30일, 대구에서 이용수 할머니의 변호사인 최봉태 변호사와 함께 만났는데, 이용수 할머니는 만나기 전의 전화통화와 이 자리에서, 도합 두 번, "책을 읽지 않았다"고 발언했다. 녹음은 하지 않았으나, 이 발언은 최 변호사 이외에도 동석한 다른 두 사람(이용수 할머니를 모시고 다니는 사람들)도 함께한 자리에서 행해졌다.

② 도장 도용

또한, 당시 고발장에 같은 모양의 목도장이 나란히 찍혀 있다는 사실도, 할머니들의 진짜 의사를 반영한 것이 아니라는 추정을 가능케 합니다.* 나눔의집 전 연구원에 따르면 할머니들은 중요한 서류에는 인장을 찍었다고 합니다.** 실제로 '5월 사태' 이후 쏟아진 신문기사들 중에는 지원을 신청하기 위해 정부에 제출된 할머니들의 서류에 인장이 찍혀진 사진을 올려둔 기사도 있었습니다.*** 저에 대한 고발이 위안부 할머니들 자신의 의사가 아니라 나눔의집 소장의 독자적 의사로 이루어졌음을 알 수 있는 또 하나의 증거입니다.

따라서 저에 대한 고발은, 위안부 할머니가 아니라, 지원단체와 그 주변 학자들의 '왜곡된 해석'에 의해 이루어졌다고 봅니다. 심지어 서류 자체도 할머니들의 의사가 충분히 반영되지 않고 조작된 허위서류일 수 있다고 생각합니다. 배춘희 할머니의 유산반환소송을 위해 만들어진 기부약정서가 허위라는 의혹도 제기되었고, 이에 관련해 고발되었다는 사실도 이러한 심증을 더해줍니다.****

3) 고발 이유

(중략)

고발 이후 저에게 전화를 걸어온 우연재 할머니는 저에게 일본어판을 내지 말

---

* 「도서출판등금지 및 접근금지 가처분신청서」 위임장 2쪽.
** 법원 제출 자료의 주석 96, 영상자료. 나눔의집 연구원이었던 무라야마 잇페이 발언.
*** 「나눔의 집, 정부서 예산 20억 원 타낼 목적으로 할머니들 대필시킨 의혹」, 『문화일보』, 2020년 6월 5일자.
**** 「故배춘희 할머니 '마음 상하셔 병원 간 날' 전재산 나눔의집 기부?」, 『한국일보』, 2020년 5월 23일자.

라고 반복해서 말했습니다. 2014년 6월, 고발 직후의 일입니다. 사실 이때는 이미 편집도 끝나 출간을 앞두고 있었습니다.

그런데 아직 나오지도 않은 일본어판의 존재를 이분이 어떻게 알 수 있었을까요? 당연히 관계자들에게 들은 이야기일 것입니다. 다시 말해 고발자들은 『제국의 위안부』 한국어판뿐 아니라 일본어판 발간을 두려워했습니다. 두려워했던 주체가, 그 책이 어떤 내용인지를 몰랐을 위안부 할머니가 아니라, 주변인들—제가 책에서 비판한 정대협 관계자일 것임은 명약관화합니다. 윤미향 전 정대협 대표가 일본인들 앞에서 "『제국의 위안부』는 정대협을 비난하기 위한 책"이라고 말한 데서도 드러납니다.

『제국의 위안부』가 위안부를 비난하거나 명예를 훼손한 책이 아니라 정대협 인사가 말한 것처럼 정대협의 운동방식을 비판한 책이기 때문에 고발당했음을 이보다 더 명료하게 보여주는 말은 없을 것입니다. 실제로 『제국의 위안부』는, 부제를 '식민지지배와 기억의 투쟁'이라고 달고 있는 것처럼, 역사를 둘러싼 "기억의 투쟁"에 중점을 두고 쓴 책이고, 지원단체의 운동방식에 대한 비판의식이 쓰게 만든 책입니다.

그렇게 쓴 『제국의 위안부』 일본어판은 발간 후 일본에서 높이 평가받았을 뿐 아니라 상당히 팔리면서 전문가와 일반인 양쪽에 받아들여졌습니다. 그리고 약 1년 후 굴지의 신문사와 대학이 수여하는 두 개의 상을 수상하기에 이르렀습니다(마이니치신문사가 주는 '아시아·태평양상 특별상', 와세다 대학이 주는 '이시바시 단잔 기념 저널리즘 대상'). 그동안 검찰은 저에게 조정을 권했는데, 원고 측 요구사항 중에는 일본어판도 삭제하라는 내용이 들어 있었습니다

---

* 윤미향 강연 자료

다. 도대체 누가, 무슨 이유로 그런 요구를 했던 걸까요?

<u>첫 고발장에서 지적된 109곳 중 많은 부분이 정대협이 우리 사회에 확산시킨 정보에 대한 회의/비판 부분입니다.</u> 말하자면 고발자들이 일본어판 삭제 혹은 절판을 요구했다는 것은 이들이 정대협의 운동방식에 대한 비판과 위안부에 대한 '조금 다른' 인식을 일본인이 읽게 되는 것을 바라지 않았다는 것을 말합니다.* 그렇게 그저 자신들의 주장을 지키기 위해 이들은 먼저 박유하의 책을 '위안부는 매춘부'라고 한 책이라고 주장했습니다. 그리고 고발에 대한 비판이 일자 정영환 등 재일교포들이 나서서 박유하의 책은 그냥 봐서는 알아챌 수 없는 '교묘한' 집필 방식을 사용한 책이라며 사람들의 의구심을 자극하는 방식으로 마녀사냥에 나섰던 것입니다.

그러나 이들의 독해가 터무니없는 왜곡이라는 것은 형사 1심과 2심에서 이미 제출한 글/자료와 다른 수많은 이들이 증명해준 바 있습니다. 저를 옹호한 이들은 저의 책이 위안부를 모욕하는 책이기는커녕 반대로 위안부 문제에 무관심했던 이들조차 위안부의 슬픔을 알게 해주는 책이라고 말해주었습니다. 일본 제국의 책임을 부정하기는커녕 제대로 파헤친 책이며, 일본의 책임이 아니었다고 생각한 이들조차 책임을 느끼도록 만드는 책이라고 해주었습니다. 일본어판을 만든 편집자도 위안부 할머니들에게 읽어드리고 싶다고 말해주었습니다.

그럼에도 30년 운동으로 다져진 권력과 금력을 바탕으로 고발자들과 그 주변인들은 여전히 저에 대한 모함을 그치지 않고 있고, 자신들과 마찬가지로

---

* 그 결과로 자신들이 주장해온 '법적 해결'이 이루어지지 않는 사태에 대한 경계심이라 해야 할 것이다.

'박유하의 책을 읽지 않았다"고 반복하면서도 저를 비난하는 이들을 양산하고 있습니다. 결국, 저는 그들의 집단적인 공격에 충분히 맞서지 못하고, '허위사실'을 유포해 위안부 할머니들의 명예를 훼손한 파렴치한 인물로 전 국민에게 매도당하고, 형사 1심에서만 승소했을 뿐, 가처분소송과 민사 1심, 그리고 형사 2심에서는 패소하기에 이르렀던 것입니다.

(중략)

4. 『일본군 위안부, 또 하나의 목소리』의 의미

검찰은 『제국의 위안부』가 강제연행을 부정하고 매춘, 애국을 강조했다면서, 명예훼손이라고 주장했습니다. 그러나 박유하가 고발당한 이유는 책 자체에 있는 것이 아니라 책의 영향에 있었습니다. 지원단체와 그 주변인들이 『제국의 위안부』를 문제삼은 것은 그러한 외적 요인과 배경을 은폐하기 위한 것이기도 합니다.

『일본군 위안부, 또 하나의 목소리』는 그러한 지원단체의 문제를 위안부 할머니들이 이미 잘 알고 계셨을 가능성도 알려주지만, 고발자와 검찰의 주장—책에 쓰인 내용이 허위다—라는 주장 또한 잘못된 주장이라는 것을 명료하게 보여줍니다.

1) 이 책에서 배춘희 할머니는 "위안부는 어머니처럼 병사를 돌보는 사람이었다"고 말합니다. 이는 검찰이 '허위'라고 주장한 "동지적 관계"가 결코 거짓

---

* 윤미향(미키 데자키 감독의 〈주전장〉, 2019), 가와다 후미코(『빨간 기와집—일본군 '위안부'가 된 한국 여성 이야기』의 저자, 대구mbc 보도특집 2부, 2020년 8월 21일).

이 아니었음을 증명합니다. 동시에 그런 인식이 '어머니'라는 말로 그럴듯한 역할을 맡고 있다는 자긍심을 심으려 한 가부장제 국가의 무의식의 계략일 수밖에 없다 해도, 그런 구조가 박유하가 지적한 '애국'구조 속의 일이었음을 말해줍니다. 실제로 문옥주 할머니는 스스로 자신을 "군속"이었다고 말하고 있으며 군속증명서를 교부받은 이들이 있었음을 말하는 자료도 있습니다.* 이는 정대협이 주최한 세미나에서도 거론된 바 있고, 이는 박유하 이전에 이미 존재했던 '위안부=군속'이라는 이해**에 정당성을 부여하는 증언이자, 따라서 박유하의 지적이 '허위'가 아님을 말해주는 또 하나의 증거입니다. 심지어 이러한 이해는 지원단체가 주장해온 '법적 해결'을 가능케 하는 근거가 될 수 있는 부분이기도 합니다. 물론 그러기에는 너무나 시간이 흘러 실현 가능성은 희박하다고 해야 할 것입니다. 저의 논지는, 이들이 주장하는 것처럼 일본의 배상을 어렵게 하는 것이기는커녕, 그 반대로, 위안부를 징병/징용과 비슷한 범주의 존재로 다루어 오히려 배상을 가능하게 만들 수 있는 논지이기도 했던 것입니다.

2) 배 할머니는 강제연행당한 것이 아니라 스스로 직업소개소에 갔다고 말합니다. 이 또한 "(위안부) 모두가 강제연행당한 것은 아니다"(결코 '강제연행은 없었다'고 쓰지 않았습니다)라고 말한 박유하의 지적이 틀린 것이 아니었음을 증명해줍니다.

『제국의 위안부』는 '성노예' 주장과 '매춘부' 주장 양쪽 의견에 대해 비판하

---

* 『버마전선 일본군 '위안부' 문옥주』(모리카와 마치코 지음, 김정성 옮김, 아름다운사람들, 2005)
** 『'강제성'이란 무엇인가: 일본군 위안부 문제』(2007년 5월 4일의 일제강점하강제동원피해진상규명위원회 외 주최 한일공동세미나 자료집, 한국정신대연구소, 2007) 53쪽.

면서 동원에서의 자발성이나 강제성을 따지는 것은 큰 의미가 없다고 주장했습니다.

주로 민족문제로 다루어지던 위안부 문제를 여성문제로 다루면서, 어떤 경위로 가게 되었건 위안부는 피해자라는 입장에 서서 쓴 책이 『제국의 위안부』입니다. 이는 이미 제출된 책 발간 직후의 한국에서의 긍정적인 반응, 일본어판에 대한 정확한 서평들과 심사평들이 증명해줍니다. 가장 양심적 지식인/언론으로 일컬어지는 곳으로부터 그러한 서평들을 얻을 수 있었던 것만으로도 『제국의 위안부』가 결코 위안부 할머니들의 명예를 훼손하는 책이 아닐 뿐 아니라 '허위'라면서 '범죄'로 지목된 세 가지 사항이 결코 허위가 아니라는 사실을 다시 한번 증명해줄 것입니다.

뒤늦게 위안부 문제 권위자인 요시미 요시아키 교수가 『매춘하는 제국』에서, 그리고 박유하 비판의 선봉에 섰던 재일교포 김부자 교수가 『식민지유곽』 등을 통해 위안부 문제와 '매춘'의 깊은 관련성을 지적한 사실 역시 박유하의 책이 허위가 아님을 말해줍니다. 나아가 『위안부는 여자다』라는 책은 뒤늦게 여성주의 시각으로 위안부 문제를 다룬 책인데, <u>한국과 일본의 주류 학자들이 '조선인 위안부=강제연행, 일본인 위안부=매춘'설을 통해 일본인 위안부의 피해자성을 희석시키는 방식으로 이용했다고 지적합니다.</u>

민족문제가 아니라 여성문제로 보아야만 이러한 시각이 가능해집니다. 중요한 건 강제인지 여부와 상관없는 위안부의 피해자로서의 위치 인정입니다. 박유하의 『제국의 위안부』 역시, 동원 과정에 상관없이 위안부 모두를 피해자로 간주하고 그에 입각해 그녀들을 동원한 '일본 제국'의 책임을 물은 책입니다.

이상, 고발을 둘러싼 정황에 대해 제가 아는 한도 내에서 설명드렸습니다. 고발 배경에 대해 정확히 파악해주시고, 6년 동안이나 고통받아온 저에게 이제 그만 무죄 판결을 내려주실 것을 간곡히 부탁드립니다.

2020년 10월 15일
피고인 박유하

◇ ◇ ◇

늦가을에 배춘희 할머니와 나눈 대화가 책이 되어 나왔다. 그리고 윤미향 사태 때문이었을 텐데, 연말에는 나와 윤미향 전 정대협 대표를 나란히 다룬 기사도 나왔다.* 대사회적 발신력에서 압도적인 힘의 차이가 있었던 고발 이후 6년이 조금씩 흔들리고 있었다. 「피고인 의견서」에 쓴 것처럼 나의 위안부 인식이 틀리지 않았음을 말해주는 학술서들이 일본이며 호주에서 나온 해이기도 했다. 형사재판이 끝나도 민사재판과 가처분재판이 남아 있다는 사실을 생각하면 여전히 암담했지만, 그런 기분을 잠시나마 접어두자고 생각했다.

2021년 1월, 이번에는 나에게 '법적 대응'을 하겠다고 협박했고 실행한 나눔의집 안신권 소장이 기소당했다.

이 무렵부터 일본 『마이니치 신문』에 「화해를 위해서 2」라는 제목으로 한일 간의 현안을 다루는 연재를 시작했다. 2013년의 『제국의 위안부』이

---

* 「오피니언: "할머니 속여" 기소된 윤미향, 정대협 비판해 고발당한 박유하」, 『중앙일보』, 장세정 논설위원, 2020년 12월 21일자.

후에 얻게 된 인식에 대해서도 써야 했지만, 2018년 후반부터 급격히 부각한 징용 문제에 대해 일본인들을 향해 하고 싶은 말이 있었다. 한일 양국 정부는 '기업의 책임'만을 논하지만, 징용 문제 역시 '기업'을 넘어 '국가책임'이 있다고 생각했다.『제국의 위안부』 역시 일본을 향해, 그들이 한 사죄와 보상을 인정하면서도 아직 그들이 해야 할 일이 남아 있다는 말을 하기 위해 쓰기 시작한 글이었다.

  이 무렵 하버드 대학의 램지어 교수가 쓴 논문이 문제시되는 사태가 일어났다. '계약서'에 대해 언급한 논문이라 해서 계약서의 존재 자체는 사실일 수 있다고 SNS에 썼더니, 그가『제국의 위안부』를 인용했다면서, 고발 직후부터 나를 비난했던 이들과 역사학자 주진오 교수 등이 나를 비난하고 나섰다. 나중에 국회의장이 된 우원식 의원도 4월에 SNS에서 후쿠시마 원전 '오염수' 해양방류 문제와 램지어 논문을 함께 언급하며 나를 "토착왜구"라고 비난했다.

  10여 년 전에 정대협의 후원으로 '20만 조선인 소녀가 끌려갔다가 대부분 학살당하고 2만 명 돌아와 2백수십 명이 목소리를 냈다'는 포스터를 만들며 활동했던 '평화나비' 학생들도 나에게 사죄를 요구했다.

  내가 "악질적인 친일파가 분명"하니 "간악한 위장전술에 속아서는 곤란"하다고 일찍이 주장했던 '교수'(백승종)도, 내 머리털을 뽑아놓겠다거나 창녀라고 외치는 SNS 댓글에 '좋아요'를 눌렀다. 영향력 있는 한국사 강사(심용환)도 그 대열에 동참했다. 조국 사태 때 문제적 '진보'를 비판했던 여성 변호사(권경애)조차 내가 '강제동원을 부정하고 있고 고노 담화와는 다른 입장'이라면서 비난했다.

  "일각의 주장에서처럼 박 교수가 저서에서 일본의 책임을 인정하지 않았다거나 위안부 여성들의 잔인한 고통을 부인한 것은 아니었다"고 명확히 써준 이는 멀리 미국에 있었다.

이해 8월에 한국에서 열린 심포지엄에서는 일찍이 내가 "우익에 친화적"이라고 썼던 재일교포 학자(김부자)가 초청되어 내가 하지 않은 말로 또 다시 나를 비난하고 있었다. 부정확한 지식과 그 사실을 결코 인정하지 않는 기만이 위안부 '문제'를 이미 30년 가까이 지속시키고 있었고, 그런 목소리들은 『제국의 위안부』와 나에 대해 한치도 변함 없는 태도를 취했다.

논지에 대한 이견 아닌 도덕적 의구심을 불러일으키는 비난 방식에는 이미 익숙해져 있었지만, 그 방식은 나에게만이 아니라 일본 정부에 대해서도 오랫동안 사용되어왔고 여전히 유지되고 있었다. 한국이 일본 정부를 일본 우익과 동일시하게 된 배경이기도 했다.

"나는 류석춘을 포함한 뉴라이트 계열의 역사서술, 그리고 위안부 동원의 강제성을 부정하는 박유하의 언설을 격렬히 비판한다"면서 "그러나 그 이상의 강도로 이들의 말할 자유, 학문의 자유를 옹호하려 한다"**며 나를 뉴라이트와 나란히 놓고 짐짓 관대한 포즈를 취해 보이는 식의 불성실한 자유주의적 태도가 이른바 '지식인'층까지 깊숙이 잠식하고 있었다.

위안부 지원파나 부정파는 물론, 사태를 잘 모르는 이들도 그 양쪽의 주장에 따라 읽고 싶은 대로 칭찬, 혹은 비난했다. 그것이 『제국의 위안부』가 만난 수난이었다. 그리고 형사 2심 재판부는 그런 상황을 조장했다.

이해 가을, 고발 원인이 되었던 2014년의 심포지엄에서 같이 발제했고

---

* 석지영, 「위안부 이야기의 진실을 찾아서Seeking the True Story of the Comfort Women」, 『더 뉴요커THE NEW YORKER』, 2021년 2월 25일자.
** 이철우, 「한국의 창(窓): 류석춘을 위한 변론」, 한국일보, 2021년 8월 25일자.

고발 이후 재판의 추이를 우려해주었던 부산의 활동가—김문숙 관장이 세상을 떠났다. 나보다 꼭 30년 먼저 태어나, 식민지시대를 산 분이었다. 언제나 생각이 같은 건 아니었지만, 여성학계조차 나를 적으로 돌리는 상황 속에서 많지 않았던 여성 동지 중 한 사람이 되어준 분이었다.

기소 반대 성명에 참여하거나 그 밖의 다양한 방법으로 나를 지지·지원해주었던 분들이, 내가 재판에서 해방되는 모습을 보지 못한 채로 세상을 떠나고 있었다.

2. 변화의 시작과 '진보'의 저항
 (2022년 3월~2023년 9월)

차가운 겨울이 지나고 봄기운이 조금씩 느껴지던 다음해 2022년 3월, 고발되기 전에 배춘희 할머니 문제를 상의하기 위해 따로 만난 적이 있던 나눔의집 고문변호사 김강원 씨가 아무일도 없었다는 듯 갑자기 전화를 걸어왔다. 그러고는 문득 생각났다는 듯, 재판이 아직 안 끝났느냐고 물었다. 어이없어하는 나에게 그는 자신은 재판에 관여하지 않았다고 했다. 그렇다 하더라도 믿기지 않는 전화였다.

고발에 관여한 이들조차 『제국의 위안부』 사태를 잊고 있었다. 세상도 잊을 수밖에 없었다. 그런 상황은 대법원에게도 조속한 판결에 대한 부담을 덜어줄 수 있었다. 실제로 재판은 지연되고 있었다. 2014년에 고발된 『제국의 위안부』 사태, 기억이 살아 있기에는 시간이 너무 많이 지나 있었다.

그러나 덕분에 기소 직후에 나에게 전화를 걸어 자신에게 협조하지 않으면 '재판 갈 수밖에 없다'는 식으로 협박성 발언을 했던 최봉태 변호사가 나에 대한 고발을 주도했다는 사실을 처음 알게 되었다. 내가 전쟁범죄를 찬양했고 나의 책은 청소년들에게 해악이라고 외쳤던 박선아 변호사는 최 변호사 사무실에 있던 이였다. 나조차 그런 사실을 사태 발생 후 8년이 지나고서야 알 수 있었으니, 우리 사회가 이 사태를 이해하는 데에 시간이 걸리는 건 당연한 것일지도 몰랐다.

이해에는 위안부 문제와 관련하여 주목할 만한 논문이 발표되었다. 이미 2017년부터 위안부 문제 연구에 관해 기존 시각과는 다른 시각을 보여줬던 도쿄대 교수의 논문과 위안부 문제에서 쟁점 중 하나였던 '위안부의 수입' 문제를 군표 분석 등을 통해 치밀하고 상세하게 검토한 한국인 교수의 논문이었다. 하지만 '돈을 벌었으니 위안부의 비극은 존재하지 않는다'는 식으로 주장해왔던 우파의 논리와는 달랐다. 그러면서도 '버마의 인플레이션 탓에 돈을 번 것으로 보였을 뿐 실제로는 큰돈이 아니었다'는 주장으로 20년 가까이 영향력을 끼쳐온 '위안부 문제 연구 1인자' 요시미 요시아키 교수의 입장에 근본적인 비판을 가한 논문이었다. 두 교수 모두 중후한 논문과 저서로 실력을 인정받아온 중견 역사학자였다.

마침내 『제국의 위안부』와 비슷한 입장을 가진 연구자들을 만난 것 같아 반가웠다. 그들 역시 정치적 진영과 상관없이 오로지 연구의 결과만을 말하고 있었다. 새로운 두 논문의 출현은 나의 문제제기가 틀리지 않았음이 정치적으로가 아니라 학문적으로 밝혀지기 시작하고 있음을 의미했다. 2014년에 시작되어 넘을 수 없는 거대한 바위로 느껴졌던 『제국의 위안부』 사태에 조금씩 균열이 생기고 있었다. 사태 발생 이후 8년이 지나 있었다.

물론 사람들이 나와 비슷한 것으로 간주한 이른바 '뉴라이트' 진영의 주장에도 귀 기울일 만한 내용은 당연히 있었다. 하지만 그들 역시 진보진영 학자들이 그랬던 것처럼 '정치적' 주장에서 자유롭지 않았다. 나아가 소녀상을 철거해야 한다는 식의 일부 운동 방식에는 동의하기 어려웠다. 그런 만큼 더 반가웠던 논문들이었다.

그 무렵에 일본에 거주하는 한국계 연구자가 쓴 『제국의 위안부』 삭제판'을 대상으로 한 서평'도 나왔다. 일본어판과 한국어판은 다르다면서 숨은 의도가 있는 것처럼 보이도록 만들었던 재일교포 연구자의 악의적 시각과는 달리, 대체로 긍정적으로 평가한 리뷰였다. 한국어판을 제대로 읽고 일본어로 글을 쓴 이들이 거의 없었던 만큼, 그의 악의에 흔들렸던 일부 일본인 지식인들의 불안을 조금은 해소시켜줄 수 있을 터여서 이 또한 반가웠다.

정년이 코앞으로 다가와 있었다. 정년 전에 나 자신의 명예를 회복해 세종대 동료들과 학생들, 졸업생들의 명예도 회복하고 싶은 마음이 간절했다. 나는 다시 법원에 제출할 의견서를 썼다.

2020년에 나눔의집에서 직원들의 내부고발이 제기되어 나를 고발한 안신권 소장이 해임되었고, 횡령 혐의로 기소되어 재판 중이며, 이용수 할머니가 윤미향 씨와 정대협의 문제를 거론했고, 윤미향 씨가 횡령죄로 기소되어 재판 중이라는 사실, 그리고 정대협의 윤미향 전 대표가 『제국의 위안부』를 '위안부'가 아니라 "정대협을 비난하기 위한 책"으로 인식해 고발하려 했으나 "사회적으로 큰 반응이 없는 책을 고발하면 오히려 관심을 받을 거 같아 고발하지 않았"고, "박유하의 주장은 위안부 문제 해결을 둘러싼 정대협의 운동을 방해할 것"이라고 고발되기 직전 시기—2014년 2월에 일본에서 이루어진 강연에서 말했던 사실을 증거자료를 제시하고 환기시켰다. 고발에 대한 상담을 받은 것은 정연순 변호사였으며, 그녀 역시 "그 끔찍한 책을 서너 번을 읽"었으나 "정대협에 대한 명예훼손이 분명함에도, 법적 판단과 별개로 박유하를 양국 간 화해에 몸바친 희생자로 만들 우려

---

* 夫鍾閔(부종민), 「他者表象のアポリア—朴裕河『帝国の慰安婦: 植民地支配と記憶の闘争』(第2版·34ヵ所削除版)を読む」, 『思想のプリズム』第2号, 2022.

가 다분하므로 소송 제기를 권하지 않았다"고 페이스북에 썼다는 사실도 말했다. 나를 고발한 박선아 변호사가 과거에 열린우리당 비례대표가 되어 국회의원이 되려 했던 변호인이라는 사실도 덧붙였다. 2020년에, 이용수 할머니가 나에게 "책을 읽지 않았다, 뭐하러 그런 책을 읽겠냐"고 직접 말한 사실도 덧붙였다.

퇴임이 다가와 정신 없이 지낼 무렵, 미국에서 소녀상 연구로 학위논문을 쓰는 중이라는 젊은 여성이 찾아왔다. 봄에 만난 한국인과 일본인 중견 연구자들에 이어 이번에는 젊은 한국인 연구자였다. 그녀가 가져온 푸른 수국 꽃송이들에서 나는 희망의 빛을 조금 봤다.

  7월에는, 뜻밖에도 전 대법관이 『제국의 위안부』 사건이 "상징적이고 역사적인 사건"이라면서 나에게 무죄를 내리는 것이 "대법원의 명예와 권위를 높일 수 있는 사건"이라고 발언한 인터뷰 기사가 나왔다. 기사가 실린 『법률신문』은 법조인들이 많이 구독하는 신문이라고 했다.

  비슷한 무렵에 열린 서울시와 이화여대가 주최/주관한 위안부 문제 국제포럼에서도 이제까지의 연구와 운동의 방식에 대해 근본적인 물음을 던지고 있었다. 반가웠지만 씁쓸하지 않을 수 없었다. 심지어 한 발표자는 갑자기 '『제국의 위안부』 사태' 운운하며 나에 대해 비판적으로 언급하고 있었다.

  위안부 문제의 중심에 있던 지원단체장들이 문제를 드러냈어도 그 사태에 대한 반성은 최소한 밖에서는 보이지 않았다. 오랜 세월에 걸쳐 쌓아온 문화담론이 개인의 욕망과 무관하지 않다는 인식도 없어 보였다. 정대협 초기 대표는 그저 '대가'의 여유로 임하고 있었다. 위안부 문제 관련 운동에 대한 자성에서 『제국의 위안부』에 대한 가해 인식은 빠져 있었다.

학계는 『제국의 위안부』 사태를 뽑히지 않는 가시처럼 여기고 있는 듯했다. 하지만 이른바 윤미향사태 이후 위안부 문제에 대한 사회적 관심은 사라져가고 있었다. 고발한 박선아 변호사는 더이상 위안부 관련 집회에 나타나지 않은 듯했다. 나를 기소한 검사도 어느새 검찰을 떠나 변호사가 되어 있었다. 『제국의 위안부』 사태에 대한 사회적 망각의 조건은 갖추어져 있었다. 고발당한 해로부터 8년. 고발과 기소를 주도한 이들은 모두 제각각의 이유로 사라지고 없었다. 그들이 돌아가며 나를 '범죄자'로 다그쳤던 공간에는 어느새 나만 남아 있었다.

퇴임식 다음날인 8월 31일, 프레스센터에서 기자회견을 했다. 판결을 앞당기려면 잊혀지지 말아야 했다. 2021년에 연재한 『역사와 마주하기』 일본어판이 6월에 나와 있었고, 한국어판도 내 퇴임에 맞춰 출간되었다. 그 책을 들고 나는 출판사의 정종주 대표와 함께 회견에 임했다.

2015년 12월과 2017년 12월에는 성명에 참여한 지지자들과 함께했었다. 2022년에는 당사자 두 사람만 나섰다. 그럴 수 있을 만큼은 세월이 흘러 있었다.

◇ ◇ ◇

『제국의 위안부』 소송과 한일관계에 관한 기자회견문

바쁘신 가운데 이렇게 모여주신 언론사 관계자 여러분, 그리고 저를 둘러싼 사태에 관심 갖고 참석해주신 분들께 먼저 깊은 감사의 말씀 드립니다.

저는 오늘로 저의 직장이었던 세종대를 정년퇴직하게 됩니다. 30년 가까이 되는 기간 동안, 한 사람의 학자로서 연구와 교육에 최선을 다해왔다고 생각합니다.

그런데 2014년 6월 16일에 고소·고발당한 이후, 평온했던 저의 일상은 깨졌고 이후 8년이라는 세월이 지났습니다. 이 8년 동안 저의 책『제국의 위안부』가 위안부의 강제연행을 부정했다거나 위안부 할머니를 폄훼했다는 등, 제 기억에 없는 일로 비난이 끊임없이 이어졌습니다. 정년을 맞게 된 오늘까지도 책은 아직 법정에 갇혀 있고 제가 아직 '피고인' 신분을 벗지 못한 건 그런 비난들 때문이기도 하다고 저는 생각합니다.

1. 고발은 운동 비판의 결과

그런데 저의 책은 발간 당시에는 언론에 오히려 호의적으로 받아들여졌었습니다. 고소·고발당한 건 무려 10개월이나 지난 후입니다. 이 10개월 동안 저를 둘러싼 새로운 변화는 '나눔의집'에 거주하시던 한 위안부 할머니와 친해졌다는 사실밖에 없습니다. 그런 저를 나눔의집 소장이 경계했고, 책의 검토를 의뢰받은 한 변호사가 위안부 문제에 대해 아무것도 모르는 학생들을 시켜 『제국의 위안부』에 관한 보고서를 만들어, 무려 109곳을 삭제해야 한다면서,

형사고발, 민사 손해배상청구, 그리고 판매금지 등 가처분신청, 이 세 가지 소송을 건 것이 이른바 『제국의 위안부』 고소·고발 사태입니다.

그런데 실은 이보다 앞서 정신대문제대책협의회(현 정의연)도 고발을 검토했었다는 사실을 저는 훗날 알게 되었습니다. 정대협 대표였던 윤미향 씨가 상의했다는 전 민변 회장 정연순 변호사는 『제국의 위안부』가 "정대협에 대한 명예훼손"이라고 명확히 말하고 있습니다(정연순 변호사 페이스북, 2015년 12월 31일).

이 두 가지 사실은, 『제국의 위안부』 소송이 위안부 할머니가 아니라 주변인들이 일으킨 소송이라는 것을 명확히 말해줍니다.

그리고 징용 문제에서 정대협만큼 오래 활동해온 최봉태 변호사가 나눔의 집 소송을 주도했다는 사실을 저는 올해 3월에야 알게 되었습니다. 최 변호사는 이용수 할머니의 변호사이기도 한데, 당사자인 이용수 할머니는 저의 책을 읽은 적이 없다고 저에게 두 번이나 말씀하신 적이 있습니다.

2. 때를 놓친 판결

"정대협에 대한 명예훼손"이라는 말이 보여주는 것처럼, 『제국의 위안부』가 위안부가 아닌 지원단체를 비판한 책이라는 사실은 누구보다도 관계자들이 가장 잘 알고 있었습니다. 실제로 삭제를 요구한 109곳 중 3분의 1 이상이 정대협 관련 기술이기도 합니다.

이후의 싸움에서, 저는 형사 1심에선 승소(무죄 판결)했지만 2심에서는 패소(유죄 판결)했습니다. 당시의 판결 요지를 한마디로 말하자면 '박유하가 위안부를 매춘부라 한 건 아니지만, 독자들이 그렇게 읽을 우려가 있다'는 것이었습니다. 독자의 독해력에 대한 책임이 저자에게 씌워진 것입니다.

따라서 저는 당연히 상고했습니다. 2017년 10월의 일입니다. 이후 대법원 계류 세월만도 곧 5년이 됩니다. 만약 무죄(파기환송) 판결이 나온다 해도 2심을 다시 진행해야 하는 건 물론이고, 2억 7000만 원(원고 1인당 3000만 원)의 손해배상이 청구된 민사소송, 그리고 책 일부를 삭제당한 가처분판결에 대한 이의신청 심리도 아직 남아 있습니다.

그러니 이대로 가면 10년을 넘길 수도 있다는 생각에 오늘 이 자리에 서게 되었습니다. 하다못해 퇴임하기 전에는 끝나기를 간절히 바랐지만, 결국 제 바람은 수포로 돌아가고 말았습니다. 한 사람의 일생에서 10년이라는 세월이 어떤 의미와 무게를 갖는지는 이 자리에 계신 모든 분이 잘 아시리라고 생각합니다.

이 8년의 세월 동안 저는 SNS와 홈페이지, 세 권의 책(『〈제국의 위안부〉, 법정에서 1460일』,『〈제국의 위안부〉, 지식인을 말한다』,『일본군 위안부, 또 하나의 목소리』)을 통해, 그리고 인터뷰 등의 기회를 얻을 때마다『제국의 위안부』는 고소·고발자들이 말하는 그런 책이 아니라고 말해왔습니다. 그리고 국경을 넘어선 지지자들도 두 번의 항의성명, 세미나, 심포지엄, 책 등을 통해 같은 이야기를 해주었습니다. 그들 대부분은 이른바 진보진영에 속하는 지식인들입니다. 저의 홈페이지('박유하『제국의 위안부』, 법정에서 광장으로', https://parkyuha.org/)에 자세히 나와 있으니 참조해주시기 바랍니다.

이 기간 동안, 저도 고령화되었지만 지지자분들도 고령화되었습니다. 그중엔 돌아가신 분도 여러 분 계십니다. 그만큼이나 긴 세월이었습니다. 저도 그렇지만, 함께 해주신 분들도 지칠 수밖에 없는 긴 시간이었습니다. 결자해지라는 말이 있듯, 저를 이런 상황에 몰아넣은 것은 이른바 '진보'진영 사람들이기 때문에, 저는 바로 그 때문에 문재인 정부 때 무죄 판결이 내려지기를 간절히 바랐습니다. 그래야만 정치적 판결로 간주되지 않을 뿐 아니라 재판부의 명예도 지켜질 것이라고 생각했기 때문입니다. 그런 의미에서, 대법원에 심심한 유감을 표합니다.

3. 위안부 문제를 둘러싼 근본적 오해

(1) 학계에서 부정되고 있는 '강제연행'

저는 강제연행을 부정하지 않았습니다. 그저 '공적으로는' 강제연행이 없었던 것으로 보인다고 말했을 뿐입니다. 그런데, 실은 학계에서도 더이상 '강제연행'을 주장하지 않습니다. 어떤 학자가 "(위안부)운동부터 시작하다 보니 정확하지 않은 사실이 많았다는 것을 연구를 하면서 알게 됐다"(강정숙)고 말한 배경이기도 합니다.

그런데다 금년 5월에 나온 한 일본인 진보 학자의 위안부 논문도 일본 군부에 의한 "직접, 그리고 계획적인" 강제연행은 없었다고 말합니다(도노무라 마사루[外村大] 도쿄대 교수). 이제야 이른바 진보진영에서 이런 주장을 하는 본격 논문이 나온 것입니다. 또한 위안부 문제의 1인자로 일컬어져온 일본인 학자의 주장이 얼마나 근거 없는 것이었는지에 대해 정면으로 비판하는 한국인 학자의 논문도 역시 금년 3월에 나왔습니다. 두 논문 다 실력 있는 중견 역사학자에 의해 집필된 중후한 학술논문입니다.

하지만 위안부 문제 주류 학자들이 이 논문들을 받아들일지는 미지수입니다. 이런 목소리는 소수이니 이제까지 그랬던 것처럼 안으로는 논의하면서도 바깥으로는 함구하는 일이 벌어질지도 모르겠습니다.

한국 사회의 위안부 인식이 30년 전 인식과 거의 변함이 없는 것은, 관계자들이 그 이야기를 단 한 번도 언론이나 대중 앞에서 공식적으로 하지 않았기 때문입니다. 그 대신, 학자들과 운동가들은 강제연행에서 강제성, '동원' 아닌 '위안소에서의 부자유'로 '강제'의 내용을 바꿔가며 '강제'라는 단어를 유지시켜왔습니다. 심지어 위안부 문제에서 제1인자로 거론되는 학자조차 그런 기만의 선두에 서 있었습니다. 왜 이들은 이토록 '강제'라는 단어에 연연했을까요? 강제든 아니든 위안부 피해가 달라지는 일은 없는데도 말입니다.

(2) 위안부 문제와 북한
주지하다시피, 위안부 '문제'는 1990년대 초에 '문제'로서 발생했습니다. 그런데 같은 시기에 북한은 일본과 국교정상화 교섭 중이었습니다. 북한은 위안부 문제를 일본에 대한 '배상'을 받아낼 수 있는 문제로 간주했습니다. 냉전 시기에는 교류하지 못했던 남북은 이 시기에 일본, 중국, 유럽 등지에서 만나면서 이런 문제의식을 공유했고, 북한의 대일배상 문제는 어느새 한국의 위안부 운동에서도 중요한 위치를 차지하게 됩니다. 실제로 1992년이라는 이른 시기에 윤미향 전 정대협 대표는 북한이 배상을 받아낼 수 있도록 위안부 문제를 잘 해결해야 한다고 말하기도 합니다.

'배상'을 받으려면 대상 행위가 불법이어야 합니다. 유엔의 위안부 인식을 담은 「쿠마라스와미 보고서」에는 위안부의 목을 잘라 국을 끓이라 했다는 등의 이야기가 나오는데, 이 증언은 북한 출신 위안부의 증언이었습니다. 이 외에도 한국 사회에 퍼져 있는 가장 끔찍한 위안부 이야기들은 북한 출신 위안부의 이야기인 경우가 많습니다. 우리 언론에서 자주 거론되는 이른바 '국제사회의 인식'이란 그런 증언에 영향을 받아 만들어진 것이기도 합니다.

'불법행위'가 되어 '배상'을 받으려면 위안부 동원이 군인=국가기관에 의한 '강제연행'이 되어야만 합니다. 함의를 바꾸어가면서까지 '강제'라는 단어가 유지되어야 했던 배경에는 정치적 이유가 존재했습니다.

(3) 이민족간 강간과 동일시

위안부 문제는 유엔 등 국제사회를 향해 동시대의 유럽이며 아프리카에서 일어난 '부족/민족간 강간'인 것처럼 어필되었습니다. 원래 과거문제는 다루지 않았던 유엔이 위안부 문제에 관심을 표명한 이유이기도 합니다. 그런데 부족간 강간이 '불법'으로 성립하기 위해서는 두 집단 간 관계가 '교전국'이어야 합니다. 동등한 위치에서 '전쟁'을 수행 중인 관계여야 했다는 이야기입니다.

북한은 독립투쟁을 바탕으로 국가를 만들었다는 자기인식을 갖고 있습니다. 따라서 일본과의 관계에서도 자신들을 '교전국'이었다고 생각합니다.

문제는 이러한 인식을 당시 위안부 문제를 둘러싸고 북한과 연대했던 한국도 수용/계승했다는 사실입니다. 윤미향 전 정대협 대표뿐만 아니라 일찍부터 위안부 문제에 관여해왔던 법학자 등 다른 관계자들도 '북한의 대일배상'을 의식하고 있었습니다.

그런데 정작 2002년의 '평양선언'에서 북한은 일본의 경제지원을 받기로 합의합니다. 그때의 '평양선언'이 이후 현실화되었다면 위안부 문제가 그 이후로도 20년 동안이나 갈등을 이어가는 일은 없었을 것이라고, 저는 확신합니다. 하지만 북한의 핵 문제와 납치 문제가 불거지면서 '평양선언'은 유명무실화되었고, 이후 20년이 지나도록 일본과 북한의 국교정상화 논의는 이루어지지 않고 있습니다. 그러면서 위안부 문제를 둘러싼 한일 갈등도 이어졌습니다.

(4) '식민지' 아닌 '교전국'이 된 한국

작년(2021년) 봄에 나온 일본 정부를 상대로 한 위안부 재판 판결문에는 "교전국"이라는 단어가 등장합니다. 한국의 재판부는 당시 조선을 일본과의 교전국으로 간주하고, 위안부와 일본군의 관계를 적대시하는 민족간의 집단강간으로 규정지었습니다. 물론 이런 판결은 원고의 주장을 무비판적으로 수용한 결과일 것입니다.

이렇게 해서 위안부 문제는 식민지범죄 아닌 '전쟁범죄'로 인식되게 되었습니다. 최근 몇 년 사이 한국 사회에 비교적 널리 회자되게 된 '법적 해결', '법적 책임'이라는 단어는 사실 위안부 문제를 전쟁'범죄로 간주해야 가능한 개념입니다.

하지만 대한민국과 일본의 관계는 전쟁범죄가 성립될 수 있는 교전국이 아니라 엄연히 종주국-식민지 관계입니다. 설령 국지적 전투가 있었다고 해도 그 사실을 부인할 수는 없습니다. 싫든 좋든 현대 한국에 존재하는 대부분의 제도가 식민지 시대에 만들어지고 시행된 법에 근거하고 있기 때문입니다.

조선인 위안부는 식민지지배가 만든 존재입니다. 저는 『제국의 위안부』에서 그 사실을 지적했습니다. 그 사실이 직시되어야 한국이 시작한 위안부 문제 운동의 의미가 온전히 살아날 것이고 올바른 해결도 가능하다고 생각했기 때문입니다. 제목에 굳이 '제국'을 넣은 이유입니다.『제국의 위안부』란, 제국에 동원당한 위안부라는 의미입니다.

하지만 관계자들은 이 사실을 문제 발생 이후 오랫동안 외면해왔습니다. 처음에는 강제연행이라는 오해가 있었기 때문이기도 하지만, 그 배경에는 '전쟁범죄'로서의 강조가 훨씬 자극적이고, 무엇보다 '강제연행=불법'이라야 이른바 '배상'이 가능해진다고 생각했기 때문입니다.

실은 일본이 90년대에 이어 두 번째로 사죄와 보상을 시도한 '한일 합의'조차 핵심 관계자들이 비판하고 반대해온 이유도 거기에 있습니다. 하지만, 사죄와 반성과 기억은 '법'에 의존하지 않고도 가능합니다. 설사 '배상'을 받는다 해도 상대가 납득하지 않는 배상이 가해국에서 기억의 계승으로 이어질 리도 없습니다.

고통스러운 일일 수 있지만, 지금이라도 사태를 바로잡지 않으면 결국 가장 고통을 받는 건 위안부 할머니들일 것입니다. 제가 이 자리에 선 이유입니다.

북한과의 관련성에 대해 언급했지만, 저는 이른바 '종북' 운운하는 이야기를 하고 있지 않습니다. 오히려 저는 북한과 일본이 국교정상화하기를 바라고 있고, 가능한 한 빨리 추진되기를 바라고 있습니다. 1990년대 초, 혹은 2000년대 초에 북일수교가 가능했다면, 위안부 문제가 이토록 오래 지속되는 일은 없었을 것이라는 게 저의 생각이기도 합니다.

4. 징용은 '국가'가 주도

징용 문제에 대해 간단히 말씀드립니다. 기업자산의 현금화가 우려되고 있지만, 징용은 국가가 주도한 것이었습니다. 실제로 징용은 준(準)징병 같은 것이었고, 조선인도 기업의 노동자를 넘어 '신민'으로서 동원되어 '국가를 위해' 일할 것이 요구되었습니다. 임금의 일부를 국가가 지급했다는 사실이 그것을 말해줍니다. 따라서 기업을 대상으로 소송을 하고 있는 작금의 상황은 처음부터 단추를 잘못 끼운 사태입니다. 원래 일본과 미국에서 제기된 소송은 국가가 대상이었습니다. 패소로 끝났기 때문에 대상을 기업으로 바꾼 것이지만, 그런 식의 대응은 징용이라는 사태의 본질을 도외시한 대응에 지나지 않습니다.

설사 기업자산을 현금화해서 얼마간의 보상금이 지급된다 해도, 정작 중요한 일본인들이 징용 피해에 대해 기억하지 않는다면 무슨 의미가 있을까요? 중요한 건 일본인들이 위안부 문제에서 그랬던 것처럼 징용에 대해서도 그 본질을 이해하고 기억하는 일일 터입니다. 이에 대해서도 오늘 날짜로 발간된 이 책 『역사와 마주하기』에 자세히 썼으니 참고해주시기 바랍니다. 저는 일본인들이 이 점을 생각하고 제대로 마주해주기를 바라면서 이 책을 일본어로 먼저 냈습니다.

이 30년 동안 역사문제에 법정이 관여하게 된 것은 위안부를 둘러싼 일본군의 행위를 강제연행, 학살로 이해한 법률가들이 이 문제를 전쟁범죄로 간주하고, 전쟁범죄를 처벌한 뉘른베르크 재판과 도쿄 재판을 참고하며 대응책을 강구해왔기 때문입니다. 저는 그 사태를 '역사의 사법화'라고 불렀습니다. 하지만 실제로는 법정은 학자들의 논의를 참조하고 있습니다. 문제는 학자들조차 역사전쟁에서 진영에 따라 사안을 판단하는 '학문의 정치화' 현상이 존재했고 여전히 존재한다는 사실입니다. 위안부 문제 등의 역사문제가 30년이나 이어지고 있는 건 바로 그 때문이기도 합니다.

최근 몇 년 동안 그런 인식과 흐름을 바꾸려는 이들이 나타났지만, 이번엔 완전히 반대 방향으로 가져가려는 움직임이 농후합니다. 그런 정황은 과거 30년을 넘어서는 것이 아니라 다른 방식으로 반복하는 사태가 될 뿐입니다.

마지막으로 덧붙입니다.

저에 대한 고발을 주도한 최봉태 변호사나 박선아 변호사는 현재 위안부를 둘러싼 담론장에서 거의 보이지 않습니다. 나눔의집 소장은 횡령 혐의로 해임당했고, 기소 중입니다. 원고로서 이름이 올라간 위안부 할머니 열한 분 중 현재 생존해 계신 분은 이미 몇 분 되지 않습니다.

도대체 이 고발의 주체는 누구일까요? 저에게 청구한 1인당 3000만 원은 제가 패소할 경우 누구에게 가는 걸까요? 작년에 있었던 위안부 재판에서 피해 당사자 대신 원고로 이름이 올라와 있던 건 윤미향 전 정대협 대표였습니다. 제가 재판에서 2억 원대의 배상금을 지불해야 하는 사태가 될 경우 그 역시 지원단체—정의연에 가게 되는 걸지도 모르겠습니다.

한일관계가 심각하게 경색되어 있고 제가 여전히 재판에서 해방되지 못하고 있는 것은 한일관계 담론에서 기존 '주류'의 목소리가 여전히 크기 때문입니다. 달리 말하자면 언론이 그동안 그들의 목소리에만 귀를 기울여왔기 때문입니다.『제국의 위안부』소송이 아직 끝나지 않은 것도, 그런 목소리가 한국 사회에서 아직 힘이 더 세다는 것을 의미합니다.

하지만 중요한 건 여론입니다. 우리 사회 한 사람 한 사람이 어떻게 생각하는지에 따라 한일관계도 앞으로 나아갈 수 있을 것입니다. 그리고 저와 저의 책도, 법원에서 해방될 수 있을 것입니다. 목소리 큰 양 극단의 목소리가 아니라 작더라도 가치있고 소중한 목소리들에 여러분들이 귀를 기울여주시면 우리 사회도 변할 수 있습니다.

제가『제국의 위안부』를 쓴 건 한국에 대한 실망과 혐한 감정이 일본 사회에 확산되기 시작할 무렵이었습니다. 그 상황을 우려해서 저는『제국의 위안부』를 썼습니다. 하지만 저는 고발당했고, 한일관계는 이후 해방 이후 최악으로 여겨진 시대가 이어졌습니다.

행동은 정치가가 하지만, 사회를 바꾸는 건 여론입니다. 한일관계 개선은 국민 한 사람 한 사람의 인식 전환이 있어야만 가능해질 것입니다. 제가 일본을 향해 위안부 문제에 관해 "사죄와 보상이 필요하다"고 기회 있을 때마다 써왔던 이유이기도 합니다.『제국의 위안부』역시 그런 책입니다(박유하 페이스북 참조, 2022년 8월 29일).

지난 8년 동안, 숫자는 많지 않았어도 저의 목소리에 귀 기울여주는 분들이 계셨기에 그래도 인식은 조금은 변했다고 생각합니다. 제가 이 자리에 설 수 있는 이유이기도 합니다. 더 많은 분들이 귀 기울여주시면 우리 사회도 한일관계도, 그리고 저를 둘러싼 상황도 변할 것이라고 믿습니다. 그날이 하루빨리 오기를 바라면서 오늘 회견을 마치겠습니다. 감사합니다.

세종대 국제학부 교수 박유하

◇ ◇ ◇

여름이 되자, 퇴임한 대법관이 자신이 담당했다면 나에게 무죄를 내렸을 것이라고 발언한 인터뷰를 실었던『법률신문』이 이번에는 나에게 인터뷰를 요청해왔다. 법조인이 주 대상인 코너였던 만큼 예외적인 일이라고 했다. 이인복 전 대법관 인터뷰 중 나에 대한 의견을 물어 '무죄를 내리고 싶었다'는 이야기를 끌어낸 김도언 작가가 인터뷰어였다. 김도언 작가는 고발 직후 끔찍한 비난들이 페이스북에서 만연했을 무렵 명철한 논리로 적극 옹호해준 이이기도 했다. 우리는 긴 시간 동안 질문하고 답했다. 일주일 후에 나온 기사는 이렇게 맺고 있었다. "우리는 이 해괴한 가해의 유력한 목격자이며 공범이 될 것인가."

8월에는 고발 이후 어느 날 메일을 보내왔고 이후 지원자로 나서 장관,

---

* 김도언,「시인이 만나는 법: 대법원 상고심 지연 피해자 박유하 교수」,『법률신문』, 2023년 7월 10일자.

대사 등 정치권의 탄원서를 받아 법원에 제출해주기도 했던 전 민주당 의원이, 다시 개별적으로 탄원서를 써서 대법원에 제출해주었다.

일본 도쿄 대학 박사과정에서 공부한다는 북유럽 출신 유학생도 긴 메일을 보내왔고, 나중에는 직접 찾아왔다. 한국 바깥에 있는 젊은 연구자들은 변하고 있었다. 고발 이후 너무나 긴 시간이 흘렀지만, 시간이 그냥 흐른 것은 아니었다.

9월에, 정대협 대표였던 윤미향 의원에게 징역형 유죄 판결과 함께 집행유예 선고가 내려졌다.

3. 8년 만의 무죄 판결
 (2023년 10월~2023년 11월)

 기자회견 이후 어느새 1년이 지나 그만 숨막힐 것 같은 느낌이었던 다음해 가을, 갑자기 대법원 판결 날짜가 정해졌다는 소식이 들려왔다.
 2023년 10월 26일이었다.
 일본에 있던 가족이 함께하기 위해 귀국했고, 재판 때마다 함께해주었던 몇몇 분들이 오랜만에 다시 모였다.
 판결 때마다 기자들이 소감을 물었으므로, 나는 무죄가 나올 경우에 대비한 짧은 글을 써서 지참했다. 유죄가 나올 경우도 대비해야 하지 않느냐고 변호인이 말해주었지만, 유죄 판결에 대해 할 수 있는 말은 생각나지 않았다.
 법정에는 수많은 소송들의 당사자와 관계자들로 보이는 사람들이 모여 앉아 있었다. 판사들은 사무적으로 판결 결과를 읽어내려갔다. 예상은 전혀 할 수 없었다. 다가오는 판결의 순간을 그저 맞아들이는 것 말고는 할 수 있는 일이 없었다.
 판사의 목소리가 들렸다.
 사건번호 2017도18697, 피고인 박유하, "원심판결을 파기하고, 사건을 서울고등법원에 환송한다."

나란히 앉아 판결을 기다리던 가족과 변호인과 출판사 대표, 우리는 작은 탄성과 함께 손을 맞잡았다. 형사 2심의 '유죄, 벌금 1000만 원' 판결을 뒤집는 '무죄 취지 파기환송' 판결이었다.
　몰려든 기자들 앞에서 준비해 간 글을 읽는 대신 간단히 소감을 말하고 우리는 함께 법원을 빠져나왔다. 식당까지 걷는 짧은 시간 동안 기사를 본 가족과 친구와 제자와 지인들의 전화벨 소리가 쉴 새 없이 울렸다.
　2014년 6월 16일의 고소에서 9년 4개월이 지나 있었다.

◇ ◇ ◇

대법원 판결에 부쳐
(2023년 10월 26일)

2014년 6월에 명예훼손이라며 고발을 당했습니다. 제가 굳이 '고소' 아닌 '고발'이라고 하는 이유는, 이미 여러 차례 말한 바 있는 것처럼 이 싸움은 위안부 할머니들과 저의 싸움이 아니라 할머니 주변에 있는 사람들과 저의 싸움이기 때문입니다. 오늘의 판결이, 그 사실이 보다 명확히 인식되는 계기가 되기를 바랍니다.

주변인들이 저의 책을 문제 삼은 이유는

　첫째, 『제국의 위안부』 출간 이후 제가 나눔의집에 거주하시던 할머니들을 만나 일본의 사죄와 보상에 관한 그분들의 생각을 직접 들으려 했기 때문입니다(접근금지를 요구당한 이유입니다).
　둘째, 저의 책이 세상에 받아들여지는 것을 기존 관계자들이 두려워했기 때문입니다. (출간 이후 개최한 심포지엄에 대한 한일 언론의 비상한 관심 직후에 고발이 이루어진 이유입니다. 또한 이후 나온 일본어판이 두 개의 상을 수상한 직후에 기소가 이루어진 이유입니다.)

주변인들은, 저의 책이 위안부를 '매춘부'라 했고 '강제연행'을 부정했다는 주장으로 위안부를 둘러싼 '사실'을 문제시한 것처럼 보입니다. 하지만 실은 그들은 위안부 문제에 관한 기존 해결 방식에 대한 저의 이의제기에 불만을 품었습니다. 재판 과정에서 내내 '법적 해결'을 부정하지 않았느냐면서 추궁당한 이유이기도 합니다. 바꿔 말하면, 강제연행 주장은 자신들의 해결 방식을 정당화하기 위한 주장이었습니다.

저는 여러 해가 지나고 나서야 그런 주장의 배경에 있는 진짜 이유를 알 수 있었습니다. 북한과 일본이 수교할 경우 '법적 배상'을 받기 위한 목적이, 그토록 오래 이어진 위안부 문제의 배경에 있었습니다. 말하자면, 한국이 공식적으로 받지 못했던 식민지 배상을 북한이 받도록 하는 것이 위안부 문제 운동의 감추어진 목적이었습니다.

그 목적의 옳고 그름을 따지는 것은 저의 관심사가 아닙니다. 중요한 건 그런 목적을 가졌던 당사자 아닌 주변인들의 주장이 어느새 국민의 상식이 되었다는 사실입니다. 이어서 국가의 견해가 되면서, 이번에는 그에 반하는 개인의 의견을 국가가 처벌하려 했다는 사실입니다. 『제국의 위안부』 소송 사건은 그런 사건이었습니다.

물론 이미 세간에 밝혀진, 개인적인 혹은 소속단체의 이익구조 유지를 위한 목적도 주변인들에게는 있었습니다. 저를 고발한 나눔의집 안신권 소장이 횡령죄로 구속 중이고, 윤미향 전 정대협 대표가 같은 혐의로 징역형 선고를 받은 사실, 그리고 저와 가장 가까웠고 이 두 사람에게 비판적이면서도 그 말을 공적으로는 하지 못했던 위안부 할머니가 돌아가신 직후에 고발당한 사실 역시, 『제국의 위안부』 사태의 또 하나의 배경을 보여줄 것입니다.

'학문의 자유'를 둘러싼 판결이었지만, 실제로는 국가의 생각과 다른 생각을 하고 말할 자유, 그러니까 근본적으로는 '사상의 자유'를 둘러싼 판결이었다고 저는 생각합니다. 그런 의미에서 오늘의 판결은 대한민국에 국민의 사상을 보장하는 자유가 있는지 여부에 관한 판결이었다고 저 자신은 생각합니다.

그러나 저는 그동안 한 번도 『제국의 위안부』 사태가 '학문의 자유'를 둘러싼 소송이라고 말한 적이 없습니다. 저의 책은 그런 말로 보호받아야 하는, 위안부 할머니들의 대척점에 있는 책이 아니었기 때문입니다. 오히려 위안부 할머니들 편에 서서 쓴 책이었기 때문입니다. 그 사실은 책이 나온 직후인 10년 전에, 이미 언론이 말해준 바 있었습니다. 그렇게 원점으로 돌아가기까지 10년이 걸렸습니다.

오늘 판결은 아직 끝이 아닙니다. 민사 재판이 남아 있고 어쩔 수 없이 책을 삭제해야 했던 가처분 결정에 대한 이의신청 심리를 기다려야 합니다. 그 모든 것이 다 끝나고 저의 책과 저의 인생이 제자리로 돌아갔을 때, 비로소 대한민국은 국민의 자유로운 생각이 보장되는 민주국가가 되었다고 말할 수 있을 것입니다. 그날이 하루 빨리 오기를 기다리고 있습니다. 가급적 고발 10년을 채우는 내년 6월 이전에 이루어져서, 운동가들과 일부 학자, 그리고 국가가 그들에게 동조해 묶어두었던 저의 손과 발이 뒤늦게라도 자유로워지기를 바랍니다.

위안부 문제를 둘러싸고 양 극단의 목소리만이 큰 가운데, 저는 그 양쪽의 목소리를 잘 듣고, 받아들일 부분은 받아들이고 문제적인 생각은 비판하면서 제3의 생각을 내놓았습니다. 역사의 단순화는 우리 자신을 오히려 제대로 보지 못하게 만든다는 생각으로, 그 복잡한 결을 따라가며 '당사자'들의 목소리에 귀 기울이려 했던 저의 시도를, 정확히 이해하고, 10년 가까이 되는 긴 세월을 한결같이 지지하고 응원하며 함께해주신 분들이 많이 계십니다. 오늘의 승소 판결을 제가 맞이할 수 있었던 것은 바로 그분들 덕분입니다. 그분들이 제겐 대한민국의 희망이기도 했습니다.

아직은 목소리가 작지만 그런 분들이 계시다는 것을 국내외에 자랑하고 싶습니다. 그리고 그런 분들이 더 많아지기를 기대합니다. 제 책이 그런 흐름에 일조할 수 있다면, 그렇게 해서 한국 사회가 바뀔 수 있다면, 이 오랜 기간에 걸친 고통도 비로소 의미가 생길 것이라고 믿습니다. 시간이 걸리더라도 그런 날이 오기를 기다릴 것입니다.

2023년 10월 26일

박유하

◇ ◇ ◇

나눔의집/윤미향 사태가 나도, 내가 퇴임을 앞두고 이제 그만 해방시켜 달라고 길고 긴 '의견서'를 써서 호소해도, 기자회견을 열고 사태의 배후를 명확히 밝혔음에도 외면했던 재판부가 드디어 움직인 것은, 물론 10년 가까이 함께해준 수많은 이들의 힘이 축적된 결과였다. 거기에 바퀴가 굴러가도록 마지막으로 힘을 보탠 건 『법률신문』과 이해 8월에 간곡한 탄원서를 다시 써준 전 민주당 의원이었다.

법조계의 변화는 반가웠지만, 전 민주당 의원의 탄원서가 영향력이 있었을 가능성에 대한 가늠은 씁쓸했다. 내 추측이 맞다면 그 또한 '대부분의 분야가 정치화되고 진영화된' 한국 사회를 보여주는 일일 수밖에 없었다.

대법원 판결문은 책 내용을 충분히 이해하고 내린 판결이었다. 『제국의 위안부』를 쓰게 된 배경을 있는 그대로 이해하고 원고 측의 근거 없는 주장(숨겨진 의도 추정 등)을 분명한 어조로 부정해주었다. 문장이란 맥락 속에서 읽어야 한다는 너무나 당연한 사실도 강조해주었다.

이러한 점에서 볼 때, 학문적 표현을 그 자체로 이해하지 않고, 표현에 숨겨진 배경이나 배후를 섣불리 단정하는 방법으로 암시에 의한 사실 적시를 인정하는 것은 허용된다고 보기 어렵다.

피고인은 오랜 기간 대학의 일어일문학 교수로 재직하면서 일본 문학과 한일 근현대사를 연구하였다. 피고인은 한일 갈등의 핵심에 조선인 일본군 위안부 문제가 있으며, 이를 해결하지 않고서는 바람직한 한일관계를 구축할 수 없다고 보고, 그 해결을 위한 연구를 진행하여 연구결과를 저서로 출판하였다. 이 사건 도서는 위 연구의 연장선상에서 나온 학문적 표현물로 보인다.

이 사건 도서의 <u>전체적인 내용이나 맥락에 비추어 보면</u>, 피고인이 검사의 주장처럼 일본군에 의한 강제연행을 부인하거나, 조선인 위안부가 자발적으로 매춘 행위를 하였다거나, 일본군에 적극 협력하였다는 주장을 뒷받침하기 위하여 이 사건 각 표현을 사용한 것으로 보이지는 않고, <u>이 사건 각 표현이 그러한 주장을 전제하고 있다고 보이지도 않는다.</u>
<u>오히려 피고인은 이 사건 도서에서 강제로 끌려가는 이들을 양산한 구조를 만</u>

든 것이 일본 제국 또는 일본군이라는 점은 분명하고, 조선인 일본군 위안부가 일본 제국의 구성원으로서 피해자인 동시에 식민지인으로서 일본 제국에 협력할 수밖에 없었던 모순된 상황에 처해 있었다는 점을 여러 차례에 걸쳐 밝히고 있다.

이는 공소사실에 기재된 것과 같은 '위안부의 자발성', '강제연행의 부인', '동지적 관계'와는 거리가 있다."

10년 가까이 수많은 자료를 제출하고 설명과 해명의 말과 글을 반복하고 또 반복하고서야 얻어낸 판결이었다.

하지만 적지 않은 언론이 대법원 판결을 불신하고 무시했다.

그들은 변함없이 '박유하가 위안부를 매춘부라 했는데도 학문적 의견이라는 안전망에 숨어 유죄를 피했다'고 보도했다. 몇몇 보수 매체로부터는 원고 의뢰나 인터뷰 요청이 왔지만, 진보 매체로부터의 의뢰는 전무했다. 의뢰가 없어서 서글프기보다, 그들의 경직성이 서글펐다.

90년대 초에 '강제연행' 인식을 뒷받침한 이른바 '요시다 증언'이 허위로 판명되었으므로 관련 기사를 취소한다는 사죄 보도를 『아사히 신문』이 냈던 게 2014년이었다. 하지만 내가 아는 한, 당시의 한국 언론은 그 어떤 곳도 과거의 기사를 돌아보지 않았다. 후속취재 기사 역시 없었다.

『제국의 위안부』 무죄 판결을 대하는 언론의 태도는 당시와 닮아 있었다. 무죄 판결은 『제국의 위안부』 사태를 '망각'에서 건져올렸지만, 책에 대한 인식은 고발 초기와 달라진 게 없었다. 막무가내의 마녀사냥은 할 수 없게 되었어도, 그들에게는 여전히 '마녀'가 필요해 보였다.

심지어는, 며칠 뒤 보수 언론에서도 비판이 나왔다.

무죄 판결에 대해 호의적이었던 『조선일보』의 여기자가 쓴 글이었다. 그동안 법정 안팎에서 수없이 부딪혀왔던 오해와 편견과 왜곡이 변함없이 가득해서 다시 한번 30년에 걸쳐 정착된 위안부 인식의 위력을 느끼지 않을 수 없었다.

『조선일보』의 의뢰로 칼럼을 게재한 지 얼마 지나지 않은 시점이었지만, 어쩔 수 없이 반론을 썼다.*

◇ ◇ ◇

"군수품으로서의 동지"— 김윤덕 기자의 비판에 답한다

2023년 11월 7일자 『조선일보』에서 김윤덕 기자가 '대법원 판결은 무죄지만 박유하 주장이 옳다는 건 아니다'라면서 나의 책 『제국의 위안부』를 비판했다. "'동지애', '매춘적 강간'을 주장"했고, "피해자에 대한 혐오"를 부른다는 것이다. 그런데 대법원 판결은 다름아닌 원고 측 주장이기도 했던 그런 인식이 잘못된 인식이라는 판결이다. 김 기자는 판결문을 읽지 않고 판결에 대해 쓴 듯하다.

무엇보다 나는 '동지애'라는 말을 쓰지 않았다. "동지적 관계", "동지적 측면", "동지성" 등등의 단어를 사용했을 뿐이다. 그런 단어를 통해 환기시키려 했던 건 당시 조선은 일본과의 관계에서 중국이나 네덜란드처럼 '적'이 아니라 '식민지'였다는 사실이었다. 기존 운동이 조선을 일본의 식민지 아닌 전쟁 상대로 프레임화한 탓에 위안부 문제 해결이 지연되고 있다는 사실을 알게 되

---

* 「[기고] "군수품으로서의 동지"… 나는 일본의 책임을 명료하게 물었다— 박유하 교수의 반론: 김윤덕 기자의 비판에 답한다」, 『조선일보』, 2023년 11월 14일.

었기 때문이다.

『제국의 위안부』는, 조선인 위안부 문제를 90년대에 동유럽이나 아프리카에서 일어났던 부족간 강간 케이스와 다르지 않은 '납치/강간'='전쟁범죄'로 규정해 '법적' 책임을 물어온 기존 학문과 운동의 문제를 지적하고, 대립 중이던 양 극단을 비판하며 제3의 길을 모색하자고 제안한 책이었다. 부제를 '식민지지배와 기억의 투쟁'으로 붙인 이유이기도 하다.

따라서 나의 책에서의 "동지적 관계"란 그저 조선인 여성들이 '적'이 아니라 피식민지인으로서 "(제국)국가에 동원"당했다는 의미다. 동시에, '일본인'으로서 동원되었으니 표면적으로 "동지적 관계"였지만 견고한 "차별감정" 또한 존재했다는 사실도 지적했다. 소제목 중 하나가 "군수품으로서의 동지"인 이유다. "동지적 관계"의 직시는 '제국'의 책임을 보다 명료하게 보여준다.

"군수품"으로서 동원되어 내일이면 죽을지도 모르는 이국 땅의 엄혹한 상황 속에서도 일본군과의 심리적 연대는 존재했다. 나는 그 사실을 다름아닌 지원단체(정신대문제대책위원회)가 만든 증언집들을 통해 알았다. 행간에 살아 숨쉬는 '당사자'들의 삶과 기억을 그저 "피범죄인의 심리"로 치부하며 "과도한 애착"이라는 차가운 '진단'을 내리도록 만드는 건, 역사에 이상을 투영하려는 욕망이자 엘리트 여성의 오만이다. "위안부는 일본군을 보살피는 존재"(『일본군 위안부, 또 하나의 목소리』)라고 말했던 배춘희 할머니의 말도 김 기자라면 아마 그저 일본에 세뇌된 이의 헛소리로 생각하고 싶을 것이다. 하지만 "폭력"의 복잡성에 대한 "무지"가 낳은 그런 "인간에 대한 몰이해"(인용은 김윤덕 칼럼)야말로 당사자들에겐 더 "잔인"하다.

매춘부라 주장하는 이들과 오직 강제연행이라 주장하는 양측으로부터 나는 똑같이 매춘혐오를 읽었다. 따라서 『제국의 위안부』에선 이른바 '매춘' 여부는 전혀 중요하지 않았다. 비난 대상이 된 "자발적 매춘"도 "매춘적 강간"도, 나는 '위안부'를 부정하는 이들을 비판하는 맥락 속에서 사용했다. 그러니 "매춘을 목적으로 한 조선인 위안부도 적지 않았다고 (박유하가) 강조"했다는 김 기자의 주장은 단순오독을 넘어 왜곡이고 음해다.

나는 그저 정대협이 만든 위안부증언집이 보여주는 대로, 식민지로서의 구조적 강제성은 있었지만 이른바 '강제연행'은 일본군의 '공적' 방침은 아니었다고 썼을 뿐이다. 간행 이후 고발 직전까지의 10개월 동안 대부분의 언론이 호의적으로 받아주었던 것도 그런 나의 집필 동기와 글의 함의를 있는 그대로 이해했기 때문일 것이다. 10년 이상 세월이 흐른 후였지만 대법원 역시『제국의 위안부』의 취지가 "'위안부의 자발성', '강제연행의 부인', '동지적 관계'와는 거리가 있다"고 말했다.

그럼에도 김 기자가 "극우 논리를 뒷받침"하는 책으로 읽은 건 책의 취지와 맥락을 무시한 결과다. 김 기자와 똑같이 받아들인 지원단체가 책의 또 하나의 중심이었던 자신들에 대한 비판은 은폐하고 위안부를 비난한 책인 것처럼 취급해 소송을 건 탓에『제국의 위안부』는 무려 9년 4개월이나 법정에 갇혀 있어야 했다. 덕분에 나 자신은 물론, 국가의 에너지도 함께 소모됐다.

나는 "국가책임을 묻기 어렵다"가 아니라 "국가책임을 '법적'으로 묻기 어렵다"고 썼다. 여성들은 남성들과 달리 '법'의 바깥에서 동원되었기 때문이다. 그건 근대국가의 여성차별의 결과라고 나는 일본을 향해 썼다. 나는 그저 국가책임을, 기존 관계자들의 주장과는 다른 방식으로 물었을 뿐이다.

"업자"의 존재를 강조한 이유는 위안부 문제가 중간계급에 의한 하층계급의 착취 문제이기도 하다는 것을 보여주기 위해서였다. 그런 지적이 일본의 국가책임을 희석하는 책이 될 수 없다는 건, 과거사에 반성적인『아사히 신문』

이나 『마이니치 신문』이 『제국의 위안부』를 "제국의 책임"을 물은 책으로서 높이 평가해준 사실이 증명한다.

따라서 "위안부 피해자들을 분노"하게 만든 건 내가 아니라 나의 책을 왜곡해서 할머니들에게 전달한 사람들이다. 나의 책이 "아베 정권과 일본 극우의 논리를 정당화"하는 데 기여했다고 10년 가까이 주장해온 지원단체와 한 치도 다르지 않은 김 기자의 칼럼 역시 그 역할을 할 것이다. 하지만 위안부에게 "모욕과 멸시"가 쏟아진다면 그건 『제국의 위안부』 탓이 아니다. 자신들의 기존 주장을 지키기 위해 나의 책을 멋대로 해석/비난/전파한 "오독하는 독자"들 탓이다. 그런 독자의 오독이 저자의 책임일 수는 없다.

학문이란 기존 정설을 비판하며 앞으로 나아가는 법이다. 따라서 30년 이상 주류였다는 사실이 곧 기존 운동가나 학자들의 주장의 옳음을 증명하는 건 아니다. 실제로 나와 크게 다르지 않은 시각으로 기존 연구를 비판하는 연구도 최근엔 나오고 있다. 전 정대협 대표였던 정진성 교수조차 강제연행과는 다른 인식을 반영한 정부용역보고서를 일찍이 발간한 바 있다. 김 기자가 그 사실을 몰랐던 건 그들이 그 사실을 대외적으로는 말하지 않았기 때문이다.

조선인 위안부 문제가 "강제연행"이고 "불법"이라면서 "법적" 책임에만 고집해왔던 정대협 운동가와 주류 학자들은 '한일 합의'를 『제국의 위안부』가 이끌었다고 비난하기까지 했다. 합의가 "누구를 위한 화해"였는지는 그 사실에서 답을 찾아주기 바란다. 고발 직후 고발자 주변인들이 일본어판도 절판해야 한다고 주장했던 이유이기도 할 것이다.

이어서 『중앙일보』에도 냉소적인 기자 칼럼이 나왔다. 그는 전화로 오랜 시

간 질문을 해 직접 답변을 했는데도 그랬다(신준봉 기자). 『제국의 위안부』를 고작 민족주의 비판으로 간주한 듯해 문학 담당 기자로서의 독해력을 의심케 만들었다. 민족주의 비판은 나로서는 20여 년 전에 제기했던 문제였다. 나는 자신의 작업을 20년 반복할 만큼 한가하지 않았다. 심지어 그는 나에 대한 고발 사태를 내가 일으킨 "노이즈 마케팅"이라 했던 이들의 오래된 주장을 여전히 답습하고 있었다. 그리고 그 역시 내가 위안부를 '자발적 매춘부'라고 주장했음에도 오로지 '표현의 자유'라는 틀로 구제받은 것이라고 생각하고 있었다.

10년 동안 겪어왔던 지적 태만 혹은 악의는 여전히 도처에 깔려 있었다. 그건 더이상 보수나 진보의 문제가 아니었다. 그저 눈앞의 사태를 마주하는 '태도'의 문제였다. 무죄 판결이 고작 "타는 가뭄 끝 단비"(신준봉)로 여겨졌을 거라는 비문학적 상상은 한 사람의 일상을 한순간에 망가뜨린 폭탄과 끝없이 날아든 파편들의 위력과 무게에 대한 상상력의 결여를 고스란히 드러내고 있었다.

대법원 무죄 판결이 났어도, 명예회복은 여전히 멀어 보였다.

ization
제6장

마지막 재판
(2023년 12월~2025년 7월)

1. 삭제 요구 53곳, 마지막 해명

대법원 판결이 나던 날, 2016년 이후 중단된 상태였던 민사재판 2심이 12월에 재개된다는 연락이 왔다. 민사 손해해상소송 1심 패소에서 이미 7년 반 넘게 지나 있었다. 그동안 제출한 자료들은 오로지 형사재판부에만 가 있었다. 민사 2심은 당연히 다른 재판부였으므로 파기환송심과 민사 2심 준비를 다시 해야 했다.

2014년 6월에 손해배상소송을 당해 7월에 첫 문서를 법원에 제출한 이후로 법원에 제출한 자료들은 방대한 양으로 늘어 있었다. 10년 가까이 자신의 '결백'을 주장하기 위해 써왔던 '공적' 문서들도 적지 않았다. 그 이외에도 사방팔방에서 쏟아지는 공격—언론, 책, 칼럼, 페이스북 포스팅 등—에 맞서 썼던 글들의 바다 속을 헤엄치면서 나는 제출해야 할 글들을 다시 골라냈다. 나를 옹호해준 글들도 당연히 챙겨야 했다.

하지만 가장 힘겨웠던 시기의 글과 자료들을 다시 찾아내고 들여다보는 일은 그 자체로 고통스러웠다. 민사재판에서 이겨야만 삭제당한 가처분을 풀 수 있었기 때문에 나를 기억에 없는 "채무자"로 규정했던 가처분소송 관련 자료까지 다시 봐야 했다. 결국 2014년 6월 이후 내게 들이밀어진 독기 가득한 문서들과 다시 마주해야 했고, 제대로 읽으려면 먼저 심호흡을 해야 했다.

대법원의 '무죄 취지 파기환송' 판결이 나고 두 달쯤 지나, 영하 15도의 추위 속에서 12월 20일 민사 2심 첫 공판이, 12월 22일에 형사 파기환송심 1차 공판이 열렸다. 약 8년 만에 다시 열린, 2억 7000만 원을 요구해왔던 '손해배상' 재판에는 위안부 할머니는 물론 나눔의집 관계자도 없었다. 기자들도 보이지 않았다. 원고 측 변호인만이 홀로 나와 앉아 있었다.

그러나 그는 1심과 다르지 않은 자료들에, 나눔의집이 한국 법원에서 일본 정부를 상대로 소송해 2020년에 1심에서 승소한 '위안부' 재판 판결문(2016가합505092)을 추가로 제출하며 그 판결문도 내가 틀렸다는 증거라고 주장했다.

미처 예상치 못한 일이었다. 그들에게 나와의 싸움은 일본 정부와의 싸움의 연장선상에 있었다. 심지어 원고 대리인은 대법원이 "『제국의 위안부』를 오독"했고 "저자인 피고 박유하 스스로도 대법원의 판결이 본인의 진의와 동떨어진 것임을 잘 알고 있을 것"이라고까지 주장했다.

동시에 원고 측 문서는 위안부의 역할에 대해 "정신적인 위안을 포함하여, 언제 끝날지 모르는 전쟁에서 벗어나려 하는 병사의 사기를 고양시키는 것"(원고 대리인이 제출한 「피해자 의견서」 6쪽)이라고 기술해두고 있었다. 그 주장은 바로 『제국의 위안부』의 주요 논점 중 하나였고, 그들이 문제시하며 비난한 바로 그 내용이기도 했다. 그런 구조를 나는 '제국의 위안부'로 표현한 것이었으니, 웃지 못할 사태였다.

그런 관계를 인정한다면 나를 고발해야 할 이유가 없었다. 내 주장을 받아들이면서도 나의 주장을 나에 대한 공격수단으로 사용하는 방식이 다시 재연되고 있었다. 강한 적개심도 빠뜨리지 않았다. 오랜 시간이 지났음에도 형사심에서의 패소는 원고 측 관계자들에게 오히려 투지를 불러일으키고 있는 듯했다.

12월 20일에 열린 민사 항소심 첫 공판의 이틀 후에 열린 파기환송심에서 나는 다시 「최후진술서」를 읽었다. 무죄라는 대법원 판결을 받았는데도 불구하고, 감정이 북받쳐올랐다.

파기환송심은 대법원 판결이 '무죄 취지 파기환송'이니 크게 걱정하지 않았지만, 민사 2심에서는 다시 제대로 싸워야 했다. 원고 측 변호인은 아홉 분 중 여섯 분이 작고하셨으니 "작고하신 분들의 재판을 이어갈 수 있도록" 유족을 찾을 시간을 요청했고, 요청은 받아들여졌다. 재판은 다음해 2월로 미루어졌다.

원고 측은 「피해자 의견서」라는 이름으로 "박유하에게 '일본 정부의 법적인 책임을 인정하는지' 물어보라"고 촉구했다. 원고 측 주변인들의 주장이 위안부가 아니라 해결 방식에 대한 비난임을 다시 보여주는 것이기도 했지만, 거기에 멈추지 않고 이제 노골적으로 재판부를 향해 유도신문과 사상검증을 종용하고 있었다.

그들은 '민주화' 세대이지만, 누구나 생각을 말할 수 있는 '민주' 공간은 그곳에 없었다. 고발 이후 '민주' 국민들로부터 나의 신체적·정신적 '안전'이 위협받게 된 건 당연했다.

적지 않은 언론이 '주류' 위안부 연구자와 운동가들이 제공하는 정보와 감정만을 전폭적으로 신뢰하고 있었다. 정치가와 국민들은 그 언론의 주장만 믿고 있었다.

익히 알고 있었지만, 넘어서야 할 악의와 억압은 여전히 강고했다. 적지 않은 이들이 그들의 악의에 종속되거나 넘어서지 못하고 쓰러지고 있었지만, 나마저 그럴 수는 없었다. 옳지 않은 생각이 옳지 않은 방식으로 세상을 장악하는 상황을 그저 방관할 수는 없었다. '다른 생각'의 복종과 말살을 목적으로 하는 상대에게 무너질 수는 없었다.

2024년 새해 벽두에 나는 의견서를 썼다. 수없이 해온 이야기를 반복할 수밖에 없었지만, 학계의 새로운 동향에 대해 조금 더 자세히 언급했다. 대부분의 사람들이 동참한 악의가 실은 선의가 만든 악의여서 힘든 싸움이었지만, 그렇기 때문에라도 할 수 있는 일은 해야 했다.

그중에도 이른바 '양심적 지식인'으로 분류되어 오랫동안 위안부 관련 주류 학계에서 활동해오던 도쿄 대학 도노무라 마사루 교수의 논문은 특히 주목할 만합니다. 도노무라 교수는 이미 2017년에 한국에서 열린 심포지엄에서 '일본군에 의한 강제연행'설을 비판했는데, 2022년에 그간의 문제의식의 일단을 정식 논문으로 발표했습니다. 도노무라 교수의 연구 역시 저와 마찬가지로, 목소리를 높여온 우파들의 위안부 인식에는 비판적이며 명확히 거리를 두고 있습니다. 그러면서도 당시의 상황에 대한 정치한 분석의 결과로서 '조선에서 일본군의 강제연행은 없었다고 보아야 한다'고 명확히 말합니다.

도노무라 교수는 저와 마찬가지로 "여성들을 폭행. 협박, 납치"한 중심 주체는 일본군이 아닌 중간매개자/업자들임을 인정합니다. 또한 총독부가 이들에게 (강제납치를) 지시/명령했다는 기존 연구에 반해 총독부에는 이들을 충분히 관리할 능력이 충분하지 않았다고 주장합니다. "조선의 행정당국이 직접, 그리고 계획적으로 위안부 요원 확보를 행했던 것은 아니다", "행정 당국이 사회 구석구석에서 이루어지는 매춘과 인신매매를 충분히 파악하고 관리하고 있었던 것은 아니다"라고 말입니다.

앞서 말씀드린 것처럼 도노무라 교수는 오랫동안 주류 학자들의 가까이에서 활동해온 위치에서 위안부 문제를 부정하는 우파들을 기존 주류 학자들과 함께 오히려 비판해온 사람입니다.

바로 그렇기 때문에 이렇게 덧붙이고 있기도 합니다.

"본고의 견해가 일본 제국의 책임을 면죄하는 것이 아닌가 의구심을 갖는 사람들도 있을 것이다. 하지만 본고에서 밝힌 것은 위안부 요원 확보를 둘러싼 일본 제국의 책임을 보다 정치하게 파악하기 위한 전제가 될 터이다."

"(제대로 통제할 수 있는 시스템이 조선에 구축되지 못했지만) 그것을 포함해서 일본 제국에 책임은 있다."

도노무라 교수는 기존의 강제연행설은 부정하지만, 일본의 책임을 면죄하지 않습니다.

저 역시 도노무라 교수와 다르지 않습니다. 그리고 저의 책 『제국의 위안부』와 기본적으로 같은 입장을 갖는 정치하고 중후한 논문이 역사학계의 중견 학자에 의해 『제국의 위안부』 발간 9년 후에 나온 것입니다.

그리고 마지막에 지적되었던 53곳에 대해 다시 설명했다. 가처분신청 결정에서는 '34곳을 삭제하지 아니하고는 출판…하여서는 아니된다'는 '일부 인용' 판결이 났지만 민사 1심에서 패소했으니, 53곳의 지적에 대해 전부 다시 반박해야 했다. 나로서는 이미 10년을 법원과 세간을 향해 반복해 말해온 얘기였다. 하지만 내 앞에 있는 이들은 그간의 설명을 듣지 못한 사람들이었다. 내 기억이 맞다면, 형사 고소로 기소 전에 처음 조사를 받으면서 원고 측이 내민 "범죄사실목록"에 하나하나 답변을 작성했던 2014년 말의 검찰 조사 이래 9년 만의 일이었다. 각각의 답변은 그때보다 짧거나 길었지만, 나 역시 10년 가까운 세월이 흐르면서 인식의 변화가 없지 않았으므로 긴 시간의 경과도 담겨 있을 터였다.

◇　◇　◇

(1), (2)*
'센다의 의견'에 대한 기술은 위안부들이 그렇게 의식하고 행했다는 이야기가 아니라, '구조'의 지적입니다. 학자의 할 일은 보이지 않는 구조의 분석이며 그런 본질에 대한 고찰이 있어야만 현실문제 해결에 한발짝 다가갈 수 있습니다.

원고 측 대리인은 "희생과 애국은 자발적"이라고 주장하지만 결코 그렇지 않다는 것은 가정, 직장, 군대 등 많은 조직에서 얼마든지 발견할 수 있습니다. 그럼에도 이러한 기술을 가져와 명예훼손이라 단정하는 것은 원고 측 대리인이 학술적 기술에 익숙하지 않은 탓으로 판단합니다.

이어지는 "긍지" 관련 기술 역시 마찬가지입니다. 위안부들이 놓여진 '상황'과 구조에 대해 설명했을 뿐, 모든 위안부가 그 상황에 기꺼이 참여했다는 지적이 아님은 물론, 맥락을 읽는다면 구조에 대한 비판이 명확합니다. 그럼에도 그런 부분을 무시/왜곡한 지적입니다.

---

* [편집자 주] 민사 손해배상소송 1심에서 원고 측은 '출판금지 등 가처분신청'에서와 마찬가지로 『제국의 위안부』 본문 320쪽 중의 109곳을 '명예훼손'의 증거로 제시했으나, 가처분소송의 채권자(원고) 측 「가처분 신청취지 및 신청이유 변경 신청서」와 민사 항소심에서는 53곳으로 수정했다. 그 53곳과 "삭제하지 아니하고는 출판…을 하여서는 아니된다"는 가처분 '일부 인용' 결정의 34곳을 이 책의 부록으로 실었다. 이하, 이 의견서의 숫자들은 '명예훼손'으로 제시된 내용 목록의 일련번호이다. 109곳과 53곳, '삭제' 가처분 결정의 34곳, 검사가 형사재판에서 1곳을 추가한 35곳의 목록은 『제국의 위안부』 제3판, 원본 복원판의 '부록 2'에 실려 있다.

(3)

가라유키란, 본문에도 설명된 대로 '(가족을 위해, 혹은 국가의 의지로) 이동당한 사람들'의 뜻입니다. 원고대리인의 지적은 '가라유키=매춘부'라는 선입견이 만든 지적입니다.

(4)

일본인과 조선인이 다르지 않다는 지적은 크게는 식민지지배하에서 "일본 제국의 일원"이었다는 의미입니다. 보다 근본적으로는 "여성"으로서의, 그리고 "빈곤계층"으로서의 피해라는 의미입니다. 동시에, 민족차별이 존재했다는 지적도 책 안에는 명확히 존재합니다.

(5)

"가라유키의 이중성"이란 스스로 간 것처럼 보인다 해도 여전히 피해자라는 문맥에서의 지적입니다. 오로지 "매춘녀"의 뜻으로만 간주하는 원고 측의 모든 지적은 이러한 오해/곡해가 시키는 일입니다.

(6)

"공적으로는"이란 오히려 전부정이 아님을 명확히 하기 위한 기술입니다. 앞에서 쓴 것처럼 강제연행이 중심은 아니었지만 직접 보지 않은 것을 전부정할 수는 없다고 생각했기 때문입니다.

일본 제국 "최상층"에 일본군이 있다는 사실과, 납치를 포함, 수단방법을 가리지 않고 모아오라고 지시하는 것은 엄연히 다른 일입니다. 또 저는 일본군에 "잘못이 없다"고 기술한 적이 없을 뿐 아니라 책 곳곳에서 군대의 문제를 지적했습니다.

"의사에 반한" 기망이면 강제라고 이들은 주장하지만, "본인이 원치 않아도 데려오라"고 한 것이 아닌 한, 그 반대로 업자들에 의한 강제 행위를 군이 단속한 사실이 존재하는 이상, 일본군이 그것을 허용한 것이 되지는 않습니다. 원고 측은 재판부가 이 사태를 충분히 알지 못하는 것을 이용해 사실과는 반대되는 주장을 펼치고 있습니다.

"자발적 퇴거"가 가능했다는 것도 실제로는 여러 문건에서 발견됩니다. 더구나 저는 "일본에 공적인 책임이 없다"고 쓴 적이 없습니다.

원고 대리인의 주장은 이런 식으로 저의 모든 기술을 교묘하게 비틀어 시도한 왜곡으로 일관되어 있습니다.

(7)

일본군의 위안부 모집은 처음에는 성욕 해소를 목적으로 했으나 점차 "정신적 안정"을 주는 효과가 있다는 것을 알게 되면서 후반으로 가면 그러한 목적도 군의 인식으로서 명확히 등장합니다. 심지어 원고 대리인이 제출한 일본국 상대 위안부 소송 판결문에도 명확히 기술되어 있는 "사실"입니다.

군인과의 사랑을 어떻게든 부정하는 원고 대리인의 생각은, 지옥같은 환경 속에서 어떻게든 삶을 이어가는 요인이 될 수도 있었던 정황조차 무시하고 싶은 시선이 만든 폭력적 시선입니다. 또한 "부인 같은 느낌"이란 저의 기술이거나 추정이 아니라 일본군의 기술입니다. 그 기술이 위안부의 명예를 훼손한다는 주장을 하려면 일본군을 상대로 해야 할 것입니다. 동시에, 그런 마음이나 시선이 설사 지배자의 것에 불과하더라도, 당사자들의 '현실'을 부정할 권리가 후대에 있는 것은 아닙니다. 엘리트가 보기에 그저 '세뇌'로 보인다 하더라도 그렇습니다. 개개인의 '인권'을 존중하는 입장이라면 더더욱 그래야 할 것입니다.

다른 한편으로, 조선인의 강간 사례, 차별 사례도 일본을 비판하며 기술하였음에도 불구하고, 그런 기술을 없는 것으로 치부하는 것은 재판관님들이 책을 읽지 않을 것으로 간주한, 재판부를 무시하는 처사라 할 것입니다.

(8)

총쏘기를 배운 상황에 대해 기술했으나, 가치 판단은 하지 않았습니다. 동시에 누구나 연민과 일본군에 대한 비판의 마음이 일도록 썼습니다. 그저 정황 자체만 놓고 저 자신이 비판적으로 보는 것처럼 몰아가게 만드는 것은 보는 이가 그 상황을 부정하고 싶기 때문입니다.

"자발적으로"라고 쓰지 않았음에도 그렇게 쓴 것처럼 주장하는 것 역시, 원고 대리인 스스로에게 당시의 정황을 부정하고 싶은 생각이 넘친 결과라 하겠습니다. 말하자면 '부인'이 만드는 왜곡의 전형입니다. 문맥 속에서 보면 "전쟁을 지탱하는 역할에 동원되었다"는 기술이 분명함에도 그런 문맥을 완전히 무시한 기술인 것입니다.

제가 주목한 부분을 그저 미시/지엽적인 것으로 경시하는 것도, 성적 역할만이 아니라 이러한 일까지 요구당한 사실을 일본을 향해 보여주고자 했던 저의 의도를 완전히 무시한 지적이라 하겠습니다.

(9)

"정신적 위안"이란 일본군 문서에서 가져온 것입니다. 앞에 쓴 것처럼 위안부 문제의 일인자로 칭해지는 요시미 요시아키 교수가 당시 문건을 정리한 책에도 존재하는 자료입니다. 원고 대리인이 제출한 일본국 상대 위안부 소송 판결문들이 둘 다 이 단어를 사용하고 있는 것도, 이러한 인식이 학계에서는 이제 당연시되었기 때문입니다.

심지어 저는 "다소 무리한"이라는 표현을 넣어 그 "긍지"가 부자연스러운 것이며 자의에 반하는 것이었을 수 있음을 분명히 기술했습니다. 그런 의도를 전혀 보지 않으려 하는 원고 대리인의 지적은, 이들이 오랫동안 거대담론에 사로잡혀 위안부 당사자의 의도마저 무시해왔음을 보여준다 할 것입니다.

(10)

"물론 이것은 일본인의 경우다"라고 썼으니 조선인 위안부에 해당하지 않습니다. 동시에, 같은 역할이 조선인에게도 요구된 것은 역사적 사실입니다. 실제로 그 내면이 어떠했는지는 아무도 추정할 수 없을 뿐 아니라 일관적인 것도 아닙니다. 위안부의 경험은 한 사람 한 사람 다를 뿐 아니라 장소와 시간에 따라서도 달랐기 때문입니다. "중요한 건 그러한 역할을 강요받은 '구조'이며, 식민지지배하의 일이었기에 그런 역할을 강요당했다"고 주장한 저의 의도가 완전히 무시된 주장입니다.

(11)

일본군이 가해자이고 위안부가 피해자임을 『제국의 위안부』는 부정하지 않았습니다. 오히려 이러한 역할까지 강요당했다고 일본을 향해 말하기 위해 『제국의 위안부』는 쓰여졌습니다.

(12)

중국과 조선의 역할이 달랐다는 기술로 전쟁과 피식민지의 차이가 있음을 말했지만, 앞서 쓴 것처럼 조선인도 강간당한 피해자라는 사실은 반복해 기술했습니다. "조선인 위안부는 강간당하지 않았다"고 쓰기는커녕 그 반대로 위안부들이 이동 도중 강간당하는 모습도 기술했습니다. "피해자들의 피해성을 의도적으로 약화"하려는 의도가 있었다면 그런 기술을 굳이 할 이유가 없습니다. 저는 그저 앞에 쓴 이유로, 기존 학자/단체들과 다른 관점에서 사태를 바라보고 전쟁책임 대신 "식민지책임"을 물으며 일본을 설득하고자 했을 뿐입니다.

(13)

"동지적 관계"란, 일본 제국에 포섭된 존재라는 표현입니다. 조선인 위안부에게 주어진 역할이 "적"으로서의 국가들과는 달랐음을 보여주기 위해 썼을 뿐입니다.

그런 저의 기술이 미시적이라는 이들의 주장은 역사기술이 미시사를 중요시하고 있다는 사실에 무지한 지적일 뿐입니다. 별 의미 없어 보이는 작은 상황이나 사건조차 역사의 근간을 이해하는 중요한 관점이 될 수 있음은 현대 역사학계가 노력해 증명해온 사실입니다.

그럼에도 위안부의 감정을 무시한 디테일을 무시하고 그저 선입견과 관념적 이해로만 접근한 탓에, 기존 위안부 문제 관계자들은 일본을 설득하지 못했습니다. 결과적으로 위안부 할머니들은 30년 이상, 거리에 서야 했습니다.

'지배당했기에 유지된 평화'란 위안부의 존엄성을 주장해온 이들이 실은 당사자들 개개인의 내면을 전혀 존중하지 않는다는 증거입니다. 수동적인 존재로만 보고 싶어하는 것입니다. 자신들의 관념/희망대로 움직이기를 바라는 비민주적인 발상이라 하겠습니다.

위안부들이 "원하지 않은 곳"으로 이동당한 피해자였다는 사실은, 국가의 확장 욕망을 제국적 욕망으로서 책 서두에 지적한 것처럼 『제국의 위안부』의 문제의식의 근간이기도 합니다.

(14)

조선인들이 준일본인으로서 "보호를 받았다"고 쓰지 않았습니다. 그저 식민지인으로서 그런 위치에 놓여 있었다는 기술일 뿐입니다.

패전 직후 현지인들에게 조선인들이 공격당한 것을 그저 "오해"로만 보고 싶은 심정은 이해하지만, 그건 사실이었고, 저는 그런 사실까지 직시해야만 조선인 위안부가 처한 구조를 정확히 볼 수 있다고 생각해 자료에 근거해서 기술했을 뿐입니다.

피해자로서의 위치를 인정하는 것이, 꼭 제3국 사람들에게 적대시당한 사실을 부정해야만 가능해지는 것은 아닙니다. 당시 정황을 두고 "일본군과 같은 역할을 했기 때문은 아닐 것"이라거나 함께 패퇴한 것이 조선인의 의지가 아니라는 주장은 어디까지나 후대로서의 희망사항일 뿐입니다. 하지만 역사왜곡은, 역사를 있는 그대로 보는 것이 아니라 후대의 욕망대로 보려 할 때 만들어집니다.

반복하지만 가해/피해의 관계는 간단하지 않습니다. 그럼에도 원고 측은 역사적 정황을 섬세하게 들여다보고, 보다 정확하게 파악하려는, 그럼으로써 일본에 대해 사죄의식을 갖게 하고 보상에 나서도록 하려 한 저의 노력을 자신들의 주장과 운동에 불리하다 판단하여 저를 고발하기에 이르렀습니다. 실로 비민주적인 처사가 아닐 수 없습니다만, 더 중요한 건 그런 식으로 당사자 아닌 대리인들이 지난 30여 년 동안 위안부 문제 운동을 이끌어왔다는 사실입니다.

(15)

위안부들이 전범과 함께 이동한 것을 두고 "자발적 의사"라고 하지 않았습니다. 원고 측 말대로 "다른 방법을 확보하지 못했기 때문"일 수 있습니다. 하지만 현지에 남은 이들도 많았다는 사실은 이 역시 그렇게 간단히 판단할 일이 아님을 보여줍니다. 무엇보다 이 부분은 다른 기술과 마찬가지로, 위안부를 비판하기 위한 기술이 아닙니다. "전쟁을 수행"했다는 기술은 원고 대리인 주장과 반대로 '협력을 강요'당했다는 뜻으로 쓴 부분입니다. 아무도 지적하지 않았던 부분에 굳이 주목한 것은 피지배자들을 동원한 일본의 식민지책임을 묻기 위한 것이었습니다.

(16), (17)

"조선인들을 모두 일본인으로 전제"한 것이 아니라 식민지 구조를 지적한 것일 뿐입니다. "일본 여성으로 단정"한 것이 아니라 "일본인(이 해야 할 역할)을 대체"당한 존재라고 명확히 썼습니다. "조선인 위안부와 일본인 위안부"는 대우에 있어서 차별이 있었지만 빈곤여성으로서의 동원 계기까지 다른 건 아닙니다. 굳이 다르다고 보고 싶어하는 건 역민족차별적/인종차별적 감정의 소산입니다. '일본인'으로만 간주하고 그 이전에 '여성'임을 도외시한 지적입니다.

제가 식민지의 가난을 강조한 건 일본을 비판하는 문맥에서의 일입니다.

또한 위안부 대다수를 조선인이 점하게 된 것도 조선의 (중국과 이어져 있는) 지리적 조건, 유괴범 횡행 등 결과적 조건 때문일 뿐, 일본이 처음부터 조선을 타깃으로 한 결과가 아닙니다.

원고 대리인의 주장은 위안부 문제 초기에 정착된, '조선인은 순수한 소녀, 일본인은 매춘부'라는 매춘차별/민족차별적 편견에서 여전히 벗어나지 못한 결과입니다.

(18), (19)

"강제나 기망, 허위유혹"을 한 주체는 업자들일 뿐 일본 군부가 아닙니다. 이미 학계에서도 인정하고 있음에도 원고 측이 이렇게 주장하는 것은 어떻게든 일본/군만의 책임으로 돌려 자신들이 주장해온 '법적 책임'을 성립시키려는 의도가 만든 일입니다.

"자발적으로 매춘업에 종사하는 여성과 조선인 위안부를 동일시"한다는 시각이야말로 "자발적으로 매춘업에 종사"했으면 피해자가 아니라는 생각이 만든 것입니다. 저는 "자발"로 보이는 모든 사태에 구조적/사회적 강제가 있음을 분명히 했고, 그러므로 자발인지 여부와 상관없이 모두 피해자라고 썼습니다.

원고 대리인은 "(박유하는) 조선인 위안부는 일본군의 전쟁범죄 피해자가 아니라"고 주장하는 것이라며 악의적 해석을 하고 있으나, 앞에서 설명한 것처럼 저는 기존 전쟁범죄 인식 대신 식민지책임을 물었으니 일본의 책임을 부정한 것이 되지 않습니다.

2022년에 간행한 『역사와 마주하기』에서 저는 이들의 논리가 '한일합방 불법=1965년 한일협정 무효=일제시대는 무효=법적 배상 요구'라는 이 30년 동안에 걸친 주장을 보완하기 위한 논리였음을 밝혔습니다. 이들 중엔 1965년의 협정을 파기하자는 움직임조차 있는데, 이는 북한이 자신들이 전쟁 당사자라고 주장하며 일본과의 국교정상화 때 "법적 배상/식민지 배상"을 요구하려 했던 움직임과 연계됩니다.

(20)

"위안소에 감금", "위안부 생활을 강요"한 것은 업주입니다. 돈을 주고 사왔을 뿐 아니라 옷/숙식비용들을 대출해주고 빚으로 옭아매어두었던 대다수의 업주들이 한 일인 것입니다. 설사 "수입이 예상"되었다 해도 위안부에게 책임은 없습니다. 그들 대다수는 가족을 부양하기 위해 그런 구조에 내몰린 것이기 때문입니다. 우리 사회가 그것을 인정하는 날, 그동안 목소리를 내지 못했던 분들까지도 비로소 가슴을 펼 수 있을 것입니다. 반대로 말하자면, 고작 200여 명밖에 목소리를 내지 않은 것은 그저 순수한 소녀여야만 피해자로 인정해온 차별적 시선 때문인 것으로 저는 판단합니다. "강간적 매춘", "매춘적 강간"이라는 표현을 두고 "강간"이라는 말이 엄연히 있음에도 그저 매춘을 지적한 것으로만 보려 하는 것도 바로 그런 시선이 만드는 일입니다.

(21)

'20만 명이 끌려가 2만 명이 돌아와 200명이 목소리를 냈다'는 가설은 희생자를 강조하려는 지원단체의 레토릭에 지나지 않습니다. 그 숫자에 근거가 없음은 이미 학계에서도 이야기되고 있습니다. 무엇보다도, 그렇게 많았다면 200여 명밖에 목소리를 내지 못한 이유가 무엇인지 생각해야 할 것입니다.

"즐거운 기억"이라 함은 여기서 지적되는 해방 이후가 아니라 해방 이전의 체험에 관해 그렇게 표현한 위안부 자신의 말을 인용한 것일 뿐입니다.

원고 대리인은 이런 식으로 제가 쓰지 않은 것을 썼다 하고, 없는 의도를 악의적으로 만들어냅니다. 그러나 "위안부의 삶이 비참하지 않을 수도 있다"고 쓰기는커녕 조선인 위안부가 얼마나 비참한 상황에 있었는지를 저의 책을 보고 알게 되었다고 말해준 이가 실제로는 오히려 많습니다.

(22)

"즐기기 위한" 것이라는 말 역시 위안부의 말을 인용한 뒤에 부연 설명한 부분입니다. 물론 통증 완화를 위해 사용한 경우도 있었습니다. 하지만 원고 측 주장은 위안부가 지옥같은 생활 속에서 그나마 마음을 줄 수 있는 이를 만나 위안을 받고 삶을 이어가는 권리조차 박탈하려 하는 관리자적 시선입니다. 그런 '피해자다움'을 요구하는 시선이 바로 "즐거웠다"는 말을 허용하지 않는 것입니다. 그 이유가 국가로서의 유불리를 우선한 데에 있는 것이라면 과거에 국가에 이용당한 여성들이 다시 한번 국가에 이용당하는 사태라 하지 않을 수 없습니다. 『제국의 위안부』는 바로 그런 문제의식으로 쓰여진 책입니다. 군인 중에는 위안부를 위해 병창의 아편을 훔쳐 전달했다가 한 달 동안 영창을 산 군인도 있었습니다. 원고 대리인이 그러한 관계를 알지 못했기에 한 비난이라 하겠습니다.

(23), (24)

"동지적 관계"란 일본군의 '적'이 아니었던 현실을 강조한 말이지만, 저는 그 표현과 함께 "군수품으로서의 동지"라는 말도 사용했습니다. 위안부들이 놓인 슬픈 처지를 명확히 기술하기 위해서였습니다. "목표 달성을 위해 함께 노력"하는 사람의 뜻을 증명해야 한다면, "위안부란 군인을 돌보는 사람"이었다는 배춘희 할머니의 말을 다시 인용해둡니다(『일본군 위안부, 또 하나의 목소리』). 자신의 "성의 제공(=착취)"가 애국 구조에 놓였다는 것은 분석적인 시각일 뿐입니다. 위안부들이 그러한 구조를 의식하지 않았거나 저항했다 해도, 그런 구조가 존재하지 않는 것이 되는 건 아닙니다. 당시 존재한 '낭자군'이라는 단어는 그런 사회적 요청을 반영한 말입니다.

(25)

이 부분은 일본 우파가 말한 부분을 "사실로는 옳을 수 있다"고 쓰면서 바로 뒤에 이어서 비판/반박한 부분입니다. 전후를 읽어보면 일목요연한데도 문맥을 무시하고 단락적으로 인용해 저자의 의도를 멋대로 해석하는 이런 부분은, 가짜뉴스와 다르지 않은 악의적인 범죄적 행태라 할 것입니다.

이들은 반복적으로 "박유하는 전쟁범죄와 법적 책임을 부정한다"는 말로 제가 일본의 범죄 자체를 인정하지 않고 책임도 부정하는 것처럼 보이도록 기술하고 있습니다. 비양심적인 왜곡이 아닐 수 없습니다.

저의 주장의 핵심은 일본이 조선과의 관계에서 전쟁 상대국이 아닌 식민지였다는 것이었습니다. 사실과 다른 기존 분석으로는 상대의 사죄를 이끌어낼 수 없다고 생각했기 때문입니다.

지원단체와 주변인들은 전쟁 상대국에 대해서만 물을 수 있는 '법적' 책임을 식민지화한 상대국─제국에 묻는 것으로 결과적으로 문제를 수십년 동안 정체시켜왔습니다. 저는, 그에 따라 수십년 동안 거리에 나서야 했고 일부 일본인들의 모욕 대상조차 되어야 했던 위안부 할머니들의 처지가 안타까워 『제국의 위안부』를 집필하였습니다.

(26), (27)

"애국처녀"는 인용입니다. 그래서 따옴표가 있는 것입니다. 위안부를 그저 매춘부라고 주장하는 일본 우파들을 향해, '당신들에겐 그렇게 보일지 모르지만 군인을 위로하라는 역할을 떠맡아 전쟁터로 내몰린 이들의 슬픈 미소다'라는 사실을 가르쳐주기 위한 기술입니다.

"긍지" 부분에 대해서는, 일본이 그런 의식을 심었다는 이야기입니다. "사실을 호도"하고 있다는 주장은 그런 구조를 직시하고 싶지 않다는 심리를 보여주고 있을 뿐입니다. 하지만 역사는 직시해야만 앞으로 나아갈 수 있습니다. 이어지는 인용 부분 역시 마찬가지로 우파의 주장에 일단 귀를 기울이지만, 그와 다른 해석을 해야 한다고 설파하는 부분입니다.

원고 대리인은 제가 일본 우파를 비판했다는 사실을 완전히 도외시하고 있을 뿐 아니라 오히려 악의적으로 인용해 끊임없이 정반대 해석을 시도합니다. 자신들이 정착시킨 기존 상식, 그것이 가져다준 국민의 신뢰, 그에 따른 경제적/사회적 이익을 지키려 하는 행위로 판단합니다.

(28)

위안부 피해자들의 성노예 생활과 애국적 구조는 대치되는 것이 아닙니다.

연애 역시 마찬가지입니다. 저는 연애나 애국이 위안부 생활을 "대표"하고 있다고 쓰지 않았습니다. 노예 위치에서도 연애는 가능합니다. 그것이 '진짜' 연애인가는 다른 문제입니다. 기존 상식이었던 '강제로 끌려간 성노예'에 여러 문제가 있음을 지적하는 것으로 한일 갈등이 좀처럼 해소되지 않는 현실을 함께 정확히 보고자 오래된 증언집을 모두 읽고 책을 썼을 뿐입니다.

중요한 건 다른 원고 대리인이 비난하는 다른 이미지의 제기가, 위안부의 피해자성에 대한 부정이기는커녕 오히려 제대로 생각하는 이들에게는 더욱 강력한 일본 비판으로 기능했고, 위안부의 슬픔을 잘 알게 되었다고 말한 독자들이 많다는 사실일 것입니다.

한국 사회가 위안부를 소녀 피해자나 투사의 이미지로만 보게 된 건 위안부 할머니의 의도가 아니라 지원단체의 운동의 결과라고 했을 뿐입니다. 그러면서 역사의 다양한 '결'과 기억이 은폐된 정황을 보고자 했던 것입니다.

(29)
업자가 존재한다는 사실과 일본이 위안부를 동원하는 구조의 상층부에 있다는 사실은 상충되지 않습니다. 업자는 자신들의 이익을 위해 움직였고 그런 이익 구조와 일본의 필요가 만나 위안부 동원이 이루어졌으나, 그것이 곧 일본의 강제연행을 증명하는 것이 되는 것은 아닙니다.

업자들은 제국에 협조했지만, 명확한 명령체계가 존재한 부분은 "강제성"이 아니라 "불법성"에 대한 기본 룰이었습니다. 동시에 예컨대 『일본군 위안소 관리인의 일기』에 나오는 관리인이 일본 천황에 대한 찬양을 일기에까지 쓴 데에서 알 수 있는 것처럼, 이들 역시 전쟁을 위해 당연히 협조해야 한다고 생각한 측면이 있습니다. 말하자면 자신들의 경제적 이익이 순수한 애국 행위로 포장되는 효과가 있었던 것입니다.

위안부 동원이 "국제법적으로 금지"됐다는 것은 앞에서 말한 것처럼, 전쟁범죄가 성립할 경우의 일입니다.

하지만 일본이 통치국가로서 식민지에서 여성들을 "강제납치"할 수 없었던 것은 조선반도에 거주한 100만 명 가까운 일본인들 중에도 위안부가 된 일본인이 있다는 사실만으로 알 수 있습니다. 일찍부터 위안부 문제를 동시대에 일어난 부족 간 강간 행위와 동일시하는 방식으로 유엔에 호소한 내용이 위안부 문제를 잘 모르던 네덜란드나 유엔 관계자들에게 자신들의 경험과 같은 것처럼 받아들여져서 "국제사회"의 공통 인식인 것처럼 되었을 뿐입니다. '일본 형법'에 비춰봐도 범죄라는 주장 역시, 앞에서 설명한 것처럼 전쟁범죄로 만들기 위한 오래된 주장을 고수하기 위해 만들어온 논리일 뿐입니다.

하지만 시간이 지나면서 이들의 과거 연구와 운동방식에 대한 문제의식을 갖는 이들이 나오고 있으니, 이러한 기만의 문제는 앞으로 더 밝혀질 것입니다.

업자의 폭행 책임을 물었다 해서 일본의 책임이 없어지는 것이 아닙니다. 그럼에도, 이들은 어떻게든 '일본' 하나만을 규탄하고 싶어하고(그 이유는 앞에서 말한 바 있습니다), 바로 그 때문에 과거의 불행을 다각도로 접근하고 분석한 저의 시도를 그저 '일본 면죄'로 보고 싶어합니다.

하지만 만약 일본을 면죄하는 책이었다면 앞에 쓴 것처럼 오에 겐자부로를 비롯한 이른바 일본의 대표적 진보 지식인, 진보 매체들이 저의 책을 높이 평가하지는 않았을 것입니다. 이들의 평가는 오히려 정반대로, "일본 제국의 책임을 물었다"는 데에 있었습니다. 일본에서 높은 평가를 받았다는 사실을 그저 일본의 마음에 드는 담론이었다고 보고 싶어하는 이들의 심리는, 일본을 잘 모르는 이들을 호도하는 행위입니다. "일본 우익의 주장과 일치"한다고까지 주장해 한국인들의 혐오를 불러일으키려 하는 행태는 가히 악의적이고 범죄적이라 하지 않을 수 없습니다.

(30)

"일본군과 이기고자…"는 다른 위안부 증언에서의 인용입니다. 문옥주 할머니 증언에도 나옵니다. 위안부에게 "사기를 진작"하는 역할이 있었음을 부정하는 것은, 이들이 그런 행위를 그저 "친일파"로 보고 싶어하기 때문입니다. 하지만 앞서 쓴 대로, 이는 일본군의 문서에 나올 뿐 아니라 학계에서 인정된 사실입니다.

　동시에 저는 비난의 뜻을 전혀 담지 않았습니다. 오히려 그런 구조 속으로 몰아넣은 일본을 비판했습니다. 원고 대리인은 자신들이 내놓은 판결문에 있는 사실조차 도외시하고 있습니다.

(31)
"협력한 기억" 때문에 돌아오지 않았다는 사실은 많은 위안부 증언에서 발견됩니다. 그런 사실을 부정하는 시선이 바로 많은 위안부들을 돌아오지 못하게 만든, 그녀들을 억압하는 시선입니다.

　따라서 "자발적인 부역자 취급"을 한 것은 제가 아니라 이렇게 생각하는 사람들이라 해야 합니다. 협력적 구조 안에 놓였다는 것만으로 무조건 "친일파"로 비난해온 사고가 그렇게 만들고 있는 것입니다.

　하지만, 반복하지만, 중요한 건 표면적인 사실이 아니라 해석입니다. 원고 대리인이 그렇게밖에 보지 않는 것은 시각이 편협하기 때문입니다.

　"가슴아파하는 것"이 위안부를 폄훼하지 않았다는 증거라면 얼마든지 댈 수 있습니다. 『제국의 위안부』를 읽고 처음으로 위안부의 비극이 가슴에 와닿았다고 해준 수많은 독자들의 감상이 그것입니다.

　일본옷을 입기도 했다는 사실을 굳이 "수동적"인 것으로 보고 싶어하는 시선은, 사안에 따라 해석을 달리하는 모순을 드러내고 있습니다.

(32), (33)

"동지"의 중의적 뜻을 간파하지 못한 지적입니다. "강간행위"를 부정하기는커녕 그 반대로 우파 비판 속에서 강하게 비판했습니다. 위안부 문제 지원자들이 홀로코스트 관계자들과 연대하기 시작한 건, 연대를 통해 영향력을 키우려 했기 때문입니다. 그런데 후에는 홀로코스트 관련 조직도 연대를 비판/거부하기에 이르른 사실도 있습니다.

(34)

저는 『제국의 위안부』 일본어판에서, 위안부 문제를 비롯한 식민지지배 사죄를 담은 일본의 국회결의가 필요하다고 썼습니다.

일본에서 관련 입법이 90년대 이후 여러 번 발의되었는데 그 법안들이 폐기된 이유는 일본 의원들이 반성하지 않아서가 아니라 '과연 강제연행이었나?'에 대한 국회의원들의 의구심 때문이었습니다. 사죄의식을 갖지 않아서가 아닌 것입니다. 제가 한 말 역시 "불법적" 강제동원은 정부나 군인이 아니라 납치범을 비롯한 중간매개자였다는 내용이었습니다.

그럼에도 원고 대리인은 국가폭력의 의미를 확장해, 제가 그 모든 국가책임을 부정한 것처럼 호도합니다.

군은 강제납치 등의 불법행위를 금지했습니다. 일탈이 있다 해도 그것이 곧 국가책임이 되는 것은 아닙니다. 식민지지배가 나쁜 것은 분명하고 저 역시 비판했다는 것은 분명한 사실입니다.

일본군이 위안부를 필요로 한 것은 사실이지만, 이른바 "조직적/체계적"으로 동원된 것은 아닙니다. "조직적/체계적"이라는 단어는 전쟁범죄 성립에서 필요하여, 법률가 및 학자들이 운동하는 과정에서 과거의 전쟁범죄 처벌을 참조하여 만들어낸 것입니다. 원고 대리인이 그 사실을 아직 모르고 있을 뿐입니다.

위안소 설치 여부는 부대장의 재량에 따른 것이기도 했습니다. 일본군이 "조직적/체계적"으로 동원했다면 모든 부대에 군 직영 위안소가 존재했을 것입니다. 도노무라 교수가 지적하는 것처럼 "제국"의 시스템은 생각보다 허술했습니다.

(35)
위안부 동원과 강제동원은 엄연히 다릅니다.

강제력이나 속임수가 "지속적으로 사용"되었다고 원고 대리인은 주장하지만, 그건 사회문제일 뿐입니다.

저의 의도는, "재발 방지"라는 목적을 위해서는 그저 일본 비판에 그치지 않고 가난한 여성들이 주로 동원된 이유, 왜 교육을 많이 받지 못한 계층이 위안부가 되어야 했는지에 대해 생각해야 한다는 데에 있었습니다.

업주나 포주는 군인이 가는 곳 어디에나 일찍부터 존재했습니다. 일본의 경우, 청일/러일전쟁 때 이미 보입니다. 그러다가 이미 존재한 민간 위안소 일부를 군대가 지정한 것이 군 위안소입니다. "조직적/체계적"으로 동원이 이루어졌다는 주장에 대한 집착은 앞에 쓴 것처럼 그 단어로 "전쟁책임", "법적 책임" 요건을 충족시키기 때문입니다.

위안부가 강간을 당한 사실은 많지만, 대부분은 군인의 개인적 일탈에 의한 것입니다. 지금도 군에서의 가혹행위는 많지만, 그런 행위를 두고 곧바로 "국가"의 "법적 책임"을 묻지는 않습니다.

물론 군 자체의 문제가 있을 수 있지만, 위안부 문제는 그와 같지 않습니다. 위안부들은 많은 경우 위안소에 도착하기 전에 납치자, 중개인, 업주 등에게도 강간당했습니다. 포기하고 도망가지 못하도록 하는 수단이기도 했던 것입니다.

(36)
"점령지"와 "식민지" 여성을 구별한 이유는 어디까지나 사죄·보상 방식이 문제가 되었기 때문입니다. '필요할 때 쓰고 (군인과 달리) 사후보상체계에는 무심했다'는 의미에서 '피해자'라는 의미로 쓴 '군수품'이라는 단어마저 원고 대리인은 악의적으로 해석합니다. 하지만 위안부가 군인용 매점에서 파는 '물건'처럼 위안부가 동행/공수되었음은 학계에서도 지적하는 사항입니다.

(37)
이 부분은 인용입니다. 위안부 관련 보고서를 쓴 유엔 관계자가 그렇게 알고 있었다고 지적했을 뿐입니다.

(38)
원고 측 대리인이 말하는 "위법"이란 어떻든 "불법"을 구성하기 위해 90년대 초부터 만들어온 이론에 맞춘 인식입니다. 저는 꼭 "불법"을 주장하지 않아도 충분히 책임을 물을 수 있다고 생각하는 입장입니다. 그저 입장이 다르다는 이유만으로 고발하고 기소하고 국민과 언론을 동원해 공격한 것이 『제국의 위안부』 고발 사태입니다.
　대부분의 위안부는 약속기한이 지나면 돌아갈 수 있었습니다. 극히 일부의 위안부가 기한을 채우고 돌아가려 했을 때 만류했다는 사실이 확인되지만, 그 이유는 명확히 밝혀져 있지 않습니다. 꼭 "강제력 행사"가 아니라, 전쟁이 심화되어 위험을 이유로 만류한 경우도 있습니다. 많은 빚으로 묶어두고 직접 "감금"이나 "성노예 생활을 강요"한 것은 대부분 군이 아니라 업주입니다.

저는 위안부 문제를 "범죄"로 치부하는 기존 운동가들에 대해 일본의 책임을 보다 근본적인 "죄"로 설정해 물었습니다. 묻는 틀을 오히려 좁은 의미의 강제연행에 한정하지 않고 오히려 확대했습니다. 제가 물은 "도덕적 책임"은 책임 축소가 아니라 오히려 책임 확대입니다. 법적인 "불법"이라는 잣대는 성립되기 어려워도 인간으로서의 "죄"임을 인식하게 하는 방법으로 책임을 물었기 때문입니다.

당연히 군의 "적극적인 관여"를 부정할 이유가 없고, 그저 위안부 문제를 둘러싼 정황이 "불법"을 성립시키기에는 무리함을 인식하고 새로운 방식을 추구했을 뿐입니다.

이는 앞에서도 쓴 것처럼 "전쟁범죄"란 대등한 집단 간에 성립한 불법행위여야만 성립한다는 대전제가 존재하기 때문이기도 합니다. 식민지-종주국 관계를 전면적 "전쟁"관계로 말할 수는 없기 때문에 "불법"을 성립시키는 건 어렵다고 말했을 뿐입니다. 원고 대리인은 제가 책에서 명확히 기술한 '죄와 범죄', '법적 책임과 도덕적 책임'에 관한 기술을 완전히 무시하고 제가 일본의 모든 책임을 부정한 것처럼 왜곡합니다

(39)
위안소에 도착한 여성들을 대상으로 한 강간에 대해서는 위에 쓴 바 있습니다.

위안소 설치 방침을 조직적 실행으로 본 것은 일부 초기 학자들의 인식입니다. "조직적/체계적"을 강조하는 이유도 "전쟁범죄"로만 간주하려는 의도가

만드는 일입니다.

　업주는 실제로 규모에 따라 상당한 이익을 거두었습니다. 나이든 위안부가 위안소를 차리는 경우가 있었다는 사실도 그런 정황을 보여줍니다. 그런 복잡한 구조를 도외시하고 무조건 일본만 책임 주체로 설정하는 것은 운동가로서는 있을 수 있겠으나 학자로서는 있을 수 없는 일입니다. 일부 학자들이 운동가들에 동조하는 것은 이들이 정치화되어 있기 때문입니다. 이에 관해서도 『역사와 마주하기』에 기술해두었으니 참조해주시기 바랍니다.

　거듭 말씀드리지만, 위안부에 대한 강간의 주체에서 일본을 제외하지 않았습니다. 따라서 허위를 기술하지도 않았습니다. 업주들은 당시에도 군인의 감시와 체크를 거쳐 위안부의 동의를 얻었는지, 필요서류는 갖춰졌는지, 불법사항이 없는지 감시당했습니다. 업주들이 나이나 호적을 위조해 군인을 속이는 경우가 있었다는 증언도 있습니다.

(40), (41)

"같은 일본인 여성"이라는 것은 제가 아니라 위안부의 말을 인용한 부분입니다. 책 전부를 읽지 않으면 오해할 수 있는 대목을 골라 단락적으로 인용/왜곡하는 것은 실로 부도덕한 행태라 하지 않을 수 없습니다.

　"동지"의 뜻은 이미 말씀드린 것처럼 그저 '제국의 일원'시되었다는 심플한 뜻입니다. 어디까지나 구조를 보여주기 위해 "적"과 반대되는 개념으로 사용했을 뿐입니다.

　일본군 군인의 묘지를 청소하고 수류탄을 나르기도 한 것은 본인들의 의사와 상관없는, 전쟁 수행의 일환입니다. 그 행위는 성적 착취와 대립적인 것이 아니라 오히려 부담을 가중시키는, 보완적인 것이었습니다. 일본의 반성을 촉구하기 위해 기술한 것임에도 그저 자신들이 만든 이미지와 다른 이미지가 대중에게 전달되는 것이 두려워 원고 대리인은 이런 내용조차 명예훼손이라고 주장하는 것입니다.

(42)

일본의 기금이 위안부 문제를 "애매한 성격으로 무마"하려고 했다는 것은 어디까지나 법적 책임을 주장해온 지원단체의 주장일 뿐입니다.

정보를 직접 취재하지 않는 언론이 많은 한국 사회에 이들이 그런 식으로만 전달한 탓에 지금까지도 기금의 존재는 잘 알려지지 않은 상태입니다. 그 결과로 대다수 사람들은 일본을 사죄도 보상도 하지 않는 뻔뻔한 나라라고 생각하게 되었습니다. 일본을 전공한 한 사람의 학자로서, 상대를 정확히 알아야 비판도 정확할 수 있고 실제 변화도 일으킬 수 있다는 생각에서, 기존 운동가들과는 다른 방식으로 제가 알게 된 사실을 지적했을 뿐입니다.

이들은 일본을 향해 "법적인 잘못"을 인정하지 않았다고 비난하지만, 사실에 반하는 주장까지 인정해야 한다는 것은 폭력적/일방적 주장이 아닐 수 없습니다.

결국 기금을 둘러싸고 위안부 할머니들도 분열되었습니다. 기금을 받겠다고 하는 분들에게 관계자들은 창녀가 되는 일이라면서 비난하기까지 했습니다. 제가 말한 "차별 경험"이란 "열등의식"이 아니라, 그 반대로 긍지의식이 "돈"을 거부하게 만들었다는 뜻입니다.

원고 대리인의 서면에는 기초적인 독해조차 되지 않아 곡해하는 지적이 너무나 많습니다. "모욕당하는 일을 경계했다"는 기술 역시, 열등감이 아니라 긍지가 만드는 것입니다. 그런 정황이 보이지 않았다면, 원고 대리인에게 위안부 할머니들을 존중하는 마음이 없기 때문일 것입니다.

(43)

'공창'의 원뜻은 '국가가 관리하는'이라는 뜻입니다. 일본은 에도 시대부터 유녀들을 국가가 관리한 나라입니다. 그런 일본의 공창제가 조선에 유입되었고 그것이 조선의 위안부 동원에 깊이 관여되었다는 사실은 비주류 위안부 연구자 연구자가 일찍부터 지적했고 주류 연구자들도 이제 당연한 듯 논의하는 일입니다. 원고 대리인은 그 사실을 모르고 있거나 재판부에서 모르고 있다고 간주해 그 사실을 무시하고 있습니다.

더 중요한 건, 이른바 '공창'이라 해서 피해자가 아닌 게 아니라는 사실입니다.

(44), (45), (46)

협력당한 구조 아래 있었을 뿐 "자발적인 협력자"라고 쓰지 않았습니다. 이런 식으로 이어지는 호도 기술과 변하지 않는 악의에 참담할 뿐입니다. 이런 식으로 저의 책을 왜곡전달해 위안부 할머니들과 국민들의 공분을 일으키는 이유가 오로지 자신들의 기존 주장만을 지키기 위해서라는 사실은 암담한 기분조차 들게 합니다.

위안부가 "일본군의 전쟁 수행의 큰 피해자"임을 주장한 책이 바로 『제국의 위안부』입니다. 다만 기존 연구자/운동가들이 무시했던 증언까지 면밀히 분석하고 그 밖의 자료들을 폭넓게 사용한 결과 보다 큰 틀에서 문제를 바라볼 수 있었고, 그 결과를 집필했을 뿐입니다.

"적극적인 독립운동과 저항을 하지 못하고 식민지시대를 견뎠던 모든 조선인"들을 두고 "협력자"라고 하지 않습니다. 위안부가 전쟁에 동원되었다는 사실은 국가의 욕망에 개인이 동원된 것이며, 협력을 '당한' 피해자라는 사실을 오히려 지적했습니다. 그럼에도 원고 대리인이 협력이라는 단어에 민감하게 반응하는 이유는 그저 표면적 행위만으로 친일파로 단정하고 당사자의 복잡한 상황은 물론 엄혹했던 시대를 섬세하게 보지 못하고 무조건 규탄과 처벌에만 주력해왔던 그간의 사고와 행동의 연장선상에 있다 할 것입니다.

(47)
"자발적으로 간 매춘부가 일부 있었"는지 여부는 저의 책에선 중요하지 않습니다. 따라서 "일반화"한 적도 없습니다.

여기서의 "자발적 매춘부"를 둘러싸고 형사 1심에서는 따옴표가 주목되고 인정되기도 했습니다. 즉 이는 우파들의 말을 인용한 것에 불과합니다. 오히려 그렇게 생각하는 이들을 향해 그렇게만 생각하면 안 된다고 말하기 위해 썼던 표현입니다.

동시에 한국을 향해선, 그런 사실이 설사 있다 해도 위안부들의 잘못은 없다는 사실, 그러므로 그 사실을 직시할 때 피해자들이 진정으로 마음의 평안을 얻을 수 있을 뿐 아니라 당당해질 수 있으며, 결과적으로 문제 해결에도 도움이 된다고 썼던 것입니다. (구체적인 제안이 아니라, "[기존 인식과 운동에 문제가 있으니] 협의체를 만들어 다시 논하자"고 썼습니다.)

원고들은 대부분 어린 나이에 동원된 것으로 보이고, 그런 만큼 그런 부분만 왜곡된 내용으로 강조된다면 민감하게 반응할 수밖에 없을 것입니다.

하지만 저는 학자로서 집단의 속성에 대해 분석했을 뿐입니다. 개인에 대한 가치 판단을 한 것이 아닐 뿐 아니라 비난한 것이 아닌 이상, 비난받아야 할 이유가 없습니다. 무엇보다, 다시 말씀드리지만 저는 오히려 위안부 할머니들이 어떤 경우에 있었건 피해자로 간주해 이 책을 썼던 것입니다.

따라서 "일본 정부와 일본군의 책임을 희석"할 이유가 없음에도, 원고 대리인은 제가 그렇게 한 것처럼 왜곡합니다. "자발적 매춘부를 인정하지 않아서"가 아니라 "강제로 끌려간 소녀"만을 강조해왔기 때문에 위안부 문제가 꼬이고 말았다는 것을 인정하고 싶지 않기 때문일 것으로 판단합니다.

(48)

각각의 나라가 "적"이면 거기에 속한 여성들도 구조적으로는 적의 관계일 수밖에 없습니다. 이는 본인의 의사와는 무관합니다.

(49)

소녀상은 "순수한 소녀" 이미지를 한국 사회에 심었습니다. 본마음이 어떻든 협력구도하에 놓인 사람들과 대적하는 구조하에 놓인 사람들의 위치는 같을 수가 없습니다.

"완벽한 피해"란, 말 그대로 수용소에서 끌려와 군의 직접적인 명령으로 위안부 노릇을 해야 했던 네덜란드 여성의 피해를 말한 것입니다. 위안부 운동은 90년대에 유엔에 어필하던 무렵 네덜란드 법학자의 도움을 받았습니다. 이들은 조선의 경우를 자신들과 같은 사례로 생각하고 도와주었고, 결국 위안부 문제는 네덜란드나 90년대에 일어난 부족강간과 동일시되면서 유엔에서도 주목받게 되었습니다.

문제는 다른 구조의 문제가 똑같은 것으로 이해되게 되면서 치명적인 모순이 생겨버렸다는 점입니다. 이후의 세월은 그런 모순이 증폭된 세월이었습니다.

　소녀상을 조각가가 어떤 의도로 제작했는지는 아무런 상관이 없습니다. 국민/시민들에게 수용된 방식을 분석했을 뿐입니다. 그것이 설사 틀린 분석이라 해도, 그것이 곧바로 위안부 '모욕'이 될 수는 없습니다.

　그리고 이 부분은 특히 위안부가 아니라 운동을 비판한 부분입니다. 원고 대리인은 이런 식으로 자신들에 대한 비판조차 위안부에 대한 비판인 것처럼 호도하며 삭제를 요구했습니다. 소송 초기에는 100곳 이상을 지적하며 출판금지를 요구했는데, 그중 3분의 1 가까이가 정대협―지원단체를 비판한 부분이었습니다.

　『제국의 위안부』 중 위안부에 대한 직접 기술은 전 4장 중 1장에 불과합니다. 나머지는 전부 위안부 문제 운동과 일본 정부의 대처 등에 관한, "위안부 문제를 둘러싼 담론"에 관한 분석입니다.

(50)
구조를 지적했을 뿐입니다. 조선인 징병자 역시 마찬가지였지만 그들이 피해자인 것과 마찬가지 구조입니다.

(51)
추측이 아니라 위안부의 증언을 토대로 한 기술입니다. 원고 대리인은 본문을 읽지 않고 추출된 부분만 읽은 것으로 보입니다.

(52)
지원단체의 요청으로 문재인 정부 때 '위안부 기림의 날'이 생겼습니다. 그것만으로 저의 지적이 틀린 것이 아니라 하겠습니다. "모순"이란 개인이든 역사든 필연적으로 발생하는 것이기도 합니다.

(53)
주석에 거론한 책 내용에 이어 쓴 내용입니다. "동남아시아가 조선을 어떤 식으로 보고 있었는지"에 대한 책입니다.

2. 유족들과의 재판

그러나 2월로 예정됐던 민사 2심 재판은 '(위안부) 사망자들의 수계수속'이 아직 되지 않았다는 이유로 다시 연기되었다.

그 절차가 진전되지 않아, 재판은 3월에도 다시 연기되었다. 나는 다시 2023년 말에 나온 재일교포의 연구서에 대해 언급하는 의견서를 썼다.

피고인 의견서

원고 측은 재판이 10년 가까이 이어지는 사이에 작고한 위안부 할머니들의 유족을 찾아가면서까지 이미 대법원에서 무죄 판결이 난 소송을 이어가려고 하고 있습니다. 그렇게 만드는 것은 원고 측이 주장하는 것처럼 『제국의 위안부』를 어떻게든 유죄로 만들고 싶기 때문일 것입니다.

하지만 『제국의 위안부』는 위안부 할머니들을 비난한 책이기는커녕 오히려 위안부 할머니들을 위해 쓴 책이라는 사실을 기존 재판에서, 그리고 이미 12월에 제출한 의견서에서도 반복해 말씀드렸습니다.

책을 편견 없이 있는 그대로 읽는다면 『제국의 위안부』가 일본의 국가책임을 기존 지원단체/관계자들과 다른 방식으로 물었던 책이라는 사실을 부정할 수 없을 것입니다. 실제로 『제국의 위안부』는 발간 이후 위안부 문제의 책임 주체인 일본의 호응을 기대 이상으로 얻었습니다. 그리고 바로 그 때문에 관계자들은 저에게 일본어판을 절판하라고 했고, 두 개의 상을 수상하자 검찰은 기소하기까지 했습니다. 그 직후인 2015년 말에 나온 위안부 합의조차 『제국의 위안부』의 영향이라며 격하게 비난하기도 했습니다.

하지만 '한일 합의'는 관계자들의 비난과는 달리 일본의 국고금으로 위안부 할머니들에 대한 두 번째 공식 사죄와 실질적 국가보상을 시도한 것이었습니다. 그리고 실제로 대부분의 위안부 할머니들이 이 보상금을 수령하셨습니다.

그런 이상, 합의의 해결 방식이 자신들의 위안부 관련 주장 및 해결 방법과 다르다 해서 국민들을 동원해 비난하고 거부하도록 만든 행위는 국민들을 기만한 행위가 아닐 수 없습니다. 동시에 적지 않은 위안부 할머니들을 자신들의 운동 목적 달성을 위해 이용했다는 지탄을 받을 수밖에 없을 것입니다.

무엇보다 최근 몇 년 사이에 위안부 문제에 대한 인식이 크게 달라지고 있습니다. 특히 '조선에서의 강제연행'을 부정한 도노무라 마사루 논문(2022년)은 이른바 '우익'들과는 다른 '진보'진영에서 나온 것이라는 점에서 의의가 크다고 할 것입니다.

그에 더해 작년 말에 나온 일본의 재일교포 학자 송연옥 교수의 책 『식민지 '공창제'에서 제국의 성정치를 본다—부산에서 상해까지』는 위안부 문제 관련 인식이 관계자들 사이에서조차 달라지고 있음을 명료하게 드러내어 보여주고 있습니다.

2023년 11월에 일본에서 나온 이 책에 대한 출판사의 설명과 목차와 함께 일부를 번역해둡니다. 또한 이 인용문이 들어 있는 논문 한 편을 함께 번역해 첨부해둡니다.

이른바 공창과 위안부를 완전히 다른 것으로 구분하려 했던 기존 학계를 비판하면서 그럼에도 그런 여성들에 대한 책임을 '함께' 제국 국가의 것으로 묻는 이 책의 주장은, 바로 이미 11년 전에 출간된 『제국의 위안부』의 주장이기도 합니다.

전쟁이 아닌 '식민지지배'의 문제로 보는 점, 일본 여성도 희생자로 보는 관점, '가라유키'와의 연계성, 위안부의 '유사가족'성, '공창'과 '위안부'를 굳이 구별하지 않고 함께 피해자로 보는 관점 등에서 그렇습니다.

이러한 점들을 참조하시어 부디, 원고들의 고발이, 10년이나 이어져온 『제국의 위안부』에 대한 비난이, 관계 학자들이 이런 사실을 모르거나 숨긴 탓에 일어난 사태임을 이해해주시기를 부탁드립니다. 그리고 2024년 6월에는 고발 10년을 맞게 되는 『제국의 위안부』 소송 사태를 이제 그만 종식시켜주시기를 간곡히 호소드립니다.

2024년 3월 1일

박유하

[붙임-1]

송연옥(아오야마가쿠인 대학 명예교수)의

『식민지 '공창제'에 제국의 성정치를 본다―부산에서 상해까지』의 출판사

책소개글

'매춘하는 제국'의 구조란? 개항 이후 부산에서 6·25 전쟁 당시의 상하이까지, 이제까지의 '위안부' 문제가 주로 전쟁문제로 인식되어온 상황에 반해 근대 일본의 식민지지배 전체와 관련된 성정치의 존재방식을 통해 재조명한다.

일본의 공창제도는 근대의 군대에 없어서는 안 될 존재로 만들어졌고, 근대 가족을 보완하는 존재로서 제국 일본을 지탱하는 중요한 축이 되었다. 그런 제국 치하에서 일본본토/식민지/점령지의 여성들은 모두 착취당했다.

공창제와 '위안부' 제도가 본질적으로 다르다는 주장과 본질적으로 동일하다는 주장이 이 문제를 둘러싼 대립적 입장의 공론이 되고 있는 지금, 기존 공론을 비판적으로 재검토하고 공창제와 '위안부' 제도를 연결된 성정치로 자리매김하여 제국 일본의 성관리 구조 그 자체를 파헤친다.

서장 식민주의로 본 '공창제'
제1장 거류지·외무성 경찰의 성관리 정책
제2장 조선 지배를 노린 침략전쟁과 성폭력·성통제
제3장 '한국병합' 무력통치하의 식민지 '공창제' 확립
제4장 조선 여성이 살았던 식민지 사회
제5장 상하이의 전쟁─점령과 성정책
종장 매춘하는 제국

[붙임-2]
「'위안부'/공창의 경계와 제국의 음모」(송연옥,『立命館言語文化研究』23권

2호, 2011. 10.) 논문의 일부 인용

(위안부와 공창의) 경계 설정에 의미가 있다면, 전시에 성적으로 미숙한 여성이 폭력적으로 납치된 전형적인 모델 사례를 제시함으로써 일본 정부에 대한 전쟁책임과 전후책임을 요구하는 운동을 효과적으로 추진하는 한편, 각 피해자가 거주하는 지역의 성별 편견을 넘어 피해의 비인간성에 대한 국내외 여론의 공감을 이끌어낼 수 있을 것이다. 또 이러한 경계 설정은 그 시대를 지역의 젠더적 가치와 식민주의 인식에 의해 제약받는 현실 속에서 전쟁책임 추궁 운동을 진행하기 위해 전술적으로 필요하기도 할 터이다.(중략)

그러나 '위안부'와 '공창'의 경계 설정은 전후보상을 요구하는 입장이 아니라 국가 쪽 역시 정치적 의도성을 감춰 국가책임을 피하기 위해서 필요해진다.

(그러므로) '성性에 개방적'이고 '씩씩하게 잇속 챙기는' 규슈 여성들이라는 식으로 지방문화의 특수성과 '후진성'에 가두어두려는 제국의 가라유키 담론을 해방시켜, 동네에서 가까운 항구에서 해외로 나간 가라유키와 농촌에서 제국의 대도시 유곽으로 팔려간 인신매매 피해자와 제국 일본의 지배공간에서 전쟁터 위안소로 끌려간 여성들을 제국 일본의 구조적 성폭력의 피해자로서 포괄적이고 연속적인 인신매매의 피해자로 보는 관점이 요구된다.

4월에 파기환송심 무죄 판결이 났다.

판결문에서는 대법원 판결문 이상으로 내 책을 깊이 읽어준 흔적이 보였다.

"하지만 학문적 표현의 자유를 실질적으로 보장하기 위해서는, 학문적 연구결과 발표에 사용된 표현의 적절성은 형사법정에서 가려지기보다 자유로운 공개토론이나 학계 내부의 동료평가 과정을 통하여 검증되는 것이 바람직하다. 그러므로 학문적 연구에 따른 의견표현을 명예훼손죄에서 사실적시로 평가하는 데에는 신중할 필요가 있다. 역사학 또는 역사적 사실을 연구대상으로 삼는 학문영역에서의 '역사적 사실'과 같이, 그것이 분명한 윤곽과 형태를 지닌 고정적인 사실이 아니라 사회적 연구, 검토, 비판의 끊임없는 과정 속에서 재구성되는 경우에는 더욱 그러하다. 이러한 점에서 볼 때 학문적 표현 그 자체로 이해하지 않고 표현에 숨겨진 배경이나 배후를 섣불리 단정하는 방법으로 암시에 의한 사실적시를 인정하는 것은 허용된다고 보기 어렵다."

"가) 피고인은 오랜 기간 대학의 일어일문학과 교수로 재직하면서 일본문학과 한일 근현대사를 연구하였다. 피고인은 한일 갈등의 핵심에 조선인 일본군 위안부 문제가 있으며, 이를 해결하지 않고서는 바람직한 한일관계를 구축할 수 없다고 보고, 그 해결을 위한 연구를 진행하여 연구결과를 저서로 출판하였다. 이 사건 도서는 위 연구의 연장선상에서 나온 학문적 표현물로 보인다.

피고인은 이 사건 도서 집필 과정에서 국내외의 다양한 문헌과 자료를 조사하여 이 사건 도서에 직·간접적으로 인용하였고, 기록상 피고인이 이 사건 도서 집필 과정에서 인문·사회분야 연구자에게 요구되는 기본적인 연구윤리를 위반하여 사료 등 연구자료를 위조, 변조하였다거나, 학문분야에서 통상적으로 용인되는 범위를 심각하게 벗어나는 부정행위를 하였다는 사정은 확인되지 않으며, 피고인이 이 사건 도서의 기획, 집필, 발간에 이르는 전 과정에서 '조선인 일본군 위안부'인 피해자들의 자기결정권이나 사생활 비밀의 자유를 침해하는 등 이들의 존엄을 경시하였다고 볼 만한 사정도 확인되지 않는다."

"나) 이 사건 도서의 전체적인 내용이나 맥락에 비추어 보면, 피고인이 검사의 주장처럼 일본군에 의한 강제 연행을 부인하거나, 조선인 위안부가 자발적으로 매춘행위를 하였다거나, 일본군에게 적극 협력하였다는 주장을 뒷받침하기 위하여 이 사건 각 표현을 사용한 것으로 보이지는 않고, 이 사건 각 표현이 그러한 주장을 전제하고 있다고 보이지도 않는다. 오히려 피고인은 이 사건 도서에서 강제로 끌려가는 이들을 양산한 구조를 만든 것이 일본 제국 또는 일본군이라는 점은 분명하고, 조선인 일본군 위안부가 일본 제국의 구성원으로서 피해자인 동시에 식민지인으로서 일본 제국에 협력할 수밖에 없었던 모순된 상황에 처해 있었다는 점을 여러 차례에 걸쳐 밝히고 있다. 이는 공소사실에 기재된 것과 같은 '위안부의 자발성', '강제 연행의 부인', '동지적 관계'와는 거리가 있다.

이 사건 각 표현 전후의 맥락이나 피고인이 밝히고 있는 이 사건 도서의 집필 의도에 비추어 보면, 피고인은 이 사건 도서 전체를 통해 피고인의 주제의식, 즉 '조선인 일본군 위안부' 문제에 관하여 일본 제국이나 일본군의 책임을 부인할 수는 없으나, 제국주의 사조나 전통적 가부장제 질서와 같은 다른 사회 구조적 문제가 기여한 측면이 분명히 있다는 것을 부인할 수는 없으므로, 전자의 문제에만 주목하여 양국 간 갈등을 키우는 것은 위안부 문제의 해결에 도움이 되기 어렵다는 점을 펼쳐나가는 과정에서 그 주제의식을 부각하기 위해 이 사건 각 표현을 사용한 것으로 보인다."

2주일 후, 검찰이 재상고를 하지 않았다는 소식이 들려왔다. 그건 형사재판으로부터의 완전한 해방을 의미했다. 2014년 6월에 고발되었으니, 2개월 모자란 10년 만에 찾아온 해방이었다. 비로소 나는 '피고인'이라는 단어—무겁고 무거웠던 멍에를 내려놓을 수 있었다.

그렇지만 『한겨레』 기자는 페이스북 댓글에 일본이 "도구적으로 그분을 활용"한 것이고 "누가 이제 이분에게 관심을 갖"(길윤형)느냐고 썼다. 예전에 나를 비난했던 재일교포들이 일본 사회를 향해 '한국에선 박유하의 책에 아무도 관심 갖지 않는다'고 했던 했던 것처럼, 그들이 내게 지웠던 멍에에는 관심이 없었다. 긴 세월 동안, 내가 한 얘기는 '무조건 일본이 맞고 우리가 문제'("일본은 합리적인데 한국이 무리하게 엉겨붙는다는 기본적인 시각")라는 말로 치환됐다. 그리고 그런 방식에 의심을 품기보다 조롱으로 가세하던 이들에게 법원의 판단은 그저 불신해야 하는 대상이었다. 분열과 불신이 주류가 된 사회에 의구심을 던지는 이들은 많지 않았다. 그것이 정의로운 태도로 간주되고 있었다.

조롱과 그 저변에 있는 적개심이 비일상 세계에선 한순간에 죽창이 된다는 사실을 기억하려 하는 이들도 별로 없었다. 상처를 치유하려면 상처와 마주하는 법을 배워야 함에도, 상처에 안주하는 이들이 대부분이었다. 자신과 마주하는 고통을 감수하려는 이들은 많지 않았다.

같은 5월에, 바다 건너 일본에서는 『제국의 위안부』 일본어판 발간 10주년을 맞아 문고판이 나왔다. 처음 번역판이 나왔을 때 『아사히 신문』에 실렸던 서평을 다듬고 추가해 작가 다카하시 겐이치로高橋源一郎 선생이 해설을 써주었다. 10년 전 내 책을 읽고 트위터에 "내가 아는 한, 이 책만이 절망적으로 보이는 한일 화해의 가능성을 보여주고 있다"고 써주기도 했던 이였다. 바다를 사이에 둔 '진보'의 간극은 여전히 넓고 깊었다.

8월에는 미국에서 영어판이 나왔다. 일본과 중국에 이어 영어권에서는 온전히 읽게 된다는, 기쁘지만 여전히 삭제판밖에 읽을 수 없는 한국어판을 생각하면 씁쓸한 소식이기도 했다.

이 무렵 "(그동안 관계자들이) 조선의 소녀가 아닌 일본군 위안부, 중년의 일본군 위안부에 대해서는 묻지 않았다"는 성찰을 담은 책이 나왔다(김은실 편, 『'위안부', 더 많은 논쟁을 할 책임』, 휴머니스트, 2024년 8월). 내가 『제국의 위안부』에서 지적했던, (전쟁이 아니라) '제국'의 '군수품'이라는 시각까지도 등장시키고 있었다.

하지만 나에 대한 재판을 멈추어야 한다는 목소리는 그들로부터는 끝까지 나오지 않았다.

2024년 10월, 민사 2심 두 번째 기일이 겨우 다시 열렸다. 작고한 위안부 할머니의 소송수계 수속상의 문제가 지적당했고, 그 보완을 위해 한 번 더 재판을 하게 됐다. 판결은 다음해로 미루어지게 될 가능성이 컸다.

나는 동쪽 지방 소도시로 떠났다. 같은해 봄부터 가을까지 일본의 지방 바닷가 마을에서 민사 2심 재개를 기다렸던 것처럼, 이번에는 한국의 작은 바닷가 마을에서 민사 2심 종료를 기다리기로 했다. 바다를 보고 있으면 숨이 쉬어졌다.

12월 4일 다시 열린 재판에서 원고 측에 최종 발언 기회가 주어지자, 원고 측 변호인은 "박유하는 위안부 문제를 가부장제 문제라면서 일본의 책임을 부정했다", "전쟁책임인데 식민지지배책임이라면서 일본의 책임을 축소했다", "일본인 위안부는 매춘부지만 조선인 위안부는 아니다"라고, 10년 동안 변하지 않은 주장을 다시 펼쳤다.

나에게도 발언권이 주어졌다. 나는 이렇게 말했다. "형사심 파기환송심 판결문이 내가 쓴 취지를 있는 그대로 판단해준 판결이므로 참조해주시기 바란다", "금년에 일본에서는 10년 전에 나온 『제국의 위안부』 일본어판 문고판이, 미국에서는 영어판이 나왔다. 중국어판도 몇 년 전에 나와 있으니 나의 책을 해외에서는 읽을 수 있다. 그런데 한국에서만 읽을 수 없다는 것은 민주국가로서 부끄러운 일이라고 생각한다. 하루빨리 그런 상황이 해소되기를 바라고 있다."

마지막 재판의 종료를 기다리는 동안, 지고 뜨는 해를 매일 바라보며 지냈다. 아직 날이 밝지 않은 새벽에 문득 눈이 뜨이면 칠흑같은 바다 저쪽으로 별처럼 반짝이며 떠 있던 오징어잡이배들을 바라보기도 했다.

그리고 다시 원고 측이 서면을 제출했기에, 마지막 답변을 제출했다. 원고 측은 여전히 '일본군 무죄론'이라는 비난에 더해, 비전공자가 역사연구를 하면 안 된다고 주장하고 있었다. 그들은 『제국의 위안부』가 역사담론비평서이자 메타역사서임을 인지하지 못하고 있었다. 심지어 2009년에 일본 진보 학술지의 의뢰를 받고 썼던, 위안부 문제 인식과 운동에 대한 재고를 촉구하는 글마저 가져와 공격하고 있었다. 재일교포들의 재판 관여를 다시 한번 확인시켜준 서면이었다. 나의 싸움이 한일 간 싸움도 좌우 싸움도 아닌 진보 내부의 싸움임을 그렇게 다시 보여주고 있었다. 2014년 7월에, 태어나 처음으로 법원에 제출하는 글을 쓴 지도 이미 햇수로 12년째로 접어들고 있었다. 그 모든 사태가 끝나고 더이상 나를 설명하고 해명하고 증명하지 않아도 되었을 때, 나는 한동안 글과 말에 대한 의욕을 잃어버렸다.

세상은 계엄과 탄핵 사태로 어수선했다. 민주주의에 대한 폭력적 억압을 바라보며, 그런 사태를 야기한 저변에 흐르고 있던 것들과 내가 겪었던 사태가 무관하지 않아 더 착잡한 시간이었다.

2025년 1월 22일. 민사 2심 판결이 나왔다. 손해배상책임이 없다는 무죄 판결이었다. '피고'라는 호칭과 2억 7000만 원의 기억에 없던 빚으로부터 자유로워져도 된다는 선고였다.

나는 '지식인은 있는가'라는 제목으로 페이스북에 짧은 글을 썼다. 형사와 민사 소송이 끝났으니 나쁜 기억은 잊을 생각이었지만, '학문의 자유'를 앞장서서 막은 이들이 다름 아닌 '학자'들이었다는 사실은 기억해두어야 했다. '학문'이 '정치화'되고 '운동화'되어 다른 학문과 약자를 억압한 사태의 중심에 있던 이들 대부분이 '진보'진영 학자들이었다는 사실 역시 마찬가지였다.

7월이 되자 형사보상금이 지급된다는 연락이 왔다. 850만 원. 하지만 '국가의 기소와 그에 따른 국민들의 비난과 수년간의 재판으로 인한 피해'에 대한 금액을 수령하기도 전에, 형사재판 무죄 판결에 거의 관심을 표하지 않거나 오히려 악의적으로 보도했던 진보 매체들은 부정적인 반응을 내놓았다. 10년이 걸렸지만, 무죄 판결과 명예회복은 일각에서는 아무런 상관이 없어 보였다.

그 직후, 가처분 결정에 대한 이의신청 심리에서도 원고의 요구는 기각되었다. 『제국의 위안부』를 원래의 모습으로 되돌릴 수 있게 되었다는 의미였다. 2015년 2월 17일의 가처분신청 '일부 인용' 결정에 따라 바로 그 순간부터 판매가 금지된, 혹은 34곳이 삭제된 채로 읽힐 수밖에 없게 된 지 10년 5개월 만의 일이었다.

후기

11년 전, 민주주의의 붕괴는 너무나 갑자기 찾아왔다. 심지어 원래 같은 지점에 있다고 생각했던 이들로부터의 공격이었기에 나는 한동안 그저 당혹스럽기만 했다. 그만큼 대처 방법도 미숙하고 서툴렀다.

본문에 쓴 것처럼 『제국의 위안부』 사태는 생각의 차이를 넘어 태도의 차이가 빚은 문제였다. 나에게 닥친 일이 '민주'의 파괴이자 파시즘적 사상통제이자 결국 사회 전체로 확산될 것임을 명확하게 깨닫게 되기까지는 좀 더 시간이 걸렸다. 그 배경에 식민지 후유증뿐 아니라 냉전체제 후유증에 따른 정치가 작동하고 있다는 것을 구체적으로 알게 되기까지도 꽤 시간이 걸렸다. 재판 종료까지 긴 시간이 걸리고 만 것은 어쩌면 필연이었다고, 나는 뒤늦게 생각했다.

9년 전인 2016년 9월, 그러니까 『제국의 위안부』 형사 1심 재판이 한참 진행되던 무렵에 나는 지인들에게 보내는 메일에 이렇게 쓴 적이 있다.

"제가 싸우고 있는 건 위안부 문제에 관한 생각 차이나 사상 문제를 넘어 비열함과 배타의식입니다."

지인들은 내가 위안부 할머니들이 아니라 지원단체 등 할머니의 주변인들과 싸우고 있다는 것을 알고 있었다. 그렇지만 그저 생각의 차이를 둘러싸고 싸우고 있는 것으로 아는 이들도 없지 않았다. 하지만 나에게 닥친 싸움은 그보다 더 근본적으로 낯선 생각에 대한 '태도', 그리고 냉전체제가 남긴 불신과의 싸움이었다.

배경을 이해하긴 했어도, 선두에 서서 나를 공격했던 이들이 비난과 조롱을 넘어 거짓말조차 서슴지 않는 상황을 견디는 건 쉽지 않았다. 그러면서도 그들을 그렇게 만드는 것이 대부분은 정치와 무관하거나 정치를 넘어선 선의임을 알고 있었기에 그저 체념할 수도 없는 싸움이었다. 일부 마음속 깊은 곳까지 정치적이고 악의적이었던 이들을 제외하면 참으로 난감한 싸움이었다.

그러므로 지금 지인들에게 메일을 다시 쓴다면 이렇게 쓰게 될 것 같다.

"저의 싸움은 자신의 생각의 연원이 어디에 있는지를 끝내 알지 못하는 이들과의 싸움이었습니다."

본문에도 반복해서 썼지만, '제국의 위안부'란 '제국에 동원된 위안부'라는 뜻이었다. 군인으로 동원된 이들이 그 동원을 어떤 식으로 받아들이든 구조는 국가에 의한 개인의 동원일 수 밖에 없는 것처럼, 나는 조선인 위안부 역시 마찬가지였다고 말했을 뿐이었다. 그 말을 굳이 한 이유 역시 사태를 정확히 바라보는 것만이 제대로 된 비판을 가능하게 하리라고 생각했기 때문이다.

하지만 정치와 학문과 사회적 위상 등을 지키려는 여러 갈래로 나뉜 욕망들이 만나 공격에 나선 이후로, 내 취지는 10년이 지나도록 올바로 이해되지 않았다. 그리고 여전히 "(박유하는 위안부가) '제국의 위안부'였으니 일본의 책임은 없다고 했다"라거나, '업자나 가부장제 책임을 말하는 걸로 일본 국가의 책임을 면죄하려고 한다'는 인식이 적지 않은 이들을 사로잡고 있는 듯하다.

나는 '조선이 제국의 일원이 되고 만 구조 속에서는 종주국이 식민지 구성원을 강제연행할 수 있는 건 아니었고, 따라서 불법을 묻고 싶어도 불법 책임 성립이 어렵다'라고 했을 뿐이다. 그러므로 업자나 가부장제 책임 추궁과 제국 책임 추궁은 아무런 상관이 없었다. 그럼에도 공격자들은 강제성과 관련된 부분을 빼고 다른 차원의 논리를 거칠게 이어붙여 나에 대한 왜곡을 생산하고 확산시켰다. 하지만 바로 그런 논리야말로 일찍이 이광수가 '대아'와 '소아'로 개인을 구분하면서 '대아'를 우선시해 천황에게 바치자는 식으로 말했을 때 사용했던 '제국의 논리'다.

거칠고 악의적인 요약에 더해 공격자들은 나를 일본의 책임 자체를 부정하는 '우익'과 엮는 쉬운 공격도 물론 빠뜨리지 않았다. 하지만 그들의 선동의 결과로 대부분의 언론이 나와 동일시했던 류석춘 교수가 2025년에 나를 "아사히(신문)의 푸들"이라고 조롱한 데서 알 수 있는 것처럼, 나는 20년 전에 위안부 문제를 둘러싸고 목소리 컸던 좌우 양 극단의 사고를 비판한 이후로 한 번도 그런 제3의 위치를 바꾼 적이 없다. 『제국의 위안부』를 낸 다음해의 심포지엄, 고발의 직접 원인이 되기도 했던 심포지엄 제목을 '위안부 문제, 제3의 목소리'로 했던 이유 중 하나이기도 하다.

10년이 넘는 긴 시간 동안 기회 있을 때마다 나의 입장을 설명했지만, 그런 나의 설명을 있는 그대로 받아들여준 이들은 극히 일부에 지나지 않았다. 그 '일부'에 마지막으로 재판부가 합류해주었기에, 나는 그런 질곡에서 해방될 수 있었다.

그러니 세 개의 소송에서 모두 승소한 것은 생각하면 기적 같은 일이었다. 그 오랜 시간을 어떻게 견뎌냈느냐는 질문을 자주 받았는데, 대체로,

'읽기와 쓰기'로, 라고 답변했던 것 같다. 숨이 막힐 것 같을 때마다 나는 그저 끊임없이 읽고 썼다. 그것만이 우울에서 벗어날 수 있는 유일한 길이었다. 그러다가 가끔, 작고한 오에 겐자부로大江健三郎 선생의 말을 빌리자면 다른 이들의 '한 조각 글귀'를 만나 힘을 낼 수 있었다. 그리고 결과적으로 '정도를 가면 길은 열린다'는 오래전부터의 신념을 버리지 않을 수 있었다.

그 '정도'를 10년 이상 함께 걸어준 사람들이 있었다. 지식인 동료들의 신속한 대응과, 페이스북이라는 공간이 허락한 발언공간, 그리고 메일과 메시지와 문자 등 각종 연락수단을 통해 다가와준 새로운 지지자들이 없었다면, 나는 아마 진작에 쓰러졌을 것이다. 10년이면 강산도 변한다는데, 그 오랜 시간 동안 흔들리지 않고 내 곁에 서서 변함없는 신뢰를 보내준 이들이 있었기에, 나는 11년이라는 짧지 않은 시간을 넘어지지 않고 오늘까지 올 수 있었다. 그들 중에는 고인이 된 오에 겐자부로 선생을 포함해 여성학자 우에노 지즈코上野千鶴子 선생, 김우창 선생 등 국내외를 대표하는 지식인도 있었지만, 박유하라는 사람은 물론이고 일본이나 한국에 대해 잘 알지 못해도 사태의 심각성을 직감적으로 느끼고 함께 싸워준 시민들이 있었다.

사태에 대한 날카로운 지성의 목소리 사이사이, 가족과 친구와 동료와 제자들, 그리고 지인들이 보내준 마음과 음악과 풍경들이, 또 언제나 가까이에서 숨소리를 들려주었던 고양이 단비의 따뜻한 체온이, 그리고 그들이 함께 품고 있던 부드러움들이 나를 이완시켜 살아갈 힘을 주었다. 깊은 진흙탕에 목까지 빠져 허우적대던 느낌에서 서서히 벗어날 수 있었던 것은 그 양쪽이 내 곁에 함께 존재했기 때문이다.

무엇보다, '내가' 신뢰하는 이들이 보내준 신뢰가 나를 다시 일으켜세웠다.

　고발 직후, 오랜 학문적 선배의 인연만으로 재판 전 기간 동안 나를 위한 탄원과 한국 측 성명을 이끌어준 김철 교수(이하, 경칭 생략), 성명문 내용을 머리 맞대고 의논해주었던 황종연 교수, 고발 이전에 나의 문제의식을 학계에서 논하려 시도했고 고발 이후에는 재판 과정 내내 함께 걸어준 박삼헌 교수,『제국의 위안부』를 둘러싼 오해를 풀기 위해 누구보다 많은 반론을 썼고 지식인 성명도 주도해주었던 장정일 작가, 마찬가지로 날카로운 필치로 사태의 문제를 지적하고 함께 성명을 주도해준 김규항 대표, 일면식도 없었음에도 멀리 미국에서 날아와 대책을 강구해준 김미영 교수, 외교관들 탄원서에 이름을 올리고 언제나 과분한 격려를 아끼지 않았던 라종일 대사, 귀국 전부터 응원해주었을 뿐 아니라 나중에는 눈에 띄게 많은 기부금으로 나를 놀라게 만들었던 조석주 교수, 기소 직후의 가장 엄혹했던 시기에 "내가 박유하다"라고 SNS에서 외쳐주었던 김용균 교수, 남북문제와 한일문제를 동시에 생각하는 시각이 나와 비슷해 교감도 깊었던 박세진 교수 등은 특히 고발 초기에 큰 힘이 되어주었다. 또 비판에서 지지로 유연한 인식 변화를 보여주었던 역사학자 윤해동 교수의 응원은 나에 대한 첫 비판이 역사학자들의 비판이었던 만큼 크게 위안이 되었다.

　또, 고발 이후 쏟아지는 비난에 맞서 대신 싸워주다 결국 함께 모임까지 만들게 되었던 페이스북 친구들, 그중에서도 이권희 교수, 최규승 시인, 정찬용 선생, 심준섭 선생, 손이상 선생 등 '동아시아 화해와 평화의 목소리' 발족 때부터 함께하며 운영에 애써주었던 운영위원분들, 그리고 회원분들 덕분에 나는 재판 중임에도 사회를 향한 발신을 이어갈 수 있었다. 또 페이스북에서 논리적이고 명철한 필치로 소중한 시간을 아낌없이 써가며 집중

포화에 허덕이던 나 대신 정열적으로 싸워주셨던 파이터들—정승원 선생, 정우성 선생, 권용득 작가와 그 외 수많은 지지자들이 없었다면, 나는 고발 초중반기의 가장 힘들었던 시간을 버티지 못했을 것이다. 젊은 박규빈 씨도 모임과 나의 홈페이지 양쪽에서 필요했던 인터넷 작업을 맡아주어 늘 든든했다. 그리고 제자들—김석희, 이정희, 윤경일, 이승준도 궂은 일을 도맡아 해주었다. 전예진과 김지수는 매번 뜻밖의 선물로 가슴을 따뜻하게 만들어주었다. 나와의 연결이 누군가의 적대시로 이어지곤 하던 경향이 현저했던 시기였던 만큼, 재판 대부분을 지켜봐준 언니와 형부, 선고일에 바다 건너 날아와준 아들 경헌과 승소를 간절히 빌어준 며느리 등 가족은 물론 김경옥을 비롯한 친구들, 이순재 교수, 박혜란 교수를 비롯한 몇몇 동료들과 제자 등 원래부터 가까이에 있었던 이들이 보내준 신뢰의 무게는 특히 컸다.

멀리 외국에서 한국에서 일어난 사태에 관심을 갖고 손을 내밀어주었고 이후 홈페이지 제작과 관리를 위해 너무나 많은 시간과 노력을 쏟아준 허진혁 선생과의 만남은 생각지도 않았던 행운이었다. 마찬가지로 해외에서 나의 책과 판결문을 전부 읽고 길고 긴 분석글을 써주셨던 박인식 법인장도 노련하고 명쾌한 분석으로 뜻밖의 용기를 불어넣어주었다.

내가 아는 한 대한민국에서 위안부 문제 공부를 가장 많이 한 나의 변호인—홍세욱 대표와 그의 친구 박진용 박사의 마음 다한 헌신이 없었다면, 최종 승소는 어려웠을 것이다. 그 외에도 김관기 대표, 김향훈 대표, 김용찬 대표, 이성문 대표, 김학성 대표, 허중혁 대표, 이민석 대표, 그리고 상고 이후의 기간 동안 함께해주었던 김용균 대표 등 여러 변호사분들이 법정 안과 바깥에서 함께해주면서 법조인으로서의 생각을 펼쳐주었다. 법조계 인사로는 당시로선 유일했던, 『제국의 위안부』 소송을 분석한 논문을 써서 힘을 보태준 건 홍승기 교수였다. 공식적인 변호든 사적인 변호든, 나에 대한 변호에 용기가 필요했던 시기의 일이었다.

나와 이른바 '뉴라이트'의 차이를 일찍이 간파해주었던 작가 고종석, 작가 김원우 선생, 사진가 강운구 선생, 이인석 기자, 이충원 기자, 김도형 기자 등 사적으로 함께 밥을 먹고 따뜻한 차를 마시며 나를 위로해주었던 분들은 너무 많아 다 적지 못하지만, 그분들 한 분 한 분을 만날 때마다, 진흙탕에서 몇 센티미터는 건져올려지는 느낌이었다. 이름을 밝히는 걸 원하지 않는 한 전 민주당 원로 의원의 두 번의 탄원서와 후의 역시 마찬가지였다. 재판 마지막 무렵엔 김별아 작가, 김재련 변호사가 함께 마시고 함께 웃으며 여성 동지로서의 파워를 빌려주었다.

본문에도 썼지만, 수많은 도움들에 마침표를 찍어준 것은 『법률신문』이었다. 일반 언론들이 사건 자체를 잊고 있는 것으로 보였을 때, 나를 옹호하는 칼럼과 나에게 호의적인 대법관의 언급을 내보내주었을 뿐 아니라 나를 대상으로 한 인터뷰까지 기획해 지쳐가던 나를 응원해주었다. 내게는 너무나 의미가 컸던 그 인터뷰의 계기를 만들어준 이는 고발 초기에 페이스북에서 한 사람의 파이터로서 싸워준 인연으로 친구가 된 김도언 시인이었다.

그리고 김치관 변호사와 권대성 교수가, 재판 후반 과정에서 함께해주었고 영어판 제작 과정에서도 아낌없이 도움을 주었다. 2025년 1월에 제출한 나의 마지막 서면은, 박용철 교수가 자청해서 써준 문서에 추가한 합작문이었다.

일본에서 응원과 지지를 보내준 사람도 일일이 다 열거할 수 없을 만큼 많았다. 우여곡절 끝에 아사히신문출판에서 일본어판이 나오자, 작가 다카하시 겐이치로高橋源一郎 선생이 가장 먼저, 과분한 평가로 수많은 독자들을 만날 수 있게 해주었다. 가라타니 고진柄谷行人 선생은 고발 직후에 법원에 나를 위한 메시지를 제출해주었다. 『아사히 신문』 주필이었던 고故 와카미야 요시부미若宮啓文 선생은 내가 고소당하자 즉시 한국 신문에 옹호 칼럼을 써주었고, 기소되자 한국보다 먼저 앞장서서 지식인 성명을 이끌어주었다. 나는 『제국의 위안부』 일본어판을 경의를 담아 '고노 담화'의 고노 요헤이河野洋平 전 관방장관과 '무라야마 담화'의 무라야마 도미이치村山富市 전 수상에게도 보냈었지만, 그 두 정치인이 성명에 참여해준 건 와카미야 선생에 대한 신뢰의 결과였을 것이다.

그 성명 발표 자리에 일본의 여성학자 우에노 지즈코上野千鶴子 선생이 와카미야 주필과 함께 나란히 나서주었고, 여성학계조차 일부는 나를 비난하는 상황 속에서 이후 재판 과정 내내 커다란 버팀목이 되어주었다. 그때 함께 나서준 작가 나카자와 케이中沢けい 씨는 놀랍도록 빠른 속도로 홈페이지를 열었고, 10년 이상을 사비로 운영해주었다. 나를 '동지'라 부르는 일문학자 고모리 요이치小森陽一 교수도 이때 함께 나서주었는데, 그와는 고발 10년 전부터 '한일, 연대21'이라는 모임을 만들어 동아시아에서의 지식인의 역할을 함께 모색해온 사이였다. 나는 그 고모리 선생을 통해 그해 가을에 낸 『화해를 위해서』를 일면식도 없었던 와다 하루키和田春樹 교수께 전달했고, 그해 겨울 위안부 문제를 테마로 심포지엄을 열면서 우에노/고모리 교수와 와다 하루키 교수를 함께 초청했었다. 이후 위안부 문제는 늘 우리 관심사의 중심에 있었다.

나리타 류이치成田龍一 교수와 이와사키 미노루岩崎稔 교수는 『화해를 위해서』 발간 직후부터 일어난 '진보 내 대립'을 가장 잘 알고 있었기에, 우에노/고모리 선생 등과 함께 언제나 든든한 이해자가 되어주었다. 이와사키 교수가 고발 사태가 벌어지자마자 위안부 문제와 내 책을 전후 일본사 속에서 고찰하는 논문을 역사학자 오사 시즈에長志珠絵 교수와 함께 써준 건 엄혹했던 시기였던 만큼 큰 힘이 되었다.

일본 측 지원모임이 결성되자 오랜 친구인 니시 마사히코西成彦 교수가 앞장서서 번거로운 일을 도맡아주었다. 그리고 "물에 빠진 개에게 돌을 던지지 말라"고 말해 나를 울렸던 요모타 이누히코四方田犬彦 선생과 오구라 기조小倉紀蔵 교수, 도고 가즈히코東郷和彦 대사, 나카야마 다이쇼中山大将 교수, 구마키 쓰토무熊木勉 교수, 나카가와 시게미中川成美 교수 등 누구보다 바쁜 여러 학자들이 니시 교수와 함께 귀중한 시간을 쪼개어 『대화를 위해서―〈제국의 위안부〉라는 물음을 펼치다』라는 한 권의 책을 세상에 내놓아 나에 대한 오해를 불식시키려 노력해주었다.

그 책에 글을 써주었던 아마에 요시히사天江喜久 교수는 책 내용이 일본어판만큼 잘 전달되기를 바라는 마음 하나로 소중한 시간을 아낌없이 할애해 중국어판과 영어판이 더 좋은 번역이 되도록 도와주었다. 영문판을 낼 수 있도록 다리가 되어준 건 후나바시 요이치船橋洋一 『아사히 신문』 전 주필이었다. 영문판 번역이라는 힘든 일에 케임브리지 대학의 바락 쿠슈너 Barak Kushner 교수가 나서준 덕분에 나는 영국 안팎의 젊은 연구자들과도 대화할 수 있었다. 거기에 아사노 도요미浅野豊美 교수의 노고가 더해져, 보편적 문제로서의 군대와 성의 문제에 관심 갖는 독자들을 더 많이 만날 수 있게 되었다.

누구보다도 고발 사태를 안타까워하셨으나 결국 나의 해방을 보지 못하고 세상을 떠난 나의 은사님 에노모토 다카시榎本隆司 교수, 은사님 이상으로 나에 대해 마음 써주셨던 도고 가쓰미東郷克美 교수, 대학원 유학 이전에 한국에서 만난 것이 인연이 되어 어쩌다 뵈면 늘 뭔가를 한아름 안기고 싶어하셨던 후지이 사다카즈藤井貞和 교수, 고발 후 학회 대부분이 사태를 외면할 때 나를 불러 강연 기회를 주었던 일본사회문학회 전 회장 다케우치 에미코竹内栄美子 교수, 그리고 그 강연이 계기가 되었다면서 나에 대한 과분한 비평을 진보 학술지에 써주었던 다케우치 도모아키竹内友章 선생, 서울에서 내가 여는 행사에 자비로 달려와주기도 했던 시노자키 미오코篠崎美生子 교수 덕분에 나는 일본문학 연구로 이들과 이어지게 된 것을 언제나 자랑스럽게 생각할 수 있었다.

대법원 판결을 기다리던 시기에 도노무라 마사루外村大 교수와 이승엽李昇燁 교수가 기존 위안부 주류 학자들의 논거에 치명적인 비판을 가한 논문을 발표해준 건 용기백배할 수 있었던 '사건'이었다. 이 두 분에 더해 일찌감치 국제정치학의 시점에서 위안부 문제 책을 썼고 나를 위해 논문도 써주었던 구마가이 나오코熊谷奈緒子 교수, 그리고 대만에서의 위안부 문제를 연구한 아마에 교수, 아사노 교수와 함께 위안부연구모임을 만들어 의견을 교환하면서 나는 끝이 보이지 않아 막막했던 소송의 마지막 무렵을 외롭지 않게 보냈다.

대학 선배로서 후원과 응원을 아끼지 않았던 이일규 회장님을 비롯해 김헌 대표, 케네디 히사에 씨 등 한국과 일본과 그 밖의 나라에서 참여해주신 후원자분들도 오래 가슴에 간직하게 될 것이다. 그분들 덕분에 나는 엄혹한 상황 속에서도 우리 사회에 필요한 목소리를, 뜻을 함께 하는 이들과 낼 수 있었다.

 가까이에서 지지해준 분들의 노고뿐 아니라 인터뷰나 기사, 칼럼, 서평 등으로 『제국의 위안부』가 올바르게 이해되도록 진력해주신 여러 언론인들의 노력—특히 아직 세간의 이해가 거의 없을 때 기소 직후 빗발치던 비난 속에서 인터뷰를 통해 내 목소리를 세상에 전하려 애써주었던 허문명 기자와 형사 2심 패소 이후 두 권의 책을 냈을 때 긴 인터뷰를 해주었던 권재현 기자, 일본의 하코다 데쓰야箱田哲也 기자, 기시 도시미쓰岸俊光 기자, 칼럼니스트 야마다 다카오山田孝男 선생, 하나자와 유이치로花澤雄一郎 기자 같은 기자분들이 없었다면 나는 소수의 이해자마저도 갖기 어려웠을 것이다. 고발 이전에 책 내용을 있는 그대로 전달해주었던 분들을 포함해 『제국의 위안부』 사태에 언론인의 예민한 촉수로 관심을 가져주셨던 한일 양국 언론인들께도 이 자리를 빌려 깊은 감사를 전하고 싶다. 그렇게 대부분의 언론이 악마화한 나의 이미지를 앞다투어 유포하고 있었을 때, 사진가 박진영, 장현우, 이상엽 선생이 다가와 마음을 듬뿍 담은 사진을 찍어주셨다.

 이 모든 분들과 함께, 나를 위한 여러 차례의 성명과 탄원에 참여해주신 국내외 여러분들을 비롯, 여러 형태로 마음을 보내주신 분들께 다시 한번 고개 숙여 감사인사를 드리고 싶다. 모두가, 다른 이들 아닌 그분들이어서 든든했던 분들이었다.

 재판 마지막 무렵, 재개될 재판을 기다리며 봄 한철과 여름 한철을 머무르며 매일처럼 바다를 바라볼 수 있었던 곳은, 가마쿠라의, 그곳을 '셸터'라고 칭하고 내가 '제1호'라며 안내해준 호리야마 아키코堀山明子 기자의 나무 향기 가득한 옛 민가였다. 그때 귀국길에서 따뜻한 환대를 받았던 하나후사 에미코花房惠美子/도시오俊雄 부부는 위안부 문제 해결운동에 헌신적으로 나서 대표까지 지낸 분들이면서 함께 의견을 나눌 수 있었던 많지 않은 동지이기도 했다.

자칫 오해받기 쉬운 '일본의 응원'을 가슴을 펴고 받아들일 수 있었던 것은, 이런 분들이 내 옆에 있었기 때문이다. 그렇게 바다를 건너 한 공간에서 만난 마음들이, 나를 언제나 가슴 펴고 서 있을 수 있게 해주었다.

그분들 중에는 크리스천이 아닌 내 손을 꼭 잡고 승소하기를 기도해주셨던, 그러나 결국 승소를 보지 못하고 작고한 오야마 레이지尾山令二 목사, 고발 초기에 강력한 응원을 보내주셨던 오누마 야스아키大沼保昭 교수, 30년 전에 한일문학심포지엄에서 만난 이후 언제나 응원을 아끼지 않았던 작가 쓰시마 유코津島佑子 선생, 누구보다 일찍 나를 이해하고 지지해주었던 여성학자 가노 미키요加納実紀代 교수, 따뜻한 평가로 용기를 주었던 니시다 마사루西田勝 교수, 그리고 한일관계에 대한 깊은 통찰을 바탕으로 응원해주셨던 김용운 교수도 있다. 그리고 책으로 인한 명예훼손소송을 5년 겪은 경험에 내 작업에 대한 과분한 평가를 얹어 힘을 보내주셨던 오에 겐자부로 선생과 와카미야 요시부미 선생이 있다. 그러나 이분들은 재판이 너무 길어진 탓에 결국 나의 승소 보고를 받지 못했다. 미처 보고드리지 못한 여러 선생님들께, 삭제판 원본 간행 소식과 함께 고개 숙여 마지막으로 감사인사를 올리고 싶다. 언젠가 다시 저세상에서 만나 제대로 보고할 수 있기를 바랄 뿐이다.

재판부를 포함해, 『제국의 위안부』를 있는 그대로 읽고, 자신의 독해를 믿는 것으로 나를 지지해주었던 분들 덕분에 나는 폭력을 이겨낼 수 있었다. 더 나은 사회가 가능해진다면, 그분들이 보여준 지성과 세상에 대한 태도에 의해서일 거라고 나는 언제나 생각해왔다.

그리고 그런 분들 뒤에는 출간한 책이 고소당하는 고난을 겪으면서도 변함없는 신뢰와 지지로 함께 걸어준 뿌리와이파리 출판사의 정종주 대표가 있었다. 정 대표는 11년이라는 긴 세월 동안 흔들림 없이 출판인의 뚝심과 지성이 무엇인지 보여주었다.『제국의 위안부』일본어판의 편집자였던 오카 에리岡恵里 씨 역시 변함없는 신뢰로 나를 지탱해주었다.

마지막 '셸터'는 미국 중부 도시에 있는 언니네 집이었다. 그곳에서 나는 재판 종료 소식을 들었다. '수상' 소동을 겪은 건 미국 동부 작은 시골마을의 아름다운 가을을 선사해준 주연—조카네 집에서였다.

지구 한구석 '적대'는 여전히 이어질 것으로 보이지만, 마지막 '연대'를 지탱해준 건 여성들이었다. 2007년에 최초로 일본에서 공식 비난을 한 것도 여성이었지만, 그 비난을 알려주고 반론을 쓰라고 권유해줬던 것도 여성—서울 용산에서 태어나 패전 후 귀국, 피폭 체험을 하면서도 한평생 여성들을 위한 글을 써왔던 여성학자 가노 미키요 선생이었다.

그러니 머지않아 20년이 되는 나의 싸움은 말 그대로 식민지와 냉전 체험이 남긴, '민족과 젠더'가 복잡하게 얽힌 싸움이기도 했음을, 동시에 '사상'과 세상에 대한 '태도'의 싸움이기도 했음을 이 글을 쓰면서 다시 깨닫는다. 그리고 아마도 남은 시간도 그 싸움을 이어가게 되리라는 것을. 수많은 '연대'의 주체들이 빌려준 힘—위로와 응원의 꽃 한 송이들이 그것을 가능하게 하리라는 것도.

다만 남은 싸움은 지난 11년과 달리 '경쾌하게 느긋하게' 해나갈 수 있기를 바랄 뿐이다. 나의 싸움은 언제나, 모두의 평화를 위한 싸움이었으니까.

부록 1

『제국의 위안부』 고소고발 사태 관련 일지

2005년 9월 30일
- 박유하, 『화해를 위해서-교과서·위안부·야스쿠니·독도』(뿌리와이파리) 출간
- 이듬해, 2006년 문화체육관광부 우수교양도서로 선정

2006년 11월 20일
- 박유하, 『화해를 위해서』 일본어판(헤이본샤) 출간

2007년 12월 16일
- 일본어판 『화해를 위해서』, 아사히신문사의 '오사라기 지로 논단상' 수상(시상식은 2008년 1월 29일)

2008년 9월 13일
- 『한겨레』, 재일교포 서경식의 「타협 강요하는 '화해'의 폭력성」 칼럼 게재
- 서경식, 해당 칼럼에서 박유하 및 박유하에 우호적인 일본 "진보주류" 지식인을 함께 비판

2009년 7월 25일
- 『한겨레』, 재일교포 윤건차 인터뷰에서 "『화해를 위해서』라는 책으로 일본 우익 지식인의 찬사를 받은 박유하"로 표현. 윤건차는 박유하를 "사이비 우파 심정주의"로 규정

2009년 12월 25일
- 『한겨레』 한승동 기자, 윤건차의 책을 "일본 보수세력의 찬사를 받은 『화해를 위해서』를 비판한 책"으로 소개

2011년 2월 28일
- 서경식, 박유하를 비판한 글이 수록된 『언어의 감옥에서』 출간

2011년 4월 18일
- 서경식에 대한 박유하의 반론, 「'우경화' 원인 먼저 생각해봐야」(『교수신문』)

2013년 8월 12일
- 박유하, 『제국의 위안부』(뿌리와이파리) 출간

2013년 9월
- 당사자들이 원하는 해결 방식을 듣기 위해 할머니들과의 만남 재개
- 나눔의집 거주자였던 배춘희 할머니와 11월부터 교류

2013년 9월 28일
- 법학자 이재승, 「감정의 혼란과 착종: 위안부에 대한 잘못된 키질—박유하[제국의 위안부](뿌리와이파리, 2013) 서평을 중심으로」 발표(인터넷 매체 『아포리아』)

2013년 10월 4일
- 출판사 푸른역사 주최『제국의 위안부』 서평회(발제: 윤해동 교수)

2014년 2월 19일
- 정대협 전 대표 윤미향, 일본 삿포로 강연에서 "그 책(『제국의 위안부』)은 정대협을 정면에서 폄훼하기(こき下ろす) 위해 쓰여진 책 같다. 명예훼손으로 소송을 걸고 가처분신청을 하려고 했었다", "박유하의 발언은 위안부 문제를 막으려는…"이라고 발언

2014년 4월 29일
- 박유하,『제국의 위안부』취지에 공감하는 일본학 학자, 전 주일특파원 등 언론인들과 심포지엄 〈위안부 문제, 제3의 목소리〉를 개최, 묻혀 있던 위안부 할머니들의 목소리를 공개, 이 심포지엄을 다룬『한국일보』황영식 칼럼 (2014. 5. 8.) 등 한일 언론 주목

2014년 5월 13일
- 배춘희 할머니와 약속 후 나눔의집을 방문했으나, 안신권 소장의 거부로 만나지 못함

2014년 6월 9일
- 배춘희 할머니 별세

2014년 6월 16일
- 나눔의집, 위안부 할머니 9인을 원고로『제국의 위안부』저자와 뿌리와이파리 출판사 대표 정종주를 고발. 위안부 할머니의 명예훼손과 무관한 지원단체 관련 비판을 다수 포함한 109곳을 "허위사실 적시"에 의한 명예훼손으로 주장, 형사 고발과 함께 1인당 3000만 원씩 2억 7000만 원의 손해배상을 청구하는 민사소송, 출판/판매금지 및 위안부 접근금지 가처분신청을 제기
- 박선아 변호사와 안신권 나눔의집 소장이 기자회견을 열고『제국의 위안부』가 위안부를 "자발적 매춘부"라고 했다고 주장. 손해배상 청구의 증거자료로서 나눔의집 고문변호사이자 한양대 법학전문대학원 리걸클리닉센터 학생들이 작성한 〈『제국의 위안부』(박유하 지음, 2013)의 문제점과 법적 대응방안에 대한 보고서〉를 법원에 제출

2014년 7월 7일
- 국문학자 김철 교수, 일본사학자 박삼헌 교수가 주도하고 박유하의 페이스북 친구들이 참여하여 〈『제국의 위안부』가처분신청 기각을 요청하는 탄원 성명서〉(220명 서명) 제출

2014년 7월 9일
- 도서출판 등 금지 및 접근금지 가처분신청 1차 심리. 이후, 3차까지 진행

2014년 7월 22일

- 박선아 변호사, 『화해를 위해서』가 "『제국의 위안부』보다 추상적이기는 해도 우수교양도서로는 선정될 수 없는 책"이라며 "보고서를 만들어 제출하는 등 선정 취소를 위한 행정절차를 진행하겠다"고 발언

2014년 8월

- 일본의 사상가 가라타니 고진, 박유하를 옹호하는 메시지를 법원에 제출
- 페이스북 박유하 지지자들, 대책 논의 시작

2014년 9월

- 박유하, 가처분신청 담당 재판부에 A4 150매 분량의 답변서 제출
- 원고 측, 예정 심리기일 연기 신청

2014년 10월 15일

- 원고 측, 가처분신청 취지 변경 신청. 지원단체인 정대협 관련 지적 부분을 비롯, 고소 당시 문제시한 곳들의 반 이상을 삭제, 109곳을 53곳으로 줄이고, 박유하의 "역사 인식"이 "공공선에 반하는 것"이며 "전쟁범죄를 찬양하고 있다"는 내용으로 변경된 고소장을 재제출하며 기자회견. 이때 당초의 전면 판매금지 요구를 '주위적 신청취지'로, 일부 표현(53곳)을 '삭제하지 아니하고는 출판, 발행, 인쇄, 복제, 판매, 배포, 광고를 하여서는 아니된다'를 '예비적 신청취지'로 변경.
- 윤미향 전 대표로부터 『제국의 위안부』에 대한 고소고발 상담을 받았던 정연순 변호사, 이 '취지 변경 신청서'에 원고 측 변호인으로 합류

2014년 10월 31일/11월 7일

- 한국언론중재위원회, 6월 고발 당시의 왜곡보도에 대한 박유하의 중재신청을 받아들여, 『연합뉴스』, 『한겨레』, 『한국일보』, 『조선일보』 등 4개 언론사에 반론보도/정정/삭제 등 명령

2014년 11월 30일

- 박유하, 『제국의 위안부』 일본어판(아사히신문출판) 출간

2014년 12월
- 검찰 조사관, 2회에 걸쳐 박유하 소환, '범죄 일람표'로 정리된 53곳에 대한 조사 후 무혐의로 판정

2015년 1월 29일
- 검사에 의해 재조사, 이후 3회까지 진행

2015년 1월 31일
- 페이스북 지지자들의 공식모임('동아시아 평화를 생각하는 제3의 목소리') 발족을 위한 준비모임에서 첫 세미나 《『제국의 위안부』를 말한다》 개최(발제: 작가 장정일, 언어심리학자 요시카타 베키)

2015년 2월 17일
- 도서출판 등 금지 및 접근금지 가처분신청 담당 재판부(서울동부지법 민사21부, 수석부장판사 고충정), "34곳을 삭제하지 아니하고는 출판…해서는 아니 된다"며 원고 측 가처분신청을 '일부 인용'. 원고의 요구 중 접근금지 가처분신청은 기각

2015년 2월
- 담당 검사, 인사이동

2015년 4월
- 새로 사건을 담당한 권방문 검사의 권유로 형사조정 시작

2015년 5월 27일
- 서울동부지법 민사14부, 손해배상소송 재판 시작

2015년 6월 16일
- 박유하, 가처분신청 '일부 인용' 결정에 따라 34곳을 삭제한 『제국의 위안부』 '제2판, 34곳 삭제판' 출간

2015년 6월 20일
- 지원자/지지자들과 함께 만든 시민모임 '동아시아 화해와 평화의 목소리' 창립총회 및 기념 심포지엄 《역사를 마주하는 방식—해방 70년, 한일협정 50년,

위안부 문제를 다시 생각한다〉 개최

2015년 9월
- 박유하, 가처분신청 '일부 인용' 결정에 대해 이의신청

2015년 10월 3일
- 『제국의 위안부』 일본어판, '아시아·태평양상 특별상'(마이니치신문사) 수상 (시상식은 11월 11일)

2015년 10월 22일
- 『제국의 위안부』 일본어판, '이시바시 단잔 기념 와세다 저널리즘 대상'(와세다 대학, 문화공헌부문) 수상(시상식은 12월 10일)
- 원고 측, 조정조건으로 1) 사죄, 2) 한국어판 삭제 부분을 없앤 다른 판으로 낼 것, 3) 일본어판 삭제를 요구, '조정 불성립'

2015년 11월 18일
- 서울동부지검 권방문 검사, 박유하를 불구속기소

2015년 11월 26일
- 『아사히 신문』 와카미야 요시부미 주필이 주도하여 오에 겐자부로, 무라야마 도미이치 전 수상 등 일본 국내외 지식인 54명이 〈박유하 씨 기소에 대한 항의 성명〉 발표

2015년 12월 2일
- 김철 교수, 작가 장정일, 김규항 주도로 한국 지식인 194명, 〈『제국의 위안부』 형사기소에 반대하는 지식인 성명〉 발표, 박유하와 함께 기자회견

2015년 12월 7일
- 『동아일보』 박유하 인터뷰: 「위안부 문제 매듭지어야… 양심적 한일 지식인들이 해결책 찾자」

2015년 12월 9일
- 정진성 전 정대협 대표를 포함한 한/일 연구자/활동가 380명, '형사책임을 묻는 방식의 단죄'는 적절치 않다면서도 기소 비판에 대해서는 '신중해야 한다'며 (위안부 할머니들이 정의로운 해결을 호소 중인) "이 엄중한 사실들을 도

외시한 연구는 결코 학문적일 수 없다"는 내용의 성명 발표

2015년 12월 16일
- 서울동부지법 민사 손해배상소송, 박유하 최후진술

2015년 12월 18일
- 『뉴욕 타임스』, 박유하 인터뷰/취재 보도, 「한국의 한 학자, '위안부'에 대한 논쟁적인 주장으로 거센 반발에 부딪히다」

2015년 12월 21일
- 뉴욕한인학부모협회, 『뉴욕 타임스』 보도를 계기로 긴급성명 발표, 세종대 총장에게 〈역사 왜곡, 박유하 세종대학 일문학과 교수 해임 요구서〉 발송

2015년 12월 28일
- 윤병세 외무장관 – 기시다 후미오 외무대신, 한일 위안부 문제 합의 발표

2016년 1월 13일
- 서울동부지법 민사14부(부장 박창렬), 원고 측에 대한 9000만 원의 손해배상 판결

2016년 1월 19일
- 박유하, 손해배상 판결에 항소

2016년 1월 20일
- 서울동부지법 제11형사부, 제1회 형사 1심 준비재판(이후 6회까지 진행). 박유하, 국민참여재판 신청

2016년 1월 24일
- 원고 측, 민사소송 손해배상금 명목으로 박유하의 급여 차압 신청

2016년 1월 31일
- 박유하, 『제국의 위안부』 삭제판을 웹사이트를 통해 무료공개

2016년 2월
- 서울서부지법, 원고 측의 손해배상금 9000만 원 압류 및 추심명령 신청을 인용. 세종대, 박유하의 급여 차압

- 박유하, 차압 강제집행정지신청

2016년 3월 14일
- 서울고등법원, 강제집행정지신청을 받아들이고 4500만 원의 공탁을 명령

2016년 3월 28일
- 『제국의 위안부』 사태를 둘러싸고 대립 중이던 일본인/재일교포 진보학자/지식인들이 도쿄 대학에서 토론회 개최

2016년 6월 8일
- 성남시 공공도서관이 박유하의 저서들을 '19세 미만 열람 불가'(19금)로 판정하고 서가에서 제외해둔 사실이 밝혀짐

2016년 7월 19일
- 제6회 형사 1심 준비재판. 박유하, 국민참여재판 신청 철회

2016년 8월 30일
- 형사 1심 1차 공판, 홍세욱 변호사가 피고 대리인으로 합류. 이후 6차까지 진행

2016년 11월 29일
- 형사 1심 5차 공판, 피고인 심문

2016년 12월 20일
- 형사 1심 6차 공판, 최종변론/최후진술

2016년 12월 30일
- "『제국의 위안부』에 대한 형사제재가 부당하다고 생각"하는 시민/독자 380명, 탄원서 제출

2017년 1월 25일
- 서울동부지법 제11형사부(부장 이상윤), 형사 1심 선고: 무죄 판결

2017년 6월 16일
- 서울고등법원 형사4부, 형사 2심 1차 공판. 이후 4차까지 진행

2017년 7월 1일
- 『제국의 위안부』 중국어판(玉山社, 타이페이) 출간

2017년 9월 27일
- 형사 2심 4차 공판, 최종변론/최후진술

2017년 10월 27일
- 서울고등법원 형사4부(부장 김문석), 형사 2심 판결: 유죄, 벌금 1000만 원 선고

2017년 10월 30일
- 박유하, 대법원 상고

2017년 12월 7일
- 김철, 황종연 교수 주도로 김우창, 오에 겐자부로, 브루스 커밍스, 놈 촘스키 등 국내외 지식인들, 〈『제국의 위안부』 소송 지원·동참 호소문〉 발표

2018년 2월
- 김병익, 김원우 등 문단 원로와 김미영, 김우재, 이진경 등 해외 거주 학자 26명, 대법원에 탄원서 제출
- 공로명 전 외교부장관, 유명환 전 외교부장관, 라종일 전 주일대사 등 외교관과 정치인 8명, 대법원에 탄원서 제출

2018년 6월 16일
- 박유하, 법정투쟁기 『〈제국의 위안부〉, 법정에서 1460일』과 비판에 대한 반론집 『〈제국의 위안부〉, 지식인을 말한다』 출간(뿌리와이파리)

2020년 8월 28일
- 박유하, 위안부 할머니들과의 대화를 정리한 『일본군 위안부, 또 하나의 목소리』(뿌리와이파리) 출간

2022년 8월 31일
- 박유하, 위안부 문제와 징용 문제를 다룬 『역사와 마주하기』(뿌리와이파리) 출간과 함께, 『제국의 위안부』 소송과 위안부 문제 관련 학계의 동향 등을 설명하며 빠른 판결을 호소하는 기자회견 개최(한국프레스센터)
- 박유하, 세종대학교 명예교수로 정년퇴임

2022년 9월 26일
- 이인복 전 대법관, 『법률신문』 인터뷰에서 『제국의 위안부』 사태에 대해 "2심에서 유죄가 난 게 이해가 안 됐다"고 발언

2023년 7월 10일
- 『법률신문』, 「대법원 상고심 판결 지연 피해자 박유하 교수」 제하의 인터뷰 기사 게재

2023년 10월 26일
- 대법원 3부(주심 노정희 대법관), 형법상 명예훼손 혐의에 대해 '무죄 취지 파기환송' 판결

2023년 12월 20일
- 서울고등법원 제12-1민사부, 민사 항소심 1차 변론기일. 이후 3차까지 진행
- 원고 측, 일본 정부를 상대로 한 '위안부' 재판 판결문을 박유하 재판에 '증거 자료'로 제출

2023년 12월 22일
- 서울고등법원 제8형사부, 형사 파기환송심 공판, 박유하 최후진술

2024년 4월 12일
- 서울고등법원 제8형사부(부장 김재호), 형사 파기환송심 무죄 선고

2024년 8월 3일
- 『제국의 위안부』 영어판(Routledge) 출간

2024년 12월 4일
- 민사 항소심 3차 변론기일, 결심

2025년 1월 22일
- 서울고등법원 제12-1민사부(재판장 장석조), 민사 항소심 선고: 명예훼손과 인격권 침해 인정하지 않고 박유하 승소 판결

2025년 7월 15일
- 서울동부지법 제21민사부(재판장 김정민), 가처분 이의신청에 대해 '삭제 등' 가처분 취소 결정

부록 2

민사소송 2심의 『제국의 위안부』 '허위사실 적시에 의한 명예훼손' 주장 및 '삭제' 가처분 내용 표

[편집자주]

1.
2014년 6월 17일자로, 나눔의집에 거주하는 위안부 할머니 아홉 분의 이름으로 『제국의 위안부』 저자 박유하와 출판사 대표 정종주에 대한 민형사 고소고발과 함께 『제국의 위안부』에 대한 '도서출판 등 금지 및 접근 금지 가처분신청'이 제기되었다.

2.
2014년 6월 17일자 「가처분신청서」는 전체 본문 320쪽의 109곳이 '허위사실, 명예훼손'에 해당한다고 꼽았다. 2014년 10월 15일자 「가처분 신청취지 및 신청이유 변경신청서」는 '예비적 신청취지'로, 그 109곳 중 67곳을 제외하고 13곳을 추가, 2곳(번호 1과 2, 8과 9)을 한 항목으로 통합, 총 53곳으로 변경하여 '삭제'를 요구했다. 2015년 2월 17일의 가처분신청 '일부 인용' 결정은 그중 '34곳'을 적시했다. 원고 측은 민사손해배상소송 1심에서는 이 '109곳'을, 2심에서는 '53곳'을 '명예훼손'의 내용으로 제시했는데, 이 책 제6장의, 저자 박유하가 민사 2심 재판부에 제출한 「의견서」에서 원고 측의 주장을 반박하는 대목의 번호들은 이 53곳 목록의 일련번호이다. 여기에, 53곳의 내용과 가처분신청 '일부 인용' 결정의 '34곳'을 표로 정리했다.

3.
이 책과 함께 내는 『제국의 위안부』 제3판 원본 복원판'의 '부록 2'에는 위의 '109곳', '53곳', '34곳'을 함께 표로 싣고, 형사재판에서 검사가 '범죄증거'로 '34곳'에 추가한 한 곳('범죄일람표'의 15.)도 따로 밝혀두었다.

4.
'원고 측'에서 제출한 표현의 사소한 오류들을 바로잡고, 생략된 부분은 '[ ]'로 집어넣었다.

번호	위치	'허위사실/명예훼손' 주장	'삭제, 일부 인용' 가처분
1	19쪽 8행	센다는 '위안부'를, '군인'과 마찬가지로 <u>군인의 전쟁 수행을 자신의 몸을 희생해가면 도운 '애국'한 존재라고 이해하고 있다.</u> (중략) 그리고 결론부터 말하자면 그런 센다의 시각은 이후에 나온 그 <u>어떤 책보다도 위안부의 본질을 정확히 짚어낸 것이었다.</u>	센다는 '위안부'를, '군인'과 마찬가지로 <u>군인의 전쟁 수행을 자신의 몸을 희생해가면 도운 '애국'한 존재라고 이해하고 있다.</u> (중략) 그리고 결론부터 말하자면 그런 센다의 시각은 이후에 나온 그 <u>어떤 책보다도 위안부의 본질을 정확히 짚어낸 것이었다.</u>
2	31쪽 19행	그것은 분명 국가의 부조리한 책략이었지만, 외국에서 서러운 음지생활을 하던 그들에게는 그 역할은 <u>자신에 대한 긍지가 되어 살아가는 힘</u>이 되었을 수 있다.	
3	32쪽 3행	'<u>가라유키상의 후예.' '위안부'의 본질은 실은 바로 여기에 있다.</u>	'<u>가라유키상의 후예.' '위안부'의 본질은 실은 바로 여기에 있다.</u>
4	33쪽 7행	위안부의 본질을 보기 위해서는 '<u>조선인 위안부'의 고통이 일본인 창기의 고통과 기본적으로는 다르지 않다는 점을 먼저 알 필요가 있다.</u>	위안부의 본질을 보기 위해서는 '<u>조선인 위안부'의 고통이 일본인 창기의 고통과 기본적으로는 다르지 않다는 점을 먼저 알 필요가 있다.</u>
5	38쪽 4행	그에 따라 업자에게 의뢰하는 경우도 있었겠지만, <u>일반적인 '위안부'의 대다수는 '가라유키상' 같은 이중성을 지닌 존재로 보아야 한다.</u>	그에 따라 업자에게 의뢰하는 경우도 있었겠지만, <u>일반적인 '위안부'의 대다수는 '가라유키상' 같은 이중성을 지닌 존재로 보아야 한다.</u>
6	38쪽 18행	그러나 '위안부'들을 '유괴'하고 '강제연행'한 것은 최소한 조선 땅에서는, 그리고 공적으로는 일본	그러나 '위안부'들을 '유괴'하고 '강제연행'한 것은 최소한 조선 땅에서는, 그리고 공적으로는 일본

번호	위치	'허위사실/명예훼손' 주장	'삭제, 일부 인용' 가처분
		군이 아니었다. 말하자면 수요를 만든 것이 곧 강제연행의 증거가 되는 것은 아니다.	군이 아니었다. 말하자면 수요를 만든 것이 곧 강제연행의 증거가 되는 것은 아니다.
7	57쪽 6행	'주둔부대의 일원'이자 '부인 같은 느낌'이었다는 위안부. 사실은 이것이 조선인 위안부에게 요구된 역할이었다. 남자들로만 구성된 군대에 투입되어, 회사에서 일하는 남성을 여성이 집에서 일하며 다시 회사에 나갈 수 있도록 보살피는 역할을 맡았던 것처럼. 군인들이 전쟁을 수행하는 동안 거기에 필요한 갖가지 보조 작업을 하도록 동원된 것이 위안부였다. 그런 의미에서도 전쟁터에서의 강간의 대상이 된 '적의 여자'와 위안부는 군과의 관계에서 근본적으로 다른 존재였다. (중략) 위안부들이 군인들과 휴일의 '평화로운' 한때를 보낼 수 있었던 것은 그런 구조가 있었기 때문이다.	
8	58쪽 3행	조선인 위안부가 한 일은 성적 욕구를 받아주는 일만이 아니었다. 그들은 간호도 붕대감기도 배웠고 심지어는 총쏘기(총조립하기?)까지 배워 군인들과 함께 전쟁을 지탱했다. 전쟁에 나갔다 오면 '기모노에 에프론' 차림으로 맞아들이고 축하연에 참석하는 존재들이기도 했다.	

번호	위치	'허위사실/명예훼손' 주장	'삭제, 일부 인용' 가처분
9	61쪽 18행	그녀들이 '황국신민서사'를 외우고 무슨 날이면 '국방부인회'의 옷을 갈아입고 기모노 위에 띠를 두르고 참여한 것은 그래서였다. 그것은 국가가 멋대로 부과한 역할이었지만, 그러한 <u>정신적 '위안'자로서의 역할—자기 존재에 대한 (다소 무리한) 긍지가 그녀들이 처한 가혹한 생활을 견뎌낼 수 있는 힘이 될 수도 있었으리라는 것은</u> 충분히 상상할 수 있는 일이다.	그녀들이 '황국신민서사'를 외우고 무슨 날이면 '국방부인회'의 옷을 갈아입고 기모노 위에 띠를 두르고 참여한 것은 그래서였다. 그것은 국가가 멋대로 부과한 역할이었지만, 그러한 <u>정신적 '위안'자로서의 역할—자기 존재에 대한 (다소 무리한) 긍지가 그녀들이 처한 가혹한 생활을 견뎌낼 수 있는 힘이 될 수도 있었으리라는 것은</u> 충분히 상상할 수 있는 일이다.
10	62쪽 12행	"응모했을 때도 그랬지만, 이런 몸이 된 나도 군인들을 위해 일할 수 있다, 나라를 위해 몸바칠 수 있다고 생각하고 그녀들은 기뻐하고 있었습니다. 그랬기 때문에, 자유로워져서 내지에 돌아가도 다시 몸 파는 일을 할 수밖에 없다는 것을 알고 있었기 때문에, 여성들은 군인들을 위해 온 힘을 다할 수 있었던 것입니다." 물론 이것은 일본인 위안부의 경우다. 그러나 <u>조선인 위안부 역시 '일본 제국의 위안부'였던 이상 기본적인 관계는 같다고 해야 한다.</u>	"응모했을 때도 그랬지만, 이런 몸이 된 나도 군인들을 위해 일할 수 있다, 나라를 위해 몸바칠 수 있다고 생각하고 그녀들은 기뻐하고 있었습니다. 그랬기 때문에, 자유로워져서 내지에 돌아가도 다시 몸 파는 일을 할 수밖에 없다는 것을 알고 있었기 때문에, 여성들은 군인들을 위해 온 힘을 다할 수 있었던 것입니다." 물론 이것은 일본인 위안부의 경우다. 그러나 <u>조선인 위안부 역시 '일본 제국의 위안부'였던 이상 기본적인 관계는 같다고 해야 한다.</u>
11	65쪽 11행	가족과 고향을 떠나 머나먼 전쟁터에서 내일이면 죽을지도 모르는 군인들을 <u>정신적·신체적으로 위로하고 용기를 북돋아주는 역할.</u>	가족과 고향을 떠나 머나먼 전쟁터에서 내일이면 죽을지도 모르는 군인들을 <u>정신적·신체적으로 위로하고 용기를 북돋아주는 역할.</u>

번호	위치	'허위사실/명예훼손' 주장	'삭제, 일부 인용' 가처분
		그 기본적인 역할은 수많은 예외를 낳았지만, '일본 제국'의 일원으로서 요구된 <u>'조선인 위안부'의 역할은 그런 것이었고, 그랬기 때문에 사랑도 싹틀 수 있었다.</u>	그 기본적인 역할은 수많은 예외를 낳았지만, '일본 제국'의 일원으로서 요구된 <u>'조선인 위안부'의 역할은 그런 것이었고, 그랬기 때문에 사랑도 싹틀 수 있었다.</u>
12	65쪽 17행	"(우리에 대해서는) 무조건하고 옷 벗기고 그러지 않지"(『강제5』, 133쪽)라는 말에서처럼, <u>중국인 여성과 조선인 위안부는 일본군에게는 명확히 다른 존재였다.</u>	
13	67쪽 12행	그렇다고 하더라도 그곳에 이런 식의 사랑과 평화가 가능했던 것은 사실이고, 그것은 <u>조선인 위안부와 일본군의 관계가 기본적으로는 동지적인 관계였기 때문이었다. 문제는 그녀들에게는 소중했을 기억의 흔적들을 그녀들 자신이 "다 내삐렀"다는 점이다. "그거 놔두면 문제될까봐"라는 말은, 그런 사실을 은폐하려 한 것이 그녀들 자신이었다</u>는 것을 보여주는 말이기도 하다.	그렇다고 하더라도 그곳에 이런 식의 사랑과 평화가 가능했던 것은 사실이고, 그것은 <u>조선인 위안부와 일본군의 관계가 기본적으로는 동지적인 관계였기 때문이었다. 문제는 그녀들에게는 소중했을 기억의 흔적들을 그녀들 자신이 "다 내삐렀"다는 점이다. "그거 놔두면 문제될까봐"라는 말은, 그런 사실을 은폐하려 한 것이 그녀들 자신이었다</u>는 것을 보여주는 말이기도 하다.
14	98쪽 1행	중국뿐 아니라 인도네시아에 있었던 이들의 증언은 조선인 위안부들이 현지인들에게는 '적'의 관계였음을 여실히 보여준다. 이들 중엔 스스로가 위안소를 경영하는 업자가 된 이들도 있었는데, 그들에게는 일본의 패전이란 우선 그동안의 자신의 위치와 재산을	

번호	위치	'허위사실/명예훼손' 주장	'삭제, 일부 인용' 가처분
		잃는 일이었다. 그리고 같은 지역에 있었어도 '간호원'이라는 지위를 이용해서 일본군과 함께 쉽게 빠져나온 경우도 있었다. "아무것도 갖고 나오지" 못한 것은 일본인 역시 마찬가지였다. 말하자면 돈을 벌었던 경우에도 이들은 모은 돈을 잃을 수밖에 없었고, 그건 그들이 일본의 점령지에 나가 있었던 결과로 <u>일본과 함께 현지에서 쫓겨 달아나야 했던 '준일본인'</u>이기 때문이었다. 그런 의미에서는 '위안부의 가난'은 업주들에게 노예 같은 착취를 당한 결과이기도 하지만, 다른 한편으로는 '일본의 패전'의 결과이기도 하다. 실제로 식민지나 점령지에 나가 있었던 일본인과 조선인 등 '일본 제국'의 구성원들은 갑작스러운 일본의 패전을 맞아 대부분 몸만 빠져나와야 했고, 돌아온 각각의 '조국'에서 오랫동안 차별과 가난에 시달려야 했다. 그리고 그 부분이 (일본인, 대만인과 함께) '<u>조선인 위안부</u>'가 중국에 있었던 위안부와도, 다른 동남아시아에 있었던 위안부와도 같은 위치에 있지 않았다는 것을 극명히 보여주는 부분이기도 하다.	
		버마의 양곤(랑군)에 있다가 전쟁	버마의 양곤(랑군)에 있다가 전쟁

번호	위치	'허위사실/명예훼손' 주장	'삭제, 일부 인용' 가처분
15	99쪽 5행	막바지에 폭격을 피해 태국으로 피신했던 이 위안부 역시 일본군의 안내로 일본까지 왔다가 귀국한 경우다. 이들이 '<u>전쟁범인</u>', 즉 전범들이 있는 곳으로 가게 된 이유는 이들이 '일본군'과 함께 행동하며 '전쟁을 수행'한 이들이었기 때문이다. 그건 설사 그들이 가혹한 성노동을 강요당했던 '피해자'라고 해도 '제국의 일원'이었던 이상 피할 수 없는 운명이었다.	막바지에 폭격을 피해 태국으로 피신했던 이 위안부 역시 일본군의 안내로 일본까지 왔다가 귀국한 경우다. 이들이 '<u>전쟁범인</u>', 즉 전범들이 있는 곳으로 가게 된 이유는 이들이 '일본군'과 함께 행동하며 '전쟁을 수행'한 이들이었기 때문이다. 그건 설사 그들이 가혹한 성노동을 강요당했던 '피해자'라고 해도 '제국의 일원'이었던 이상 피할 수 없는 운명이었다.
16	111쪽 15행	'조선인 여성'은 일본의 '식민지'가 된 '반도' 출신 '일본' 여성—'제국 치하 국민'의 자격으로 군인에 대한 성의 제공을 요구당한 존재였다.	
17	111쪽 18행	최종적으로 위안부에 '조선 여성'이 많았던 것은, 다른 이유도 있지만 우선은 '조선'이 '일본'에 비해 상대적으로 <u>가난한 여성들이 많은</u> 지역이었기 때문이다.	
18	112쪽 15행	조선인 여성이 위안부가 된 것은, 오늘날에도 여전히, 다른 경제활동이 가능한 문화자본을 갖지 못한 <u>가난한 여성들이 매춘업에 종</u>사하게 되는 것과 같은 구조 속의 일이다.	
		[정대협의 설명은] '조선인 위안부' 여성이 많았던 것이 식민지의	

번호	위치	'허위사실/명예훼손' 주장	'삭제, 일부 인용' 가처분
19	112쪽 21행	빈곤과 인신매매조직의 활성화 등 전체 사회구조의 결과[라는 것을 보지 못하게 만든다.]	
20	120쪽 19행	위안부 문제를 부정하는 이들은 '위안'을 '매춘'으로만 생각했고 우리는 '강간'으로만 이해했지만, '위안'이란 기본적으로는 그 두 요소를 다 포함한 것이었다. 다시 말해 '위안'은 가혹한 먹이사슬 구조 속에서 실제로 돈을 버는 이들은 적었지만 기본적으로는 수입이 예상되는 노동이었고, 그런 의미에서는 '강간적 매춘'이었다. 혹은 '매춘적 강간'이었다.	위안부 문제를 부정하는 이들은 '위안'을 '매춘'으로만 생각했고 우리는 '강간'으로만 이해했지만, '위안'이란 기본적으로는 그 두 요소를 다 포함한 것이었다. 다시 말해 '위안'은 가혹한 먹이사슬 구조 속에서 실제로 돈을 버는 이들은 적었지만 기본적으로는 수입이 예상되는 노동이었고, 그런 의미에서는 '강간적 매춘'이었다. 혹은 '매춘적 강간'이었다.
21	121쪽 16행	돌아오지 못하거나 이미 사망한 이들도 있었겠지만 '대부분 돌아왔다'고 한다면, 그 대부분은 우리가 생각하는 비참함과는 조금은 다른 상황으로 자신들을 인식했기 때문이었을 것이다.	
22	130쪽 17행	[아편을] 군인과 함께 사용한 경우는 오히려 즐기기 위한 것으로 보아야 한다.	[아편을] 군인과 함께 사용한 경우는 오히려 즐기기 위한 것으로 보아야 한다.
23	137쪽 3행	일본인·조선인·대만인 '위안부'의 경우 [노예적이긴 했어도] 기본적으로는 군인과 '동지'적인 관계를 맺고 있었다.	일본인·조선인·대만인 '위안부'의 경우 [노예적이긴 했어도] 기본적으로는 군인과 '동지'적인 관계를 맺고 있었다.
		그들의 성의 제공은 기본적으로는	그들의 성의 제공은 기본적으로는

번호	위치	'허위사실/명예훼손' 주장)	'삭제, 일부 인용' 가처분
24	137쪽 6행	일본 제국에 대한 '애국'의 의미를 지니고 있었다.	일본 제국에 대한 '애국'의 의미를 지니고 있었다.
25	158쪽 8행	그런 의미에서 봤을 때 "그런 유의 업무에 종사하던 여성이 스스로 희망해서 전쟁터로 위문하러 갔다"든가 "여성이 본인의 의사에 반해서 위안부를 하게 되는 경우는 없었다"(기무라 사이조)고 보는 견해는 '사실'로는 옳을 수도 있다.	그런 의미에서 봤을 때 "그런 유의 업무에 종사하던 여성이 스스로 희망해서 전쟁터로 위문하러 갔다"든가 "여성이 본인의 의사에 반해서 위안부를 하게 되는 경우는 없었다"(기무라 사이조)고 보는 견해는 '사실'로는 옳을 수도 있다.
26	160쪽 10행	오히려 그녀들의 '미소'는 매춘부로서의 미소가 아니라 병사를 '위안'하는 역할을 부여받은 '애국처녀'로서의 미소로 보아야 한다.	오히려 그녀들의 '미소'는 매춘부로서의 미소가 아니라 병사를 '위안'하는 역할을 부여받은 '애국처녀'로서의 미소로 보아야 한다.
27	160쪽 18행	식민지인으로서, 그리고 '국가를 위해' 싸운다는 대의명분을 가지고 있는 남성들을 위해 최선을 다해야 할 '민간인' '여자'로서, 그녀들에게 허용된 긍지—자기 존재의 의의, 승인—는 "국가를 위해 싸우는 병사들을 위로해주고 있다"(기무라 사이조)는 역할을 긍정적으로 내면화하는 애국심뿐이었을 수 있다.	식민지인으로서, 그리고 '국가를 위해' 싸운다는 대의명분을 가지고 있는 남성들을 위해 최선을 다해야 할 '민간인' '여자'로서, 그녀들에게 허용된 긍지—자기 존재의 의의, 승인—는 "국가를 위해 싸우는 병사들을 위로해주고 있다"(기무라 사이조)는 역할을 긍정적으로 내면화하는 애국심뿐이었을 수 있다.
		한 개인으로서의 위안부의 또 다른 기억이 억압되고 봉쇄되어온 이유도 거기에 있다. 일본 군인과 '연애'도 하고 '위안'을 '애국'하는 일로 생각하기도 했던 위안부들의	한 개인으로서의 위안부의 또 다른 기억이 억압되고 봉쇄되어온 이유도 거기에 있다. 일본 군인과 '연애'도 하고 '위안'을 '애국'하는 일로 생각하기도 했던 위안부들의

번호	위치	'허위사실/명예훼손' 주장	'삭제, 일부 인용' 가처분
28	190쪽 5행	기억이 은폐된 이유는 그녀들이 언제까지고 일본에 대해 한국이 '피해민족'임을 증명해주는 이로 존재해주어야 했기 때문이다. '위안부'들에게 개인으로서의 기억이 허용되지 않았던 것도 그 때문이다. 그녀들은 마치 해방 이후의 삶을 건너뛰기라도 한 것처럼, 언제까지고 '15살의 소녀 피해자'이거나 '싸우는 투사 할머니'로 머물러 있어야 했다.	기억이 은폐된 이유는 그녀들이 언제까지고 일본에 대해 한국이 '피해민족'임을 증명해주는 이로 존재해주어야 했기 때문이다. '위안부'들에게 개인으로서의 기억이 허용되지 않았던 것도 그 때문이다. 그녀들은 마치 해방 이후의 삶을 건너뛰기라도 한 것처럼, 언제까지고 '15살의 소녀 피해자'이거나 '싸우는 투사 할머니'로 머물러 있어야 했다.
29	191쪽 8행	그러나 국가가 군대를 위한 성노동을 당연시한 것은 사실이지만, 당시에 법적으로 금지되어 있지 않았던 이상 그것에 대해 '법적인 책임'을 묻는 것은 어려운 일이다. 또 강제연행과 강제노동 자체를 국가와 군이 지시하지 않은 이상(일본군의 공식 규율이 강간이나 무상노동, 폭행을 제어하는 입장이었던 이상) 강제연행에 대한 법적 책임을 일본 국가에 있다고는 말하기 어려운 일이다. 다시 말해 위안부들에게 행해진 폭행이나 강제적인 무상노동에 관한 피해는 1차적으로는 업자와 군인 개인의 문제로 물을 수밖에 없다.	그러나 국가가 군대를 위한 성노동을 당연시한 것은 사실이지만, 당시에 법적으로 금지되어 있지 않았던 이상 그것에 대해 '법적인 책임'을 묻는 것은 어려운 일이다. 또 강제연행과 강제노동 자체를 국가와 군이 지시하지 않은 이상(일본군의 공식 규율이 강간이나 무상노동, 폭행을 제어하는 입장이었던 이상) 강제연행에 대한 법적 책임을 일본 국가에 있다고는 말하기 어려운 일이다. 다시 말해 위안부들에게 행해진 폭행이나 강제적인 무상노동에 관한 피해는 1차적으로는 업자와 군인 개인의 문제로 물을 수밖에 없다.
		그러나 실제 조선인 위안부는 '국가'를 위해서 동원되었고 일본군	그러나 실제 조선인 위안부는 '국가'를 위해서 동원되었고 일본군

번호	위치	'허위사실/명예훼손' 주장	'삭제, 일부 인용' 가처분
30	205쪽 16행	과 함께 전쟁에 이기고자 그들을 <u>보살피고 사기를 진작한</u> 이들이기도 했다. 대사관 앞 소녀상은 그녀들의 그런 모습을 은폐한다.	과 함께 전쟁에 이기고자 그들을 <u>보살피고 사기를 진작한</u> 이들이기도 했다. 대사관 앞 소녀상은 그녀들의 그런 모습을 은폐한다.
31	206쪽 8행	그녀들이 해방 후 돌아오지 못했던 것은 (…) 단지 성적으로 더럽혀진 기억만이 아니다. 일본에게 협력한 <u>기억, 그것 역시 그녀들을 돌아오지 못하도록 만든 것이 아니었을까.</u> 말하자면 '더럽혀진' 식민지의 기억은 '해방된 한국'에는 필요하지 않았다. (중략) 그런 한, '피해자' 소녀에게 목도리를 둘러주고 양말을 신겨주고 우산을 받쳐주던 사람들이, 그녀들이 <u>일본옷을 입고 일본이름을 가진 '일본인'으로서 '일본군'에 협력했다</u>는 사실을 알게 된다면 똑같은 손으로 그녀들을 손가락질할지도 모른다.	그녀들이 해방 후 돌아오지 못했던 것은 (…) 단지 성적으로 더럽혀진 기억만이 아니다. 일본에게 협력한 <u>기억, 그것 역시 그녀들을 돌아오지 못하도록 만든 것이 아니었을까.</u> 말하자면 '더럽혀진' 식민지의 기억은 '해방된 한국'에는 필요하지 않았다. (중략) 그런 한, '피해자' 소녀에게 목도리를 둘러주고 양말을 신겨주고 우산을 받쳐주던 사람들이, 그녀들이 <u>일본옷을 입고 일본이름을 가진 '일본인'으로서 '일본군'에 협력했다</u>는 사실을 알게 된다면 똑같은 손으로 그녀들을 손가락질할지도 모른다.
32	207쪽 10행	<u>협력의 기억을 거세하고 하나의 이미지, 저항하고 투쟁하는 이미지만을 표현하는 '소녀'상은 협력해야 했던 '위안부'의 슬픔은 표현하지 못한다.</u>	<u>협력의 기억을 거세하고 하나의 이미지, 저항하고 투쟁하는 이미지만을 표현하는 '소녀'상은 협력해야 했던 '위안부'의 슬픔은 표현하지 못한다.</u>
33	208쪽 1행	홀로코스트에는 '<u>조선인 위안부</u>'가 갖는 모순, 즉 피해자이자 협력자라는 이중적인 구도는 없다.	홀로코스트에는 '<u>조선인 위안부</u>'가 갖는 모순, 즉 피해자이자 협력자라는 이중적인 구도는 없다.
		그러나 <u>일본 정부는 사죄했고,</u>	그러나 <u>일본 정부는 사죄했고,</u>

번호	위치	'허위사실/명예훼손' 주장	'삭제, 일부 인용' 가처분
34	215쪽 21행	<u>2012년 봄에도 다시 사죄를 제안했다. 그리고 앞으로도 정대협이 주장하는 국회입법이 이루어질 가능성은 없다. 그 이유는 1965년의 조약, 그리고 적어도 '강제연행'이라는 국가폭력이 조선인 위안부에 관해서 행해진 적은 없다는 점, 있다고 한다면 어디까지나 예외적인 사례여서 개인의 범죄로 볼 수밖에 없고 그런 한 '국가범죄'라고 말할 수는 없다는 점에 있다.</u>	2012년 봄에도 다시 사죄를 제안했다. 그리고 앞으로도 정대협이 주장하는 국회입법이 이루어질 가능성은 없다. 그 이유는 1965년의 조약, 그리고 적어도 '강제연행'이라는 국가폭력이 조선인 위안부에 관해서 행해진 적은 없다는 점, 있다고 한다면 어디까지나 예외적인 사례여서 개인의 범죄로 볼 수밖에 없고 그런 한 '국가범죄'라고 말할 수는 없다는 점에 있다.
35	218쪽 10행	그것은 위안부를 필요로 한 군이 위안부 모집을 조선이나 대만 총독부 등에 부탁했다고 하더라도 마찬가지다. (중략) <u>사기나 속임수를 써가며 모집하는 일까지를 일본군의 의도였다고 단정할 수는 없기 때문이다.</u> 군의 수요를 알게 된 업자들이 사기나 속임수를 써서까지 모집했던 것이 대부분이었고, 일본군은 그런 상황을 묵인하기도 했지만 공식적으로는 단속했다. 그리고 단속한 이상 '단속' 쪽이 일본군의 인신매매에 대한 자세를 나타내는 것일 수밖에 없다. 위안부들이 가혹한 노동을 하게 된 것은 분명 일본군이 그런 시스템을 허용하고 묵인하고 이용했기 때문이지만, 그에 따른 처벌을 일본군에게만 돌릴 수 없는 상황이 존재	

부록 2: 『제국의 위안부』 민사소송 2심의 '명예훼손' 주장 및 '삭제' 가처분 내용 표 441

번호	위치	'허위사실/명예훼손' 주장	'삭제, 일부 인용' 가처분
		하는 것이다. 그런 한 위안소 이용이 '국가범죄'가 될 수는 없다.	
36	219쪽 16행	'조선인 위안부'가 '군수품'이었다면, 강간당한 네덜란드 여성이나 중국 여성은 '전리품'이었다.	
37	246쪽 7행	1996년 시점에 '위안부'란 근본적으로 '매춘'의 틀 안에 있던 여성들이라는 것을 알고 있었던 것이다.	1996년 시점에 '위안부'란 근본적으로 '매춘'의 틀 안에 있던 여성들이라는 것을 알고 있었던 것이다.
38	247쪽 14행	그러나 당시의 '위법'사항이 인신매매뿐이던 이상, 위안소 설치와 이용을 '일본국의 범죄'로 말할 수 있는 것은 아니다. '일본군'이 한 일을 범죄시하려면 오히려 개인적인 강간이나 폭행에 대해서 말해야 한다.	
39	254쪽 23행	게다가 동원이 '인신매매'를 통해 이루어진다는 것을 군이 알고도 지시한 것이 아닌 한, 설사 방관했다 하더라도 그 묵인이 의식적으로 이루어진 것이 아닌 한 '강제연행'이나 '인신매매'의 주체를 '일본군'으로 상정하는 것은 무리가 있다.	
40	265쪽 2행	조선인 위안부는 같은 일본인 여성으로서의 동지적 관계였다.	조선인 위안부는 같은 일본인 여성으로서의 동지적 관계였다.
		식민지배하에서 동원된 '제국의 피해자'이면서, 구조적으로는 함께	식민지배하에서 동원된 '제국의 피해자'이면서, 구조적으로는 함께

번호	위치	'허위사실/명예훼손' 주장	'삭제, 일부 인용' 가처분
41	265쪽 19행	국가 협력(전쟁 수행)을 하게 된 '동지'의 측면을 띤 복잡한 존재였기 때문이었다.	국가 협력(전쟁 수행)을 하게 된 '동지'의 측면을 띤 복잡한 존재였기 때문이었다.
42	72쪽 21행	한국의 '위안부'들이 '기금'을 '위로금'으로 받아들이고 반발한 이유는 과거에 받았던 '차별' 경험과 기억 때문이다. '식민지'의 '위안부'들은 자신들이 '그곳'에 있게 된 이유가 '가난한 여성'이었기 때문이었고 그 가난이 '피지배민족'이라는 계급성이 만드는 것이라는 사실을 잘 알고 있었다. 그렇기 때문에 더, 다시 한번 '모욕'당하는 일을 경계했고 그 결과로 '반발과 저항'이 강했던 것이다.	
43	291쪽 6행	'조선인 위안부'란 "이렇게 해서 조선이나 중국의 여성들이 일본의 공창제도의 최하층에 편입되었고, 아시아 태평양전쟁기의 '위안소'의 최대공급원"(110쪽)이 되면서 생긴 존재였다.	'조선인 위안부'란 "이렇게 해서 조선이나 중국의 여성들이 일본의 공창제도의 최하층에 편입되었고, 아시아 태평양전쟁기의 '위안소'의 최대공급원"(110쪽)이 되면서 생긴 존재였다.
44	294쪽 5행	그들이 그렇게 전쟁터에까지 함께 가게 된 건 똑같이 '일본 제국'의 구성원, '낭자군'으로 불리는 '준군인' 같은 존재였기 때문이다.	그들이 그렇게 전쟁터에까지 함께 가게 된 건 똑같이 '일본 제국'의 구성원, '낭자군'으로 불리는 '준군인' 같은 존재였기 때문이다.
45	294쪽 16행	그녀들이 '낭자군'이라고 불렸던 것은 그녀들이 국가의 세력을 확장하는 '군대'의 보조 역할을 했기	그녀들이 '낭자군'이라고 불렸던 것은 그녀들이 국가의 세력을 확장하는 '군대'의 보조 역할을 했기

번호	위치	'허위사실/명예훼손' 주장	'삭제, 일부 인용' 가처분
		때문이다.	때문이다.
46	294쪽 22행	'조선인 위안부'는 피해자였지만 식민지인으로서의 협력자이기도 했다.	'조선인 위안부'는 피해자였지만 식민지인으로서의 협력자이기도 했다.
47	296쪽 19행	그리고 '자발적으로 간 매춘부'라는 이미지를 우리가 부정해온 것 역시 그런 욕망, 기억과 무관하지 않다.	그리고 '자발적으로 간 매춘부'라는 이미지를 우리가 부정해온 것 역시 그런 욕망, 기억과 무관하지 않다.
48	298쪽 5행	문제는 네덜란드 여성과 '조선인 위안부'역시 '적'의 관계였다는 점이다.	
49	306쪽 10행	중국이나 네덜란드와 같은 일본의 적국 여성들의 '완벽한 피해'의 기억을 빌려와 덧씌우고, 조선 여성들의 '협력'의 기억을 벗겨낸 소녀상을 통해 그들을 '민족의 딸'로 만드는 것은, 가부장제와 국가의 희생자였던 '위안부'를 또 다시 국가를 위해 희생시키는 일일 뿐이다.	중국이나 네덜란드와 같은 일본의 적국 여성들의 '완벽한 피해'의 기억을 빌려와 덧씌우고, 조선 여성들의 '협력'의 기억을 벗겨낸 소녀상을 통해 그들을 '민족의 딸'로 만드는 것은, 가부장제와 국가의 희생자였던 '위안부'를 또 다시 국가를 위해 희생시키는 일일 뿐이다.
50	310쪽 3행	정대협은 '아시아'의 '위안소'가 똑같이 여성들을 '강제로 끌어간' 곳으로 생각해서 이 프로젝트를 추진한 것이겠지만, 당시에 싱가포르에 가 있었던 조선인 여성은 '일본 제국'의 일원이었다. (중략) 그들에게 태평양전쟁 때의 조선인이란 '일본인'이고 자국을 침략한 적국의	

번호	위치	'허위사실/명예훼손' 주장	'삭제, 일부 인용' 가처분
		여성일 뿐이었다.	
51	310쪽 16행	조선인 위안부들은 일본인 위안부들에게 차별을 당했지만, 냄새 난다는 이유로 대만인을 싫어했던 조선인 위안부들이 '현지' 여성들을 차별하지 않았으리라는 보장은 없다.	
52	310쪽 22행	'위안부'의 피해는 보상되어야 하지만, '조선인 위안부'는 한국이 바라는 방식으로 '기림'을 받기에는 모순이 없지 않은 존재다.	
53	311쪽 4행	한국의 욕망이 투영된 '피해자이자 투사'로서의 '민족의 딸'을 보는 일은 우리가 아시아에서 '적의 여자'이기도 했던 일을 잊는 일이기도 하다.	

부록 2: 『제국의 위안부』 민사소송 2심의 '명예훼손' 주장 및 '삭제' 가처분 내용 표 445

11년─꽃다발과 화살

2025년 12월 2일 초판 1쇄 찍음
2025년 12월 16일 초판 1쇄 펴냄

지은이 박유하

펴낸이 정종주
편 집 박윤선
마케팅 김창덕

펴낸곳 도서출판 뿌리와이파리
등록번호 제10-2201호(2001년 8월 21일)
주소 서울시 마포구 월드컵로 128-4 2층
전화 02)324-2142~3
전송 02)324-2150
전자우편 puripari@hanmail.net

표지디자인 공중정원 : 박진범

종이 화인페이퍼
인쇄 및 제본 영신사
라미네이팅 금성산업

값 22,000원
ISBN 978-89-6462-216-2 (03300)